普通高等教育汽车与交通类专业“十二五”规划教材

道路工程检测技术

张　雁　于晓坤　主编
程培峰　主审

中国林业出版社

内 容 简 介

道路工程检测技术是一门理论性和实践性都很强的课程，本教材结合课程要求，充分强调理论联系实际，尽可能地呈现既能反映工程实际又符合教学要求的内容。本教材融检测原理、测试操作技能及相关基础知识于一体，是工程设计、施工质量控制、施工验收评定、养护管理决策的主要依据。本教材系统地介绍了有关道路工程检测技术的基本原理和检测方法，主要内容包括路基土检测、砂石材料检测、钢材检测、土工合成材料检测、水泥和水泥混凝土检测、沥青和沥青混合料检测、路基路面工程检测、桥涵工程检测、隧道工程检测、道路工程沿线设施检测等。

本教材可作为高等学校土木工程专业、道路工程、桥梁工程与渡河工程专业的教学用书，也可作为其他相关专业师生及技术人员的参考用书。

图书在版编目（CIP）数据

道路工程检测技术 / 张雁，于晓坤主编. —北京：中国林业出版社，2013.2
（普通高等教育汽车与交通类专业“十二五”规划教材）
ISBN 978-7-5038-6973-0

Ⅰ. ①道… Ⅱ. ①张… ②于… Ⅲ. ①道路工程-检测-高等学校-教材
Ⅳ. ①U41

中国版本图书馆 CIP 数据核字（2013）第 038913 号

中国林业出版社·教材出版中心

策划编辑：牛玉莲 杜 娟
责任编辑：许 玮 杜 娟
电 话：83282720 83280473 传真：83220109

出版发行：中国林业出版社（100009 北京西城区德内大街刘海胡同 7 号）
E-mail：jiaocaipublic@163.com 电话：（010）83224477
http：//lycb.forestry.gov.cn
经 销：新华书店
印 刷：北京市昌平百善印刷厂
版 次：2013 年 2 月第 1 版
印 次：2013 年 2 月第 1 次印刷
开 本：787mm×1092mm 1/16
印 张：18
字 数：416 千字
定 价：36.00 元

高等院校汽车与交通类专业教材
编写指导委员会

前　言

本书是根据普通高等教育汽车与交通类专业“十二五”规划教材编写要求而完成的，由多年从事道路工程检测技术教学的教师编写。在编写过程中，充分吸取已出版相关教材的优点和近年来道路工程技术的进展，采用了国家及有关行业的最新标准和规范，同时还采纳了有关院校应用本科教学的经验和要求。

本书由张雁、于晓坤任主编。编写分工如下：第 1、10、12 章由内蒙古农业大学的张雁副教授编写，第 2、3、5 章由内蒙古农业大学郭根胜老师编写，第 7、8 章由南京林业大学胡亚风老师编写，第 6、9、11 章由东北林业大学于晓坤老师编写，第 4 章由内蒙古农业大学李维生老师编写，全书由张雁统稿，东北林业大学程培峰教授审阅。在本书的编写过程中，江苏现代工程检测有限公司张非非、西南林业大学夏冰华老师、内蒙古农业大学研究生孟凡凤为本书的资料收集和校对做了许多工作，在此对他们的辛勤劳动表示衷心地感谢。

读者在阅读本书的过程中，若发现有不妥之处，欢迎来函告知。

编　者

2012 年 8 月

目 录

前 言

第1章 绪论 …… (1)
1.1 检测目的和意义 …… (2)
1.1.1 检测的目的 …… (2)
1.1.2 检测的意义 …… (2)
1.2 检测规程和细则 …… (2)
1.2.1 检测规程 …… (3)
1.2.2 检测细则 …… (4)
1.3 道路工程质量检验评定方法 …… (6)
1.3.1 项目划分 …… (6)
1.3.2 工程质量评分 …… (10)
1.3.3 工程质量等级评定 …… (11)

第2章 路基土检测 …… (13)
2.1 土的物理性质检测 …… (13)
2.1.1 含水率检测 …… (14)
2.1.2 密度检测 …… (14)
2.1.3 比重检测 …… (16)
2.1.4 粒度成分检测 …… (17)
2.2 土的力学性质检测 …… (19)
2.2.1 击实特性检测 …… (19)
2.2.2 压缩性检测 …… (21)
2.2.3 抗剪强度检测 …… (22)
2.2.4 粗粒土和巨粒土的最大干密度检测 …… (24)
2.2.5 土的承载比检测 …… (26)

2.2.6 土工原位测试 …… (27)
2.3 土的化学性质检测 …… (29)
2.3.1 酸碱度检测 …… (29)
2.3.2 有机质含量检测 …… (30)
2.3.3 有效氧化钙、氧化镁含量检测 …… (31)
2.4 冻土的性能检测 …… (32)
2.4.1 冻土密度检测 …… (32)
2.4.2 冻土冻结温度检测 …… (35)
2.4.3 冻土融化压缩指标检测 …… (35)
第3章 砂石材料检测 …… (38)
3.1 砂石材料的技术性质 …… (38)
3.1.1 岩石的技术性质 …… (38)
3.1.2 集料的技术性质 …… (40)
3.2 岩石的性能检测 …… (43)
3.2.1 吸水性检测 …… (43)
3.2.2 膨胀性检测 …… (44)
3.2.3 耐崩解性检测 …… (45)
3.2.4 强度检测 …… (46)
3.2.5 耐久性检测 …… (47)
3.3 集料的性能检测 …… (49)
3.3.1 粗集料密度检测 …… (49)
3.3.2 粗集料磨耗率检测 …… (51)
3.3.3 粗集料压碎值检测 …… (53)
3.3.4 粗集料针片状颗粒含量检测 …… (53)
3.3.5 粗集料冲击值检测 …… (54)
3.3.6 粗集料磨光值检测 …… (55)
3.3.7 细集料含泥量检测 …… (58)
3.4 矿粉的性能检测 …… (59)
3.4.1 亲水性检测 …… (59)
3.4.2 安定性检测 …… (59)
第4章 钢材检测 …… (61)
4.1 钢材的种类 …… (61)
4.2 钢材的技术性能检测 …… (62)
4.2.1 桥梁用建筑钢材的技术性质及检测 …… (62)
4.2.2 道路工程用钢材的技术性质及检测 …… (64)
第5章 基层材料检测 …… (68)
5.1 基层材料的技术要求 …… (68)

5.1.1 半刚性类基层、底基层组成材料的技术要求 ……（68）
5.1.2 柔性类基层、底基层组成材料的技术要求 ……（70）
5.2 基层材料的性能检测 ……（72）
5.2.1 结合料剂量检测 ……（72）
5.2.2 无侧限抗压强度检测 ……（73）
5.2.3 基层材料劈裂强度检测 ……（76）
5.2.4 抗压回弹模量检测 ……（77）
第 6 章 土工合成材料检测 ……（80）
6.1 基础指标检测 ……（80）
6.1.1 单位面积质量检测 ……（80）
6.1.2 厚度检测 ……（81）
6.1.3 土工格栅、土工网网孔尺寸检测 ……（83）
6.2 土工合成材料强度检测 ……（84）
6.2.1 拉伸性能检测 ……（84）
6.2.2 撕裂性能检测 ……（87）
6.2.3 顶破强度检测 ……（89）
6.2.4 刺破性能检测 ……（90）
6.2.5 落锥穿透性能检测 ……（91）
6.3 土工合成材料变形特性检测 ……（92）
6.3.1 格栅温度收缩系数检测 ……（92）
6.3.2 蠕变检测 ……（93）
6.4 土工合成材料摩擦、渗透、淤堵性能检测 ……（94）
6.4.1 摩擦检测 ……（94）
6.4.2 孔径检测 ……（98）
6.4.3 渗透系数检测 ……（100）
6.4.4 淤堵检测 ……（104）
第 7 章 水泥和水泥混凝土检测 ……（108）
7.1 水泥的基本性质及技术要求 ……（108）
7.1.1 物理性质 ……（108）
7.1.2 化学性质 ……（109）
7.1.3 力学性质 ……（109）
7.1.4 水泥的技术要求 ……（110）
7.2 水泥的性能检测 ……（110）
7.2.1 水泥的细度检测 ……（110）
7.2.2 水泥标准稠度用水量检测 ……（111）
7.2.3 水泥凝结时间检测 ……（112）
7.2.4 水泥安定性检测 ……（113）

7.2.5 水泥胶砂强度检测 ……（114）
7.3 水泥混凝土技术性质检测 ……（116）
7.3.1 水泥混凝土拌合物工作性检测 ……（116）
7.3.2 水泥混凝土拌合物表观密度检测 ……（118）
7.3.3 水泥混凝土拌合物凝结时间检测 ……（119）
7.3.4 水泥混凝土强度检测 ……（121）
第 8 章 沥青和沥青混合料检测 ……（124）
8.1 沥青的性能检测 ……（124）
8.1.1 沥青试样准备方法 ……（124）
8.1.2 沥青密度与相对密度检测 ……（126）
8.1.3 沥青针入度检测 ……（128）
8.1.4 沥青软化点检测 ……（129）
8.1.5 沥青延度检测 ……（130）
8.1.6 沥青含蜡量检测 ……（131）
8.1.7 沥青老化检测 ……（134）
8.1.8 沥青动力黏度检测 ……（135）
8.2 沥青混合料技术性质检测 ……（136）
8.2.1 沥青混合料取样方法 ……（136）
8.2.2 沥青混合料试件制作方法 ……（138）
8.2.3 沥青混合料密度检测 ……（141）
8.2.4 沥青混合料马歇尔稳定度检测 ……（144）
8.2.5 沥青混合料车辙检测 ……（146）
8.2.6 沥青与矿料黏附性检测 ……（147）
8.2.7 沥青混合料中沥青含量检测 ……（148）
第 9 章 路基路面工程检测 ……（154）
9.1 压实度检测 ……（154）
9.1.1 标准密度确定 ……（154）
9.1.2 现场密度检测 ……（155）
9.1.3 压实度检测结果评定 ……（161）
9.2 强度检测 ……（162）
9.2.1 回弹弯沉检测 ……（162）
9.2.2 回弹模量检测 ……（164）
9.2.3 水泥混凝土路面芯样劈裂强度检测 ……（166）
9.2.4 沥青混凝土路面芯样马歇尔稳定度检测 ……（167）
9.3 平整度检测 ……（168）
9.3.1 3m 直尺法 ……（169）
9.3.2 连续式平整度仪法 ……（169）
9.3.3 车载式颠簸累积仪法 ……（170）

9.4 路面抗滑性能检测……(172)
9.4.1 手工铺砂法……(172)
9.4.2 电动铺砂法……(174)
9.4.3 摆式仪法……(175)
9.4.4 横向力摩擦系数测定系统……(177)
9.5 路面结构层厚度检测……(179)
9.6 沥青路面渗水系数检测……(180)
第10章 桥梁工程检测……(183)
10.1 桥梁下部结构检测……(183)
10.1.1 地基承载力检测……(183)
10.1.2 钻孔灌注桩检测……(186)
10.1.3 基桩承载力检测……(190)
10.1.4 混凝土基础、墩、台结构检测……(196)
10.2 桥梁上部结构检测……(198)
10.2.1 梁桥的检测……(198)
10.2.2 拱桥的检测……(201)
10.2.3 钢桥的检测……(204)
10.2.4 混凝土斜拉桥的检测……(206)
10.2.5 混凝土悬索桥的检测……(207)
10.2.6 桥面系及附属工程的检测……(210)
10.3 成桥的检测……(212)
10.3.1 静载检测……(212)
10.3.2 动载检测……(214)
10.3.3 承载能力评定……(216)
第11章 隧道工程检测……(218)
11.1 注浆材料性能检测……(218)
11.1.1 注浆材料分类及性质……(218)
11.1.2 化学浆黏度检测……(220)
11.2 喷射混凝土质量检测……(220)
11.2.1 抗压强度检测……(221)
11.2.2 喷射混凝土厚度的检测……(221)
11.2.3 喷射混凝土与围岩黏结强度检测……(222)
11.2.4 喷射混凝土粉尘、回弹检测……(222)
11.2.5 施工质量评判……(222)
11.3 排水材料性能检测……(223)
11.4 防水混凝土抗渗性能检测……(229)
11.5 混凝土初砌质量检测……(230)

11.5.1 回弹法混凝土强度检测 ……………………………………………………（230）
11.5.2 超声波法混凝土强度检测 ……………………………………………………（232）
11.5.3 超声-回弹综合法混凝土强度检测 ……………………………………………（233）
11.6 混凝土缺陷检测 ……………………………………………………（235）
11.6.1 外观缺陷检测 ……………………………………………………（235）
11.6.2 内部缺陷检测 ……………………………………………………（235）
11.7 通风性能检测 ……………………………………………………（237）
11.7.1 粉尘浓度检测 ……………………………………………………（237）
11.7.2 瓦斯检测 ……………………………………………………（238）
11.7.3 一氧化碳检测 ……………………………………………………（240）
11.7.4 烟雾浓度检测 ……………………………………………………（241）
11.7.5 隧道风压检测 ……………………………………………………（242）
11.8 照明检测 ……………………………………………………（245）
11.8.1 光检测器 ……………………………………………………（245）
11.8.2 光度检测 ……………………………………………………（246）
11.8.3 照明器发光强度分布量检测 ……………………………………………………（250）
11.8.4 现场照度和亮度检测 ……………………………………………………（251）
11.8.5 隧道眩光检测 ……………………………………………………（253）
第 12 章 沿线设施检测 ……………………………………………………（255）
12.1 排水设施检测 ……………………………………………………（255）
12.1.1 地表排水设施检测 ……………………………………………………（255）
12.1.2 地下排水设施检测 ……………………………………………………（256）
12.2 工程防护及支挡设施检测 ……………………………………………………（257）
12.2.1 坡面防护检测 ……………………………………………………（257）
12.2.2 冲刷防护检测 ……………………………………………………（257）
12.2.3 支挡设施检测 ……………………………………………………（258）
12.3 隔离设施检测 ……………………………………………………（259）
12.3.1 护栏检测 ……………………………………………………（259）
12.3.2 隔离栅检测 ……………………………………………………（262）
12.3.3 防眩设施检测 ……………………………………………………（263）
12.4 交通引导设施检测 ……………………………………………………（264）
12.4.1 交通标志、标线的检测 ……………………………………………………（264）
12.4.2 视线诱导设施的检测 ……………………………………………………（267）
12.5 环保设施检测 ……………………………………………………（268）
12.5.1 防噪声设施的检测 ……………………………………………………（268）
12.5.2 绿化工程的检测 ……………………………………………………（269）
参考文献 ……………………………………………………（273）

第1章 绪 论

[本章提要]

本章主要介绍道路工程检测的目的和意义，检测的标准、规程、规范，检测细则的内容和方法，道路工程项目的划分，工程质量评分、等级评定的方法等内容。

近年来，我国公路建设速度加快，到2011年年底，全国公路总里程达400多万km，高速公路总里程达8.5万km。按照交通运输部印发的《交通运输“十二五”发展规划》，至2015年，我国公路总里程将达到450万km，高速公路总里程将达到10.8万km。尽管我国在道路建设中取得了很大成就，但是建设质量还存在一些问题。道路工程施工建设中出现了一些质量事故，如昆禄公路在1998年5月工程建成后18天，发现一些路段大范围填方路基沉陷，填挖结合部路基不均匀沉降、边缘坍塌、路面悬空、纵向开裂，由于石料偏少、支砌不规范、砂浆不饱满、水泥标号不够，造成有的地段护面墙等人工构造物因滑坡坍方造成倒塌、变形、开裂，不得不再投入1亿元进行返工修复；甘肃省天水至定西的高速公路2007年开始修建，2011年5月全线竣工，8月中旬开始出现路面凹凸起伏不平，道路中央坑槽严重，9月路面损毁严重，不得不返修，造成较大经济损失，主要原因是施工质量控制和管理方面出现问题。

以上道路工程发生的质量问题，如果进行及时、严格的检测并采取快速处理的措施是可以避免的，因此道路工程检测工作非常重要，是保证道路工程质量的基础。

1.1　检测目的和意义

1.1.1　检测的目的

道路工程检测技术是一门正在发展的新学科。目前，较发达的国家和地区，如美国、日本，道路工程检测技术发展很快，在路基路面压实度、承载力、平整度、弯沉等方面均研制了相应的自动化检测设备。我国道路检测技术从“七五”计划开始，已陆续开展了路面检测技术的研究和产品的研发工作，特别是20世纪80年代中后期从国外引进的各种工程检测仪器的应用，为道路工程检测新技术的研究开发与推广应用奠定了基础。经过20多年对进口设备技术的消化吸收，我国已生产出同类型的国产设备，如自动弯沉仪、平整度测试仪、路面雷达探测系统、摩擦系数测定车、激光构造深度仪等。随着我国道路建设的不断发展和相应标准、规范体系的不断完善，道路工程检测技术也在不断地向前发展，特别是计算机、激光、GPS（全球定位系统）及雷达等高科技的推广应用，有力地推动了道路工程检测技术的发展。20多年来，国际上道路工程的检测技术发展十分迅速，总体的发展趋势是：由一般技术向高新技术发展，由人工检测技术向自动化检测技术发展，由破损类检测向无破损检测技术发展。

道路工程检测是道路工程施工技术管理的一个重要组成部分，也是工程质量控制和竣工验收评定工作中不可缺少的一个主要环节。道路工程检测技术集检测基本理论和测试操作技能以及道路工程相关学科专业基础知识于一体，是工程设计参数选取、施工质量控制、施工验收评定、养护管理决策确定的主要依据。通过检测，能充分地利用当地原材料，迅速推广应用新材料、新技术和新工艺，合理地控制和科学地评定工程质量。

1.1.2　检测的意义

道路工程属于线性工程，其特点是线路长、工程量大、投资大、影响因素复杂。在施工过程中，任何一个环节出现问题都会给工程质量带来严重的危害，甚至会造成巨大的损失，因此实行严格的质量控制意义重大。我国在道路质量保证体系中推行“政府监督、社会监理、企业自检”的原则，在这个体系中道路检测技术是不可缺少且非常重要的技术之一。无论是政府监督部门，还是监理单位或是施工企业，都必须各自建立独立的、满足工程建设需要的试验室，做好相关检测以确保监督、监理、自检的顺利进行。因此，道路工程检测有利于提高工程质量、降低工程造价、推动道路工程施工技术进一步发展。

1.2　检测规程和细则

检测结果的准确性与可靠性将直接影响检测机构的工作质量，为了确保数据的可靠，要求质检人员在检测过程中严格按照有关试验规程进行检测，提高检测精度。

1.2.1　检测规程

现行最新颁布的与道路工程检测有关的规范、规程、标准如下：

1）基础规范

《公路自然区划标准》（JTJ 003—1986）

《公路工程名词术语》（JTJ 002—1987）

《公路工程抗震设计规范》（JTJ 004—1989）

《公路工程技术标准》（JTG B01—2003）

《公路项目安全性评价指南》（JTG/T B05—2004）

《公路环境保护设计规范》（JTG B04—2010）

2）设计规范

《公路土工合成材料应用技术规范》（JTJ/T 019—1998）

《公路隧道通风照明设计规范》（JTJ 026.1—1999）

《公路路基设计规范》（JTG D30—2004）

《公路桥涵设计通用规范》（JTG D60—2004）

《公路钢筋混凝土及预应力混凝土桥涵设计规范》（JTG D62—2004）

《公路桥梁抗风设计规范》（JTG/T D60-01—2004）

《公路隧道设计规范》（JTG D70—2004）

《公路桥梁伸缩装置》（JT/T 327—2004）

《公路圬工桥涵设计规范》（JTG D61—2005）

《公路路线设计规范》（JTG D20—2006）

《公路沥青路面设计规范》（JTG D50—2006）

《公路斜拉桥设计细则》（JTG/T D65-01—2007）

《公路桥涵地基与基础设计规范》（JTG D63—2007）

《公路桥梁加固设计规范》（JTG/T J22—2008）

《公路桥梁盆式支座》（JT/T 391—2009）

《公路水泥混凝土路面设计规范》（JTG D40—2011）

3）施工规范

《公路路面基层施工技术规范》（JTJ 034—2000）

《公路水泥混凝土路面施工技术规范》（JTG F30—2003）

《公路沥青路面施工技术规范》（JTG F40—2004）

《公路工程水泥及水泥混凝土试验规程》（JTG E30—2005）

《公路工程岩石试验规程》（JTG E41—2005）

《公路工程集料试验规程》（JTG E42—2005）

《公路路基施工技术规范》（JTG F10—2006）

《公路土工合成材料试验规程》（JTG E50—2006）

《公路土工试验规程》（JTG E40—2007）

《公路沥青路面再生技术规范》（JTG F41—2008）

《公路桥梁加固施工技术规范》（JTG/T J23—2008）
《公路路基路面现场测试规程》（JTG E60—2008）
《公路隧道施工技术规范》（JTG F60—2009）
《公路工程无机结合料稳定材料试验规程》（JTG E51—2009）
《公路桥涵施工技术规范》（JTG/T F50—2011）
《公路工程沥青及沥青混合料试验规程》（JTG E20—2011）
《公路隧道交通工程与附属设施施工技术规范》（JTG/T F72—2011）

4）勘测规范

《岩土工程勘察规范》（GB 50021—2001）
《公路工程水文勘测设计规范》（JTG C30—2002）
《公路工程地质遥感勘察规范》（JTG/T C21-01—2005）
《公路勘测规范》（JTG C10—2007）
《公路工程地质勘察规范》（JTG C20—2011）

5）检测评定规范

《建筑基桩检测技术规程》（JGJ 106—2003）
《公路工程质量检验评定标准（第一册土建工程）》（JTG F80/1—2004）
《公路工程质量检验评定标准（第二册机电工程）》（JTG F80/2—2004）
《公路工程基桩动测技术规程》（JTG/T F81-01—2004）
《公路工程基桩动测技术规程》（JTG/T F81-01—2004）
《公路工程施工监理规范》（JTG G10—2006）
《混凝土强度检验评定标准》（GB/T 50107—2010）
《公路桥梁技术状况评定标准》（JTG/T H21—2011）

6）养护规范

《公路水泥混凝土路面养护技术规范》（JTJ 073.1—2001）
《公路沥青路面养护技术规范》（JTJ 073.2—2001）
《公路隧道养护规范》（JTG H12—2003）
《公路桥涵养护规范》（JTG H11—2004）
《公路养护技术规范》（JTG H10—2009）

7）安全规范

《高速公路护栏安全性能评价标准》（JTG/T F83-01—2004）
《高速公路交通工程及沿线设施设计通用规范》（JTG D80—2006）
《公路交通安全设施设计规范》（JTG D81—2006）
《公路交通安全设施施工技术规范》（JTG F71—2006）
《公路交通标志和标线设置规范》（JTG D82—2009）
《公路隧道交通工程与附属设施施工技术规范》（JTG/T F72—2011）

1.2.2 检测细则

道路工程的每一项检测方法应根据国家或部颁现行最新标准、操作规程和有关行业规范制定详细的实施细则。

1.2.2.1 实施细则的内容

（1）技术标准、规定要求、检测方法、操作规程。

（2）抽样方法及样本大小。

（3）检测项目、被测参数大小及允许变化范围。

（4）检测仪器设备的名称、型号、量程、准确度、分辨率。

（5）检测人员组成和检测系统框架。

（6）对检测仪器检查标定的项目和结果。

（7）对检查仪器和样品或试件的基本要求。

（8）对环境条件的要求。

（9）在检测过程中发生异常现象的处理办法。

（10）在检测过程中发生意外事故的处理办法。

（11）检测结果计算整理分析方法。

1.2.2.2 实施细则的方法

1）样本大小的确定方法

凡是产品技术标准中已规定样本大小的，按标准规定执行；未明确规定样本大小的，按检测规程和相应的技术标准中的方法确定，也可按百分比抽样的方法确定。百分比抽样的抽样基数不得小于样本的 5 倍；在生产场所抽样时，当天产量不得小于均衡生产时的基本日均产量；在使用中抽样时，抽样基数不得小于样本的 2 倍。

2）抽样方法

采用随机抽样的方法，由委托检测的单位提供编号进行，原则上抽样人不得与产品直接见面，样本应在生产单位或使用单位已经检测合格的基础上抽取。特殊情况下也允许在生产场所已经检测合格的产品中抽取。

3）样本的保护方法

抽样人应以适当的方式封存样本，由样本所在部门运往检测部门，运输方式应不损坏样本、样品箱、样品桶、样品包装的外观及性能。

4）填写样品登记表

抽样结束后，由抽样人填写样品登记表，包括产品生产单位、产品名称、型号、样品中产品单件编号、封样的编号、抽样的依据、样本大小、抽样基数、抽样地点、运输方式、抽样日期、抽样人姓名、封样人姓名。

5）检测准确度的确定方法

检测时得到大量的原始数据，应进行分析和处理后才能获得准确可靠的检测结果。可以参照有关书籍中有效数字的处理、可疑数据的剔除、误差的处理等方法进行实测数据的分析和处理。

1.3　道路工程质量检验评定方法

道路工程质量检验评定的方法是按照划分的项目首先对划分项目的工程质量进行评分，然后根据评分值评定工程质量等级。

1.3.1　项目划分

根据建设任务、施工管理和质量检验评定的需要，在施工准备阶段将建设项目划分为单位工程、分部工程和分项工程。

1.3.1.1　一般建设项目的工程划分

1）路基工程

路基工程以每 10 km 或每标段为一个单位工程，路基工程的分部工程及分项工程如表 1-1 所示。

表 1-1　路基工程的划分

分部工程	分项工程
路基土石方工程*（1～3 km 路段）	土方路基*、石方路基*、软土地基*、土工合成材料处治层*等
排水工程（1～3 km 路段）	管节预制、管道基础及管节安装*、检查井砌筑*、土沟、浆砌排水沟*、盲沟、跌水、急流槽*、水簸箕、排水泵站等
小桥及符合小桥标准的通道*，人行天桥、渡槽	基础及下部结构*，上部构造预制、安装或浇筑*、桥面*、栏杆、人行道等
涵洞、通道（1～3 km 路段）	基础及下部构造*，主要构件预制、安装或浇筑*、填土、总体等
砌筑防护工程（1～3 km 路段）	挡土墙*、墙背填土、抗滑桩*、锚喷防护*、锥/护坡、导流工程、石笼防护等
大型挡土墙*，组合式挡土墙*	基础*、墙身*、墙背填土、构件预制*、构件安装*、筋带、锚杆/拉杆、总体*等

注：表 1-1～表 1-8 中，①各表内“*”为主要工程，评分时给 2 的权值，不带“*”的为一般工程，评分时给 1 的权值；②按照路段划分的分部工程，高速公路和一级公路宜取低值，二级及二级以下公路可取高值；③护岸可参照挡土墙。

2）路面工程

路面工程以每 10 km 或每标段为一个单位工程，路面工程的分部工程及分项工程如表 1-2 所示。

表 1-2　路面工程的划分

分部工程	分项工程
路面工程*（1～3 km 路段）	底基层、基层*、面层*、垫层、联结层、路缘石、人行道、路肩、路面边缘排水系统等

3）桥梁工程

桥梁工程以特大、大、中桥工程为一个单位工程，桥梁工程的分部工程及分项工程如表 1-3 所示。

表 1-3 桥梁工程的划分

分部工程	分项工程
基础及下部构造*	扩大基础、桩基*、地下连续墙*、承台、沉井*、桩的制作*、墩台身（砌体）浇筑*、墩台身安装、墩台帽*、组合桥台*、台背填土、支座垫石和挡块等
上部构造预制和安装*	主要构件预制*、其他构件预制、钢筋加工及安装、预应力筋的加工和张拉*、梁板安装、悬臂拼装*、顶推施工梁*、拱圈节段预制、拱的安装、转体施工拱*/劲性骨架拱肋安装*、钢管拱肋制作*、吊杆制作和安装*、钢梁制作*、钢梁安装、钢梁防护*等
上部构造现场浇筑*	钢筋加工及安装、预应力筋的加工和张拉*、主要构件浇筑*、其他构件浇筑、悬臂浇筑*、劲性骨架混凝土拱*、钢管混凝土拱*等

4）互通式立体交叉工程

互通式立体交叉工程单独为一个单位工程。互通式立体交叉工程的分部工程及分项工程如表 1-4 所示。

表 1-4 互通式立体交叉工程的划分

分部工程	分项工程
桥梁工程*	桥梁总体、基础及下部构造*、上部构造预制/安装或浇筑*、支座安装、支座垫石、桥面铺装*、护栏、人行道等
主线路基路面工程*（1～3 km 路段）	同路基/路面分项工程
匝道工程	路基*、路面*、通道*、护坡、挡土墙*、护栏等

5）隧道工程

隧道工程单独为一个单位工程。隧道工程的分部工程及分项工程如表 1-5 所示。

表 1-5 隧道工程的划分

分部工程	分项工程
总体	隧道总体*等
明洞	明洞浇筑、明洞防水层、明洞回填*等
洞口工程	洞口开挖、洞口边仰坡防护、洞门和翼墙的浇筑、截水沟、洞口排水沟等
洞身开挖	洞身开挖*等
洞身衬砌	喷射混凝土支护、锚杆支护、钢筋网支护、仰拱、混凝土衬砌*、钢支护、衬砌钢筋等
防排水	防水层、止水带、排水沟等
隧道路面	基层*、面层*等
装修	装修工程
辅助施工措施	超前锚杆、超前钢管等

6）环保工程

环保工程单独为一个单位工程。环保工程的分部工程及分项工程如表 1-6 所示。

7）交通安全设施

交通安全设施以每 20 km 或每标段为一个单位工程。交通安全设施的分部工程及分项工程如表 1-7 所示。

表 1-6 环保工程的划分

分部工程	分项工程
声屏障	声屏障
绿化工程（1～3 km 路段或每处）	中央分隔带绿化、路测绿化、互通立交绿化、服务区绿化、取/弃土场绿化等

表 1-7 交通安全设施的划分

分部工程	分项工程
标志*（5～10 km 路段）	标志*
标线、突起路标（5～10 km 路段）	标线*、突起路标
护栏*、轮廓标（5～10 km 路段）	波形梁护栏*、缆索护栏*、混凝土护栏*、轮廓标等
防眩设施（5～10 km 路段）	防眩板、防眩网等
隔离栅、防落网（5～10 km 路段）	隔离栅、防落网等

8）机电工程

机电工程单独为一个单位工程。机电工程的分部工程及分项工程如表 1-8 所示。

表 1-8 机电工程的划分

分部工程	分项工程
监控设施	车辆检测器、气象检测器、闭路电视监视系统、可变标志、光电缆线路、监控中心设备安装及软件调试、大屏幕投影系统、地图板、计算机监控软件与网络等
通信设施	通信管道与光电缆线路、光纤数字传输系统、数字程控交换系统、紧急电话系统、无线移动通信系统、通信电源等
收费设施	入口车道设备、出口车道设备、收费站设备及软件、收费中心设备及软件、IC 卡及发卡编码系统、闭路电视监视系统、内部有线对讲及紧急报警系统、收费站内光/电缆及塑料管道、收费系统计算机网络等
低压配电设施	中心内低压配电设备、外场设备电力电缆线路等
照明设施	照明设施
隧道机电设施	车辆检测器、气象检测器、闭路电视监视系统、紧急电话系统、环境监测设备、报警与诱导设施、可变标志、通风设施、照明设施、消防设施、本地控制器、隧道监控中心计算机控制系统、隧道监控中心计算机网络、低压配电等

1.3.1.2 特大斜拉桥和悬索桥为主体建设项目的工程划分

1）塔及辅助、过渡墩

塔及辅助、过渡墩单独为一个单位工程。塔及辅助、过渡墩的分部工程及分项工程如表 1-9 所示。

2）锚碇

锚碇单独为一个单位工程。锚碇的分部工程及分项工程如表 1-10 所示。

3）上部构造制作与防护

上部构造制作与防护单独为一个单位工程。上部构造制作与防护的分部工程及分项工程如表 1-11 所示。

表 1-9 塔及辅助、过渡墩的划分

分部工程	分项工程
塔基础*	钢筋加工及安装、扩大基础、桩基*、地下连续墙*、沉井*等
塔承台*	钢筋加工及安装、双壁钢围堰、封底、承台浇筑*等
索塔*	索塔*
辅助墩	钢筋加工、基础、墩台身浇（砌）筑、墩台身安装、墩台帽、盖梁等

注：表 1-9～1-12 中“*”为主要工程，评分时给 2 的权值；不带“*”的为一般工程，评分时给 1 的权值。

表 1-10 锚碇的划分

分部工程	分项工程
锚碇基础*	钢筋加工及安装、扩大基础、桩基*、地下连续墙*、沉井*、大体积混凝土构件*等
锚体*	锚固体系制作*、锚固体系安装*、锚碇块体、预应力锚索的张拉与压浆*等

表 1-11 上部构造制作与防护的划分

分部工程	分项工程
斜拉索*	斜拉索制作与防护*
主缆*	索股和锚头的制作与防护*
索鞍*	主索鞍和散索鞍制作与防护*
索夹	索夹制作与防护
吊索	吊索和锚头制作与防护*等
加劲梁*	加劲梁段制作*、加劲梁防护*等

4）上部构造浇筑与安装

上部构造浇筑与安装单独为一个单位工程。上部构造浇筑与安装的分部工程及分项工程如表 1-12 所示。

表 1-12 上部构造浇筑与安装的划分

分部工程	分项工程
悬浇*	梁段浇筑*
安装*	加劲梁安装*、索鞍安装*、主缆架设*、索夹和吊索安装*等
工地防护*	工地防护*
桥面系及附属工程	桥面防水层的施工、桥面铺装、钢桥面板上防水黏结层的洒布、钢桥面板上沥青混凝土铺装*、支座安装*、抗风支座安装、伸缩缝安装、人行道铺设、栏杆安装、防撞护栏等
桥梁总体	桥梁总体

引桥、引道、互通式立体交叉、交通安全设施等工程参见相应“桥梁工程”、“路基工程”、“路面工程”、“互通式立体交叉工程”、“交通安全设施”等部分的划分。

1.3.2　工程质量评分

工程质量检验评分以分项工程为单元，采用100分制。在分项工程评分的基础上，逐级计算各相应分部工程、单位工程、合同段和建设项目评分值。

1.3.2.1　分项工程质量评分

分项工程质量检验内容包括基本要求、实测项目、外观鉴定和质量保证资料4个部分。只有在其使用的原材料、半成品、成品及施工工艺符合基本要求的规定且无严重外观缺陷，质量保证资料真实并基本齐全时，才能对分项工程质量进行检验评定。基本要求具有质量否决权，经检测基本要求不符合规定时，不得进行工程质量检测和评定。涉及结构安全和使用功能的重要实测项目为关键项目，其合格率不得低于90%（属于工厂加工制造的交通工程安全设施及桥梁金属构件不低于95%，机电工程为100%），且检测值不得超过规定极值，否则必须进行返工处理。实测项目的规定极值是指任一单个检测值都不能突破的极限值，不符合要求时该实测项目为不合格。分项工程的评分值满分为100分，按实测项目采用加权平均法计算。存在外观缺陷或资料不全时，须减分。

1）基本要求的检查

分项工程所列基本要求，对施工质量优劣具有关键作用，应按基本要求对工程进行认真检查。经检查不符合基本要求规定时，不得进行工程质量的检测和评定。

2）实测项目计分

对规定检查项目采用现场抽样方法，按照规定频率和下列计分方法对分项工程的施工质量直接进行检测计分。计分方法有2种：数理统计评分法和合格率评分法。检查项目除按数理统计方法评定的项目以外，均应按单点（组）测定值是否符合标准要求进行评定，并按合格率计分。分项工程得分采取加权平均法，按照式（1-1）计算，分项工程评分按照式（1-2）计算，检查项目的合格率按照式（1-3）计算，检查项目得分按照式（1-4）计算。

$$分项工程得分=\frac{\sum(检查项目得分\times相应权值)}{\sum检查项目权值} \tag{1-1}$$

$$分项工程评分值=分项工程得分-外观缺陷减分-资料不全减分 \tag{1-2}$$

$$检查项目合格率(\%)=\frac{检查合格的点(组)数}{该检查项目的全部检查点(组)数} \tag{1-3}$$

$$检查项目得分=检查项目合格率\times 100 \tag{1-4}$$

3）外观缺陷减分

对工程外表状况应逐项进行全面检查，如发现外观缺陷，应进行减分。对于较严重的外观缺陷，施工单位须采取措施进行整修处理。

4）资料不全减分

分项工程的施工资料和图表残缺，缺乏最基本的数据，或有伪造涂改者，不予检验和评定。资料不全者应予以减分，逐款检查，视资料不全情况，每款减1～3分。

1.3.2.2 分部工程和单位工程质量评分

分项工程和分部工程区分为一般工程和主要（主体）工程，分别给1或2分的权值。进行分部工程和单位工程评分时，采用加权平均值，按照式（1-5）确定相应的评分值。

$$\text{分部/单位工程评分值}=\frac{\sum(\text{分项/单位工程评分值}\times\text{相应权值})}{\sum\text{分项/单位工程权值}} \tag{1-5}$$

1.3.2.3 合同段和建设项目工程质量评分

合同段和建设项目工程质量评分值按《公路工程竣（交）工验收办法》计算。

1）合同段工程质量评分

合同段工程质量评分采用所含各单位工程质量评分的加权平均值，按照式（1-6）计算。

$$\text{合同段工程质量评分值}=\frac{\sum(\text{单位工程评分值}\times\text{该单位工程投资额})}{\sum\text{单位工程投资额}} \tag{1-6}$$

2）建设项目工程质量评分

工程各合同段交工验收结束后，由项目法人对整个工程项目进行工程质量评定，工程质量评分采用各合同段工程质量评分的加权平均值，按照式（1-7）计算。

$$\text{建设工程质量评分值}=\frac{\sum(\text{合同段工程评分值}\times\text{该合同段投资额})}{\sum\text{合同段投资额}} \tag{1-7}$$

1.3.2.4 质量保证资料

施工单位应有完整的施工原始记录、试验数据、分项工程自查数据等质量保证资料，并进行整理分析，负责提交齐全、真实和系统的施工资料和图表。工程监理单位负责提交齐全、真实和系统的施工资料和图表。质量保证资料应包括以下6个方面：

（1）所用原材料、半成品和成品质量检验结果。

（2）材料配比、拌和加工控制检验和试验数据。

（3）地基处理、隐蔽工程施工记录和大桥、隧道施工监控资料。

（4）各项质量控制指标的试验记录和质量检验汇总图表。

（5）施工过程中遇到的非正常情况记录及其对工程质量影响分析。

（6）施工过程中如发生质量事故，经处理补救后，达到设计要求的认可证明文件等。

1.3.3 工程质量等级评定

工程质量评定等级分为合格与不合格，应按分项、分部、单位工程、合同段和建设项目逐级评定。施工单位应对各分项工程按本标准所列基本要求、实测项目和外观鉴定进行自检，按“分项工程质量检验评定表”及相关施工技术规范提交真实、完整的自检资料，对工程质量进行自我评定。工程监理单位应按规定要求对工程质量进行独立抽检，对施工单位检评资料进行签认，对工程质量进行评定。建设单位根据对工程质量的检查及平时掌握的情况，对工程监理单位所做的工程质量评分及等级进行审定。质量监督部门、质量检测机构可依据本标准对公路工程质量进行检测评定。

1.3.3.1　分项工程质量等级评定

分项工程评分值不小于75分者为合格；小于75分者为不合格；机电工程、属于工厂加工制造的桥梁金属构件不小于90分者为合格，小于90分者为不合格。评定为不合格的分项工程，经加固、补强或返工、调测，满足设计要求后，可以重新评定其质量等级，但计算分部工程评分值时按其复评分值的90%计算。

1.3.3.2　分部工程质量等级评定

所属各分项工程全部合格，则该分部工程评为合格；所属任一分项工程不合格，则该分部工程为不合格。

1.3.3.3　单位工程质量等级评定

所属各分部工程全部合格，则该单位工程评为合格；所属任一分部工程不合格，则该单位工程为不合格。

1.3.3.4　合同段和建设项目质量等级评定

合同段和建设项目所含单位工程全部合格，其工程质量等级为合格；所属任一单位工程不合格，则合同段和建设项目为不合格。

小结

本章主要介绍了道路工程检测的目的和意义，检测所依据的规范、规程和细则，工程项目划分和质量评定的方法。道路工程检测结果的准确性与可靠性将直接影响检测机构的工作质量，为了确保数据的可靠性，要求质检人员在检测过程中严格按照有关试验规程进行检测，掌握检测评定的方法，以达到提高工程质量、降低工程造价、推动道路工程施工技术发展的目的。

思考题

1. 道路工程检测的意义是什么？
2. 一般建设项目是怎么划分的？
3. 工程质量是如何评分的？
4. 工程质量评定分为哪几个等级？

第2章 路基土检测

[本章提要]

本章主要介绍路基土的物理性质、力学性质、化学性质指标的检测方法以及冻土性能的检测方法。

土是由地表岩石经过风化、剥蚀、搬运、沉积而形成的一种分散的三相体。不同的作用形成的土体的性质不同。因而土的种类繁多，其工程性质也各不相同。土的性质是确定地基处理方案和制订施工方案的重要依据，其对土方工程的稳定性、施工方法、工程量、劳动量和工程造价都有影响。土的工程性质主要包括土的物理性质、力学性质和化学性质。我国有广大的季节冻土和多年冻土区，在冻土地区进行工程建设，就必须深入研究冻土的特性，以确保冻土地基上工程建筑物的稳定性，因而研究冻土的性能非常重要。土的物理性质指标包括含水率、密度、比重、粒度成分；力学性质指标包括压实度、压缩指标、抗剪强度、最大干密度、承载比；化学性质指标包括酸碱度、有机质含量、有效氧化钙、氧化镁含量；冻土的性能包括冻土的密度、冻结温度和冻土融化的压缩指标。

2.1 土的物理性质检测

土是由固体颗粒、水和气体三部分所组成的三相体系。常用的物理指标有含水率、天然密度、饱和密度、干密度、湿密度、土粒比重、孔隙比、孔隙率、饱和度、液限含水率、塑限含水率、塑性指数、液性指数、相对密度等。其中土粒比重、天然密度、含水率是实测指标，其他指标都可以通过换算计算得到。

2.1.1 含水率检测

土的含水率是土中水的质量与土颗粒质量的比值，用式（2-1）计算。检测含水率的方法有烘干法和酒精燃烧法2种，其中烘干法是测定含水率的标准方法。

$$w=\frac{m-m_s}{m_s}\times 100 \tag{2-1}$$

式中：w 为含水率，%；m 为湿土的质量，g；m_s 为干土的质量，g。

2.1.1.1 烘干法

烘干法适用于黏质土、粉质土、砂类土、砂砾石、有机质土和冻土的含水率检测。

1）检测的仪器设备

烘箱、天平、干燥器、称量盒、铝制饭盒、瓷盘等。

2）检测的步骤

（1）取具有代表性的试样，放入称量盒内，立即盖好盒盖，用天平称量湿土和盒质量。

（2）揭开盒盖，将试样和盒一起放入烘箱内恒温下烘干。

（3）将烘干后试样和盒取出放入干燥器内冷却，之后盖好盒盖，称量烘干土和盒质量。

2.1.1.2 酒精燃烧法

酒精燃烧法适用于快速测定细粒土的含水率。在土样中加入酒精，利用酒精在土上燃烧使土中水分蒸发的原理，将土样烘干，一般应烧3次。

1）检测的仪器设备

天平、无水酒精、称量盒、滴管、火柴、调土刀等。

2）检测的步骤

（1）取代表性试样称量湿土和盒的质量。

（2）用滴管将酒精注入放有试样的称量盒中，直至盒中出现自由液面为止。为使酒精在试样中充分混合均匀，可将盒底在桌面上轻轻敲击。

（3）点燃盒中酒精，燃至火焰熄灭。

（4）将试样冷却数分钟，按（2）、（3）步骤重新燃烧2次。

（5）待第3次火焰熄灭后，盖好盒盖，立即称量干土和盒的质量。

2.1.2 密度检测

土的密度是单位体积土的质量，用式（2-2）计算。测定土样的含水率之后可按照式（2-3）计算土样的干密度。测定密度常用的方法有环刀法、蜡封法、灌砂法、灌水法等。环刀法操作简便且准确，在室内和野外都可普遍采用；不能用环刀切削的坚硬、易碎、含有粗粒、形状不规则的土，可用蜡封法；灌砂法和灌水法一般在现场应用。在密度测试中，m 较易获得，而 V 值的检测操作受人为因素影响较大。

$$\rho = \frac{m}{V} \tag{2-2}$$

$$\rho_{\mathrm{d}} = \frac{\rho}{1+0.01w} \tag{2-3}$$

式中：ρ 为土的密度，g/cm^3；V 为土的体积，g；ρ_{d} 为干密度，g/cm^3。

2.1.2.1　环刀法

环刀法采用一定体积的环刀切削土样，使土按环刀形状充满其中，测环刀中土的质量，根据已知环刀的体积，计算土的密度。

1）检测的仪器及设备

环刀、天平、修土刀、钢丝锯、凡士林等。

2）检测的步骤

（1）按工程需要取原状土或制备所需状态的扰动土样，整平两端，环刀内壁涂一薄层凡士林，刀口向下放在土样上。

（2）用修土刀或钢丝锯将土样上部削成略大于环刀直径的土桩，然后将环刀垂直下压，边压边削至土样伸出环刀上部为止。

（3）用修土刀或钢丝锯削去环刀两端余土，直尺检查使之与环刀口面齐平。

（4）擦净环刀外壁，称“环刀+土”质量。测定剩余土样的含水率。

2.1.2.2　蜡封法

蜡封法是将已知质量的土块浸入融化的石蜡中，使试样有一层蜡的外壳，保持其完整外形，通过分别称得带有蜡壳的土样在空气中和水中的重量，根据阿基米德原理，计算出试样体积，便可以求得土的密度。适用于易破裂土和形态不规则的坚硬土。

1）检测的仪器设备

天平、烧杯、细线、石蜡、针、削土刀等。

2）检测的步骤

（1）用削土刀切取试件，削除试件表面的松、浮土以及尖锐棱角，在天平上称量。取代表性土样进行含水率测定。

（2）将石蜡加热至刚过熔点，用细线系住试件浸入石蜡中，使试件表面覆盖一薄层严密的石蜡。若试件蜡膜上有气泡，需用热针刺破气泡，再用石蜡填充针孔，涂平孔口。

（3）待冷却后，将蜡封试件在天平上称量。

（4）用细线将蜡封试件置于天平一端，使其浸浮在盛有蒸馏水的烧杯中，注意试件不要接触烧杯壁，称蜡封试件的水下质量，并测量蒸馏水的温度。

（5）将蜡封试件从水中取出，擦干石蜡表面水分，在空气中称其质量，将其与步骤（3）中所称质量相比，若质量增加，表示水分进入试件中；若浸入水分质量超过 0.03 g，应重做。

2.1.3 比重检测

土的比重（质量分数）是土在105～110℃下烘干至恒重时的质量与同体积4℃时蒸馏水的质量的比值，按照式（2-4）计算。土的比重是可以通过试验直接测定的，它是土的物理性质中3个基本指标之一。测定土的比重依土的粒径大小不同可采用不同的试验方法，有比重瓶法、浮力法、浮称法和虹吸筒法4种，其中比重瓶法和浮力法为主要测试方法。

$$G_s = \frac{m_s}{m_{w,4°C}} \tag{2-4}$$

式中：G_s为土的比重；$m_{w,4℃}$为4℃时水的质量，g。

2.1.3.1 比重瓶法

比重瓶法适用于土粒径小于5 mm的土。因为比重瓶的玻璃和瓶中的水，在不同温度下其膨胀系数和水的密度都在变化，所以要进行校正才能求得瓶加水重在不同温度下的关系曲线。这种校正除新购比重瓶在试验前必须进行外，对已使用过的瓶在一定时间段内也应进行校正。

1）检测的仪器及设备

（1）比重瓶：容量100（或50）mL。

（2）天平、恒温水槽、砂浴、真空抽气设备。

（3）温度计、烘箱、蒸馏水、中性液体、孔径2 mm及5 mm筛、漏斗、滴管等。

2）检测的步骤

（1）将比重瓶烘干，将烘干土装入比重瓶内，称量。

（2）为排除土中空气，在已装有干土的比重瓶中，注入蒸馏水至瓶的一半处，摇动比重瓶，土样浸泡20 h以上，再将瓶在砂浴中煮沸，使土粒分散。注意沸腾后调节砂浴温度，不使土液溢出瓶外。

（3）如系长颈比重瓶，用滴管调整液面恰至刻度处，擦干瓶外及瓶内壁刻度以上部分的水，称瓶、水、土总质量。如系短颈比重瓶，将纯水注满，使多余水分自瓶塞毛细管中溢出，将瓶外水分擦干后，称瓶、水、土总质量，称量后立即测出瓶内水的温度。

（4）根据测得的温度，从已绘制的温度与瓶、水总质量关系曲线中查得瓶水总质量。如比重瓶体积事先未经温度校正，则立即倾去悬液，洗净比重瓶，注入事先煮沸过且与试验同温度的蒸馏水至同一体积刻度处，短颈比重瓶则注水至满，按本试验步骤（3）调整液面后，将瓶外水分擦干，称瓶、水总质量。

（5）如系砂土，煮沸时砂粒易跳出，允许用真空抽气法代替煮沸法排除土中空气，其余步骤与本试验步骤（3）、（4）相同。

（6）对含有某一定量的可溶盐、不亲性胶体或有机质的土，必须用中性液体（如煤油）测定，并用真空抽气法排除土中气体。

2.1.3.2 浮称法

浮称法适用于粒径大于或等于 5 mm 的土，且其中粒径大于或等于 20 mm 的土质量应小于总土质量的 10%。

1）检测的仪器设备

（1）静水力学天平（或物理天平）：应附有金属网篮，适合网篮沉入的盛水容器。

（2）烘箱、温度计、孔径 5 mm 及 20 mm 筛等。

2）检测的步骤

（1）取代表性试样彻底冲洗，直至颗粒表面无尘土和其他污物。

（2）将试样浸在水中一昼夜取出，立即放入金属网篮，缓缓浸没于水中，并在水中摇晃，至无气泡逸出时为止。

（3）称金属网篮和试样在水中的总质量。

（4）取出试样烘干，称量。

（5）称金属网篮在水中质量，并立即测量容器内水的温度。

2.1.4 粒度成分检测

土粒粒径的大小和级配与土的工程性质紧密相关。土粒度成分检测是指测定土的粒径大小和级配状况，以此作为土的分类、定名和工程应用的依据。土的粒度成分检测的方法有直接法和间接法，对于粒径大于 0.075 mm 的土用筛分法直接检测；对于粒径为 0.002～0.075 mm 的土一般用密度计法或移液管法间接检测。

2.1.4.1 筛分法

筛分法是将土样通过孔径逐级减小的一组标准筛，对于通过某一筛孔的土粒，可以认为其粒径小于该筛孔径，反之，留在该筛上的土颗粒，其粒径大于该筛的孔径。这样即可把土样的大小颗粒按筛孔径大小逐级加以分组和分析，按式（2-5）计算小于某颗粒直径的土的质量百分数，当小于 2 mm 颗粒用四分法取样时，按式（2-6）计算小于某粒径的颗粒质量百分数，以小于某粒径的土质量百分数为纵坐标，颗粒粒径的对数值为横坐标，绘制级配曲线。

$$X=\frac{A}{B}\times 100 \tag{2-5}$$

式中：X 为小于某颗粒粒径的土质量百分数，%；A 为小于某颗粒直径的土质量，g；B 为细筛分析时所取试样质量，粗筛分析时则为试样总质量，g。

$$X=\frac{a}{b}\times p\times 100 \tag{2-6}$$

式中：a 为通过 2 mm 筛的试样中小于某粒径的颗粒质量，g；b 为通过 2 mm 筛的土样中所取试样的质量，g；p 为粒径小于 2 mm 的颗粒质量百分数，%。

1）检测的仪器及设备

（1）粗筛：孔径分别为 60 mm、40 mm、20 mm、10 mm、5 mm、2 mm；细筛：孔

径分别为2 mm、1 mm、0.5 mm、0.25 mm、0.075 mm。

（2）天平、摇筛机、烘箱、筛刷、烧杯、木碾、研钵、杵等。

2）检测的步骤

（1）无凝聚性土：

① 将备好试样分批过2 mm筛。大于2 mm的试样依次过大于2 mm的各级筛，然后称量筛上土的质量；小于2 mm的试样若过多，用四分法缩分，过2 mm以下的各级筛，用摇筛机振摇。

② 筛后各级筛上和筛底土总质量与筛前试样质量差不应大于1%。若2 mm筛下土不超过试样总质量的10%，可省略细筛分析；若2 mm筛上土质量不超过总质量的10%，可省略粗筛分析。

（2）含有黏土粒的砂砾土：

① 将土样碾散、拌匀、烘干、称量，按规定用四分法取代表性土样，放在清水中浸泡并搅拌，使颗粒分散。

② 将浸泡过的混合液过2 mm筛，边冲边洗边过筛至筛上仅有大于2 mm以上的土粒为止。然后将筛上土风干称量，进行粗筛分析。

③ 将沉淀好的2 mm筛下混合液的上部悬液过0.075 mm筛。用玻璃棒研磨盆内浆液，反复加清水、搅拌、研磨、静置、过筛，直至盆内悬液澄清。最后将全部土粒倒在0.075 mm筛上，用水清洗，直至筛上仅留有大于0.075 mm的净砂为止。

④ 将大于0.075 mm的净砂烘干称量并进行细筛分析。将大于2 mm颗粒及0.075～2 mm的颗粒质量从原样中减去，即得小于0.075 mm的颗粒质量。

⑤ 若小于0.075 mm颗粒质量超过总质量的10%，必要时将其烘干、取样，另作密度计或移液管分析。

2.1.4.2 密度计法

密度计法是利用粒径大小与土粒下沉距离和时间的关系来确定粒度成分的方法。

1）检测的仪器及材料

（1）密度计：甲种密度计的刻度为-5～50；乙种密度计的刻度为0.995～1.020。

（2）量筒、天平、温度计、细筛漏斗、煮沸设备、搅拌器、离心机、烘箱、三角烧瓶、细筛、蒸发皿、研钵、木碾、铝盒、秒表。

（3）浓度25%氨水、氢氧化钠、草酸钠、六偏磷酸钠、焦磷酸钠。

2）检测的步骤

（1）取风干、松散的土样，过2 mm筛。

（2）密度计校正：按《标准玻璃浮计检定规程》（JJG 86—2001）进行校正。当悬液温度不等于20℃时，应进行校正；当试样的比重不等于2.65时，应进行土粒比重校正，参见《公路土工试验规程》（JTG E40—2007）。

（3）土样分散处理：易分散土，用25%氨水作为分散剂，其用量为30 g土样中加氨水1 mL；酸性土（pH<6.5），30 g土样加0.5 mol/L氢氧化钠20 mL；中性土（pH=6.5～7.5），30 g土样加0.25 mol/L草酸钠18 mL；碱性土（pH>7.5），30 g土样加0.083 mol/L

六偏磷酸钠 15 mL；pH>8，30 g 土样加 0.125 mol/L 焦磷酸钠 14 mL。

（4）将称好的土样倒入三角烧瓶中，注入蒸馏水，浸泡一夜，加分散剂。将三角烧瓶稍加摇荡，放在电热器上加热煮沸。将煮沸后冷却悬液倒入烧杯中，静置。将上部悬液通过 0.075 mm 筛，注入量筒中。杯中沉土用带橡皮头的玻璃棒细心研磨。加水入杯中，搅拌后静置，再将上部悬液通过 0.075 mm 筛，注入量筒中。反复进行，直至静置后上部悬液澄清为止。最后将全部土粒倒入筛内，用水冲洗至仅有大于 0.075 mm 净砂为止。

（5）将留在筛上的砂粒洗入皿中，风干称量，并计算各粒组质量占总质量的百分数。用搅拌器在量筒内沿整个悬液深度上下搅拌，使悬液均匀分布。

（6）取出搅拌器，同时开动秒表。测记不同时间的密度计的读数，直至小于某粒径的土重百分数小于 10%为止。

3）结果整理

（1）甲种密度计按式（2-7）、式（2-8）计算小于某粒径颗粒质量百分数。

$$X = \frac{100}{m_s} C_G R_m + m_t + n - C_D \tag{2-7}$$

$$C_G = \frac{\rho_s}{\rho_s - \rho_{w,20°C}} \times \frac{2.65 - \rho_{w,20°C}}{2.65} \tag{2-8}$$

式中：X 为小于某粒径颗粒的质量百分数，%；C_G 为比重校正值；ρ_s 为土粒的密度，g/cm^3；$\rho_{w,20°C}$ 为 20℃时水的密度，g/cm^3；m_t 为温度校正值；n 为刻度及弯月面校正值；C_D 为分散剂校正值；R_m 为甲种密度计读数。

（2）乙种密度计按式（2-9）计算小于某粒径颗粒质量百分数。

$$X = \frac{100V}{m_s} C'_G[(R_m - 1) + m'_t + n' - C'_D]\rho_{w,20°C} \tag{2-9}$$

式中：V 为悬液体积（1000 mL）；C'_G 为比重校正值；m'_t 为温度校正值；n' 为刻度及弯月面校正值；C'_D 为分散剂校正值；R'_m 为乙种密度计读数。

（3）土粒直径按式（2-10）计算。

$$d = K\sqrt{\frac{L}{t}} \tag{2-10}$$

式中：K 为粒径计算系数，查表确定；t 为某粒径土粒下沉一定深度所需的静置时间，s；L 为密度计浸入悬液的深度，cm。

（4）以小于某粒径颗粒质量百分数为纵坐标，以粒径为横坐标，绘制级配曲线。

2.2　土的力学性质检测

2.2.1　击实特性检测

击实是指采用人工或机械对土施加夯压能量（如打夯、碾压、振动碾压等方式），使土颗粒重新排列紧密，对于粗粒土因颗粒的紧密排列，增强了颗粒表面摩擦力和颗粒之间嵌挤形成的咬合力；对细粒土，则因为颗粒间的靠紧而增强粒间的分子引力，从而使土在短时间内得到新的结构强度。土作为筑路材料时，需要在模拟现场施工条件下，进行击实试验，利用标准击实仪获得试样的干密度和相应含水率的关系，获得路基压实的最大干密度和相应的最佳含水率，控制路基压实质量。

1）检测的仪器及设备

（1）标准击实仪。

（2）天平、台秤、圆孔筛、金属盘、土铲、烘箱、干燥器、喷水设备、碾土器、盛土盘、量筒、推土器、铝盒、修土刀等。

2）检测的步骤

（1）试样制备：

试样制备分干法和湿法2种，对于一般土，干法制样和湿法制样所得击实结果有一定差异，对于具体试验应根据工程性质选择制备方法。

①干法制样。土不重复使用，按四分法至少准备5个试样，分别加入不同水分（按2%～3%含水率递增），拌匀后闷料一夜备用。

②湿法制样。土不重复使用，对高含水率的土，可省略过筛步骤，用手拣出大于40 mm的粗石子即可。保持天然含水率的第一个土样，可立即用于击实试验。其余几个试样，将土分成小土块，分别风干，使含水率按2%～3%递减。

（2）检测的方法：

①将涂有凡士林的击实筒放在坚硬地面上，并在筒底放置蜡纸或塑料薄膜。将土样分3～5次倒入筒内。整平表面并按规定次数击实，第一层击实完后，将表面拉毛，然后再装入套筒，重复击实其余各层。击实后，试样不应高出筒顶面 5 mm 或 6 mm。

②将试样与套筒分离，拆除底板，擦净筒外壁，称量。在试样中心处取样测其含水率。无论干土法还是湿土法，每洒水拌和一次，含水率增加2%～3%，其中有2个大于和2个小于最佳含水率。需加水量 m_w 可按式（2-11）计算。

$$m_w = \frac{m_i}{1+0.01w_i} \times 0.01(w-w_i) \tag{2-11}$$

式中：m_w 为所需加水量，g；m_i 为含水率 w_i 时土样的质量，g；w_i 为土样原有含水率，%；w 为要求达到的含水率，%。

（3）结果整理：

①按式（2-12）计算击实后各点的干密度 ρ_d。

$$\rho_d = \frac{\rho}{1+0.01w} \tag{2-12}$$

式中：ρ_d 为土的干密度，g/cm^3；ρ 为击实后土的湿密度，g/cm^3。

②以干密度 ρ_d 为纵坐标，含水率 w 为横坐标，绘制干密度与含水率的关系曲线。曲线上峰值点的纵、横坐标分别为最大干密度和最佳含水率。如曲线不能绘出明显的峰值点，应进行补点或重做。

2.2.2 压缩性检测

试验室用压缩仪（固结仪）进行土的压缩性检测，是研究土体一维变形特性的测试方法。由于土是固体颗粒的集合体，具有碎散性，因而土的压缩性比钢材、混凝土等其他材料大得多。在实际工程中，用固结试验法来检测路基土的压缩性。压缩性指标包括压缩系数、压缩指数、体积压缩系数（压缩模量的倒数）、压缩模量。

1）检测的仪器及设备

（1）固结仪：试样面积 30 cm^2 和 50 cm^2。

（2）环刀、透水石、天平、秒表、烘箱、钢丝锯、刮土刀、铝盒等。

（3）变形量测设备：量程 10 mm，最小分度为 0.01 mm 的百分表或零级位移传感器。

2）检测的步骤

（1）试样制备。根据工程需要切取原状土样或制备所需湿度密度的扰动土样。切取原状土样时，应使试样在试验时的受压情况与天然土层受荷方向一致。用钢丝锯将土样修成略大于环刀直径的土柱。然后用手轻轻将环刀垂直下压，边压边修，直至环刀装满土样为止。再用刮土刀修平两端，同时注意刮平试样时，不得用刮刀往复涂抹土样。在切削过程中，应细心观察试样并记录其层次、颜色和有无杂质等。擦净环刀外壁，称环刀与土总质量。并取环刀两面修下的土样测定含水率。试样需要饱和时，应进行抽气饱和。

（2）在切好土样的环刀外壁涂一薄层凡士林，然后将刀口向下放入护环内。

（3）将底板放入容器内，底板上放透水石、滤纸，借助提环螺丝将土样环刀及护环放入容器中，土样上面覆滤纸、透水石，然后放下加压导环和传压活塞，使各部密切接触，保持平稳。

（4）将压缩容器置于加压框架正中，密和传压活塞及横梁，预加压力，使固结仪各部分紧密接触，装好百分表，并调整读数至零。

（5）去掉预压荷载，立即加第一级荷载。加砝码时应避免冲击和摇晃，在加上砝码的同时，立即开动秒表。荷载等级一般规定为 50 kPa、100 kPa、200 kPa、300 kPa 和 400 kPa。

（6）如系饱和试样，则在施加第一级荷载后，立即向容器中注水至满。如系非饱和试样，须以湿棉纱围住上下透水面四周，避免水分蒸发。

（7）如需确定原状土的先期固结压力时，荷载率宜小于 1，可采用 0.5 或 0.25 倍，最后一级荷载应大于 1000 kPa，使 e-lg$p$ 曲线下端出现直线段。

（8）试验结束后拆除仪器，小心取出完整土样，称其质量，并测定其终结含水率（如不需测定试验后的饱和度，则不必测定终结含水率），并将仪器洗干净。

3）结果整理

（1）按式（2-13）计算试验开始时的孔隙比。

$$e_0 = \frac{\rho_s(1+0.01w_0)}{\rho_0} - 1 \tag{2-13}$$

（2）按式（2-14）计算单位沉降量。

$$S_i = \frac{\sum \Delta h_i}{h_0} \times 1000 \tag{2-14}$$

（3）按式（2-15）计算各级荷载下变形稳定后的孔隙比 e_i。

$$e_i = e_0 - (1+e_0) \times \frac{S_i}{1000} \tag{2-15}$$

（4）按式（2-16）计算某一荷载范围内的压缩系数 a_V。

$$a_V = \frac{e_i - e_{i+1}}{p_{i+1} - p_i} = \frac{(S_{i+1} - S_i)(1+e_0)/1000}{p_{i+1} - p_i} \tag{2-16}$$

（5）按式（2-17）、式（2-18）计算某一荷载范围内的压缩模量 E_s 和体积压缩系数 m_V。

$$E_s = \frac{p_{i+1} - p_i}{(S_{i+1} - S_i)/1000} \tag{2-17}$$

$$m_V = \frac{1}{E_S} = \frac{a_V}{1+e_0} \tag{2-18}$$

式中：E_s 为压缩模量，kPa；m_V 为体积压缩系数，kPa^{-1}；a_V 为压缩系数，kPa^{-1}；e_0 为试验开始时试样的孔隙比；ρ_s 为土粒密度，g/cm^3；w_0 为试验开始时试样的含水率，%；ρ_0 为试验开始时试样的密度，g/cm^3；S_i 为某一级荷载下的沉降量，mm/m；$\Sigma\Delta h_i$ 为某一级荷载下的总变形量，等于该荷载下百分表读数（试样和仪器的变形量减去该荷载下的仪器变形量，mm）；h_0 为试样起始时的高度，mm；e_i 为某一荷载下压缩稳定后的孔隙比；p_i 为某一荷载值，kPa。

（6）以单位沉降量 S_i 或孔隙比 e 为纵坐标，以压力 p 为横坐标，作单位沉降量或孔隙比与压力的关系曲线。

（7）按式（2-19）计算压缩指数 C_c。

$$C_c = \frac{e_i - e_{i+1}}{\lg p_{i+1} - \lg p_i} \tag{2-19}$$

2.2.3　抗剪强度检测

土的抗剪强度是土体在剪切面上所能承受的极限剪应力，是土的重要力学指标之一。它是估算地基承载力、评价地基稳定性、计算边坡稳定性以及支挡结构物的土压力的重要参数。直接剪切试验所使用的主要仪器是直剪仪，分为应变控制式和应力控制式 2 种。检测的方法有慢剪、固结快剪和快剪 3 种。

2.2.3.1　慢剪试验

慢剪试验适用于测定黏质土的抗剪强度指标。将土样按照垂直压力的分级确定切取试样，在试样上施加垂直压力和水平剪切力，使试样充分排水固结。

1）检测的仪器及设备

（1）应变控制式直剪仪：由剪切盒、垂直加荷设备、剪切传动装置、测力计和位移量测系统组成。

（2）环刀：内径 61.8 mm，高 20 mm。

（3）位移量测设备：百分表或传感器。

2）检测的步骤

（1）在剪切盒的下盒内放透水石和滤纸，将放有滤纸和透水石的试样推入剪切盒内，插入固定销。

（2）移动传动装置，使上盒前端钢珠刚好与测力计接触，然后依次加上传压板、加压框架，安装垂直位移量测装置，记录初始读数。

（3）施加各级垂直压力，然后向盒内注水。若试样为非饱和试样，应在加压板周围包以湿棉花。

（4）拔去固定销，剪切土样，并每隔一定时间记录百分表的读数，直至剪损。

（5）当百分表的读数不变或后退时，继续剪切到剪切位移为 4 mm 时为止，记录破坏值。当剪切过程中，百分表无峰值时，剪切至剪切位移为 6 mm 时为止。

（6）剪切结束后，吸去盒内积水，撤掉剪切力和垂直压力，取出试样，测定其含水率。

3）结果整理

（1）剪切位移和剪切力分别按式（2-20）、式（2-21）计算。

$$\Delta_l = 20n - R \tag{2-20}$$

$$\tau = CR \tag{2-21}$$

式中：Δ_l 为剪切位移，mm；n 为手轮转数；R 为百分表读数；τ 为剪应力，kPa；C 为测力计校正系数，kPa/min。

（2）以剪切应力 τ 为纵坐标，剪切位移 Δ_l 为横坐标，绘制 $\tau-\Delta_l$ 的关系曲线。以垂直压力 p 为横坐标，抗剪强度 S 为纵坐标，将每个试样的抗剪强度和垂直压力绘制在坐标系中形成一条直线，直线的倾角为摩擦角 φ，纵坐标上的截距为凝聚力 c。

2.2.3.2 固结快剪试验

固结快剪试验适用于渗透系数小于 10^{-6} cm/s 的土，也可用于土体有一定湿度、施工中逐步压实固结的公路高填方边坡。在试样上以 0.8 mm/min 的剪切速率施加垂直压力，待排水稳定后施加水平剪切力进行剪切。在剪切过程中，为了避免试样有排水现象，应在 3～5 min 内剪损。

2.2.3.3 快剪试验

快剪试验适用于渗透系数小于 10^{-6} cm/s 的土，也可用于施工中边坡不发生排水固结的比较干燥的公路挖方边坡。在试样上施加垂直压力后，立即施加水平剪切力进行剪切，在此过程中试样不会发生固结和排水现象。在剪切过程中，为了避免试样有排水现象，应在 3～5 min 内剪损。

上述这 3 种试验方法都是针对于黏质土的。对于砂类土，可以以较快的剪切速率进行快剪试验测定其抗剪强度；对于超固结黏性土与软弱岩石夹层的黏性土，用反复直接剪切试验测定其抗剪强度。

2.2.4 粗粒土和巨粒土的最大干密度检测

粗粒土和巨粒土的最大干密度采用表面振动压实仪法检测，适用于通过 0.075 mm 标准筛的土颗粒质量百分数不大于 15%的无黏性自由排水粗粒土和巨粒土。

1）检测的仪器及设备

（1）振动器：功率 0.75～2.2 kW，振动频率 30～50 Hz，激振力 10～80 kN。

（2）试筒、套筒、台秤、电动葫芦、标准筛、直钢条、深度仪或钢尺。

（3）大铁盘、烘箱、小铲、大勺及漏斗、橡皮锤、秒表、试筒布套等。

2）检测的步骤

（1）干土法：

① 充分拌匀烘干试样，即使其颗粒分离程度尽可能小，然后大致分成 3 份。测定并记录空试桶质量。

② 用小铲或漏斗将任一份试样徐徐装填入试桶，并注意使颗粒分离程度最小（装填量宜使振毕密实后的试样等于或略低于桶高的 1/3）；抹平试样表面。然后可用橡皮锤或类似物敲击几次试桶壁，使试料下沉。

③ 将试筒固定于底板上，装上套筒，并与试筒紧密固定。

④ 放下振动器，振动 6 min。吊起振动器。

⑤ 按本试验第②～④步进行第 2 层、第 3 层试样振动压实。

⑥ 卸去套筒。将直钢条放于试筒直径位置上，测定振毕试样高度。读数宜从 4 个均布于试样表面至少距桶壁 15 mm 的位置上测得，记录并计算试样高度 H_0。

⑦ 卸下试桶，测定并记录试筒与试样质量，扣除试筒质量即为试样质量。计算最大干密度 ρ_{dmax}。

⑧ 重复本试验①～⑦步骤，直至获得一致的最大干密度。但须制备足够的代表性试料，不得重复振动压实单个试件。

（2）湿土法：

① 按湿土法试验时，可对烘干试料加足量水，或用现场湿土料进行。拌匀试料颗粒级配及含水率（使颗粒分离程度尽可能小），然后大致分成 3 份。如果向干料中加水，则需最小饱和时间约 0.5 h；加水量宜加到足够分量，即在拌和盘中无自由水滞积，且在振密过程中基本保持饱和状态。对于估算向烘干试料中的加水量，起初可尝试每 4.5 kg 试料加约 1000 mL 的水量，或按式（2-22）估算。

$$M_w = M_s\left(\frac{\rho_w}{\rho_d} - \frac{1}{G_s}\right) \tag{2-22}$$

式中：M_w 为加水量，g；ρ_d 为由起初振密结果所估算的干密度，g/cm^3；M_s 为试样质量，g；ρ_w 为水的密度，g/cm^3；G_s 为土粒比重。

② 将试筒固定于底板上。用小铲或大勺将任一份湿料徐徐填入试桶（装填量宜使振毕试样等于或略低于桶高的 1/3）。

③ 放下振动器，振动 6 min。吊起振动器，吸去试样表面自由水。

④ 按本试验第②、③步进行第 2 层、第 3 层试样振动压实。

⑤ 卸下试桶。吸去加重底板上及边缘的所有自由水。将百分表架支杆插入每个试筒导向瓦套孔中；刷净试筒顶沿面上及加重底板上位于试筒导向瓦两侧测量位置所积落的细粒土，并尽量避免将这些细粒土刷进试筒内。然后分别测读并记录试桶导向瓦每侧试筒顶沿面（中心线处）各 3 个百分表读数，共 12 个读数（其平均值即为百分表初始读数 R_i）；再从加重底板上测读并记录出相应读数（其平均值即为终了百分表读数 R_f）。

⑥ 测定振毕试样含水率后，计算最大干密度 $\rho_{d_{max}}$。

⑦ 重复本试验步骤①～⑥，直至获得一致的最大干密度。但须制备足够的代表性试料，不得重复振动压实单个试件。

（3）对于粒径大于 60 mm 的巨粒土，因受试桶允许最大粒径的限制，应按相似级配法制备缩小粒径的系列模型试料。相似级配模型试料粒径按照式（2-23）计算。

$$d = \frac{D}{M_r} \tag{2-23}$$

式中：D 为原型试料级配某粒径，mm；d 为原型试料级配某粒径缩小后的粒径，即模型试料相应粒径，mm；M_r 为粒径缩小倍数，通常称为相似级配模比，按照式（2-24）计算。

$$M_r = \frac{D_{max}}{d_{max}} \tag{2-24}$$

式中：D_{max} 为原型试料级配最大粒径，mm；d_{max} 为试样允许或设定的最大粒径。

相似级配模型试料级配组成与原型级配组成相同，见式（2-25）。

$$P_{M_r} = P_P \tag{2-25}$$

式中：P_{M_r} 为原型试料粒径缩小 M_r 倍后（即为模型试料）相应的小于某粒径 d 含量百分数，%；P_P 为原型试料级配小于某粒径 D 的含量百分数，%。

3）结果整理

（1）对于干土法，最大干密度 $\rho_{d_{max}}$ 按式（2-26）计算。

$$\rho_{d_{max}} = \frac{M_d}{V} = \frac{M_d}{A_c H} \tag{2-26}$$

式中：$\rho_{d_{max}}$ 为最大干密度，g/cm^3；M_d 为干试样质量，g；V 为振毕密实试样体积，cm^3；A_c 为标定的试筒横断面积，cm^2；H 为振毕密实试样高度，cm。

（2）对于湿土法，最大干密度按式（2-27）计算。

$$\rho_{d_{max}} = \frac{M_m}{V(1+0.01w)} \tag{2-27}$$

式中：$\rho_{d_{max}}$为最大干密度，g/cm^3；V为振毕密实试样体积，cm^3；M_m为振毕密实湿试样质量，g；w为振毕密实湿试样含水率，%。

2.2.5 二的承载比检测

土的承载比检测适用于在规定的试筒内制件后，对各种土和路面基层、底基层材料进行承载比试验，要求试样的最大粒径宜控制在 20 mm 以内，最大不得超过 40 mm 且含量不超过 5%。

1）检测的仪器及设备

（1）圆孔筛、试筒、夯锤、导管、灌入杆。

（2）路面材料强度仪或其他载荷装置。

（3）试件顶面上的多孔板（测试件吸水时的膨胀量）；多孔底板（试件放上后浸泡水中）。

（4）测膨胀量时支承百分表的架子，或采用压力传感器测试。

（5）荷载板、水槽、百分表、台秤、拌和盘、直尺、滤纸、脱模器等。

2）检测的步骤

（1）将具有代表性的风干试料，用木碾捣碎，但应尽量注意不使土或粒料的单个颗粒破碎。土团均应捣碎到通过 5 mm 的筛孔。采取有代表性的试料，筛除大于 40 mm 的颗粒，并记录超尺寸颗粒的百分数。将已过筛的试料按四分法取样。在预定做击实试验的前一天，取有代表性的试料测定其风干含水率。

（2）称试筒本身质量 m_1，将试筒固定在底板上，将垫块放入筒内，并在垫块上放一张滤纸，安上套环。

（3）将试料按规定的层数和每层击数进行击实，求试料的最大干密度和最佳含水率。

（4）将其余 3 份试料，按最佳含水率制备 3 个试件。将 1 份试料平铺于金属盘内，按事先计算得的该份试料应加的水量均匀地喷洒在试料上。用小铲将试料充分拌和到均匀状态，然后装入密闭器或塑料口袋内浸泡备用。

（5）将试筒放在坚硬的地面上，取备好的试样倒入筒内。整平表面，并稍加压紧，然后按规定的击数进行第 1 层试样的击实，击实时锤应自由垂直落下，锤迹必须均匀分布于试样面上。第 1 层击实完后，将试样层面"拉毛"，然后在装入套筒，重复上述方法进行其余每层试样的击实。大试筒击实后，试样不宜高出筒高 10 mm。

（6）卸下套环，用直刮刀沿试筒顶修平击实的试件，表面不平整处用细料修补。取出垫块，称试筒和试件的质量 m_2。

（7）泡水测膨胀量。在试件制成后，取下试件顶面的残破滤纸，放一张好滤纸，并在其上安装附有调节杆的多孔板，在多孔板上加 4 块荷载板。将试筒与多孔板一起放入槽内（先不放水），并用拉杆将模具拉紧，安装百分表，并读取初读数。向水槽内放水，使水自由进到试件的顶部和底部。在泡水期间，槽内水面应保持在试件顶面以上大约 25 mm。通常试件要泡水 4 昼夜。泡水结束时，读取试件上百分表的终读数，并用式（2-28）计算膨胀量。

$$膨胀量=\frac{泡水后试件高度变化}{原试件高(=120mm)}\times 100 \tag{2-28}$$

从水槽中取出试件，倒入试件顶面的水，静置 15 min，让其排水，然后卸去附加荷载和多孔板、底板和滤纸，并称量（m_3），以计算试件的湿度和密度的变化。

（8）贯入试验。将泡水试验结束的试件放到路面材料强度试验仪的升降台上，调整偏球座，对准、整平并使贯入杆与试件顶面全面接触，在贯入杆周围放置 4 块荷载板。先在贯入杆上施加 45 N 荷载，然后将测力和测变形的百分表指针均调整数，并记读起始读数。加荷使贯入杆以 1～1.25 mm/min 的速度压入试件，同时测记 3 个百分表的读数。记录测力计内百分表某些整读数时的贯入量，并注意使贯入量为 2.5 mm 时，能有 5 个以上的读数。因此，测力计内的第 1 个读数应使贯入量为 0.3 mm 左右。

3）结果整理

（1）以单位压力 p 为横坐标，贯入量 l 为纵坐标，绘制 p–l 关系曲线。

（2）一般采用贯入量为 2.5 mm 时的单位压力与标准压力之比作为材料的承载比（*CBR*），计算公式如式（2-29）；同时按照式（2-30）计算贯入量为 5 mm 时的承载比。如贯入量为 5 mm 时的承载比大于 2.5 mm 时的承载比，则试验应重做。如结果仍然如此，则采用 5 mm 时的承载比。

$$CBR=\frac{p}{7000}\times 100 \tag{2-29}$$

式中：*CBR* 为承载比，%；p 为单位压力，kPa。

$$CBR=\frac{p}{10500}\times 100 \tag{2-30}$$

（3）试件的湿密度按照式（2-31）计算。

$$\rho=\frac{m_2-m_1}{2177} \tag{2-31}$$

式中：ρ 为试件的湿密度，g/cm^3；m_2 为试筒和试件的合质量，g；m_1 为试筒的质量，g；2177 为试筒的容积，cm^3。

（4）计算试件的干密度。

（5）泡水后试件的吸水量按照式（2-32）计算。

$$w_a=m_3-m_2 \tag{2-32}$$

式中：w_a 为泡水后试件的吸水量，g；m_3 为泡水后试筒和试件的合质量，g；m_2 为试筒和试件的合质量，g。

2.2.6 土工原位测试

原位测试可以克服室内土工分析的缺点。原位测试可在原位的应力条件、土的天然含水率下进行土的试验。原位测试可分为两大类：一类是在小应变条件下进行测试；另一类是在大应变条件下进行测试。后者又可分为单测定土的强度和除测定土的强度外还提供应力-应变信息。在土工勘察中常用的原位测试方法有钻孔波速试验、十字板剪力试验、标准贯入试验、静力触探试验、平板载荷试验、螺旋压板载荷试验等。

2.2.6.1 钻孔波速试验

钻孔波速试验属于小应变条件的原位测试方法，常用于土的勘察中。在均质或成层土层中，理论上波速与土层的弹性模量和泊松比有关。因此，如在现场测得了波速，就可计算土的弹性模量和泊松比。为了测定波速，在振源处引发一次冲击，而在离开振源某一距离处放置检波器，以测定波通过该指定距离所需的时间。

2.2.6.2 十字板剪力试验

十字板剪力试验用于原位测定饱水软黏土的不排水抗剪强度。由于它避免了钻探时土的扰动以及取土样的扰动，而直接在原位应力条件下测定土的抗剪强度，所以它是一种有效的原位测试方法。十字板剪力试验是在预钻的钻孔孔底，把有 4 个叶片的十字板头插至规定深度，施加扭转力矩，直至土体破坏；或是不用钻探，直接将十字板压入土中不同深度，测土体破坏抗扭力矩，则不排水抗剪强度 c_u，也即十字板抗剪强度 S_r 计算式为（2-33）。

$$c_u = \frac{2M}{\pi D^2(\frac{D}{3}+H)} \tag{2-33}$$

式中：M 为土体破坏时的扭矩，N · cm；D 为十字板头直径，cm；H 为十字板头高度，cm。

2.2.6.3 标准贯入试验

标准贯入试验是利用规定的落锥能将圆筒形的贯入器打入钻孔底土中，根据贯入的难易程度来判定土的物理力学性质。标准贯入装置的锤重 63.5 kg，自由落距 76 cm，贯入器外径 51 mm，内径 35 mm，长 500 mm，为两个半圆管合成，下部有贯入器管靴。贯入器上端连接外径 42 mm 钻杆。在将贯入器打入土层时，先打入 15 cm 不计击数，继续贯入土中 30 cm，记录其锤击数，即标准贯入击数 N。标准贯入试验对估定砂类土的天然密度是十分有用的，N 与砂类土密实度的经验关系见有关规范。

2.2.6.4 静力触探试验

静力触探试验就是将一金属圆锥形探头，用静力以一定的贯入速度贯入土中，根据测得的探头贯入阻力可间接地确定土的物理力学性能。静力触探具有明显的优点：连续、快速、灵敏、简便，因此，已得到广泛的使用。静力触探的不足在于：不能对土进行直接的观察和描述；测试深度还不能太深，一般小于 50 m，个别情况如果采取一些辅助手段，可达 70 m。

2.2.6.5 平板载荷试验

载荷试验是一种最古老的原位测试方法，它是在与建筑物基础工作相似的受荷条件下，对天然条件下的地基土测定加于承载板的压力与沉降的关系，实质上是模拟基础的试验。根据压力与沉降的关系，可以测定土的变形模量、评定地基土的承载力。对于不能用小尺寸试样试验的填土、含碎石的土等，最适宜用载荷试验。试验时，可维持荷载直至沉降稳定，再加下一级荷载直至破坏荷载；也可以用一定的沉降速率，例如以2.5 mm/min的速度将载荷板压入土中，测定荷载与沉降的关系，这时所施加的最大荷载相当于不排水抗剪强度所提供的极限荷载。利用荷载沉降曲线 P–S 的初始直线段，可求得土的变形模量 E_0。

2.2.6.6 螺旋压板载荷试验

以螺旋板作为载荷板，旋入地下预定深度，用千斤顶通过传力杆向螺旋压板施加压力，同时测量载荷板的沉降值。当一个深度试验完毕后，可再旋入到下一个深度进行试验。螺旋压板载荷试验可用于砂土，也可用于黏性土，但是旋入螺旋板时对土有一定的扰动。

2.3 土的化学性质检测

土的化学性质检测是运用分析化学的原理和测试技术，测定土中存在的各种盐类、有机质含量，土的矿物组成，石灰的钙镁含量，石灰、水泥稳定土的剂量等。

2.3.1 酸碱度检测

酸碱度检测有助于研究土质的改良，掌握 pH 值是否对道路构造物带来危害，以及进行粒度成分分析时采用分散剂的种类等。测定 pH 值的方法分电测法和比色法 2 种，目前广泛采用电测法。

1）检测的仪器设备

酸度计、电动振荡器、天平。

2）检测的试剂

（1）pH=4.01 的标准缓冲溶液：称 10.21 g 经 105～110℃烘干的苯二甲酸氢钾溶于纯水后定容至 1 L。

（2）pH=6.87 的标准缓冲溶液：称 3.53 g 经 105～110℃烘干的磷酸氢二钠和 3.39 g 磷酸二氢钾溶于水中，定容至 1 L。

（3）pH=9.18 的标准缓冲溶液：3.8 g 硼砂溶于无二氧化碳的冷水中，定容至 1 L。此溶液的 pH 值易于变化，所以应储存于密闭的塑料瓶中（宜保存使用 2 个月）。

（4）饱和氯化钾溶液：向少量纯水中加入氯化钾，边加边搅拌，直至不继续溶解为止。

3）检测的步骤

（1）酸度计的校正：在测定土样前应按照所用仪器的使用说明书校正酸度计。

（2）土悬液的制备：称取风干土样，放入具塞的广口瓶中，加水在振荡器上振荡静置。

（3）土悬液 pH 值的测定：将土悬液盛于一烧杯中，将该烧杯移至电磁搅拌器上。再向该烧杯中加一只搅拌子。然后将已校正完毕的玻璃电极、甘汞电极（或复合电极）插入杯中，开动电磁搅拌器搅拌，从酸度计的表盘（或数字显示器）上直接测定出 pH 值。测记土悬液温度，进行温度补偿操作。

（4）测定完毕，应关闭酸度计和电磁搅拌器的电源，用水冲洗电极，并用滤纸吸干电极上沾附的水。若一批试验测完后，第二天仍继续测定的话，可将玻璃电极部分浸泡在纯水中。

2.3.2　有机质含量检测

有机质含量检测的目的在于了解土中有机质的含量，适用于有机质含量不超过 15% 的土。测定方法采用重铬酸钾容量法——油浴加热法。

1）检测的仪器设备

分析天平、电炉、油浴锅、温度计。

2）检测的试剂

（1）0.075 mol/L 的 $1/6\ K_2Cr_2O_2-H_2SO_4$ 溶液：用分析天平称取经 105～110℃烘干并研细的重铬酸钾 44.1231 g，溶于 800 mL 蒸馏水中（必要时可加热），缓缓加入浓硫酸 1000 mL，边加入边搅拌，冷却至室温后用水定容至 2 L。

（2）0.2 mol/L 硫酸亚铁（或硫酸亚铁铵）溶液：称取硫酸亚铁 56 g 或硫酸亚铁铵 80 g，溶于蒸馏水中，加 15 mL 浓硫酸（密度为 1.84 g/mL）。然后加蒸馏水稀释至 1 L，密封贮存于棕色瓶中。

（3）邻菲咯啉指示剂：称取邻菲咯啉 1.485 g，硫酸亚铁 0.695 g，溶于 100 mL 蒸馏水中，此时试剂与 Fe^{2+} 形成红棕色络合物，即 $[Fe(C_{12}H_8N_2)_3]^{2+}$。储存于棕色滴瓶中。

（4）石蜡（固体）或植物油 2 kg。

（5）浓硫酸（密度为 1.84 g/mL 化学纯）。

（6）灼烧过的浮石粉或土样：取浮石粉或矿质土约 200 g，磨细并通过 0.25 mm 筛，分散装入数个瓷蒸发皿中，在 700～800℃高温炉内灼烧 1～2 h，把有机质完全烧尽后备用。

3）硫酸亚铁（或硫酸亚铁铵）溶液的标定

准确吸取 $K_2Cr_2O_7$ 标准溶液注入锥形瓶中，用蒸馏水稀释，注入邻菲咯啉指示剂，用硫酸亚铁（或硫酸亚铁铵）溶液进行滴定，使锥形瓶中的溶液由橙黄经蓝绿色突变至橙红色为止。按用量计算硫酸亚铁（或硫酸亚铁铵）溶液的浓度。

4）检测的步骤

（1）用分析天平准确称取风干土样，放入一干燥的硬质试管中，用滴定管准确加入 0.075 mol/L 的 $1/6\ K_2Cr_2O_2-H_2SO_4$ 标准溶液，摇动试管使土样分散，并在试管口插入一小玻璃漏斗，冷凝蒸出的水汽。

（2）将已装入土样和标准溶液的试管插入铁丝笼中（每笼中均有 1～2 个空白试管），然后将铁丝笼放入石蜡油浴锅中，试管内的液面应低于油面。要求放入后油浴锅内油温下降至 170～180℃，以后应注意控制电炉，使油温维持在 170～180℃，待试管内试液沸腾时开始计时，煮沸，取出试管稍冷，并擦净试管外部油液。

（3）将试管内试样倾入锥形瓶中，用水洗净试管内部及小玻璃漏斗，然后加入邻菲啰啉指示剂，摇匀，用硫酸亚铁（或硫酸亚铁铵）标准溶液滴定，溶液由橙黄色经蓝绿色突变为橙红色时即为终点，记下硫酸亚铁（或硫酸亚铁铵）标准溶液的用量。

（4）空白标定：用灼烧土代替土样，其他操作均与土样试验相同，记录硫酸亚铁用量。

5）结果整理

有机质含量（以%表示）按式（2-34）计算。

$$有机质含量=\frac{C_{FeSO_4}(V'_{FeSO_4}-V_{FeSO_4})\times0.003\times1.724\times1.1}{m_s}\times100 \tag{2-34}$$

式中：C_{FeSO_4}为硫酸亚铁标准溶液的浓度，mol/L；V'_{FeSO_4}为空白标定时用去的硫酸亚铁标准溶液的量，mL；V_{FeSO_4}为测定土样时所用去的硫酸亚铁标准溶液的量，mL；m_s为土样质量（将风干土换算为烘干土），g；0.003为1/4碳原子的摩尔质量，g/mol；1.724为有机碳换算成有机质的系数；1.1为氧化校正系数。

2.3.3 有效氧化钙、氧化镁含量检测

石灰中有效氧化钙CaO和氧化镁MgO的含量多少，直接影响石灰黏结性的好坏，是评定石灰质量的首要指标。

2.3.3.1 有效氧化钙的含量

有效氧化钙含量是指石灰中活性氧化钙占石灰试样的质量百分率。测定原理：活性氧化钙CaO能与蔗糖$C_{12}H_{22}O_{11}$化合而成水溶性的蔗糖钙$CaO\cdot C_{12}H_{22}O_{11}\cdot 2H_2O$，其反应式见式（2-35）。

$$CaO+C_{12}H_{22}O_{11}+2H_2O\rightarrow CaO\cdot C_{12}H_{22}O_{11}+2H_2O \tag{2-35}$$

石灰石中其他非活性的钙盐（如硅酸钙、铝酸钙、铁酸钙等）则不与蔗糖作用，利用这种不同的反应条件，采用中合滴定法，用已知浓度的盐酸进行滴定（以酚酞为指示剂），其反应式见式（2-36）。

$$CaO\cdot C_{12}H_{22}O_{11}\cdot 2H_2O+2HCl\rightarrow C_{12}H_{22}O_{11}+CaCl_2+3H_2O \tag{2-36}$$

当达到滴定终点时，按盐酸的消耗量即可按式（2-37）计算出有效氧化钙的含量。

$$CaO=\frac{V\cdot N\cdot 0.028}{G}\times100 \tag{2-37}$$

式中：V为滴定时消耗盐酸标准溶液的体积，mL；0.028为氧化钙毫克当量；G为试样质量，g；N为盐酸标准溶液当量浓度。

2.3.3.2 有效氧化镁的含量

有效氧化镁的含量是指有效氧化镁在石灰中占试样质量的百分率。由于测定有效氧

化镁很困难，现行的方法是确定氧化镁的总量。测定原理，因为氧化镁和蔗糖作用缓慢，不能采用上面测氧化钙的方法，而是采用络合滴定法测定，首先将石灰试样在石灰水中用盐酸酸化，使石灰中的氧化钙、氧化镁、三氧化二铁、三氧化二铝离解为钙（Ca^{2+}）、镁（Mg^{2+}）、铁（Fe^{3+}）和铝（Al^{3+}）离子；其次用三乙醇胺（TEA）和酒石酸钾钠为掩蔽剂，使铁（Fe^{3+}）、铝（Al^{3+}）离子掩蔽。并用氨性溶液（NH_4Cl、$NH_3 \cdot H_2O$）为缓冲剂，使溶液的酸度调节至 pH=10。

以酸性铬蓝 K-萘酚绿 B 为指示剂，使钙、镁离子预期生成酒红色的络合物。其反应式见式（2-38）。

$$\begin{aligned} Ca^{2+} + Ind^{2-} &\rightarrow Ca\text{-}Ind \\ Mg^{2+} + Ind^{2-} &\rightarrow Mg\text{-}Ind \end{aligned} \tag{2-38}$$

用乙二胺四乙酸（EDTA）为滴定剂，滴定剂（EDTA）夺取了钙、镁离子与指示剂络合而成的酒红色钙镁络合物中的钙离子，而生成无色 EDTA 络合物，且指示剂被溶液还原为蓝色，反应式见式（2-39）。

$$\begin{aligned} CaInd + EDTA &\rightarrow Ca\text{-}EDTA + Ind \\ MgInd + EDTA &\rightarrow Mg\text{-}EDTA + Ind \end{aligned} \tag{2-39}$$

用氢氧化钠溶液做缓冲剂，将溶液调到 pH≥12，并以钙红为指示剂，则仅有钙离子与钙指示剂络合为钙络合物，其反应式见式（2-40）。

$$Ca^{2+} + Ind^{2-} \rightarrow Ca\text{-}Ind \tag{2-40}$$

同样，用 EDTA 为滴定剂对上述钙络合物进行滴定，使酒红色还原为蓝色，反应式见式（2-41）。

$$CaInd + EDTA \rightarrow Ca\text{-}EDTA + Ind \tag{2-41}$$

根据前面滴定钙、镁合量反应式所消耗的 EDTA 数量，和后面用 EDTA 滴定钙络合物所消耗的数量两者的差，按式（2-42）计算石灰中氧化镁的含量。

$$MgO = \frac{T_{MgO}(V_1 - V_2) \times 10}{G \times 1000} \times 100 \tag{2-42}$$

式中：T_{MgO} 为 EDTA 二钠标准溶液对氧化镁的滴定度，按式（2-43）计算；V_1 为滴定钙、镁合量时消耗的 EDTA 二钠标准溶液的体积，mL；V_2 为滴定钙络合物时消耗的 EDTA 二钠标准溶液的体积，mL；10 为总溶液对分取溶液的体积倍数；G 为试样的质量，g。

$$T_{MgO} = T_{CaO} \times \frac{40.31}{56.08} = 0.72 T_{CaO} \tag{2-43}$$

2.4 冻土的性能检测

2.4.1 冻土密度检测

冻土密度检测可根据冻土的特点和试验条件选用不同的方法，一般检测冻土密度的方法有浮称法、浮力法和环刀法。

2.4.1.1　浮称法

浮称法适用于原状冻土和人工冻土检测，用于表面无显著孔隙的冻土。

1）检测的仪器设备

天平、液体密度计、温度计、量筒、盛液筒。

2）检测的步骤

（1）调整天平，将盛液筒置于天平一端。

（2）切取冻土试样，用细线捆紧，放入盛液筒中并悬吊在天平挂钩上称量。

（3）将事先预冷接近冻土试样温度的煤油缓慢注入盛液筒，量测煤油温度。

（4）称取试样在煤油中的质量。

（5）从煤油中取出冻土试样，削去表皮带煤油的部分，取样测定冻土的含水率。

（6）采用 0℃水时，应快速测定，试样表面不得发生融化。

3）结果整理

（1）按式（2-44）、式（2-45）计算冻土密度ρ_f。

$$\rho_{\mathrm{f}}=\frac{m_1}{V} \tag{2-44}$$

$$V=\frac{m_1-m_2}{\rho_{\mathrm{m}}} \tag{2-45}$$

式中：ρ_f为冻土密度，g/cm^3；V为冻土试样体积，cm^3；m_1为冻土试样质量，g；m_2为冻土试样在煤油中的质量，g；ρ_m为试验温度下煤油的密度，g/cm^3，可由煤油密度与温度关系曲线查得。

（2）按式（2-46）计算冻土干密度。

$$\rho_{\mathrm{fd}}=\frac{\rho_{\mathrm{f}}}{1+0.01w} \tag{2-46}$$

式中：ρ_{fd}为冻土干密度，g/cm^3；w为冻土的含水率，%。

2.4.1.2　浮力法

浮力法适用于原状冻土和人工冻土检测，用于表面无显著孔隙的冻土。

1）检测的仪器及设备

浮力仪（含电子天平）、液体密度计、温度计、量筒、盛液筒。

2）检测的步骤

（1）调整天平，将盛液筒置于天平上。

（2）切取冻土试样，称质量m_1。用细线捆紧，放入盛液筒中并悬吊在挂钩上。

（3）将事先预冷接近冻土试样温度的煤油缓慢注入盛液筒量测煤油温度。

（4）称烧杯、杯中煤油和悬没煤油中的试样的总质量m_2。

（5）从煤油中取出冻土试样，削去表皮带煤油的部分，测定冻土的含水率w。

3）结果整理

（1）按式（2-47）、式（2-48）计算冻土密度。

$$\rho_{\mathrm{f}}=\frac{m_1}{V} \tag{2-47}$$

$$V=\frac{m_2-m_3}{\rho_{\mathrm{m}}} \tag{2-48}$$

式中：ρ_{f} 为冻土密度，g/cm^3；V 为冻土试样体积，cm^3；m_1 为冻土试样质量，g；m_2 为烧杯、杯中煤油和悬没煤油中的冻土试样的总质量，g；m_3 为烧杯、杯中煤油的质量，g；ρ_{m} 为试验温度下煤油的密度，g/cm^3，可由煤油密度与温度关系曲线查得。

（2）按式（2-49）计算冻土干密度。

$$\rho_{\mathrm{fd}}=\frac{\rho_{\mathrm{f}}}{1+0.01w} \tag{2-49}$$

式中：ρ_{fd} 为冻土干密度，g/cm^3；ρ_{f} 为冻土密度，g/cm^3；w 为冻土含水率，%。

2.4.1.3　环刀法

环刀法适用于温度高于−3℃的黏质和砂质冻土，适用于原状冻土和人工冻土。

1）检测的仪器设备

环刀、天平、切土器、钢丝锯等。

2）检测的步骤

（1）本试验宜在负温环境中进行。无负温环境时，必须快速进行。切样和试验过程中的试样表面不得发生融化。

（2）取原状土样，整平其两端，将环刀刃口向下放在土样上。

（3）用切土刀（或钢丝锯）将土样削成略大于环刀直径的土柱，然后将环刀垂直下压，边压边削，至土样伸出环刀为止。将两端余土削去修平，取剩余的代表性土样测定含水率。

（4）擦净环刀外壁称量环刀加湿土质量 m_1 和环刀质量 m_2，计算出湿土质量 m。

3）结果整理

（1）按式（2-50）、式（2-51）、式（2-52）计算冻土密度和干密度。

$$\rho_{\mathrm{f}}=\frac{m}{V} \tag{2-50}$$

$$\rho_{\mathrm{fd}}=\frac{\rho_{\mathrm{f}}}{1+0.01w} \tag{2-51}$$

$$m=m_1-m_2 \tag{2-52}$$

式中：ρ_{f} 为密度，g/cm^3；ρ_{fd} 为干密度，g/cm^3；V 为湿土体积，cm^3；m_1 为环刀加湿土质量，g；m_2 为环刀质量，g；m 为湿土质量，g；w 为含水率，%。

2.4.2 冻土冻结温度检测

冻结温度的检测采用量热法测定，适用于原状和扰动的黏质土和砂质土。

1）检测的仪器设备

（1）仪器设备包括零温瓶、低温瓶、测温设备及试样杯等。

（2）用于配制低融冰晶混合物的氯化钠、氯化钙，硬质聚氯乙烯管等。

2）检测的步骤

（1）原状土：

① 土样应按自然沉积方向放置。剥去蜡封和胶带，开启土样筒取出土样。

② 试样杯内壁涂一薄层凡士林，杯口向下放在土样上。将试样杯垂直下压，并用切土刀沿杯外壁切削土样。边压边削至土样达到试样杯高度，用钢丝锯整平杯口，擦净外壁，盖上杯盖，并取余土测定含水率。

③ 将热电偶的测温端插入试样中心，杯盖周侧用硝基漆密封。

④ 零温瓶内装入用纯水制成的冰块，再倒入纯水，使水面与冰块面相平，然后插入热电偶零温端。

⑤ 低温瓶内装入用浓度 2 mol/L 氯化钠等溶液制成的盐冰块，再倒入相同浓度的氯化钠溶液，使之与冰块面相平。

⑥ 将封好底且内装干砂的塑料管插入低温瓶内，再把试样杯放入塑料管内。然后塑料管口和低温瓶口分别用橡皮塞和瓶盖密封。

⑦ 将热电偶测定端与数字电压表相连，每分钟测量一次热电势，当电势值突然减少并连续 3 次稳定在某一数值（相应的温度即为冻结温度）时，试验结束。

（2）扰动冻土：

① 称取风干土样，平铺于搪瓷盘内，按所需的加水量将纯水均匀喷洒在土样上，充分拌匀后装入盛土器内盖紧，润湿 24 h（砂质土的润湿时间可酌减）。

② 将配制好的土样装入试样杯中，以装实装满为止。杯口加盖，将热电偶测温端插入试样中心。杯盖周侧用硝基漆密封。

3）结果整理

按式（2-53）计算冻结温度，并绘制温度和时间过程曲线。

$$t=\frac{V}{K} \tag{2-53}$$

式中：t 为冻结温度，℃；V 为热电势跳跃后的电压稳定值，μV；K 为热电偶的标定系数，℃/μV。

2.4.3 冻土融化压缩指标检测

冻土融化压缩指标检测是指测定冻土的融沉系数和融化压缩系数，供冻土地基的融化和压缩沉降计算用。适用于冻结黏质土和粒径小于 2 mm 的冻结砂质土。

1）检测的仪器及设备

（1）融化压缩仪：加热传热板应采用导热性能好的金属材料制成。

（2）加荷设备：可采用杠杆式、磅秤式和其他相同量程的加荷设备。

（3）变形测量设备：量程为 10 mm，分度值为 0.01 mm 的百分表或位移传感器。

（4）恒温供水设备。

（5）原状冻土取样器：钻具开口内径为 79.8 mm。

2）检测的步骤

（1）宜在负温环境下进行检测。在切样和装样过程中不得使试样表面发生融化。

（2）用冻土取样器钻取冻土试样，其高度应大于试样环高度。对钻样剩余的冻土取样测定含水率。钻样时必须保持试样的层面与原土状一致，且不得上、下倒置。

（3）将冻土样装入试样环，使之与环壁紧密接触。刮平上、下面，但不得造成试样表面发生融化。测定冻土试样的密度。

（4）在融化压缩容器内先放透水板，其上放一张润湿滤纸。将装有试样的试样环放在滤纸上，套上护环。在试样上放滤纸和透水板，再放上加热传压板。然后装上保温外套。放置融化压缩容器于加压框架正中。安装百分表或位移传感器。

（5）调平加压杠杆。调整百分表或位移传感器到零位。

（6）用胶管连接加热传压板的热循环水进出口与事先装有温度为 40～50℃水的恒温水槽，并打开开关和开动恒温器，以保持水温。

（7）试样开始融沉时即开动秒表，分别记录不同时间的变形量。

（8）融沉稳定后，停止热水循环，并开始加荷进行压缩试验。加荷等级视实际工程需要确定，宜取 50 kPa、100 kPa、200 kPa、400 kPa、800 kPa，最后一级荷载应比土层的计算压力大 100～200 kPa。

（9）施加每级荷载后 24 h 为稳定标准，并测记相应的压缩量。直至施加最后一级荷载压缩稳定为止。

（10）试验结束后，迅速拆卸仪器各部件，取出试样，测定含水率。

3）结果整理

（1）按式（2-54）计算冻土融沉系数。

$$a_0 = \frac{\Delta h_0}{h_0} \times 100 \tag{2-54}$$

式中：a_0 为冻土融沉系数，%；Δh_0 为冻土融化下沉量，cm；h_0 为冻土试样初始高度，cm。

（2）按式（2-55）计算冻土试样初始孔隙比。

$$e_0 = \frac{\rho_w G_s (1 + 0.01w)}{\rho_0} - 1 \tag{2-55}$$

式中：e_0 为冻土试样初始孔隙比；ρ_w 为水的密度，g/cm^3；ρ_0 为试样初始密度，g/cm^3；G_s 为土粒比重；w 为试样含水率，%。

（3）按式（2-56）、式（2-57）计算融沉稳定后和各级压力下压缩稳定后的孔隙比。

$$e = e_0 - (h - \Delta h_0)\frac{1 + e_0}{h_0} \tag{2-56}$$

$$e_i = e - (h - \Delta h)\frac{1+e}{h} \tag{2-57}$$

式中：e、e_i分别为融沉稳定后和压力作用下压缩稳定后的孔隙比；e_0为冻土试样初始孔隙比；h、h_0分别为融沉稳定后和初始试样高度，cm；Δh、Δh_0分别为压力作用下稳定后的下沉量和融沉下沉量，cm。

（4）按式（2-58）计算某一压力范围内的冻土融化玉缩系数。

$$a = \frac{e_i - e_{i+1}}{p_{i+1} - p_i} \tag{2-58}$$

式中：a为某一压力范围内的融化压缩系数，kPa^{-1}；p_{i+1}、p_i为分级压力值，kPa；e_{i+1}、e_i为与分级压力相应的孔隙比。

小结

本章主要阐述了路基土的物理、力学和化学性质以及冻土的密度、冻结温度和融化压缩性的检测原理和检测方法。

思考题

1. 简述快剪、固结快剪、慢剪的区别。
2. 简述土的承载比检测的步骤。
3. 简述冻土冻结温度、融化压缩性检测的步骤。
4. 在土工勘察中常用的原位测试方法有哪些？

第 3 章 砂石材料检测

［本章提要］

本章主要介绍岩石的技术性质、集料的技术性质、岩石的性能检测、集料的性能检测、矿粉的性能检测方法。

砂石材料是道路与桥梁建筑中用量最大的一种建筑材料。它可以直接(或经加工后)用作道路与桥梁的圬工结构；亦可加工成各种尺寸集料，作为水泥(或沥青)混凝土的骨料，在混合料中起到主骨架作用。集料的质量对所制成混凝土的性能影响很大。其中，粗、细集料的级配不良会使混凝土拌和物的和易性下降，水泥用量显著增加；粗集料中针、片状颗粒含量过多同样会影响混凝土拌和物的和易性，并导致高标号混凝土强度降低；集料含泥过高会使混凝土的强度、抗冻及抗渗性能明显下降；海砂中的氯盐含量过多会引起混凝土中钢筋锈蚀。岩石的吸水性、膨胀性、耐崩解性、强度、耐久性，集料的密度、磨耗率、压碎值、冲击值、磨光值、含泥量，矿粉的亲水性、安定性等均需进行检测。

3.1 砂石材料的技术性质

砂石材料是一种重要的建筑材料，可以直接（或经加工后）用作道路与桥梁建筑的圬工结构，亦可加工成各种尺寸的集料，作为水泥混凝土、沥青混合料的集料。砂石材料包括天然岩石、天然或人工轧制的集料以及工业冶金矿渣等。

3.1.1 岩石的技术性质

岩石是在各种地质作用下，按一定方式结合而成的矿物集合体。岩石的技术性质包括物理性质、力学性质和化学性质。

3.1.1.1 岩石的物理性质

岩石的物理性质包括：物理常数（密度、毛体积密度和孔隙率等）、吸水性（吸水率、饱和吸水率）和耐候性（抗冻性、坚固性等）。

1）物理常数

常用的物理常数有密度、毛体积密度和孔隙率。岩石的物理常数主要取决于岩石的矿物成分与组成结构。它与岩石的技术性质有着密切的关系。岩石内部的组成与结构，主要由矿质实体、闭口孔隙（不与外界连通的）和开口孔隙（与外界连通的）3部分组成。

（1）密度：密度是指在规定条件（105℃±5℃烘干至恒重，温度20℃）下，岩石矿质单位体积（不包括开口与闭口孔隙的体积）的质量。岩石密度的测定方法，按我国现行《公路工程岩石试验规程》（JTG E41—2005）规定用密度瓶法测定。

（2）毛体积密度：毛体积密度是指在规定条件下，岩石单位体积（包括岩石矿质实体和孔隙体积）的质量。岩石毛体积密度的测定方法，我国现行《公路工程岩石试验规程》用量积法、水中称量法和蜡封法来测定。

（3）孔隙率：孔隙率是指岩石的孔隙体积占岩石总体积的百分率。孔隙率对岩石的性质影响很大，同一种岩石的强度、吸水率、耐冻性等大小，主要决定于岩石本身的孔隙率及孔隙特征。通过测定岩石的密度和毛体积密度来计算孔隙率，计算式见式（3-1）。

$$n=(1-\frac{\rho_d}{\rho_t})\times 100 \tag{3-1}$$

式中：n为岩石的孔隙率，%；ρ_d为岩石的毛体积密度，kg/m^3；ρ_t为岩石的密度，kg/m^3。

2）吸水性

吸水性是岩石在规定条件下的吸水能力，采用吸水率和饱水率两项指标来表征。

（1）吸水率：吸水率指在常温（20℃±2℃）常压（大气压）条件下，岩石试件最大的吸水质量占烘干（105℃±5℃干燥至恒重）岩石试件质量的百分率。岩石吸水率主要决定于岩石孔隙率的大小及孔隙特征。一般说来，吸水率愈大，吸水性愈强；闭口孔隙水分不易渗入；粗大孔隙，水分又不易存留。所以有些岩石，尽管孔隙率较大，而吸水率却仍然较小。当岩石具有很多微小且开口的孔隙时，其吸水率较大。岩石吸水率采用自由吸水法测定。

（2）饱水率：饱水率指在强制条件下，岩石试件最大的吸水质量占烘干（105℃±5℃干燥至恒重）岩石试件质量的百分率。饱水率采用煮沸法或真空抽气法测定。当真空抽气后，占据岩石孔隙内部的空气被排出，在恢复常压时，水分很快进入空气稀薄的岩石孔隙，这时水分几乎充满开口孔隙的全部体积。因此，饱水率总比吸水率大。通常认为吸水率为水分充满岩石开口孔隙的部分体积，而饱水率则为水分充满开口孔隙的全部体积。

3）耐久性

用于道路与桥梁建筑的岩石抵抗大气自然因素作用的性能称为耐久性，检测耐久性有抗冻性和坚固性2种方法。

（1）抗冻性：抗冻性指岩石在吸水饱和状态下，经受规定次数的冻融循环后抵抗破坏的能力。我国现行抗冻性的试验方法是采用“直接冻融法”，试件在饱水状态下，在−15℃时冻结4 h后，放入20℃±5℃水中融解4 h，为冻融循环1次，如此反复冻融至规定次数为止。经历规定的冻融循环次数（如10次、15次、25次等），详细检查各试件有无剥落、裂缝、分层及掉角等现象。将冻融试验后的试件烘至恒重，称其质量，然后测定其抗压强度，并计算岩石冻融后质量损失率和冻融系数。

（2）坚固性：岩石的坚固性是岩石试样经饱和硫酸钠溶液多次浸泡与烘干循环后而不发生显著破坏或强度降低的性能，是测定岩石抗冻性的一种简易方法。

3.1.1.2 岩石的力学性质

公路与桥梁用的岩石，除受到各种自然因素的影响外，还受到车辆荷载的作用。因此岩石除应具备上述物理性质外，还必须具备各种力学性质，如抗压、抗剪、抗弯等纯力学性质以及一些为路用性能特殊设计的力学指标，如抗磨光性、抗冲击、抗磨耗等。在此仅讨论确定岩石等级的抗压强度和磨耗性2项性质。

1）单轴抗压强度

单轴抗压强度是指标准试件经吸水饱和后，在单轴受压并按规定的加载条件下，达到极限破坏时，单位承压面积的强度。道路建筑用岩石的单轴抗压强度试件，按我国现行《公路工程岩石试验规程》规定：建筑地基用岩石（岩块）制备成50 mm±2 mm，高径比为2∶1的圆柱体试件；桥梁工程用岩石制备成70 mm±2 mm的立方体试件；路面工程用岩石制备成边长为50 mm±2 mm的立方体（或直径和高度均为50 mm±2 mm的圆柱体）试件。

2）磨耗性

磨耗性是岩石抵抗摩擦、撞击、边缘剪切等综合作用的性能，通常以磨耗率来表示。我国现行标准《公路工程岩石试验规程》规定岩石磨耗试验方法与粗集料的磨耗试验方法相同，采用洛杉矶式磨耗试验。试验时采用洛杉矶式磨耗试验机，将规定质量且有一定级配的试样和一定质量的钢球置于试验机中，以30～33 r/min的转速转动至要求次数后停止，取出试样，用1.7 mm的方孔筛筛去试样中的细屑，用水洗净留在筛上的试样，烘干至恒重并称其质量。

3.1.2 集料的技术性质

集料是在混合料中起骨架或填充作用的粒料，它包括岩石天然风化而成的砾石（卵石）和砂等，以及岩石经机械和人工轧制的各种尺寸的碎石、机制砂、石屑等。在公路和桥梁建筑中集料可作为水泥（或沥青）混合料的骨料。工程上一般将集料分为粗集料和细集料2种。

3.1.2.1 细集料的技术性质

在沥青混合料中，细集料是指粒径小于 2.36 mm 的天然砂、人工砂（包括机制砂）及石屑；在水泥混凝土中，细集料是指粒径小于 4.75 mm 的天然砂、人工砂。在工程中应用较多的细集料是砂。细集料的技术性质主要包括物理性质、颗粒级配和粗细程度。

1）物理性质

细集料的物理性质主要有表观密度、毛体积密度、堆积密度和空隙率等。

（1）表观密度：细集料的表观密度是在规定条件（105℃±5℃烘干至恒重）下，单位体积（包括集料矿质实体和闭口孔隙体积）物质颗粒的干质量。细集料表观密度的测定方法按《公路工程集料试验规程》规定采用容量瓶法。称取烘干试样的质量，然后将烘干试样装入盛有半瓶洁净水的容量瓶中至瓶颈刻度线处，称其总质量。倒出瓶中的水和试样，再向瓶内注入同样温度的洁净水至瓶颈刻度线，称其质量。通过“置换法”间接得到其真实体积。计算式为（3-2）、式（3-3）。

$$\gamma_a = \frac{m_0}{m_0 + m_1 - m_2} \tag{3-2}$$

$$\rho_a = (\gamma_a - \alpha_T) \times \rho_\Omega \tag{3-3}$$

式中：ρ_a为集料的表观密度，kg/m^3；γ_a为集料的表观相对密度。

（2）毛体积密度：毛体积密度是指在规定条件下，集料单位毛体积（包括矿质实体，闭口孔隙和开口孔隙体积）的质量。用坍落筒法测定细集料（天然砂、机制砂、石屑）的毛体积密度。本方法适用于小于 2.36 mm 以下的细集料。取饱和面干试样，将试样迅速放入容量瓶中，勿使水分蒸发和集料粒散失，而后加洁净水，转动容量瓶排除气泡后，再仔细加水至 500 mL 刻度处，塞紧瓶塞，擦干瓶外水分，称其总质量 m_2；全部倒出集料试样，洗净瓶内外，用同样的水加至 500 mL 刻度处，塞紧瓶塞，擦干瓶外水分，称其总质量 m_1；将倒出的集料样置于 105℃±5℃的烘箱中烘干至恒重，在干燥器内冷却至室温后，称取干样的质量 m_0。计算式为（3-4）、式（3-5）。

$$\gamma_b = \frac{m_0}{m_3 + m_1 - m_2} \tag{3-4}$$

$$\rho_b = (\gamma_b - \alpha_T) \times \rho_\Omega \tag{3-5}$$

式中：ρ_b 为集料的毛体积密度，kg/m^3；γ_b 为集料的毛体积相对密度；α_T 为试验时水温对水密度影响的修正系数；ρ_Ω 为水在 4℃时的密度，kg/m^3。

（3）堆积密度：细集料的堆积密度是单位体积（包括矿质实体、闭口孔隙、开口孔隙及颗粒间空隙的体积）物质颗粒的质量。有干堆积密度和湿堆积密度之分。细集料的堆积密度还分为自然状态下堆积密度和紧装密度。检测方法：将试样装入漏斗中，打开底部的活动门，将砂流入容量筒中，也可直接用小勺向容量筒中装试样，但漏斗出料口或料勺距容量筒筒口均应为 50 mm 左右，试样装满并超出容量筒筒口后，用直尺将多余的试样沿筒口中心线向两个相反方向刮平，称取质量 m_1。计算式为（3-6）。

$$\rho = \frac{m_1 - m_0}{V} \tag{3-6}$$

式中：ρ 为集料的堆积密度，kg/m^3；m_0 为容量筒的质量，g；m_1 为容量筒和堆积砂的总质量，g；V 为容量筒容积，mL。

（4）空隙率：空隙率是指细集料的颗粒之间空隙体积占细集料总体积的百分比。砂的空隙率与其级配和颗粒形状有关。砂的空隙率一般在35%～45%，特细砂可达50%左右。通过试验测定集料的堆积密度和表观密度来计算空隙率，计算式为（3-7）。

$$n = (1 - \frac{\rho}{\rho_a}) \times 100 \tag{3-7}$$

式中：n 为集料的孔隙率，%。

2）细集料的颗粒级配

砂的颗粒级配是指砂中大小颗粒相互搭配的比例情况。砂的颗粒级配，可通过筛分试验来确定。对水泥混凝土用细集料可采用干筛法，如果需要也可采用水筛法筛分；对沥青混合料及基层用细集料必须用水洗法筛分。筛分试验是将预先通过9.5 mm筛（水泥混凝土用天然砂）或4.75 mm筛（沥青路面及基层用天然砂、石屑、机制砂等）的试样，置于一套方孔筛上，分别求出试样存留在各筛上的质量，即筛余量。

（1）分计筛余百分率：在某号筛上的筛余质量占试样总质量的百分率。

（2）累计筛余百分率：某号筛的分计筛余百分率和大于某号筛的各号筛的分计筛余百分率之总和。

（3）通过百分率：通过某筛的质量占试样总质量的百分率。

3）细集料的粗细程度

砂的粗细程度用细度模数表示。粗细程度与总表面积有关，为了获得比较小的总表面积，应尽量采用较粗的颗粒，但不能过粗，过粗会使砂的空隙率增大而使混凝土拌和物产生泌水，影响和易性。因此，在拌制混凝土时应同时考虑砂的颗粒级配和粗细程度。

3.1.2.2 粗集料的技术性质

在沥青混合料中，粗集料是指粒径大于2.36 mm的碎石、破碎砾石、筛选砾石和矿渣等；在水泥混凝土中，粗集料是指粒径大于4.75 mm的碎石、砾石和破碎砾石等。

1）物理性质

（1）物理常数：粗集料的物理常数主要有表观密度、毛体积密度、堆积密度和空隙率等，其含义及计算方法与细集料完全相同，测定方法有所区别，粗集料的表观密度和毛体积密度的测定采用网篮法。

（2）级配：粗集料中各组成颗粒的分级和搭配称为级配，级配是通过筛分试验确定的。对水泥混凝土用粗集料可采用干筛法筛分试验，对沥青混合料及基层用粗集料必须采用水筛法筛分试验。筛分试验就是将粗集料经过一系列筛孔尺寸的标准筛，测出各个筛上的筛余量，根据集料试样的质量与存留在各筛孔上的集料质量，就可求得一系列与集料级配有关的参数：分计筛余百分率、累计筛余百分率、通过百分率。粗集料的筛分试验中采用的标准套筛尺寸范围及试样质量与细集料筛分试验有所不同，但级配参数的计算方法与细集料相同。

（3）坚固性：对已轧制成的碎石或天然卵石亦可采用规定级配的各粒级集料，按规定选取一定数量，分别装在金属网篮浸入饱和硫酸钠溶液中进行干湿循环试验。经 5 次循环后，观察其表面破坏情况，并用质量损失百分率来计算其坚固性。

2）力学性质

粗集料的力学性质，主要采用磨耗率和压碎值来表示，其次是新近发展起来的抗滑表层用集料的 3 项试验，即磨光值、道瑞磨耗值和冲击值（见岩石的性能检测）。

3.2 岩石的性能检测

岩石的性能检测包括吸水性、膨胀性、耐崩解性、强度和耐久性。

3.2.1 吸水性检测

岩石的吸水性用吸水率和饱和吸水率表示。岩石的吸水率和饱和吸水率能有效地反映岩石微裂隙的发育程度，可用来判断岩石的抗冻和抗风化等性能。岩石吸水率采用自由吸水法测定，饱和吸水率采用煮沸法或真空抽气法测定。适用于遇水不崩解、不溶解或不干缩湿胀的岩石。

1）检测的仪器及设备

（1）切石机、钻石机、磨石机等岩石试件加工设备。

（2）天平、烘箱、煮沸水槽。

（3）抽气设备：抽气机、水银压力计、真空干燥器、净气瓶。

2）检测的步骤

（1）试件制备。试件尺寸应符合《公路工程岩石试验规程》的规定；不规则试件宜采用边长或直径为 40～50 mm 的浑圆形岩块；每组试件至少 3 个，岩石组织不均匀者，每组试件不少于 5 个。

（2）将试件放入烘箱内烘至恒量，取出置于干燥器内冷却至室温，称其质量。

（3）将称量后的试件置于盛水容器内，先注水至试件高度的 1/4 处，以后每隔 2 h 分别注水至试件高度的 1/2 和 3/4 处，6 h 后将水加至高出试件顶面 20 mm，以利试件内空气逸出。试件全部被水淹没后再自由吸水 48 h。

（4）取出浸水试件，用湿纱布擦去试件表面水分，立即称其质量。

（5）试件强制饱和，任选如下一种方法。

① 用煮沸法饱和试件：将称量后的试件放入水槽，注水至试件高度的一半，静置 2 h。再加水使试件浸没，煮沸 6 h 以上，并保持水的深度不变。煮沸停止后静置水槽，待其冷却，取出试件，用湿纱布擦去表面水分，立即称其质量。

② 用真空抽气法饱和试件：将称量后的试件置于真空干燥器中，注入洁净水，开

动抽气机，保持此真空状态直至无气泡发生时为止。经真空抽气的试件应放置在原容器中，在大气压力下静置4 h，取出试件，用湿纱布擦去表面水分，立即称其质量。

3）结果整理

（1）用式（3-8）、式（3-9）分别计算岩石吸水率、饱水率。

$$w_a = \frac{m_1 - m}{m} \times 100 \tag{3-8}$$

$$w_{sa} = \frac{m_2 - m}{m} \times 100 \tag{3-9}$$

式中：w_a为岩石吸水率，%；w_{sa}为岩石饱水率，%；m为烘至恒量时的试件质量，g；m_1为吸水至恒量时的试件质量，g；m_2为试件经强制饱和后的质量，g。

（2）用式（3-10）计算饱水系数k_w。

$$K_w = \frac{w_a}{w_{sa}} \tag{3-10}$$

3.2.2 膨胀性检测

岩石膨胀性检测方法包括岩石自由膨胀率试验、岩石侧向约束膨胀率试验和岩石膨胀压力试验。岩石自由膨胀率试验适用于遇水不易崩解的岩石，岩石侧向约束膨胀率试验和岩石膨胀压力试验适用于各类岩石。

1）检测的仪器及设备

（1）钻石机、切石机、磨石机、车床、测量平台、干湿温度计。

（2）自由膨胀率试验仪、侧向约束膨胀率试验仪、膨胀压力试验仪。

2）检测的步骤

（1）试件制备。每组试件数量不得少于3个；岩石试件应采用干法加工，天然含水率的变化不应超过1%。岩石试件应在现场采取，并保持天然含水状态，不得采用爆破或湿钻法取样，而且试件应符合下列要求：

① 自由膨胀率试验的试件：圆柱形试件的直径宜为50～60 mm，试件高度宜等于直径，两端面应平行；立方形试件的边长宜为50～60 mm，各相对面应平行。试件端面的平面度公差应小于0.05 mm，端面对于试件轴线垂直度偏差不应超过0.25°。

② 侧向约束膨胀率试验的试件应为圆柱体，试件直径宜为50 mm，尺寸偏差为0～0.1mm，高度应大于20 mm，且应大于岩石矿物最大颗粒的10倍。两端面平面度公差应小于0.05 mm，端面对于试件轴线垂直度偏差不应超过0.25°。

（2）自由膨胀率试验应按下列步骤进行：

① 将试件放入自由膨胀率试验仪内，上下分别放置透水板，顶部放置一块金属板。

② 在试件上部和四侧对称的中心部位分别安装千分表，四侧千分表与试件接触处宜放置一块薄铜片。

③ 读记千分表读数，每隔10 min读记1次，直至3次读数不变。

④ 缓慢地向盛水容器内注入洁净水，直至淹没上部透水板。

⑤ 在第 1 小时内，每隔 10 min 测读变形 1 次，以后每隔 1 h 测读变形 1 次，直至 3 次读数差不大于 0.001 mm 为止。浸水后试验时间不得小于 48 h。

⑥ 试验过程中，应保持水位不变，水温变化不得大于 2℃。

（3）侧向约束膨胀率试验按下列步骤进行：

① 试件放入内壁涂有凡士林的金属套环内，试件上下分别放置薄型滤纸和透水板。

② 顶部放上固定金属荷载块并安装垂直千分表。金属荷载块的质量应能对试件产生 5 kPa 的持续压力。

（4）侧向膨胀压力试验按下列步骤进行：

① 试件放入内壁涂有凡士林的金属套环内，上下分别放置薄型滤纸和金属透水板。

② 安装加压系统及量测试件变形的测表。

③ 应使仪器各部位和试件在同一轴线上，不得出现偏心荷载。

④ 对试件施加产生 0.01 MPa 压力的荷载，测读试件变形测表读数，每隔 10 min 读数 1 次，直至 3 次读数不变。

⑤ 缓慢地向盛水容器内注入洁净水，直至淹没上部透水板。观测变形量，当变形量大于 0.001 mm 时，调节所施加的荷载，应保持试件高度在整个试验过程中始终不变。

⑥ 开始时每隔 10 min 读数 1 次，连续 3 次读数差小于 0.001 mm 时，改为每 1 h 读数 1 次；当每 1 h 读数连续 3 次读数差小于 0.001 mm 时，可认为稳定并记录试验荷载。浸水后总试验时间不得少于 48 h。

⑦ 试验过程中，应保持水位不变，且水温变化不得大于 2℃。

3）结果整理

按式（3-11）～式（3-14）分别计算岩石自由膨胀率、侧向约束膨胀率、膨胀压力。

$$V_{\mathrm{H}}=\frac{\Delta H}{H}\times 100 \tag{3-11}$$

$$V_{\mathrm{D}}=\frac{\Delta D}{D}\times 100 \tag{3-12}$$

$$V_{\mathrm{HP}}=\frac{\Delta H_1}{H}\times 100 \tag{3-13}$$

$$P_{\mathrm{S}}=\frac{F}{A} \tag{3-14}$$

式中：V_{H}为岩石轴向自由膨胀率，%；V_{D}为岩石径向自由膨胀率，%；V_{HP}为岩石侧向约束膨胀率，%；P_{S}为岩石膨胀压力，MPa；ΔH为试件轴向变形值，mm；H为试件高度，mm；ΔD为试件径向平均变形值，mm；D为试件直径或边长，mm；ΔH_1为有侧向约束试件的轴向变形值，mm；F为轴向荷载，N；A为试件截面积，mm^2。

3.2.3　耐崩解性检测

耐崩解性检测的目的是确定岩石试样在一定条件下的崩解量、崩解指数、崩解时间和崩解状况，适用于质地疏松岩石、风化岩石、黏土岩类岩石等。

1）检测的仪器及设备

（1）天平、烘箱、温度计、干燥器。

（2）耐崩解性试验仪：由动力装置、圆柱形筛筒和水槽组成。

2）检测的步骤

（1）试样制备。试样应在现场采取保持天然含水率的试样并密封。

（2）将试样装入耐崩解试验仪的圆柱形筛筒内，烘干至恒量并称量。

（3）将装有试样的圆柱形筛筒放在水槽内，向水槽内注入洁净水，使水位在转动轴下约 20 mm。圆柱形筛筒转动 10 min 后，将圆柱形筛筒和残留试样烘干至恒量并称量。

（4）重复试验，求得第 2 次循环后的圆柱形筛筒和残留试件质量。

3）结果整理

按式（3-15）计算岩石耐崩解性指数。

$$I_{d2}=\frac{m_{r2}-m_0}{m_s-m_0}\times 100 \tag{3-15}$$

式中：I_{d2}为岩石（二次循环）耐崩解性指数，%；m_0为圆柱筛筒烘干质量，g；m_s为圆柱筛筒质量与原试样烘干质量的和，g；m_{r2}为圆柱筛筒质量与第 2 次循环后残留试样烘干质量的和，g。

3.2.4 强度检测

单轴抗压强度试验是测定规则形状岩石试件单轴抗压强度的方法，主要用于岩石的强度分级和岩性描述。采用饱和状态下的岩石立方体（或圆柱体）试件的抗压强度来评定岩石强度（包括碎石或卵石的原始岩石强度）。

1）检测的仪器及设备

（1）压力试验机或万能试验机。

（2）钻石机、切石机、磨石机、烘箱、干燥器、游标卡尺、角尺及水池等。

2）检测的步骤

（1）试件制备。建筑地基的岩石试验，采用圆柱体作为标准试件，直径为 50 mm ±2 mm、高径比为 2∶1，每组试件共 6 个；桥梁工程用的石料试验，采用立方体试件，边长为 70 mm±2 mm，每组试件共 6 个；路面工程用的石料试验，采用圆柱体或立方体试件，其直径或边长和高均为 50 mm±2 mm，每组试件共 6 个。

（2）用游标卡尺量取试件尺寸，对立方体试件在顶面和底面上各量取其边长，以各个面上相互平行的两个边长的算术平均值计算其承压面积；对于圆柱体试件在顶面和底面分别测量两个相互正交的直径，并以其各自的算术平均值分别计算底面和顶面的面积，取其顶面和底面面积的算术平均值作为计算抗压强度所用的截面积。

（3）试件的含水状态可根据需要选择烘干、天然、饱和状、冻融循环后的状态。

（4）按岩石强度性质，选定合适的压力机。将试件置于压力机的承压板中央，对正上、下承压板，不得偏心。

（5）加荷直至破坏，记录破坏荷载及加载过程中出现的现象。

3）结果整理

岩石的抗压强度和软化系数分别按式（3-16）、式（3-17）计算。

$$R = \frac{P}{A} \tag{3-16}$$

式中：R 为岩石的抗压强度，MPa；P 为试件破坏时的荷载，N；A 为试件的截面积，mm^2。

$$K_p = \frac{R_w}{R_d} \tag{3-17}$$

式中：K_p 为软化系数；R_w 为岩石饱和状态下的单轴抗压强度，MPa；R_d 为岩石烘干状态下的单轴抗压强度，MPa。

3.2.5 耐久性检测

岩石的耐久性主要包括抗冻性和坚固性。

3.2.5.1 抗冻性检测

岩石的抗冻性是用来评估岩石在饱和状态下经受规定次数的冻融循环后抵抗破坏的能力。冻融次数规定：在严寒地区（最冷月的月平均气温低于−15℃）为 25 次；在寒冷地区（最冷月的月平均气温−15～−5℃）为 15 次。

1）检测的仪器及设备

（1）切石机、钻石机及磨石机等岩石试件加工设备。

（2）冰箱、天平、放大镜、烘箱。

2）检测的步骤

（1）将试件编号，用放大镜详细检查，并作外观描述。然后量出每个试件的尺寸，计算受压面积。将试件放入烘箱烘至恒量，在干燥器内冷却至室温后取出，立即称其质量。

（2）按吸水率试验方法，让试件自由吸水饱和，然后取出擦去表面水分，放在铁盘中，试件与试件之间应留有一定间距。

（3）待冰箱温度下降到−15℃以下时，将铁盘连同试件一起放入冰箱，并立即开始记时。冻结 4 h 后取出试件，放入 20℃±5℃的水中融解 4 h，如此反复冻融至规定次数为止。

（4）每隔一定的冻融循环次数（如 10 次、15 次、25 次等）详细检查各试件有无剥落、裂缝、分层及掉角等现象，并记录检查情况。

（5）称量冻融试验后的试件饱水质量 m_f'，再将其烘干至恒量，称其质量 m_f。并按《公路工程岩石试验规程》（JTG E41—2005）中抗压强度试验方法测定冻融试验后的试件饱水抗压强度，另取 3 个未经冻融试验的试件测定其饱水抗压强度。

3）结果整理

（1）按式（3-18）计算岩石冻融后的质量损失率。

$$L=\frac{m_s-m_f}{m_s}\times 100 \tag{3-18}$$

式中：L 为冻融后的质量损失率，%；m_s 为试验前烘干试件的质量，g；m_f 为试验后烘干试件的质量，g。

（2）按式（3-19）计算岩石冻融后的吸水率。

$$w'_{sa}=\frac{m'_f-m_f}{m_f}\times 100 \tag{3-19}$$

式中：w'_{sa} 为岩石冻融后的吸水率，%；m'_f 为冻融试验后的试件饱水质量，g。

（3）按式（3-20）计算岩石的冻融系数。

$$K_f=\frac{R_f}{R_s} \tag{3-20}$$

式中：K_f 为冻融系数；R_f 为经若干次冻融试验后的试件饱水抗压强度，MPa；R_s 为未经冻融试验的试件饱水抗压强度，MPa。

3.2.5.2 坚固性检测

坚固性检测是确定岩石试样经饱和硫酸钠溶液多次浸泡与烘干循环后而不发生显著破坏或强度降低的性能，适用于质地坚硬的岩石。

1）检测的仪器及设备

（1）切石机、钻石机及磨石机等岩石试件加工设备。

（2）天平、烘箱、瓷、玻璃（或釉）盛器、温度计、密度计、放大镜、钢针等。

2）检测材料或试剂

（1）饱和硫酸钠溶液：取约 400 g 的无水硫酸钠（或 800 g 的结晶硫酸钠）溶解于温度为 30～50℃的 1000 mL 纯净水中配制而成。

（2）10%氯化钡溶液。

3）检测的步骤

（1）将试件放入烘箱烘至恒量，取出置于干燥器内，冷却至室温，称其质量。

（2）把烘干试件浸入装有硫酸钠溶液的盛器中，溶液应高出试件顶面 2 cm 以上，用盖将盛器盖好，浸置 20 h。然后将试件取出，再用瓷皿衬住置于烘箱中烘干后取出试件，将其冷却至室温，再重新浸入硫酸钠溶液中，至硫酸钠结晶溶解后取出试件，用放大镜及钢针仔细观察岩石试件有无破坏现象，并详细描述记录。

（3）按上述方法反复浸烘 5 次，最后一次循环后，用热洁净水煮洗几遍，直至将试件中硫酸钠溶液全部洗净为止。是否洗净可用 10%氯化钡溶液进行检验，具体操作为：取洗试件的水若干毫升，滴入少量氯化钡溶液，如无白色沉淀，则说明硫酸钠已被洗净。将洗净的试件烘至恒量，准确称出其质量。

4）结果整理

按式（3-21）计算岩石的坚固性试验质量损失率。取 3 个试件试验结果的算术平均值作为测定值。

$$Q = \frac{m_1 - m_2}{m_1} \times 100 \tag{3-21}$$

式中：Q 为硫酸钠浸泡质量损失率，%；m_1 为试验前烘干试件的质量，g；m_2 为试验后烘干试件的质量，g。

3.3 集料的性能检测

集料的性能检测包括粗集料的密度、磨耗率、压碎值、冲击值、磨光值和针片状颗粒含量的检测，细集料的含泥量检测。

3.3.1 粗集料密度检测

粗集料密度的检测适用于测定各种粗集料的表观相对密度、表干相对密度、毛体积相对密度、表观密度、表干密度、毛体积密度以及粗集料的吸水率。

1）检测的仪器及材料

天平或浸水天平、吊篮、溢流水槽、烘箱、毛巾、温度计、标准筛、盛水容器（如搪瓷盘）、刷子、毛巾等。

2）检测的步骤

（1）将试样用标准筛除去其中的细集料，对较粗的粗集料可用 4.75 mm 筛过筛，对 2.36～4.75 mm 集料，或者混在 4.75 mm 以下石屑中的粗集料，则用 2.36 mm 标准筛过筛，用四分法或分料器法缩分至要求的质量，分 2 份备用。应对不同规格的集料分别测定，不得混杂，所取的每一份集料试样应基本上保持原有的级配。在测定 2.36～4.75 mm 的粗集料时，试验过程中应特别小心，不得丢失集料。

（2）经缩分后供测定密度和吸水率的粗集料质量应符合规定；将每一份集料试样浸泡在水中，并适当搅动，仔细洗去附在集料表面的尘土和石粉，经多次漂洗干净至水完全清澈为止。清洗过程中不得散失集料颗粒。

（3）取试样一份装入干净的搪瓷盘中，注入洁净的水，轻轻搅动石料，使附着在石料上的气泡逸出。在室温下保持浸水 24 h。

（4）将吊篮挂在天平的吊钩上，浸入溢流水槽中，向溢流水槽中注水，水面高度至水槽的溢流孔为止，将天平调零。吊篮的筛网应保证集料不会通过筛孔流失，对 2.36～4.75 mm 粗集料应更换小孔筛网，或在网篮中加放一个浅盘。

（5）调节水温在 15～25℃范围内。将试样移入吊篮中，溢流水槽中的水面高度由水槽的溢流孔控制，维持不变。称取集料的水中质量 m_w。

（6）提起吊篮，稍稍滴水后，较粗的集料可以直接倒在拧干的湿毛巾上。将较细的粗集料（2.36～4.75 mm）连同浅盘一起取出，稍稍倾斜搪瓷盘，仔细倒出余水，将粗集料倒在拧干的湿毛巾上，用毛巾吸走从集料中漏出的自由水。此步骤需特别注意不得有颗粒丢失，或有小颗粒附在吊篮上。再用拧干的湿毛巾轻轻擦干集料颗粒的表面水，至表面看不到发亮的水迹，即为饱和面干状态。当粗集料尺寸较大时，宜逐颗擦干。注意对较粗的粗集料，拧湿毛巾时不要太用劲，防止拧得太干，对较细含水较多的粗集料，毛巾可拧得稍干些。擦颗粒的表面水时，既要将表面水擦掉，又千万不能将颗粒内部的水吸出。整个过程中不得有集料丢失，且已擦干的集料不得继续在空气中放置，以防止集料干燥。对2.36～4.75 mm集料，用毛巾擦拭时容易沾附细颗粒集料从而造成集料损失，此时宜用洁净的纯棉汗衫布擦拭至表干状态。

（7）立即在保持表干状态下，称取集料的表干质量 m_f。

（8）将集料置于浅盘中，放入烘箱中烘干至恒重。取出浅盘，放在带盖的容器中冷却至室温，称取集料的烘干质量 m_a。

3）结果计算

（1）表观相对密度 γ_a、表干相对密度 γ_s、毛体积相对密度 γ_b 按式（3-22）～式（3-24）计算。

$$\gamma_a=\frac{m_a}{m_a-m_w} \tag{3-22}$$

$$\gamma_s=\frac{m_f}{m_f-m_w} \tag{3-23}$$

$$\gamma_b=\frac{m_a}{m_f-m_w} \tag{3-24}$$

式中：γ_a 为集料的表观相对密度，g/cm^3；γ_s 为集料的表干相对密度，g/cm^3；γ_b 为集料的毛体积相对密度，g/cm^3；m_a 为集料的烘干质量，g；m_f 为集料的表干质量，g；m_w 为集料的水中质量，g。

（2）粗集料的表观密度（视密度）ρ_a、表干密度 ρ_s、毛体积密度 ρ_b 按式（3-25）～式（3-27）计算。不同水温条件下测量的粗集料表观密度需进行水温修正，不同试验温度下水的密度 ρ_T 及水的湿度修正系数 α_T 按表3-1选用。

表3-1　不同水温时水的密度 ρ_T 及水温修正系数 α_T

水温/℃	15	16	17	18	19	20
水的密度 ρ_T/g·cm^{-3}	0.999 13	0.998 97	0.998 80	0.998 62	0.998 43	0.998 22
水温修正系数 α_T	0.002	0.003	0.003	0.004	0.004	0.005
水温/℃	21	22	23	24	25	
水的密度 ρ_T/g·cm^{-3}	0.998 02	0.997 79	0.997 56	0.997 33	0.997 02	
水温修正系数 α_T	0.005	0.006	0.006	0.007	0.007	

$$\rho_a=\gamma_a\times\rho_T \quad 或 \quad \rho_a=(\gamma_a-\alpha_T)\rho_w \tag{3-25}$$

$$\rho_s=\gamma_s\times\rho_T \quad 或 \quad \rho_s=(\gamma_s-\alpha_T)\rho_w \tag{3-26}$$

$$\rho_b=\gamma_s\times\rho_T \quad 或 \quad \rho_b=(\gamma_b-\alpha_T)\rho_w \tag{3-27}$$

式中：ρ_a 为粗集料的表观密度，g/cm^3；ρ_s 为粗集料的表干密度，g/cm^3；ρ_b 为粗集料的毛体积密度，g/cm^3；ρ_T 为试验温度 T 时水的密度，g/cm^3；α_T 为试验温度 T 时的水温修正系数；ρ_w 为水在4℃时的密度。

3.3.2 粗集料磨耗率检测

粗集料的磨耗率是指集料抵抗摩擦、撞击和边缘剪切等联合作用的能力。对于公路路面抗滑表层所用粗集料抵抗车轮摩擦能力的评定，主要采用洛杉矶法和道瑞法。

3.3.2.1 洛杉矶试验法

1）检测的仪器

（1）洛杉矶磨耗试验机、钢球。

（3）台秤、标准筛、烘箱、搪瓷盘等。

2）检测的步骤

（1）将不同规格的集料用水冲洗干净，放入烘箱中烘干至恒重。对于不同的集料，根据实际情况按表 3-2 选择最接近的粒级类别，确定相应的试验条件，按规定的粒级组成备份、筛分。其中水泥混凝土用集料宜采用 A 级粒度；沥青路面及各种基层、底基层的粗集料，表中的 16 mm 筛孔也可用 13.2 mm 筛孔代替。对非规格材料，应该根据材料的实际粒度，从表 3-2 中选择最接近的粒级类别及试验条件。

表 3-2 粗集料洛杉矶试验条件

粒度类别	粒级组成/mm	试样质量/g	试样总质量/g	钢球数量/个	钢球总质量/g	转动次数/r	适用的粗集料	
							规格	公称粒径/mm
A	26.5～37.5 19.0～26.5 16.0～19.0 9.5～16.0	1250±25 1250±25 1250±10 1250±10	5000±10	12	5000±25	500		
B	19.0～26.5 16.0～19.0	2500±10 2500±10	5000±10	11	4850±25	500	S6 S7 S8	15～30 10～30 10～25
C	9.5～16.0 4.75～9.5	2500±10 2500±10	5000±10	8	3330±20	500	S9 S10 S11 S12	10～20 10～15 5～15 5～10
D	2.36～4.75	5000±10	5000±10	6	2500±15	500	S13 S14	3～10 3～5
E	63～75 53～63 37.5～53	2500±50 2500±50 5000±50	10000±100	12	5000±25	1000	S1 S2	40～75 40～60
F	37.5～53 26.5～37.5	5000±50 5000±25	10000±75	12	5000±25	1000	S3 S4	30～60 25～50
G	26.5～37.5 19～26.5	5000±25 5000±25	10000±50	12	5000±25	1000	S5	20～40

注：①表中 16 mm 也可用 13.2 mm 代替；②A 级适用于未筛碎石混合料及水泥混凝土用集料；③C 级中 S12 可全部采用 4.75～9.5 mm 颗粒 5000 g；S9 及 S10 可全部采用 9.5～16 mm 颗粒 5000 g；④E 级中 S2 中缺 63～75 mm 颗粒可用 53～63 mm 颗粒代替。

（2）分级称量，称取总质量 m_1，装入磨耗机的圆筒中。根据上表选择合适的试验条件对试样进行磨耗后，将试样用 1.7 mm 的方孔筛过筛，筛去试样中被撞击磨耗的细屑，用水冲洗干净停留在筛上的碎石，再放入烘箱中烘干至恒重，准确称质量 m_2。

（3）按式（3-28）计算粗集料洛杉矶磨耗损失 Q。

$$Q=\frac{m_1-m_2}{m_1}\times 100 \tag{3-28}$$

式中：m_1 为试验前试样的质量，g；m_2 为试验后在 1.7 mm 筛上洗净烘干后的试样质量，g。

3.3.2.2　道瑞试验法

道瑞试验法用于评定公路路面表层所用粗集料抵抗车轮撞击及磨耗的能力。

1）检测的仪器及材料

（1）道瑞磨耗试验机：主要由直径不小于 600 mm 的经过加工的圆形铸铁或钢研磨平板组成，圆平板（或称转盘）能以 28～30 r/min 的速度作水平旋转。

（2）标准筛、烘箱、天平：感量不大于 0.1 g。

（3）磨料：石英砂，粒径 0.3～0.9 mm，其中 0.45～0.6 mm 的含量不少于 75%；应干燥而且未使用过。每块试件约需用石英砂 3 kg。

（4）胶结料：环氧树脂（6010）和固化剂（793）。

（5）作为脱模剂的肥皂水和作为清洁剂的丙酮。

（6）细砂：0.1～0.3 mm、0.1～0.45 mm。

（7）医用洗耳球、调剂匙、镊子、油灰刀、小毛刷、量筒、烧杯、电炉等。

2）检测的步骤

（1）分别称出两块制作好的试件质量 m_1。将两块试件分别放入两个托盘内，称出试件、托盘和配重的质量。将试件连同托盘放入磨耗机内，使其径向相对，试件中心到研磨转盘中心的距离为 260 mm，集料裸露面朝向转盘；然后将相应的配重放在试件上。以 28～30 r/min 的转速转动转盘 100 圈，同时将符合如上要求的研磨石英砂装入料斗，使其连续不断地溜在试件前面的转盘上。溜砂宽度要能覆盖整个试件的宽度，溜砂速率为 700～900 g/min（料斗溜砂缝隙约为 1.3 mm）。用橡胶刮片将砂清除出转盘，刮片的安装要使得橡胶边轻轻地立在转盘上，刮片宽度应与研磨转盘的外缘环部宽度相等。将集料斗中回收的砂过 1.18 mm 的筛，重复使用数次，直至整个试验完成时废弃。

（2）重复上述步骤，再磨 400 r。可分 4 个 100 r 重复 4 次磨完，也可连续 1 次磨完。在做连续磨时必须经常掀起磨耗机的盖子观察溜砂情况是否正常。转完 500 r 后从磨耗机内取出试件，拿开托盘，用毛刷清除残留的砂，称出试件的质量 m_2。

（3）用两块试件的试验平均值作为集料磨耗值，如果单块试件，磨耗值与平均值之差大于后者的 10%。每块试件的集料磨耗值按式（3-29）计算。

$$AAV=\frac{3(m_1-m_2)}{\rho_s} \tag{3-29}$$

式中：AAV 为集料的道瑞磨耗值；m_1 为磨耗前试件的质量，g；m_2 为磨耗后试件的质量，g；ρ_s 为集料的表干密度，g/cm^3。

3.3.3 粗集料压碎值检测

粗集料的压碎值是指按规定方法测得的石料抵抗压碎的能力，以压碎试验后小于规定尺寸的石料质量的百分比表示。

1）检测的仪器及设备

（1）压力试验机、石料压碎值试验仪。

（2）天平或台秤、方孔筛、金属棒、金属筒。

2）检测的步骤

（1）标准试样一律采用 9.5～13.2 mm 的颗粒，并在风干状态下进行试验。

（2）试验前，先将试样过筛，取 13.2 mm 和 9.5 mm 之间的颗粒，再用针状和片状规准仪剔除其针状和片状颗粒。

（3）置圆筒于底盘上，取试样 1 份，分 2 层装入筒内，每装完 1 层试样后，在底盘下面垫放一直径为 10 mm 的圆钢筋，将筒按住，用金属棒的半球面端从石料表面上均匀捣实 25 下；第二层捣实后，试样表面距盘底的高度应控制在 100 mm 左右。

（4）整平筒内试样表面，把加压块装好（注意应使加压块保持平正），放到试验机上，在 10 min 左右的时间内达到总荷载 400 kN，稳定 5 s，然后卸荷，取出测量筒，倒出筒中的试样并称其质量 m_0，用孔径为 2.36 mm 的筛筛除被压碎的细粒，称量通过 2.36 mm 筛孔的全部细料质量 m_1。

3）结果整理

压碎指标值按式（3-30）计算。

$$Q'_a = \frac{m_1}{m_0} \times 100 \tag{3-30}$$

式中：Q'_a 为试样的压碎指标值，%；m_0 为试验前试样的质量，g；m_1 为试验后通过 2.36 mm 筛孔的细料质量，g。

3.3.4 粗集料针片状颗粒含量检测

针片状颗粒是指粗集料中细长的针状颗粒与扁平的片状颗粒。粗集料针片状颗粒含量测定有规准仪法和游标卡尺法。

3.3.4.1 规准仪法

1）检测的仪器设备

（1）针状规准仪和片状规准仪。

（2）天平、台秤、筛。

2）检测的步骤

（1）将试样在室内风干至表面干燥，并用四分法缩分至表 3-3 规定的数量，称得质量 m_0，然后筛分成规定的粒级备用。

表 3-3 针片状颗粒试验所需的试样最小质量

公称最大粒径/mm	9.5	16	19	26.5	31.5	37.5
试样的最小质量/kg	0.3	1	2	3	5	10

（2）按规定的粒级用规准仪逐粒对试样进行鉴定，凡颗粒长度大于针状规准仪上相应间距者，为针状颗粒；厚度小于片状规准仪上相应孔宽者，为片状颗粒。

（3）称量由各粒级挑出的针状和片状颗粒的总质量 m_1。

3）结果计算

粗集料的针状和片状颗粒总含量按式（3-31）计算。

$$Q_e = \frac{m_1}{m_0} \times 100 \tag{3-31}$$

式中：Q_e 为试样的针状和片状颗粒总含量，%；m_1 为试样中所含针状和片状颗粒的总质量，g；m_0 为试样总质量，g。

3.3.4.2 游标卡尺法

1）检测的仪器及设备

标准筛、游标卡尺、天平。

2）检测的步骤

（1）按分料器法或四分法选取试样。对每一种规格的粗集料，应按照不同的公称粒径，分别取样检验。

（2）用 4.75 mm 标准筛将试样过筛，取筛上部分供试验用，称取试样总质量 m_0。

（3）将试样平摊于桌面上，首先用目测挑出接近立方体的颗粒，剩下可能属于针状（细长）和片状（扁平）的颗粒。

（4）将测量的颗粒放在桌面上呈一稳定的状态，用卡尺逐颗测量石料的 L（最大长度方向），将最大长度方向与最大厚度方向的尺寸之比大于 3（$L/t \geqslant 3$）的颗粒分别挑出作为针片状颗粒。称取针片状颗粒的质量 m_1。

3.3.5 粗集料冲击值检测

冲击值是表示集料抵抗冲击的性能，以压碎试验后小于规定粒径 2.36 mm 的石料质量百分比表示。

1）检测的仪器及设备

（1）冲击试验仪。

（2）量筒、冲击杯、钢棒、标准筛、天平、小铲、浅盘、恒温箱、钢板、橡胶锤等。

2）检测的步骤

（1）将集料通过 13.2 mm 及 9.5 mm 的筛，取粒径为 9.5～13.2 mm 的部分作为试样。把试样在空气中风干或在烘箱中烘干。将集料分三层装入量筒并每层捣实，称出量筒中集料的质量 m，并将集料倒入仪器底座上的金属杯中，用捣实杆捣实，次数为 25 次。冲击锤位于集料表面以上 380 mm±5 mm 处自由落下，连续锤击集料 15 次。

（2）将杯中击碎的集料倒至清洁的浅盘上，并用橡胶锤锤击金属杯外面，用硬毛刷刷内表面，直至集料细颗粒全部落在浅盘上为止。将冲击试验后的集料用 2.36 mm 筛筛分，分别称取保留在 2.36 mm 筛上及筛下的石屑质量 m_1、m_2。如 m_1+m_2 与 m 之差超过 1 g，试验无效。

（3）将冲击试验后的集料过 2.36 mm 筛，并称其筛下的质量，按照式（3-32）计算集料的冲击值。

$$AIV=\frac{m_2}{m}\times 100 \tag{3-32}$$

式中：AIV 为集料的冲击值，%；m 为试样质量，g；m_2 为通过 2.36 mm 筛的试样质量，g。

3.3.6 粗集料磨光值检测

磨光性是表示集料具有足够抗滑性能的重要力学性质。可采用加速磨光机和摆式摩擦系数仪测定，以磨光值来表征。

1）检测的仪器及设备

（1）加速磨光试验机、摆式摩擦系数测定仪。

（2）磨光试件测试平台：供固定试件及摆式摩擦系数测定仪用。

（3）天平、烘箱。

（4）黏结剂：能使集料与砂、试模牢黏结，确保在试验过程中不致发生试件摇动或脱落，常用环氧树脂 6101（E–44）及同化剂等。

（5）丙酮。

（6）砂：粒径<0.3 mm，洁净、干燥。

（7）金刚砂：30 号（棕刚玉粗砂），280 号（绿碳化硅细砂），用作磨料，只允许一次性使用，不得重复使用。

（8）橡胶石棉板：厚 1 mm。

（9）标准集料试样：由指定的集料产地生产的符合规格要求的集料，每轮 2 块，只允许使用 1 次，不得重复使用。

（10）油灰刀、洗耳球、各种工具等。

2）检测的步骤

（1）检测准备：

① 将集料过筛，剔除针片状颗粒，取 9.5～13.2 mm 的集料颗粒用水洗净后置于温度为 105℃±5℃的烘箱中烘干。值得注意的是，根据需要也可采用 4.75～9.5 mm 的粗集料进行磨光值试验。将试模拼装并涂上脱模剂（或肥皂水）后烘干。

② 安装试模端板时要注意使端板与模体齐平（使弧线平滑）。用清水淘洗小于 0.3 mm 的砂，置于烘箱中烘干成为干砂。新橡胶轮正式使用前要在安装好试件的道路轮上进行预磨（C 轮用粗金刚砂预磨 6 h，X 轮用细金刚砂预磨 6 h），方能投入正常试验。

（2）试件制备：

① 排料：将 9.5～13.2 mm 集料颗粒尽量紧密地排列于试模中（大面、平面向下），

排料时应除去高度大于试模的不合格颗粒。采用 4.75～9.5 mm 的粗集料进行磨光试验时，各道工序需更加仔细。

② 吹砂：用小勺将干砂填入已排妥的集料间隙中，并用洗耳球轻轻吹动下砂，使之填充密实。然后再吹去多余的砂，使砂与试模台阶大致齐平，但台阶上不得有砂。用洗耳球吹动干砂时不得碰动集料，且不得使集料试样表面附有砂粒。

③ 配制环氧树脂砂浆：将固化剂与环氧树脂按一定比例（如使用 6101 环氧树脂时为 1 : 4）配料、拌匀制成黏结剂，再与干砂按 1 : 4～1 : 4.5 的质量比拌匀制成环氧树脂砂浆。

④ 填充环氧树脂砂浆：用小油灰刀将拌好的环氧树脂砂浆填入试模中，并尽量填充密实，但不得碰动集料。然后用热油灰刀在试模上刮去多余的填料，并将表面反复抹平，使填充的环氧树脂砂浆与试模顶部齐平。

⑤ 养护：通常在 40℃烘箱中养护 3 h，再自然冷却 9 h 拆模；如在室温下养护，时间应更长，使试件达到足够强度。有集料颗粒松动脱落，或有环氧树脂砂浆渗出表面时，试件应该废弃。

（3）磨光试验：

① 试件分组：每轮 1 次磨 14 块试件，每种集料为 2 块试件，包括 6 种试验用集料和 1 种标准集料。

② 试件编号：在试件的环氧树脂砂浆衬背和弧形侧边上用记号笔对 6 种集料编号为1～12，1 种集料赋以相邻两个编号，标准试件为 13、14 号。

③ 试件安装：按表 3-4 的序号将试件排列在道路轮上，其中 1 号位和 8 号位为标准试件。试件应将有标记的一侧统一朝外（靠活动盖板一侧），每 2 块试件间加垫一片或数片 1 mm 厚的橡胶石棉板垫片，垫片与试件端部断面相仿，但略低于试件高度 2～3 mm。然后盖上道路轮外侧板，边拧螺钉边用橡胶锤敲打外侧板，确保试件与道路轮紧密贴合，以避免磨光过程中试件断裂或松动。随后将道路轮安装到轮轴上。

表 3-4　试件在道路轮上的排列次序

位置号	1	2	3	4	5	6	7	8	9	10	11	12	13	14
试件号	13	9	3	7	5	1	11	14	10	4	8	6	2	12

（4）粗砂的磨光过程：

① 试件的加速磨光应在室温 20℃±5℃的房间内进行。把标记 C 的橡胶轮安装在调整臂上，盖上道路轮罩，下面置一积砂盘，给储水支架上的储水罐加满水，调节流量阀，使水流暂时中断。

② 准备好 30 号金刚砂粗砂，装入专用储砂斗，将储砂斗安装在橡胶轮侧上方的位置上并接上微型电机电源。转动荷载调整手轮，使凸轮转动放下橡胶轮，将橡胶轮的轮幅完全压着道路轮上的集料试件表面。

③ 调节溜砂量：用专用接料斗在出料口接住溜出的金刚砂，同时开始计时，1 min 后移出料斗，用天平称出溜砂量，如不满足流量为 27 g/min±7 g/min 的要求，应用调速

按钮或调节储料斗控制闸板的方法调整。

④ 在控制面板上设定转数为 57 600 r，按下电源开关启动磨光机开始运转；按动粗砂调速按钮，打开储砂斗控制闸板，使金刚砂溜砂量控制为 27 g/min±7 g/min；同时调节流量计，使水的流量达到 60 mL/min。

⑤ 在试验进行 1 h 和 2 h 后磨光机自动停机（注意不要按下面板上复零按钮和电源开关），用毛刷和小铲清除箱体上和沉在机器底部积砂盘中的金刚砂，检查并拧紧道路轮上有可能松动的螺母，再启动磨光机，至转数显示屏上显示 57 600 转时磨光机自动停止，所需的磨光时间约为 3 h。转动荷载调整手轮使凸轮托起调整臂，清洗道路轮和试件，除去所有残留的金刚砂。

（5）细砂的磨光过程：

① 试件的加速磨光应在室温 20℃±5℃的房间内进行。卸下 C 标记橡胶轮，更换为 X 标记橡胶轮安装在调整臂上，盖上道路轮罩，下面置一积砂盘，给储水支架上的储水罐加满水，调节流量阀，使水流暂时中断。

② 准备好 280 号金刚砂细砂，装入专用储砂斗，将储砂斗安装在橡胶轮侧上方的位置上并接上微型电机电源。转动荷载调整手轮，使凸轮转动放下橡胶轮，将橡胶轮的轮幅完全压着道路轮上的集料试件表面。

③ 调节溜砂量：用专用接料斗在出料口接住溜出的金刚砂，同时开始计时，1 min 后移出料斗，用天平称出溜砂量，如不满足流量为 3 g/min±1 g/min 的要求，应用调速按钮或调节储料斗控制闸板的方法调整。

④ 在控制面板上设定转数为 57 600 r，按下电源开关启动磨光机开始运转；按动细砂调速按钮，打开储砂斗控制闸板，使金刚砂溜砂量控制为 3 g/min±1 g/min；同时调节流量计，使水的流量达到 60 mL/min。

⑤ 将试件磨 2 h 后停机作适当清洁，用毛刷和小铲清除箱体上和沉在机器底部积砂盘中的金刚砂，检查并拧紧道路轮上有可能松动的螺母，再启动磨光机，至转数显示屏上显示 57 600 r 时磨光机自动停止，所需的磨光时间约为 2 h。转动荷载调整手轮使凸轮托起调整臂，清洗道路轮和试件，除去所有残留的金刚砂。

（6）磨光值测定：

① 在试验前 2 h 和试验过程中应控制室温为 20℃±2℃。将试件从道路轮上卸下并清洗试件，用毛刷清洗集料颗粒的间隙，去除所有残留的金刚砂。将试件表面向下放在 18～20℃的水中 2 h，然后取出试件，按下列步骤用摆式摩擦系数测定仪测定磨光值。

② 调零：将摆式仪固定在测试平台上，松开固定把手，转动升降把手使摆升高并能自由摆动，然后锁紧固定把手，转动调平旋钮，使水准泡居中。当摆从右边水平位置落下并拨动指针后，指针应指零；若指针不指零，应拧紧或放松指针调节螺母，直至空摆时指针指零。

③ 固定试件：将试件放在测试平台的固定槽内，使摆可在其上面摆过，并使滑溜块居于试件轮迹中心。应使摆式仪摆头滑溜块在试件上的滑动方向与试件在磨光机上橡胶轮的运行方向一致，即测试时试件上作标记的弧形边背向测试者。

④ 测试：调节摆的高度，使滑溜块在试件上的滑动长度为 76 mm，用喷水壶喷洒

清水润湿试件表面（注意，在试验中的任何时刻，试件都应保持湿润）。将摆向右提起挂在悬臂上，同时用左手拨动指针使之与摆杆轴线平行。按下释放开关使摆回落向左运动，当摆达到最高位置后下落时，用左手将摆杆接住，读取指针所指（小度盘）位置上的值，记录测试结果。值得注意的是，摆式仪在使用新橡胶片时应该预磨使之达到稳定状态，预磨的方法是用新橡胶片在干燥的试件上（不用的试件）摆动 10 次，然后在湿润的试件上摆动 20 次。另外，橡胶片不得被油类污染。

⑤ 一块试件重复测试 5 次，5 次读数的最大值和最小值之差不得大于 3。取 5 次读数的平均值作为该试件的磨光值读数 PSV_{r}。标准试件的磨光值读数用 PSV_{br} 表示。1 种集料重复测试 2 次，每次都需同时对标准集料试件进行测试。

3）结果计算

集料的磨光值 PSV、两次平行试验的试件磨光值读数平均值 PSV_{ra} 和标准试件磨光值读数平均值 PSV_{bra}。

（1）按式（3-33）计算两次平行试验 4 块试件（每轮 2 块）的算术平均值 PSV_{ra}。但 4 块试件的磨光值读数 PSV_{r} 的最大值与最小值之差不得大于 4.7，否则试验结果作废，应重新试验。

$$PSV_{\mathrm{ra}} = \sum PSV_{\mathrm{r}i} / 4 \tag{3-33}$$

式中：i=1、2、3、4；$PSV_{\mathrm{r}i}$ 为 4 块试件的磨光值读数。

（2）按式（3-34）计算两次平行试验 4 块标准试件（每轮 2 块）的算术平均值 PSV_{bra}。但 4 块标准试件的磨光值读数的平均值 PSV_{bra} 必须在 46～52 范围内，否则试验结果作废，应重新试验。

$$PSV_{\mathrm{bra}} = \sum PSV_{\mathrm{br}i} / 4 \tag{3-34}$$

式中：i=1、2、3、4；$PSV_{\mathrm{br}i}$ 为 4 块标准试件的磨光值读数。

（3）按式（3-35）计算集料的 PSV 值。

$$PSV = PSV_{\mathrm{ra}} + 49 - PSV_{\mathrm{bra}} \tag{3-35}$$

3.3.7 细集料含泥量检测

此法用于测定天然砂中粒径小于 0.075 mm 的尘屑、淤泥和黏土的含量。

1）检测的仪器及设备

天平、烘箱、方孔筛、筒、浅盘等。

2）检测的步骤

（1）将试样置于烘箱中烘干至恒重，冷却至室温后，取试样两份备用。

（2）取烘干的试样一份置于筒中，并注入洁净的水，使水面高出砂面约 200 mm，充分拌和均匀后，浸泡 24 h，然后用手在水中淘洗试样，使尘屑、淤泥和黏土与砂砾分离，并使之悬浮水中，缓缓地将浑浊液倒入 1.18 mm 至 0.075 mm 的套筛上，滤去小于 0.075 mm 的颗粒。试验前筛子的两面应先用水湿润，在整个试验过程中应注意避免砂砾丢失。不得直接将试样放在 0.075 mm 筛上用水冲洗，或者将试样放在 0.075 mm 筛上后在水中淘洗，以避免误将小于 0.075 mm 的砂颗粒当作泥冲走。

（3）再次加水于筒中，重复上述过程，直至筒内砂样洗出的水清澈为止。

（4）用水冲洗剩留在筛上的细粒，并将 0.075 mm 筛放在水中来回摇动，以充分洗除小于 0.075 mm 的颗粒，然后将两筛上筛余的颗粒和筒中已经洗净的试样一并装入浅盘，置于烘箱中烘干至恒重冷却至室温，称取试样质量 m_1。

3）计算

砂的含泥量按式（3-36）计算。

$$Q_n = \frac{m_0 - m_1}{m_0} \times 100 \qquad (3\text{-}36)$$

3.4 矿粉的性能检测

矿粉的性能主要有亲水性和安定性两项指标。

3.4.1 亲水性检测

矿粉的亲水性用亲水系数表示，亲水系数是矿粉试样在水（极性介质）中膨胀的体积与同一试样在煤油（非极性介质）中膨胀的体积之比。用于评价矿粉与沥青结合料的黏附性能。适用于测定供拌制沥青混合料用的其他填料如水泥、石灰、粉煤灰的亲水系数。

1）检测的仪器及材料

（1）量筒、研钵及有橡皮头的研杵、天平、烘箱。

（2）煤油：在 270℃分馏得到的煤油。

2）检测的步骤

（1）称取烘干至恒重的矿粉，将其放在研钵中，加入蒸馏水，用橡皮研杵仔细磨，然后用洗瓶把研钵中的悬浮液洗入量筒中，然后用玻璃棒搅和悬浮液。

（2）另一份同样重量的矿粉，用煤油仔细研磨后将悬浮液冲洗移入另一量筒中。

（3）将上两量筒静置，使量筒内液体中的颗粒沉淀。

（4）每天两次记录沉淀物的体积，直至体积不变为止。

3）结果计算

亲水系数按式（3-37）计算。

$$\eta = \frac{V_B}{V_H} \qquad (3\text{-}37)$$

式中：η 为亲水系数；V_B 为水中沉淀物体积，mL；V_H 为煤油中沉淀物体积，mL。

3.4.2 安定性检测

矿粉的加热安定性是矿粉在热拌过程中受热而不产生变质的性能。矿粉的加热安定性用于评价矿粉（除石灰石粉、磨细生石灰粉、水泥外）易受热变质的成分的含量。

1）检测的仪器及材料

蒸发皿（或坩埚）、煤气炉（或电炉）、温度计。

2）检测的步骤

（1）称取矿粉装入蒸发皿或坩埚中，摊开。

（2）将盛有矿粉的蒸发皿或坩埚置于煤气炉或电炉火源上加热，将温度计插入矿粉中，一边搅拌石粉，一边测量温度，加热到200℃，关闭火源。

（3）将矿粉在室温中放置冷却，观察石粉颜色的变化。

小结

本章主要阐述了岩石、集料的技术性质；岩石的吸水性、膨胀性、耐崩解性、强度和耐久性检测；粗集料的密度、磨耗率、压碎值、冲击值、磨光值和针片状颗粒含量的检测；细集料的含泥量检测；矿粉的亲水性、安定性检测方法。

思考题

1. 简述岩石的强度和耐久性检测试验步骤。
2. 简述粗集料的磨耗率、压碎值的检测步骤。
3. 简述粗集料的针片状颗粒含量试验的检测步骤。
4. 简述细集料含泥量试验的检测步骤。
5. 简述矿粉亲水性、安定性检测的试验步骤。

第4章 钢材检测

[本章提要]

本章主要介绍钢材的检测方法，包括公路桥梁工程常用的钢筋和钢丝的基本性能的检测方法。

钢桥、钢筋混凝土桥、斜拉桥、悬索桥、钢筋混凝土路面和连续配筋路面中，钢材被大量使用。铁路或公路桥梁承受车辆的冲击载荷，钢材要求有一定的强度、韧性和良好的抗疲劳性能，并且对钢材的表面质量要求较高。屈服强度、抗拉强度、伸长率、冲击韧性、冷弯、硬度、钢筋表面、冷弯性能、反复弯曲性能、钢筋的焊接性能、接头的性能均需检测。

4.1 钢材的种类

1）按照生产的炉型分类

按照冶炼用炉的不同分为平炉钢、转炉钢、电炉钢等。按照耐火炉衬的不同分为酸性钢和碱性钢。建筑用钢多为平炉钢、空气转炉钢、顶吹氧气转炉钢。

2）按照脱氧程度分类

分为沸腾钢、镇静钢、半镇静钢和特殊镇静钢。

3）按照含碳量分类

分为低碳钢、中碳钢和高碳钢。

4）按照合金元素含量分类

分为低合金钢、中合金钢、高合金钢。

5）按照质量分类

分为普通钢、优质钢、高级优质钢。

6）按照用途分类

分为结构钢、工具钢、特殊钢。

4.2　钢材的技术性能检测

4.2.1　桥梁用建筑钢材的技术性质及检测

桥梁建筑用钢和钢筋混凝土用钢筋的基本技术性能包括屈服强度、抗拉强度、伸长率、冲击韧性、冷弯和硬度等。

4.2.1.1　强度

强度包括屈服强度和抗拉强度。

1）屈服强度

屈服强度是钢材开始丧失对变形的抵抗能力，并开始产生大量塑性变形时所对立的应力。屈服强度 f_y 以 MPa 表示，并按式（4-1）计算。

$$f_y = \frac{F_s}{A_0} \qquad (4\text{-}1)$$

式中：F_s 相当于所求屈服应力的荷载，N；A_0 为试件的原横截面积，mm^2。

中碳钢和高碳钢没有明显的屈服点，通常以残余变形 0.2%的应力作为屈服强度，表示为 $f_{y(0.2)}$，屈服强度以 MPa 表示，并按式（4-2）计算。

$$f_{y(0.2)} = \frac{F_{0.2}}{A_0} \qquad (4\text{-}2)$$

式中：$F_{0.2}$ 相当于所求应力的荷载，N；A_0 为试样的原横截面积，mm^2。

2）抗拉强度

抗拉强度是钢材所能承受的最大拉应力，即当拉应力达到强度极限时，钢材完全丧失了对变形的抵抗能力而断裂。抗拉强度虽然不能直接作为计算依据，但屈服强度和抗拉强度的比值，即“屈服比”f_y/f_u 对使用有较大意义。此值越小，则结构的可靠性越高，即延缓结构损坏过程的潜力越大，但此值太小时，钢材强度的有效利用率低。抗拉强度 f_u 以 MPa 表示，并按式（4-3）计算。

$$f_u = \frac{F_b}{A_0} \qquad (4\text{-}3)$$

式中：F_b 为试件拉断前的最大荷载，N。

4.2.1.2　塑性

钢材的塑性是钢材在受力破坏前可以经受永久变形的性能。在工程应用中钢材的塑性指标通常用伸长率和断面收缩率表示。

1）伸长率

伸长率是钢材发生断裂时所能承受的永久变形的能力。试件拉断后标距长度的增量与原标距长度之比的百分率即为伸长率。伸长率 δ 以%表示，并按式（4-4）计算。

$$\delta = \frac{L_1 - L_0}{L_0} \times 100 \tag{4-4}$$

式中：L_1为试件拉断后标距部分的长度，mm；L_0为试件的原标距长度，mm。

2）断面收缩率

收缩率是试件拉断后缩颈处横断面积的最大缩减量占横截面积的百分率。断面收缩率 Ψ 以%表示，并按式（4-5）计算。

$$\psi = \frac{A_0 - A_1}{A_0} \times 100 \tag{4-5}$$

式中：A_0为试样的原横截面积，mm^2；A_1为试样裂断（缩颈）处的横截面积，mm^2。

4.2.1.3　冲击韧性

冲击韧性是钢材在瞬间动荷载作用下，抵抗脆性破坏的能力。试验方法按我国现行国家标准是以摆冲法、横梁式为标准方法，即按规定制成有槽口的标准试件，以横梁式安放在摆冲式冲击试验机上，当摆锤冲击试件，试件破坏时，单位面积所消耗的能量为冲击韧度。消耗于试件的能量A_k等于摆锤在冲击前后的能量差，按式（4-6）、式（4-7）计算。

$$A_k = F(H - h) \tag{4-6}$$

$$A_k = FL(\cos\beta - \cos\alpha) \tag{4-7}$$

式中：F 为摆锤静载，N；L 为摆锤重心到摆锤间距离，m；α、β 为试件折断前与折断后摆锤抬起的角度，°。

冲击韧性值α_k为缺口处单位面积上所消耗的冲击能，其值按式（4-8）计算。

$$\alpha_k = \frac{A_k}{A_0} \tag{4-8}$$

式中：A_k为试件击断时所消耗的冲击能，J；A_0为试件槽口处原始截面积，cm^2。

4.2.1.4　冷弯性能

冷弯性能是钢材在常温条件下承受规定弯曲程度的弯曲变形的能力，也是可以在弯曲中显示缺陷的一种工艺性能。规定尺寸的试件，在规定的弯曲角度、弯心直径的条件下历经反复弯曲数次后，试件弯曲处不产生裂纹、断裂和起层等现象即认为合格。

4.2.1.5　硬度

硬度是钢材表面局部体积内抵抗更硬物体压入的能力。我国现行国家标准测定金属硬度的方法有布氏硬度、洛氏硬度和维氏硬度 3 种。最常用的为布氏硬度和洛氏硬度。

1）布氏硬度

布氏硬度试验是用一个直径为 D 的硬质合金球，以一定的荷载 F，将其压入试样表面，并保持一定时间，然后卸除荷载，测定试样表面上压出压痕直径 d，计算出单位面积上所能承受的平均应力值，其值作为硬度指标，称为布氏硬度。根据国家标准《金属布氏硬度试验》（GB/T 231.1—2002）规定：布氏硬度用符号 HBW 表示。布氏硬度用式（4-9）计算。

$$\mathrm{HBW}=0.102\times\frac{2F}{\pi D^2\left[1-\sqrt{1-(d^2/D^2)}\right]} \tag{4-9}$$

式中：F 为施加荷载，N；D 为钢球直径，mm；d 为压痕直径，mm。

2）洛氏硬度

洛氏硬度试验是用金刚石圆锥体或钢球做压头，在初始试验力 F_0 和总试验力 F（$F=$ 初始试验力 F_0+主试验力 F_1）的先后作用下，将压头压入试件。洛氏硬度值是以卸除主试验力 F_1 而保留初始试验力 F_0 时，压入试件的深度 h_1 与在初始试验力作用下的压入深度 h_0 之差（h_1-h_0）来计算的。（h_1-h_0）的数值越大，表示试样越软；反之，表示试样越硬。这和习惯概念正好相反，故改用一常数 K 减去（h_1-h_0）之差来表示硬度的高低，并规定每压入 0.002 mm 为一硬度单位。根据《金属洛氏硬度试验》（GB/T 230.1—2004）规定洛氏硬度用 HR 表示。用式（4-10）计算。

$$\mathrm{HR}=\mathrm{K}-\frac{h_1-h_0}{0.002} \tag{4-10}$$

式中：h_0 为在初始试验力作用下，压头压入试件的深度，mm；h_1 为在卸除主试验力而保留初始试验力时压头压入试件的深度，mm；K 为常数，硬质合金球压头 K=130。

4.2.2 道路工程用钢材的技术性质及检测

4.2.2.1 钢筋的性能检测

1）钢筋表面检测

钢筋外表有严重锈蚀、麻坑、裂纹、结疤、折叠、夹砂和夹层等缺陷时，应予剔除，不得使用。热轧钢筋表面允许有凸块，但不得超过横肋的高度，钢筋表面上其他缺陷的深度和高度不得大于所在部位尺寸的允许偏差。

2）钢筋力学性能检测

（1）屈服强度和抗拉强度：在拉伸试验机上进行测定，当测力计的指针停止转动后恒定负载或第一次回转的最小负载即为屈服点的荷载，求出屈服强度；将试件连续加载直至拉断，由测力计或拉伸曲线上读出最大负载，求出抗拉强度。

（2）断后伸长率：将试样断裂的部分接在一起，测量试样断后标距，计算出伸长率。

（3）冷弯性能试验：在配备弯曲装置的压力机或万能机上进行冷弯试验。在常温下，将试样放在设备上缓慢加载，弯曲至规定的弯曲角度。

（4）反复弯曲试验：将试样一端加紧，然后绕着规定半径的圆柱形表面使试样弯曲 90°，再反向弯曲，如此反复弯曲，弯曲次数达到规定的次数或试样折断为止。

4.2.2.2 预应力钢筋混凝土用钢筋、钢丝和钢绞线的性能检测

预应力钢筋分为热处理钢筋、冷拉钢筋和经轧螺纹钢筋；预应力钢丝分为冷拔低碳钢丝、冷拉或消除应力的光圆钢筋、螺旋肋钢丝和刻痕钢丝。

1）钢筋表面检测

（1）热处理钢筋：表面不得有肉眼可见的裂纹、结疤、折叠；允许有凸块，但不得超过横肋的高度；允许有不影响使用的缺陷，但不得沾有油污。

（2）冷拉钢筋：表面不得有横向裂纹、结疤和机械损伤；允许有不影响力学性能和连接的缺陷。

（3）冷拔钢丝：表面不得有裂纹和机械损伤。

（4）高强钢丝：高强钢丝分为冷拉钢丝、消除应力钢丝和消除应力刻痕钢丝。表面不得有裂纹、小刺、机械损伤、氧化铁皮及油污；回火成品表面允许有回火颜色。除非另有协议，表面允许有浮锈，但不得锈蚀成目视可见的麻坑。

（5）钢绞线：除非有特殊要求，表面不得带有降低钢绞线与混凝土黏结力的润滑剂、油渍等物质，允许有轻微的浮锈，但不得锈蚀成目视可见的锈蚀麻坑，表面允许有回火颜色。

2）力学性能检测

（1）冷拉钢筋：检测每批的质量不大于 60 t，抽取 10%进行表面质量和尺寸偏差检测，如不合格，则应对该批钢筋进行逐盘检测；进行力学性能检测，如有一项不合格，该不合格盘应报废，并再从未试验过的钢筋中取双倍数量的试样进行复测，如仍有一项不合格，则该批钢筋不合格。

（2）精轧螺纹钢筋：检测每批的质量不大于 100 t，对表面质量应逐根进行目测，外观合格后在每批中任选两根钢筋截取试件进行拉伸试验。如有一项不合格，则另取双倍数量的试件重新做各项试验，如仍有一根不合格，则该批钢筋不合格。拉伸试验试件不允许做任何形式加工。

（3）冷拔低碳钢丝：逐盘进行抗拉强度、断后伸长率和弯曲试验。从每盘钢丝上任一端截取不少于 500 mm 后再取 2 个试样，分别作拉力和 180° 反复弯曲试验，弯曲试验后不得有裂纹、鳞落或断裂现象。

（4）高强钢丝：检测每批质量不大于 60 t，抽取 5%且不少于 5 盘，进行形状、尺寸和表面检测，如检测不合格，则应逐盘检测。在检测合格的钢丝中抽取 5%且不少于 3 盘，在每盘钢丝的两端取样进行抗拉强度、弯曲和断后伸缩率试验。试验有一项不合格，则不合格盘报废，并从同批试验过的钢丝中取双倍数量的试样进行该不合格项的复检，如仍有一项不合格，则该批钢筋不合格。

（5）钢绞线：检测每批质量不大于 60 t，任取 3 盘，从端部正常部位截取一根试样进行表面质量、直径偏差和力学性能检测。如一项不合格，则该盘不得交货，则再从未检测钢绞线中取双倍数量的试样进行不合格项检测，如仍有一项不合格，则该批钢绞线不得交货，或进行逐盘检测合格后方可交货。

4.2.2.3 焊接钢筋的性能检测

1）闪光对焊接头检测

（1）外观检测：接头处不得有横向裂纹；与电极接触处的钢筋表面，对 HPB235、HRB335、HRB400 钢筋不得有明显烧伤；对 HRB500 钢筋不得有烧伤；低温对焊时，对 HRB335、HRB400、HRB500 钢筋不得有烧伤；接头处的弯折角不得大于 4°；接头处的轴线偏移不得大于钢筋直径的 0.1 倍，且不得大于 2 mm。

（2）力学性能试验：包括拉伸试验和弯曲试验。从每批成品接头中随机切取 6 个接头，其中 3 个做拉伸试验，3 个做弯曲试验。焊接等长的预应力钢筋时，可按生产时同等条件制作模拟试件。螺钉端杆接头可只做拉伸试验。封闭环式箍筋闪光对焊接头，以 600 个同牌号、同规格的接头作为一批，只做拉伸试验。当模拟试件试验不合格时，应进行复检。复检从现场焊接接头中切取。

2）电弧焊

（1）外观检测：应在接头清渣，逐个进行目测或量测，焊缝表面应平整，不得有焊缝和焊瘤；焊接接头区域不得有肉眼可见的裂纹；咬边深度、气孔、夹渣等缺陷允许值及接头尺寸的允许偏差不得超过规范规定；坡口焊、熔槽帮条焊和窄间隙焊接头的焊缝余高不得大于 3 mm。钢筋与钢板电弧搭接焊接头可只进行外观检测。

（2）力学性能检测：每批随机截取 3 个接头做拉伸试验。在同一批中若有几种不同直径的钢筋焊接接头，应在最大直径钢筋接头中切取 3 个试件。在装配式结构中，可按生产条件制作模拟试件，每批 3 个做拉伸试验。

3）电渣压焊

（1）外观检测：接头焊毕应停歇适当时间，才可回收焊剂和卸下焊接夹具；敲去渣壳，四周焊包应均匀，凸出钢筋表面的高度不得小于 4 mm，应确保焊缝质量；钢筋与电极接触处应无烧伤缺陷；接头处的弯折角不得大于 4°；接头处的轴线偏移不得大于钢筋直径的 0.1 倍且不得大于 2 mm。

（2）力学性能检测：每批随机截取 3 个接头做拉伸试验。电渣压焊接头拉伸试验结果，3 个试件的抗拉强度不得低于该级别钢筋规定的抗拉强度值；当试验结果有 1 个试件的抗拉强度低于规定指标，应取 6 个试件进行复检，若仍有 1 个试件的抗拉强度低于规定指标，则确定该批接头为不合格品。

4）气压焊

（1）外观检测：接头处的轴线偏差不得大于钢筋直径的 0.15 倍且不得大于 4 mm；当不同直径钢筋焊接时，应按较小钢筋直径计算；当大于规定值，且在钢筋直径的 0.3 倍以下时，可加热矫正；镦粗直径不得小于钢筋直径 1.4 倍，当小于规定值时应重新加热镦粗；镦粗长度不得小于钢筋直径 1.2 倍，且凸出部分平缓圆滑，当小于规定值时应重新加热镦长。

（2）力学性能检测：在柱、墙的竖向钢筋连接中应从每根接头中随机切取 3 个接头做拉伸试验；在梁、板的水平钢筋连接中，应另截取 3 个接头做弯曲试验。

4.2.2.4 机械连接接头的性能检测

应根据性能等级和应用场合，对单向拉伸性能、高应力反复拉压、大变形反复拉压、抗疲劳、耐低温等各项性能检测。

4.2.2.5 金属螺旋管的性能检测

应按出厂合格证和质量保证书核对类别、型号、规格及数量，对外观、尺寸、集中荷载下的径向刚度、荷载作用后的抗渗漏及抗弯曲渗漏进行检测。

小结

本章主要阐述钢材的主要类型，桥梁工程与道路工程用钢材的技术性质及检测方法。

思考题

1. 桥梁用钢筋的检测项目有哪些？
2. 道路用钢筋的检测项目有哪些？

第5章
基层材料检测

[本章提要]

本章主要介绍基层、底基层材料的技术要求，结合料剂量检测，无侧限抗压强度检测，基层材料劈裂强度检测，抗压回弹模量检测等内容。

公路路面基层、底基层按材料力学行为可划分为半刚性类、刚性类和柔性类，按材料组成可划分为有结合料稳定类和无黏结粒料类。高等级公路路面基层、底基层目前采用较广泛的是无机结合料稳定类，即半刚性基层、底基层材料，世界其他国家及我国部分公路应用了柔性基层。半刚性基层、底基层的种类包含水泥稳定类、石灰工业废渣类（石灰粉煤灰、石灰钢渣等）、石灰稳定类及综合稳定类（水泥粉煤灰、水泥石灰稳定类等）。柔性基层、底基层的种类可分为有机结合料稳定类（沥青碎石、沥青贯入等）和无黏结粒料类（级配碎石、级配砾石、填隙碎石、级配砾碎石类等）。刚性基层类包括贫混凝土基层、水泥混凝土基层以及连续配筋水泥混凝土基层。在了解半刚性和无黏结粒料类基层、底基层材料的技术要求、混合料组成设计方法的基础上，应掌握基层材料的性能，包括结合料的剂量、无侧限抗压强度、劈裂强度、抗压回弹模量的检测方法。

5.1　基层材料的技术要求

5.1.1　半刚性类基层、底基层组成材料的技术要求

各级公路的基层和底基层材料包括水泥稳定类、石灰粉煤灰稳定类材料。

5.1.1.1 水泥稳定类基层、底基层组成材料要求

水泥稳定类材料包括水泥稳定级配碎石、级配砂砾、未筛分碎石、石屑、土、碎石土、砂砾土等，以及经加工性能稳定的钢渣和矿渣等。

1）细粒土的要求

对细粒土而言，土的均匀系数应大于 5，液限不应超过 40，塑性指数不应大于 17。实际工作中，宜选用均匀系数大于 10，塑性指数小于 12 的土。塑性指数大于 17 的土，宜采用石灰稳定，或用水泥和石灰综合稳定。有机质含量超过 2%的土，必须先用石灰进行处理，闷料一夜后再用水泥稳定。硫酸盐含量超过 0.25%的土，不应用水泥稳定。

2）集料的压碎值要求

对于基层，高速公路和一级公路不大于 30%，二级和二级以下公路不大于 35%。对于底基层，高速公路和一级公路不大于 30%，二级和二级以下公路不大于 40%。

3）集料的级配要求

高速公路、一级公路宜将骨架密实型水泥稳定材料用于基层或上基层，并选用表 5-1 的 1 号级配范围进行混合料设计。也可通过试验按逐级填充的方法，并进行空隙体积的检验，使细集料加水泥的压实体积等于或接近粗集料的空隙体积。各级公路均可选用表5-1 的 2 号、3 号级配范围用于基层、底基层。基层材料的集料最大粒径应不大于 31 5 mm，底基层最大粒径不大于 37.5 mm。

表 5-1 水泥稳定类集料的级配范围 %

编号	通过下列方孔筛尺寸（mm）的质量百分率							
	37.5	31.5	19.0	9.50	4.75	2.36	0.6	0.075
1		100	68～86	38～58	22～32	16～28	8～15	0～3
2		100	90～100	60～80	29～49	15～32	6～20	0～5
3	100	93～100	75～90	50～70	29～50	15～35	6～20	0～5

4）水泥的要求

普通硅酸盐水泥、矿渣硅酸盐水泥和火山灰质硅酸盐水泥都可用于稳定土，但应选用初凝时间 3 h 以上和终凝时间在 6 h 以上的水泥。不得使用快硬水泥、早强水泥以及已受潮变质的水泥。宜采用强度等级为 325 或 425 的水泥。

5.1.1.2 石灰工业废渣类基层、底基层组成材料的技术要求

石灰工业废渣类材料包括石灰粉煤灰碎石（二灰碎石）、石灰粉煤灰砂砾（二灰砂砾）、石灰粉煤灰土（二灰土）、石灰粉煤灰（二灰）、石灰粉煤灰砂（二灰砂）、石灰粉煤灰矿渣（二灰矿渣、石灰钢渣）等。

1）石灰

石灰质量应符合Ⅲ级消石灰或Ⅲ级生石灰的技术指标，应尽量缩短石灰的存放时间，如存放时间较长时，应采取覆盖封存措施，妥善保管。有效钙含量在 20%以上的等外石灰、贝壳石灰、珊瑚石灰、电石渣等，当其混合料的强度符合标准时可以应用。

2）粉煤灰

粉煤灰中 SiO_2、Al_2O_3 和 Fe_2O_3 的总含量应大于 70%，烧失量不应超过 20%；其比面积宜大于 2500 cm^2/g；或 90%通过 0.3 mm 筛孔，70%通过 0.075 mm 筛孔。干粉煤灰和湿粉煤灰都可以应用。湿粉煤灰的含水量不宜超过 35%。

3）煤渣

煤渣的最大粒径不应大于 30 mm，颗粒组成宜有一定级配，且不宜含杂质。

4）土

宜采用塑性指数为 12～20 的黏性土（亚黏土）；土块的最大粒径不应大于 15 mm；有机质含量超过 10%的土不宜选用。

5.1.1.3　石灰稳定类基层、底基层组成材料的技术要求

石灰稳定类材料包括石灰稳定土（石灰土）、天然砂砾土（石灰砂砾土）、天然碎石土（石灰碎石土）以及石灰土稳定级配砂砾（砂砾中无土）、级配碎石和矿渣等。

1）土

塑性指数为 5～20 的黏性土以及含有一定数量黏性土的中粒土和粗粒土均适于用石灰稳定。用石灰稳定无塑性指数的级配砂砾、级配碎石和未筛分碎石时，应添加 15%左右的黏性土。塑性指数在 15 以上的黏性土更适于用石灰和水泥综合稳定。塑性指数在 10 以下的亚砂土和砂土用石灰稳定时，应采取适当的措施或采用水泥稳定。硫酸盐含量超过 0.8%和有机质含量超过 10%的土，不宜用石灰稳定。

2）石灰的技术要求

对于高速公路和一级公路，宜采用磨细石灰粉。

5.1.1.4　综合稳定类基层、底基层组成材料的技术要求

综合稳定类包括水泥石灰综合稳定类和水泥粉煤灰综合稳定类等。采用水泥稳定碎石土、砾石土或含泥量大的砂、砂砾时，宜掺入一定剂量的石灰进行综合稳定，当水泥用量占结合料总质量的 30%以上时，应按水泥稳定类进行设计，否则按石灰稳定类设计。水泥稳定粒径较均匀且为不含或含细料很少的砂砾、碎石以及不含土的砂时，宜在集料中添加 20%～40%的粉煤灰，或添加剂量为 10%～12%的石灰土进行综合稳定。

5.1.1.5　半刚性类混合料强度及压实度标准

半刚性材料配合比设计，应根据重型击实标准制件，在非冻区 25℃条件下湿养 6 d、浸水 1 d，进行 7 d 龄期的无侧限抗压强度试验，其试件的压实度和 7 d 无侧限抗压强度代表值应满足要求。

5.1.2　柔性类基层、底基层组成材料的技术要求

柔性类基层、底基层包括：有机结合料沥青稳定类材料，如热拌沥青混合料或乳化沥青碎石混合料、沥青贯入碎石等；无黏结粒料类材料包括级配碎石、级配砾石、符合级配的天然砂砾、部分砾石经轧制掺配而成的级配砾碎石，以及泥结碎石、泥灰结碎石、

填隙碎石等。

5.1.2.1　有机结合料沥青稳定类材料的技术要求

参见沥青和沥青混合料试验检测部分。

5.1.2.2　无黏结粒料类材料的技术要求

1）集料

集料中针、片状颗粒的总含量应不超过20%。石料的压碎值要求见表5-2。

表5-2　石料的压碎值要求　%

混合料类型	层位	公路等级	压碎值（不大于）
级配碎石	基层	高速公路和一级公路	26
		二级公路	30
		二级以下公路	35
	底基层	高速公路和一级公路	30
		二级公路	35
		二级以下公路	40
级配砾石	基层	高速公路和一级公路	30
		二级公路	30
		三级和四级公路	35
	底基层	二级公路	35
		二级以下公路	40
填隙碎石	基层		26
	底基层		30

2）粒料类材料

CBR值及压实度标准见表5-3。

表5-3　粒料类材料的CBR值及压实度标准　%

混合料类型	层位	CBR值	压实度（大于）
级配碎石	基层	180	98
	底基层	100	96
级配砾石和天然砂砾	基层	160	98
	底基层	60（B、C级交通量）40（A级交通量）	96
填隙碎石	基层	—	85（固体体积率）
	底基层	—	83（固体体积率）

5.2 基层材料的性能检测

5.2.1 结合料剂量检测

结合料剂量采用 EDTA 滴定法检测，适用于在工地快速测定水泥和石灰稳定土中水泥和石灰的剂量，并可以用以检查拌合的均匀性。用于稳定的土可以是细粒土，也可以是中粒土和粗粒土。工地水泥和石灰稳定土含水量的少量变化（±2%），实际上不影响测定结果。本方法也可以用来测定水泥和石灰稳定土中结合料的剂量。

1）检测的仪器及设备

（1）滴定管（酸式）、滴定台、滴定管夹、大肚移液管、锥形瓶、烧杯、容量瓶。

（2）搪瓷杯、不锈钢棒、量筒、棕色广口瓶、托盘天平、表面皿、研钵、土样筛。

（3）洗耳球、精密试纸、聚乙烯桶。

（4）秒表、毛刷、去污粉、吸水管、塑料勺、特种铅笔、厘米纸、洗瓶等。

2）试剂

（1）0.1 mol/L 乙二胺四乙酸二钠（简称 EDTA 二钠）标准液：精确称取 EDTA 二钠 37.226 g，用微热的无二氧化碳蒸馏水溶解，待全部溶解并冷却至室温后定容至 1000 mL。

（2）10%氯化铵溶液：将 500 g 氯化铵（分析纯或化学纯）放在 10 L 聚乙烯桶内，加蒸馏水 4500 mL，充分振荡，使氯化铵完全溶解。也可以分批在 1000 mL 的烧杯内配置，然后倒入塑料桶内摇匀。

（3）1.8%氢氧化钠（内含三乙醇胺）溶液：用 100 g 架盘天平称 18 g 氢氧化钠（分析纯），放入洁净干燥的 1000 mL 烧杯中，加入 1000 mL 蒸馏水使其全部溶解，待溶解冷却至室温后，放入 2 mL 三乙醇胺（分析纯），搅拌均匀后置于塑料桶中。

（4）钙红指示剂：将 0.2 g 钙试剂羟酸钠（分子式为 $C_{21}H_{13}O_7N_2SNa$，分子量为 460.93）与 20 g 预先在 105℃烘箱中烘干 1 h 的硫酸钾混合，一起放入瓷研钵中，研成极细粉末，储于棕色广口瓶中，以防吸水变潮。

3）准备标准曲线

（1）取样：取工地用石灰和集料，风干后分别过 2.0 mm 或 2.5 mm 筛，用烘干法或酒精燃烧法测其含水量（如为水泥可假定其含水量为 0%）。

（2）准备 5 种试样，每种 2 个样品（以水泥集料为例）。

第 1 种：称 2 份 300 g 集料分别放在 2 个搪瓷杯内，集料的含水率应等于工地预期达到的最佳含水率。集料中所加的水应与工地所用的水相同（300 g 为湿质量）。

第 2 种：准备 2 份水泥剂量为 2%的水泥土混合料试样，每份均重 300 g，并分别放在 2 个搪瓷杯内。水泥土混合料的最佳含水量应等于工地预期达到的最佳含水率。混合料中所加的水应与工地所用的水相同。

第 3 种～第 5 种：各准备 2 份水泥剂量为 4%、6%、8%的水泥混合料试样，每份均重 300 g，并分别放在 6 个搪瓷杯内，其他要求同第 1 种。

（3）取一个盛有试样的搪瓷杯，在杯内加 600 mL 10%氯化铵溶剂，用不锈钢搅拌棒充分搅拌 3 min（每分钟搅拌 110～120 次）。如水泥（或石灰）土混合料中的土是细粒土，则也可以用 1000 mL 具塞三角瓶代替搪瓷杯，手握三角瓶（瓶口向上）用力振荡 3 min（每分钟 120±5 次），以代替搅拌棒搅拌。放置沉淀 4 min，如得到的是混浊悬浮液，则应增加放置沉淀时间，直到出现澄清悬浮液为止，并记录所需的时间，以后所有该种水泥（或石灰）土混合料的试验，均应以同一时间为准。然后将上部清液转移到 300 mL 烧杯内，搅匀，加盖表面皿待测。

（4）用移液管吸取上层（液面下 1～2 cm）悬浮液 10.0 mL 置入 200 mL 的三角瓶内，用量筒取 50 mL 1.8%氢氧化钠（内含三乙醇胺）倒入三角瓶中，此时溶液 pH 值为 12.5～13.0（可用 pH 值为 12～14 的精密试纸检测），然后加入钙红指示剂（体积约为黄豆大小），摇匀，溶剂呈玫瑰红色。用 EDTA 二钠标准溶液滴定到纯蓝色为终点，记录 EDTA 二钠的消耗量。

（5）对其他几个搪瓷杯中的试样，用同样的方法进行试验

（6）以同一水泥（或石灰）剂量混合料消耗 EDTA 二钠标准溶液毫升数的平均值为纵坐标，以水泥（或石灰）剂量（%）为横坐标制图。如果集料或水泥（或石灰）改变以及同一次配制的 EDTA 溶液用完以后，必须重做标准曲线。

4）检测的步骤

（1）选取有代表性的水泥或石灰混合料，称取 300 g 放在搪瓷杯中，用搅拌棒将结块搅散，加 600 mL 10%氯化铵溶液，然后如前述步骤那样进行试验。

（2）利用所绘制的标准曲线，根据所消耗的 EDTA 二钠标准溶液毫升数，确定混合料中的水泥或石灰剂量。

5.2.2 无侧限抗压强度检测

本方法适用于测定无机结合料稳定土（包括稳定细粒土、中粒土和粗粒土）试件的无侧限抗压强度，有室内配合比设计试验及现场检测。按照预定干密度用静力压实法制备试件以及用锤击法制备试件，试件都是高与直径比为 1∶1 的圆柱体。室内配合比设计检测和现场检测两者在试料准备上是不同的，前者根据设计配合比称取试料并拌和，按要求制备试件；后者则在工地现场取拌和的混合料作试料，并按要求制备试件。

1）取样频率

在现场按规定频率取样，按工地预定达到的压实度制备试件。试件数量（每 2000 m^2 或每工作班）：无论稳定细粒土、中粒土和粗粒土，当多次试验结果的偏差系数 $C_V \leqslant 10\%$ 时，可为 6 个试件；C_V 为 10%～15%时，可为 9 个试件；$C_V > 15\%$时，则需 13 个试件。

2）检测的仪器及设备

（1）圆孔筛、试模、脱模器、反力框架、液压千斤顶、击锤、导管。

（2）密封湿气箱或湿气池、水槽：深度应大于试件高度 50 mm。

（3）路面材料强度试验仪或其他合适的压力机，但后者的规格不应大于 200 kN。

（4）天平、台称、量筒、拌和工具、漏斗，大、小铝盒，烘箱等。

3）试件制备

（1）试料准备：

将具有代表性的风干试料用木锤或木碾捣碎，但应避免破碎粒料的原粒径。将土过筛并进行分类，如试料为粗粒土，则除去大于 40 mm 的颗粒备用；如试料为中粒土，则除去大于 25 mm 或 20 mm 的颗粒备用；如试料为细粒土，则除去大于 10 mm 的颗粒备用。在预定做试验的前一天，取有代表性的粒料测定其风干含水量。对于细粒土，试样应不少于 100 g；对于粒径小于 25 mm 的中粒土，试样应不少于 1000 g；对于粒径小于 40 mm 的粗粒土，试样的质量应不少于 2000 g。

（2）确定无机结合料混合料的最佳含水率和最大干密度。

（3）配制混合料：

① 对于同一无机结合料剂量的混合料，需要制备相同状态的试件数量（即平行试验的数量）与土类及仔细操作的程度有关。对于无机结合料稳定细粒土，至少应该制备 6 个试件；对于无机结合料稳定中粒土和粗粒土，至少应该制备 9 个和 13 个试件。

② 称取一定数量的风干土并计算干土的质量，其数量随试件大小而变。对于 50 mm×50 mm 的试件，1 个试件约需干土 180～210 g；对于 100 mm×100 mm 的试件，1 个试件约需干土 1700～1900 g；对于 150 mm×150 mm 的试件，1 个试件约需干土 5700～6000 g。对于细粒土，可以一次称取 6 个试件的土；对于中粒土，可以一次称取 3 个试件的土；对于粗粒土，可以一次称取 1 个试件的土。

③ 将称好的土放在长方盘（约 400 mm×600 mm×70 mm）内。向土中加水，对于细粒土（特别是黏性土），使其含水率较最佳含水率小 3%。将土和水拌和均匀后放在密闭容器内，浸润备用。如为石灰稳定土和水泥石灰综合稳定土，可将石灰和土拌匀后进行浸润。浸润时间：黏性土 12～24 h；粉性土 6～8 h；砂性土、砂砾土、红土砂砾、级配砂砾等可以缩短到 4 h 左右；含土很少的未筛分碎石、砂砾及砂可以缩短到 2 h。

④ 在浸润过的试料中，加入预定剂量的水泥或石灰（水泥或石灰剂量按干土即干集料质量的百分率计）并拌和均匀。在拌和过程中，应将预留 3%的水（对于细粒土）加入水中，使混合料的含水率达到最佳。拌和均匀的加有水泥的混合料应在 1 h 内按下述方法制成试件，超过 1 h 的混合料应该作废。其他结合料稳定土的混合料虽不受此限制，但也应尽快制成试件。

（4）按预定的干密度制件：

用反力框架和液压千斤顶制件。制备一个预定干密度试件，需要的稳定土混合料的质量可按式（5-1）计算。

$$m_1 = \rho_d V(1+w) \tag{5-1}$$

式中：V 为试模的体积，cm^3；w 为稳定土混合料的含水率，%；ρ_d 为稳定土试件的干密度，g/cm^3。

将试模的下压部放入试模的下部，但外露 2 cm 左右。将称量的规定数量的稳定土混合料分 2～3 次灌入试模中（利用漏斗），每次灌入后用夯棒轻轻摇匀插实。如制备的是 50 mm×50 mm 的小试件，则可以将混合料一次倒入试模中，然后将上压柱也外露 2 cm 左右（即上、下压柱露出试模外的部分应相等）。将整个试模（连同上、下压柱）放在反力框架内的千斤顶上（千斤顶下应放一扁球座），加压直到上、下压柱都压入试模为止。维持压力 1 min，解除压力后，取下试模，拿去上压柱，并放到脱模器上将试件顶出（利用千斤顶的下压柱）。称取试件的质量 m_2，然后用游标卡尺量取试件的高度 h。用击锤制件步骤同前，只是用击锤（可以利用做击实试件的锤，但压柱顶面需要垫一块牛皮或胶皮，以保护锤面和压柱顶面不受损伤）将上、下压柱打入试模内。

4）养生

试件从试模内脱出并称量，应立即放到密封湿气箱和恒温室内进行保湿养生。但中试件和大试件应先用塑料薄膜包覆，有条件时，可采用蜡封保湿养生。养生时间视需要而定，作为工地控制，通常都只取 7 d。整个养生期间的温度，在北方地区应保持在 22°C±2°C，在南方地区应保持在 25°C±2°C。养生期的最后 1 天，应该将试件浸泡在水中，水的深度应使水面在试件顶上约 2.5 cm。在浸泡水中前，应再次称取试件的质量。在养生期间，试件质量的损失应该符合下列规定：小试件不超过 1 g；中试件不超过 4 g；大试件不超过 10 g。质量损失超过此规定的试件，应该作废。

5）无侧限抗压强度试验

（1）将已浸水 1 昼夜的试件从水中取出，用软的旧布吸净试件表面的可见自由水，并称取试件的质量 m_4。

（2）用游标卡尺量取试件表面的高度 h。

（3）将试件放到路面材料强度试验仪的升降台上（台上先放一扁球座），进行抗压试验。试验过程中，应使试件的变形等速增加，并保持速率约为 1 mm/min。记录试件破坏时的最大压力 P（N）。

（4）从时间内部取有代表性的样品（经过打破），测定其含水率 w_1。

6）计算

无侧限抗压强度 R_c（MPa）用式（5-2）、式（5-3）、式（5-4）计算。

对于小试件：
$$R_c = \frac{P}{A} = 0.000\,51P \tag{5-2}$$

对于中试件：
$$R_c = \frac{P}{A} = 0.000\,127P \tag{5-3}$$

对于大试件：
$$R_c = \frac{P}{A} = 0.000\,57P \tag{5-4}$$

式中：P 为试件破坏时的最大压力，N；A 为试件的截面积，$A = \frac{\pi D^2}{4}$；D 为试件的直径，mm。

7）强度评定

如为现场检测，需按下述方法对无侧限抗压强度进行评定。

（1）评定路段试验的平均强度 $\overline{R}$ 应满足式（5-5）的要求：

$$\overline{R}_c \geqslant \frac{R_d}{1 - Z_a C_V} \tag{5-5}$$

式中：R_d 为设计抗压强度，MPa；C_V 为实验结果的偏差系数（以小数计）；Z_a 为标准正态分布表中随保证率而变的系数，高速公路、一级公路，保证率 95%，Z_a=1.645；其他公路，保证率 90%，Z_a =1.282。

（2）路段内无机结合料稳定材料强度的评定：评为合格时得满分，不合格时得零分。

5.2.3 基层材料劈裂强度检测

基层材料劈裂强度检测是指测定无机结构料稳定土（包括稳定细粒土、中粒土和粗粒土）试件的间接抗拉强度。

1）检测的仪器设备

（1）试模。适用于不同土的试模尺寸：细粒土（最大粒径不超过 10 mm），试模的直径×高为 50 mm×50 mm；中粒土（最大粒径不超过 25 mm），试模的直径×高为 100 mm×100 mm；粗粒土（最大粒径不超过 40 mm），试模的直径×高为 150 mm×50 mm。

（2）路面材料强度试验仪或其他测力环式压力机。

（3）压条采用半径与试件半径相同的弧面压条，其长度应大于试件的高度。

（4）其余试验设备均与无侧限抗压强度试验方法所需设备相同。

2）养生

养生方法与无侧限抗压强度试验方法制备试件相同。作为应力检验用时，水泥稳定土、水泥粉煤灰稳定土的养生时间应为 90 d，石灰稳定土和石灰粉煤灰稳定土的养生时间应为 5 个月。整个养生期间的温度，在北方地区应该保持在 20°C±2°C，在南方地区应该保持在 25°C±2°C。养生期的最后一天，应该将试件浸泡在水中，水的深度应使水面在试件顶上约 2.5 cm。在浸泡水中之前，应再次称取试件的质量。在养生期间，试件的质量损失应该符合下列规定：小试件不超过 1 g；中试件不超过 4 g；大试件不超过 10 g。质量损失超过此规定的试件，应该作废。

3）检测的步骤

（1）将已浸水 1 昼夜的试件从水中取出，用软的旧布吸净试件表面的可见自由水，并称取试件的质量。

（2）用游标卡尺量取试件表面的高度 H。

（3）在压力机的升降台上置一条压条，将试件横置在压条上，在试件的顶面也放置一压条（上、下压条与试件的接触线必须位于试件直径的两端，并与升降台垂直）。试验过程中，应使试验的形变等速增加，并保持速率约为 1 mm/min。记录试件破坏时的最大压力 P（N）。

（4）从试件内部取有代表性的样品（经过打碎），测定其含水率 w。

4）计算

试件的间接抗拉强度用式（5-6）～式（5-8）计算。

（1）无压条时：

对于小试件：
$$R_i = \frac{2P}{\pi dH} = 0.012\,732\frac{P}{H} \tag{5-6}$$

对于中试件：
$$R_i = \frac{2P}{\pi dH} = 0.006\,366\frac{P}{H} \tag{5-7}$$

对于大试件：
$$R_{\mathrm{i}} = \frac{2P}{\pi dH} = 0.004\,244\frac{P}{H} \tag{5-8}$$

式中：d 为试件的直径，mm；H 为浸水后试件的高度，mm。

（2）有加载压条时：

$$R_{\mathrm{i}} = \frac{2P}{\pi aH}(\sin 2\alpha - \frac{a}{d}) \tag{5-9}$$

式中：a 为压条的宽度，mm；α 为半压条宽对应的圆心角，°。

对于小试件：
$$R_{\mathrm{i}} = 0.012\,526\frac{P}{H} \tag{5-10}$$

对于中试件：
$$R_{\mathrm{i}} = 0.006\,263\frac{P}{H} \tag{5-11}$$

对于大试件：
$$R_{\mathrm{i}} = 0.004\,178\frac{P}{H} \tag{5-12}$$

5.2.4 抗压回弹模量检测

1）检测的仪器设备

（1）加载主机：路面材料强度试验仪或其他类似仪器。

（2）测变形的装置：圆形金属平面加载顶板和圆形金属平面加载底板，板的直径应大于试件的直径，底板直径线两侧有立柱，立柱上装有千分表夹。

（3）千分表（1/1000 mm）。

（4）其他设备同无侧限抗压强度试验方法，但不含 50 mm×50 mm 的试模。

2）制备试件

（1）对于同一无机结构料剂量的混合料需要制备相同状态的试件数量（即平行试件的数量）与土类及仔细操作的程度有关。对于无机结构料稳定细粒土，应该制备 13 个试件，并要求模量实验结果的偏差系数不超过 20%；对于无机结构料稳定中粒土和粗粒土，应该制备 19 个试件，并要求模量实验结果的偏差系数不超过 25%。

（2）称量一定数量的风干土并计算干土的质量，其数量随试件大小而变。对于 1 个 100 mm×100 mm 的稳定细粒土试件，约需干土 1400～1600 g；对于 1 个 100 mm×100 mm 的稳定中粒土试件，约需 1700～1900 g；对于 1 个 150 mm×150 mm 的稳定粗粒土试件，约需 5700～6000 g。

（3）将称量的土放在长方盘（400 mm×600 mm×70 mm）内。向土中加水，将土和水拌和均匀后放在密封容器内，浸润备用。如为石灰稳定土、水泥石灰综合稳定土或石灰粉煤灰稳定土，则可将石灰和土或石灰粉煤灰和土一起拌和均匀后放在密封容器，浸润备用。浸润时间同无侧限抗压强度试验方法。

（4）在浸润过的试料中，加入预定的水泥或石灰拌和均匀。拌和均匀的加有水泥的混合料应在 1 h 内按下述方法制成试件。超过 1 h 的混合料应该作废，其他结合料稳定混合料虽不受此限制，但也应尽快制成试件。

（5）按预定的干密度制件，同无侧限抗压强度试验方法。

3）试件准备

（1）圆柱形试件的 2 个端面应用水泥净浆彻底抹平。将试件直立桌上，在上端面用早强高强水泥净浆薄涂一层后，在表面撒 0.25～0.5 mm 的细砂，将直径大于试件的平面圆形钢板放在顶面，加压旋转圆钢板，使顶面齐平。边旋转边平移，并迅速去下钢板。如有净浆被钢板粘去，则重新用净浆补平，并重复上述步骤。一个断面整平后，放置 4 h 以上，然后将另一端面同样整平。整平应该达到：加载板放在试件顶面后，在任何方向都不会翘动。试件整平后放置 8 h 以上。

（2）将断面已经处理平整的试件浸水 1 昼夜。

4）逐级加荷、卸荷试验步骤

（1）加载板上计算单位压力的选定值：对于无机结构料稳定基层材料，用 0.5～0.7 MPa；对于无机结构料稳定底基层材料，用 0.2～0.4 MPa。实际加载的最大单位压力应略大于选定值。

（2）将试件浸水 24 h 后从水中取出，并用布擦干后放在加载底板上，在试件顶面稀撒 0.25～0.5 mm 的细砂，并手压加载顶板在试件顶面边压边旋转，使细砂填补表面微观的不平整，并使多余的砂流出，以增加顶板与试件的接触面积。

（3）安置千分表，使其脚支在加载顶板直径线的两侧，并离试件中心距离大致相等。

（4）将带有试件的测形变装置放到路面材料强度试验仪的升降台上（也可以先将测形变装置放在升降台上，再安置试件和千分表），调整升降台的高度，使加载顶板与测力环下端的压头中心与加载顶板的中心接触。

（5）预压：先用拟施加的最大载荷的一半进行 2 次加荷、卸荷预压试验，使加载顶板与试件表面紧密接触。第 2 次卸载后等待 1 min，然后将千分表的短指针约调到中间位置，并将长指针调到零，记录千分表的原始读数。

（6）回弹形变测量：将预定的单位压力分成 5～6 个等份，作为每次施加的压力值。实际施加的荷载应较预定级数增加一级。施加第一级荷载（如为预定最大荷载的 1/5），待荷载作用达 1 min 时，记录千分表的读数，同时卸去荷载，让试件的弹性形变恢复。到 0.5 min 时记录千分表的读数。施加第 2 级荷载（为预定最大荷载的 2/5），同样待荷载作用 1 min 时，记录千分表的读数，卸去荷载。卸荷后达 0.5 min 时，再记录千分表的读数，并施加第 3 级荷载。如此逐级进行，直至记录下最后一级荷载下的回弹形变。

5）结果整理

（1）计算每级荷载下的回弹形变量 l，l=加荷时读数–卸荷时读数。

（2）以 p 为横坐标，l 为纵坐标绘制 p 与 l 的关系曲线。修正曲线开始段的虚假形变。

（3）按式（5-13）计算回弹模量 E。

$$E=\frac{pH}{l} \tag{5-13}$$

式中：p 为单位压力，MPa；H 为试件高度，mm；l 为试件回弹形变量，mm。

小结

本章主要阐述基层材料的技术要求，包括半刚性基层、底基层的组成材料和柔性类基层、底基层的组成材料的技术要求，基层材料的性能检测方法。

思考题

1. 水泥稳定类基层、底基层材料有哪些技术要求？
2. 柔性基层、底基层材料有哪些技术要求？
3. 简述水泥或石灰稳定土中水泥或石灰剂量的测定方法。
4. 试述水泥粉煤灰碎石材料无侧限抗压强度的测定方法。
5. 简述无机结构料稳定基层材料室内抗压回弹模量试验检测步骤。
6. 简述无机结构料稳定基层材料劈裂试验检测步骤。

第 6 章 土工合成材料检测

［本章提要］

本章主要介绍土工合成材料的基础指标、强度、摩擦、渗透、淤堵等特性的检测方法。

土工合成材料作为一种新型的土建工程建筑材料的历史虽然不长，但因其重量轻、强度高、渗滤性好、质地柔软、经久耐用等突出特点，在国内外已被广泛应用于工程建设中并在工程建设中发挥越来越大的作用。土工合成材料是土木工程应用的土工织物、土工膜、土工复合材料、土工特种材料的总称。土工合成材料绝大多数采用合成高分子材料（纤维、塑料、橡胶等）制成，主要用于土体表面、内部、不同土体之间，以加强或保护土体。土工合成材料的基础指标、强度、摩擦、渗透、淤堵等特性均需检测。

土工合成材料是以人工合成的聚合物为原料制成的各种类型产品。土工合成材料可分为土工织物、土工膜、特种土工合成材料和复合型土工合成材料等类型。

6.1 基础指标检测

6.1.1 单位面积质量检测

1）检测的仪器

剪刀、尺、天平。

2）检测的步骤

（1）试样数量不得小于 10 块，对试样进行编号。试样面积：对一般土工合成材料，试样面积为 10 cm×10 cm；对网孔较大或均匀性较差的土工合成材料，可适当加大尺寸。

（2）试样不应含有灰尘、折痕、损伤部分和可见疵点；应从样品长度与宽度方向上随机剪取，但距样品边缘至少 10 mm；试样不应在同一纵向或横向位置上剪取，如不可避免时应在试验报告中说明。

（3）称量：将裁剪好的试样按编号顺序逐一在天平上称量，并细心测读和记录。

3）结果整理

按式（6-1）计算每块试样的单位面积质量。

$$M = \frac{m}{A} \tag{6-1}$$

式中：M 为单位面积质量，g/m^2；m 为试样质量，g；A 为试样面积，m^2。

6.1.2 厚度检测

6.1.2.1 厚度试验仪法

1）检测的仪器

厚度试验仪由下列部件及用具组成，如图 6-1 所示。

（1）基准板：其面积要大于 2 倍的压脚面积。

（2）可更换的压脚：采用表面光滑、面积为 25 cm^2 的圆形压脚。压脚重 5 N，放在试样上时，其自重对试样施加的压力为（2±0.01）kPa。

（3）采用砝码或杠杆方法对压脚加压，压力分别为：（2±0.01）kPa，（200±1）kPa。

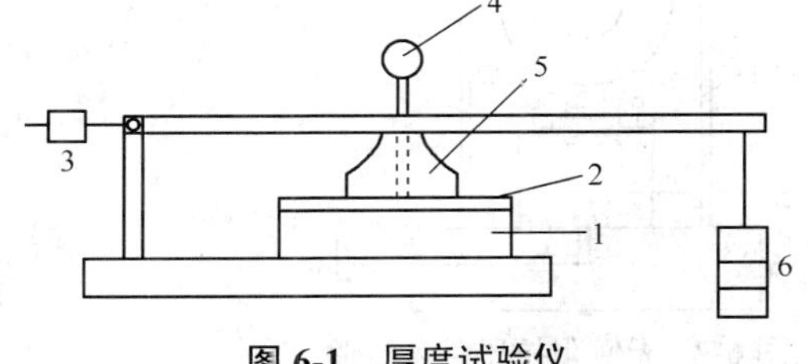

图 6-1 厚度试验仪

1. 基准板 2. 试样 3. 平衡锤 4. 指示表 5. 压脚 6. 砝码

（4）百分表（或千分表）、秒表。

2）试样制备

（1）试样数量不少于 10 块，对试样进行编号。

（2）试样面积为 10 cm×10 cm。

（3）取样方法：试样不应含有灰尘、折痕、损伤部分和可见疵点；应从样品长度与宽度方向上随机剪取，但距样品边缘至少 100 mm；试样不应在同一纵向或横向位置上剪取，如不可避免时应在试验报告中说明。

3）检测的步骤

（1）擦净基准板和压脚，检查压脚轴是否灵活，调整百分表至零读数。

（2）提起压脚，将试样在不受张力情况下放置在基准板与压脚之间。轻轻放下压脚，稳压 30 s 后记录百分表读数。

（3）土工合成材料的厚度一般指在 2 kPa 压力下的厚度测定值，在测定厚度随压力的变化时，还需进行（4）～（5）步骤。

（4）增加砝码对试样施加（200±1）kPa 的压力，稳压 30 s 后读数。除去压力，取出试样。

（5）重复（2）～（4）步骤，测试完 10 块试样。

4）结果整理

（1）分别计算每种压力下 6 块试样厚度的算术平均值。

（2）计算每种压力下厚度的标准差 σ 及变异系数 C_v。

（3）在未明确规定压力时，采用 2 kPa 压力下的试样厚度平均值作为土工合成材料试样的厚度。

（4）以压力为横坐标，厚度为纵坐标绘制厚度与压力的关系曲线图。

6.1.2.2 无侧限抗压强度试验仪法

1）检测的仪器

无侧限抗压强度试验仪包括以下部件及用具，如图 6-2 所示。

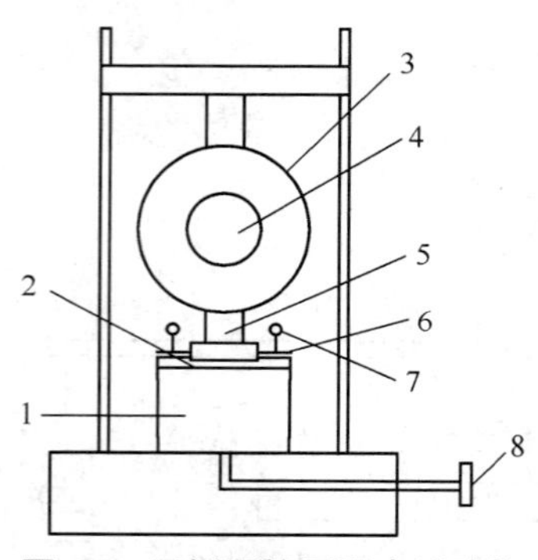

图 6-2 无侧限抗压强度试验仪

1. 基准板 2. 试样 3. 量力计（钢环或压力传感器） 4. 测力表 5. 加压杆 6. 压脚 7. 指示表 8. 手柄

（1）可升降的基准板：其面积应大于 2 cm^2 的圆形压脚面积。

（2）可更换的压脚：圆形，25 cm^2。

（3）量力钢环（或压力传感器）、测力表、百分表（或千分表）、秒表。

2）试样制备

（1）试样数量为 10 块，对试样进行编号。

（2）试样面积为 10 cm×10 cm。

（3）取样方法：试样不应含有灰尘、折痕、损伤部分和可见疵点；应从样品长度与宽度方向上随机剪取，但距样品边缘至少 100 mm；试样不应在同一纵向或横向位置上剪取，如不可避免时应在试验报告中说明。

3）检测的步骤

（1）转动手柄，使基准板上升，待其与压脚接触，调整百分表至零读数。

（2）转动手柄，使基准板下降，将试样放在板上。

（3）再转动手柄，使基准板上升，试样受压。可根据 1～300 kPa 的压力范围和量力环的钢环系数来确定加压时量力环中测力表的读数范围，一般在此读数范围内分 3 级加压，施加压力分别为 2 kPa ± 0.01 kPa、20 kPa ± 0.01 kPa、20 kPa ± 0.01 kPa，每次加压后需稳压 30 s 再读数。

（4）土工合成材料的厚度一般指 2 kPa 压力下的厚度测定值，在只需测定该压力下的厚度时，可只对试样施加 2 kPa ± 0.01 kPa 的压力。

（5）重复（1）～（4）步骤，测试 10 块试样。

4）结果整理

（1）由量力环变形读数和钢环系数，计算各变形值得试样所受的压力。

（2）以压力为横坐标，厚度为纵坐标绘制厚度与压力的关系曲线图。

6.1.3 土工格栅、土工网网孔尺寸检测

1）检测的仪器

（1）游标卡尺：量程 250 mm，精度 0.1 mm。

（2）坐标纸、铅笔、求积仪（针对不规则大孔径网材）。

2）检测的步骤

（1）试验数量：对同一种网材至少量测 10 个网孔。试样尺寸：试样应根据格栅孔网形状和大小决定尺寸，每块试样应至少包括 10 个完整的较有代表性的网孔；试样不应含有灰尘、折痕、损伤部分和可见疵点；应从样品长度与宽度方向上随机剪取，但距样品边缘至少 100 mm；试样不应在同一纵向或横向位置上剪取，如不可避免时应在试验报告中说明。

（2）选取面积较大的格栅试件一块。由格栅网孔形状确定测试方案，对于较规则的网孔（孔边呈直线，网孔接近于正多边形），当网孔为矩形或偶数多边形时量测相互平行的两边之间的距离；对于三角形或奇数多边形量测顶点与对边的垂直距离，同一测点（从某一顶点到对边或某一平行对边之间）测定两次，两次测定值误差应小于 5%，每个网孔至少测定 3 个测点，读数精确到 0.1 mm，如图 6-3 所示。

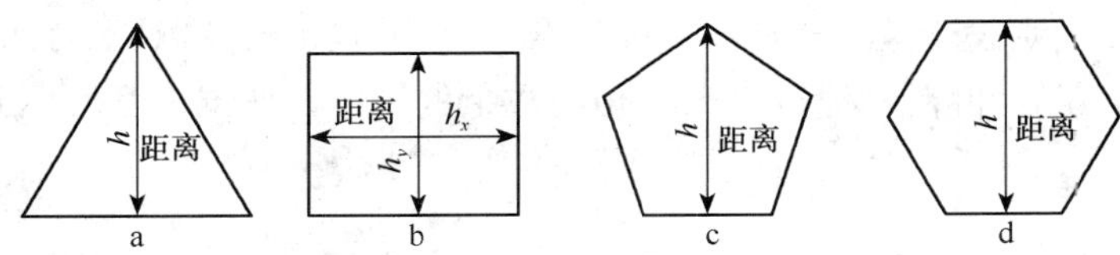

图 6-3 土工格栅、土工网网孔尺寸测试示意图

（3）对于孔边呈弧线（网孔呈圆形或椭圆形）或不规则多边形网孔，在检测时，应将网材平整地放在坐标纸上并固定好，用削尖的铅笔紧贴网孔内壁边将网孔完整地描画在坐标纸上，在同一坐标纸上可一次性描出所有需要测的网孔，然后用求积仪测出坐标纸上每个网孔的面积。每个网孔量测两次，两次测定值误差应小于 3%。

（4）对于较规则的网孔，也可按步骤（3）采用求积仪量测网孔面积。对测定结果，按步骤（1）、（2）、（3）、（4）确定网孔的当量网孔直径。

3）结果整理

（1）对较规则网孔，按式（6-2）～式（6-5）计算网孔面积。

三角形网孔：
$$A=0.5774\,h^2 \tag{6-2}$$

矩形网孔：
$$A=h_x h_y \tag{6-3}$$

五边形网孔：
$$A=0.7265\,h^2 \tag{6-4}$$

六边形网孔：
$$A=0.746\,h^2 \tag{6-5}$$

（2）按式（6-6）计算网孔的当量网孔直径：

$$D_e = 2\times\sqrt{A/\pi} \tag{6-6}$$

6.2　土工合成材料强度检测

土工合成材料的强度是评定土工合成材料质量的重要指标，也是在道路工程中进行选型和设计的重要参数。

6.2.1　拉伸性能检测

6.2.1.1　条带拉伸性能检测

条带拉伸性能检测适用于土工合成材料的宽条拉伸试验和窄条拉伸试验，测定土工合成材料的抗拉强度及延伸率。

1）检测的仪器

（1）拉力机平面拉伸试验工作示意图如图 6-4 所示。

（2）夹具、动力装置、测量和记录装置。

2）试样制备

（1）试样数量：分别以土工合成材料纵向和横向做试样长边，剪取试样各 6 块。

（2）试样尺寸：

① 宽条试样：裁剪试样宽度 200 mm，长度至少 200 mm，实际长度视夹具而定，必须有足够的长度使试样伸出夹具，试样计量长度为 100 mm。对于有纺土工织物，裁剪试样宽度 210 mm，再在两边拆去大约相同数量的纤维，使试样宽度达到 200 mm，如图6-5 所示。

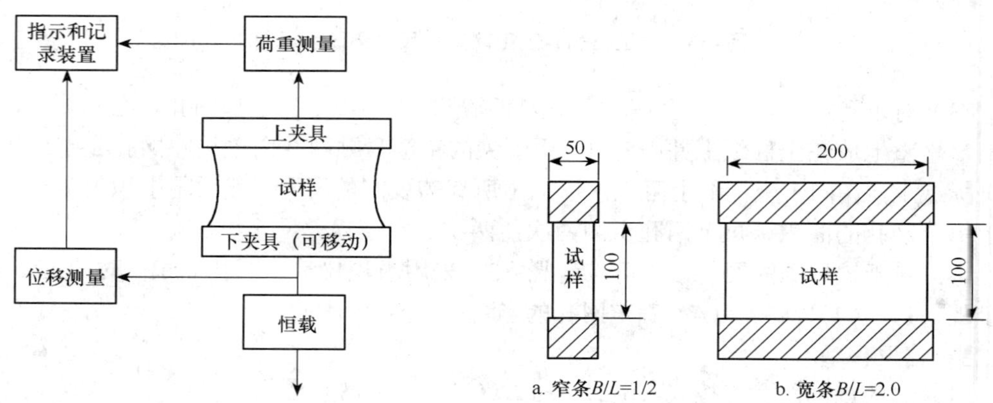

图 6-4　拉力机平面拉伸试验示意图

图 6-5　宽条和窄条试样（单位：mm）

② 窄条试样：裁剪试样宽度 50 mm，长度至少 200 mm，必须有足够的长度使试样伸出夹具，试样计量长度为 100 mm。对于有纺土工织物，裁剪试样宽度 60 mm，再在两边拆去大约相同数量的纤维，使试样宽度达到 50 mm。

（3）对土工格栅、土工网等大孔径材料（当量孔径大于 10 mm），其拉伸试样宽度和长度方向应包括一个或多个完整的肋（格栅）或者是一个或多个完整的网孔，在裁剪试样时，应从肋间或网孔间对称剪取，土工格栅等大孔径材料拉伸试样尺寸可不受（1）、（2）条的限制。

（4）除测干态强度外，还要求测定湿态强度时，则裁剪两倍的长度，然后剪为两块，一块测干强度，另一块测湿强度。

（5）对湿度试样，要求从水中取出到上机拉伸的时间间隔不大于 10 min。

3）检测的步骤

（1）试样不应含有灰尘、折痕、损伤部分和可见疵点；应从样品长度与宽度方向上随机剪取，但距样品边缘至少 100 mm；试样不应在同一纵向和横向位置上剪取，如不可避免时应在试验报告中说明。

（2）调整两夹具的初始间距到 100 mm。两个夹具中要求其中一个支点能自由旋转或为万向接头，保证 2 个夹具平行并在一个平面内。

（3）选择拉力机的满量程范围，使试样的最大断裂力在满量程的 10%～90%范围内，设定拉伸速度 50 mm/min。

（4）将试样对中放入夹具内，为方便对中，事先可在试样上画垂直于拉伸方向的两条相距 100 mm 的平行线，使两条线尽可能贴近上下夹具的边缘，夹紧夹具。

（5）对土工格栅、土工网等大孔径材料（当量孔径大于 10 mm），试样夹持位置在格栅的肋中间或土工网网孔中间，为避免夹具损伤试样和使试样受力均匀，在夹具中应加柔性衬垫。试样除满足试样制备的规定外，初始拉伸距离应控制在 100 mm 左右。

（6）测读试样的初始长度 L_0。

（7）开动试验机，以拉伸速度 50 mm/min 进行拉伸，同时启动记录装置，连续运转直到试样破坏时停机；对延伸率较大的试样，应拉伸到其拉力明显降低时方能停机。

（8）测量伸长量：在拉伸过程中，测定拉力的同时测定伸长量。

4）结果整理

（1）抗拉强度：

① 土工织物或小孔径土工网的抗拉强度 T_s 可用式（6-7）计算。

$$T_s = \frac{P_f}{B} \tag{6-7}$$

式中：T_s 为抗拉强度，N/m；P_f 为测读的最大拉力，N；B 为试样宽，m。

② 土工格栅或大孔径 n 网的抗拉强度 T_s 可用式（6-8）计算。

$$T_s = \frac{P_f n}{n_1} \tag{6-8}$$

式中：n 为 1 m 范围内格栅肋的根数或网孔的个数，个（根）/m；n_1 为试样宽度范围内格栅的肋数或网孔的孔数，个（根）。

（2）延伸率：延伸率ε_ρ按式（6-9）计算。

$$\varepsilon_\rho = \frac{L_f - L_0}{L_0} \times 100 \tag{6-9}$$

式中：ε_ρ 为延伸率，%；L_0 为初始长度，mm；L_f 为对应最大拉力时的试样长度，mm。

（3）拉伸模量：由拉伸过程中的拉力-伸长量可转化成应力-应变曲线，并可计算拉伸模量。由于土工合成材料的应力-应变曲线是非线性的，因此拉伸模量通常指在某一应力（或应变）范围内的模具。根据应力-应变曲线的类型，拉伸模量可由以下方法求出。

① 初始拉伸模量 E：如果应力-应变曲线在初始阶段是线性的，利用初始切线可取得比较准确的模量值，如图 6-6（a）所示。由于应力-应变曲线方程一般是未知的 初始拉伸模量一般由作图法求出或选择初始直线段斜率代替。

② 偏移拉伸模量 E_0：当应力-应变曲线开始段坡度很小，在中间部分拉近线性，则把开始段的曲线舍弃，将纵轴向右移到直线部分的延长线与横轴相交的位置，再求出 E_0 和偏移量，如图 6-6（b）所示。偏移初始拉伸模量一般由作图法求出或用直线段斜率代替。

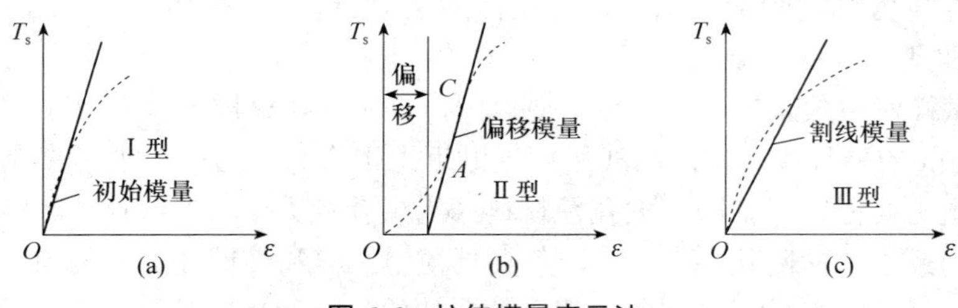

图 6-6　拉伸模量表示法

③ 割线拉伸模量 E_s：当应力-应变曲线始终呈非线性变化，用上述两种方法不能取得合适的模量时，则可采用割线法。从原点到曲线上某一点（如应变为 10%或 20%）连一直线，该线坡度即为割线拉伸模量，并用 E_{s10} 或 E_{s20} 表示，如图 6-6（c）所示。

$$E_s = \Delta T_{si} / \Delta \varepsilon_{pi} \tag{6-10}$$

式中：ΔT_{si} 为对应于拉应变 $\Delta\varepsilon_{pi}$ 范围的拉应力增量，$\Delta T_{si}=T_{si}$；$\Delta\varepsilon_{pi}$ 为延伸率的增量，对通过原点的割线模量，$\Delta\varepsilon_{pi}=\varepsilon_{pi}$。

6.2.1.2　条带拉伸性能检测

条带拉伸性能检测用于测定土工织物握持强度和握持延伸率。

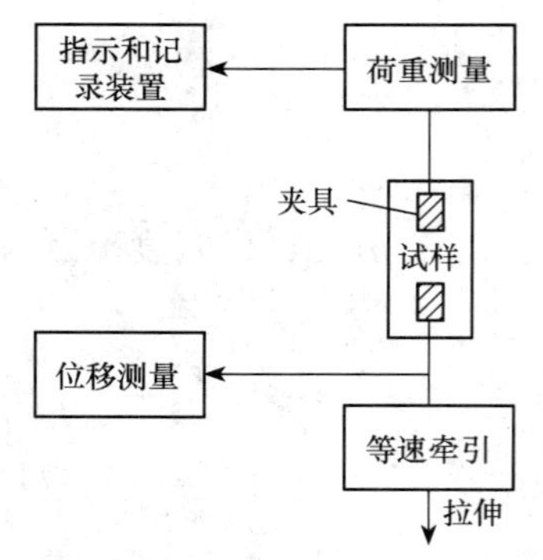

图 6-7　握持拉伸试验示意图

1）检测的仪器

（1）握持拉伸试验示意图如图 6-7 所示。

（2）夹具、动力装置、测量及记录装置。

2）试样制备

（1）试样数量：顺机向试样最少 6 块，横机向试样最少 6 块。

（2）试样尺寸：

① 试样宽为 100 mm，裁剪长度为 200 mm，长边平行于荷载作用方向，在长度方向上试件网端伸出夹具至少 10 mm。

② 除测干态强度外，还要求测定湿态强度时，则裁剪两倍的长度，然后剪为两块，一块测干强度，一块测湿强度。

③ 对湿态试样要求从水中取出到上机拉伸的时间间隔不大于 10 min。

（3）取样方法：试样不应含有灰尘、折痕、损伤部分和可见疵点；应从样品长度与宽度方向上随机剪取，但距样品边缘至少 100 mm；试样不应在同一纵横向位置上剪取。

3）检测的步骤

（1）调整两夹具的初始间距为 75 mm。

（2）选择拉力机的拉力满量程范围，使试样的握持强度在满量程 10%～90%的范围内，设定拉伸速率为 100 mm/min。

（3）将试样对中放入夹具内，且使试样在两端伸出的长度大致相等。为方便试样在夹具宽度方向上对中，可在离试样边缘 37.5 mm 处画一条线，将引线延伸刚好通过上下夹具边缘线，要求夹持范围内的试样受到均匀的拉力。夹紧夹具，测读试样的初始长度。

（4）开动拉力机，以 100 mm/min 拉伸速度对试样进行拉伸，连续运转直至破坏，读出最大抗拉力。当土工合成材料在钳口内打滑或大多数试样在钳口边缘断裂时，可采取下列改进措施：①钳口内加衬垫；②钳口内土合成材料用固化胶加强；③改进钳口面。

（5）测定伸长量：在拉伸过程中，测定拉力的同时需要测定试样的伸长量。

4）结果整理

（1）握持强度 T_g：计算全部试样最大抗拉力的算术平均值，以 N 表示。

（2）握持延伸率：全部试样在最大抗拉力时伸长率的算术平均值，按式（6-11）计算。

$$\varepsilon_p = \frac{L_f - L_0}{L_0} \times 100 \tag{6-11}$$

式中：ε_p 为握持延伸率，%；L_0 为试样初始长度，mm；L_f 为对应最大拉力时的试样长度，mm。

6.2.2　撕裂性能检测

撕裂性能检测用于土工合成材料（主要为土工织物和土工膜等）的撕裂试验。

1）检测的仪器

（1）拉力机：见条带拉伸试验用的拉力机，其拉伸速度为 100 mm/min。

（2）夹具：夹持面尺寸（长×宽）为 50 mm×84 mm，宽度要求不小于 84 mm，宽度方向垂直于力的作用方向。要求夹具上下夹持面平行、光滑，夹紧时不损坏试样，同时要求试验过程中试样不发生打滑。

（3）梯形模板：用于剪样，标有尺寸，如图 6-8（a）所示。

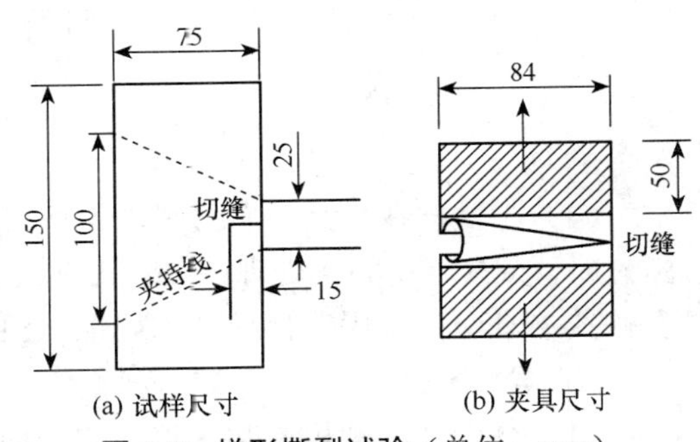

图 6-8　梯形撕裂试验（单位：mm）

2）试样制备

（1）试样数量：经向和纬向各取10块试样。

（2）试样尺寸：试样为宽75 mm、长150 mm的矩形试样，在矩形试样中用梯形模板画一等腰梯形，尺寸如图6-10（b）所示。

（3）取样方法：试样不应含有灰尘、折痕、损伤部分和可见疵点；应从样品长度与宽度方向上随机剪取，但距样品边缘至少100 mm；试样不应在同一纵向或横向位置上剪取，如不可避免时应在试验报告中说明。

（4）有纺土工织物试样：测定经向纤维的撕裂强度时，剪取试样长边应与经向纤维平行，使试样切缝切断和试验时拉断的为经向纤维，测定纬向撕裂强度时，剪取试样长边应与纬向纤维平行，使试样被切断和撕裂拉断的为纬向纤维。

（5）无纺土工织物试样，测定经向的撕裂强度时，剪取试样长边应与织物经向平行，使切缝垂直于经向，测定纬向撕裂强度时，剪取试样长边应与织物纬向平行，使切缝垂直于纬向。

（6）在已画好的梯形试样短边1/2处剪一条垂直于短边的长15 mm的切缝。

（7）准备好试样，如进行湿态撕裂试验，试样从水中取出到试验的时间不超过10 min。

3）检测步骤

（1）调整拉力机夹具的初始距离到25 mm，设定拉力机满量程范围，使试样最大撕裂荷载在满量程的10%～90%范围内，设定拉伸速度为100 mm/min。

（2）将试样放入夹具内，沿梯形不平行的两腰边缘夹住试样。梯形的短边平整绷紧，其余呈起皱叠合状，夹紧夹具。

（3）开动拉力机，以拉伸速率100 mm/min拉伸试样，并记录拉伸过程中的撕裂力，直至试样破坏时停机。撕裂力可能有几个峰值和谷值，也可能单一上升而只有一个最大值，如图6-9所示。取最大值作为撕裂强度，以单位N表示。

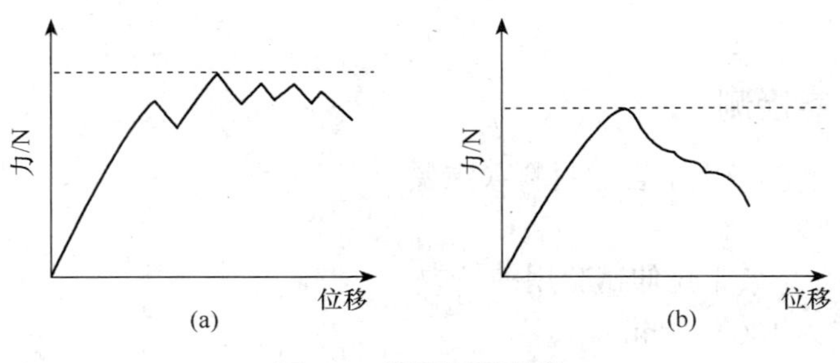

图6-9　撕裂过程曲线

（4）当试样在夹具内有打滑现象或有1/4以上的试样在夹具边缘5 mm范围内发生断裂时，夹具可作如下处理：①夹具内加垫片；②与夹具接触部分的织物用固化胶加固；③修改夹具面。采用任何处理均要在试验报告中说明。

4）结果整理

（1）分别计算顺机向和横机向的平均撕裂强度$\overline{T_t}$。

（2）分别计算顺机向和横机向撕裂强度的标准差 σ 及变异系数 C_v。

6.2.3　顶破强度检测

6.2.3.1　圆球顶破试验

圆球顶破试验适用于检测土工合成材料（主要为土工织物和工膜等）的顶破强度。

1）检测的仪器

条带拉伸强度的拉力机，仪器主要包括下列附件，其结构及功能如图 6-10 所示。

（1）配有反向器的拉力机，反向器结构简单，由套在一起的上下两框架组成，上框架连至拉力机的固定夹具，下框架连至拉力机的可移动夹具，当下框架向下拉伸时，固定在上下框架上的圆球顶破装置产生顶压。

（2）圆球顶破装置，由两部分组成，即一端部带有钢球的顶杆和一个安装试样的环形夹具。钢球直径为 25.4 mm；环形夹具内径为 44.5 mm；在环形夹具内紧试样时，不得损坏试样，不得对试样施加较大预应力，试验过程中试样不允许在夹具内滑移；安装球形杆和环形夹具时要注意对中，要求两者相对运动时钢球对中于环形夹具的中心。

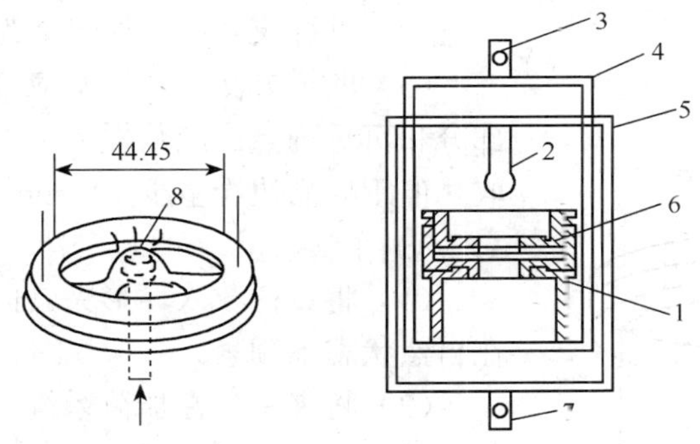

图 6-10　圆球顶破试验示意图（单位：mm）

1. 土工织物　2. 球形杆　3. 接拉力机上夹具　4. 反向器的上框架
5. 反向器的下框架　6. 环形夹具　7. 接拉力机下夹具　8. 织物

2）试样制备

（1）试样数量：每组试验取 10 块试样。

（2）试样尺寸：试样尺寸为 ϕ120 mm。

（3）取样方法：试样不应含有灰尘、折痕、损伤部分和可见疵点；应从样品长度与宽度方向上随机剪取，但距样品边缘至少 100 mm；试样不应在同一纵向或横向位置上剪取，如不可避免时应在试验报告中说明。

3）检测步骤

（1）选择拉力机的拉力量程范围，使最大压力在满量程的 10%～90%范围内。

（2）将试样在不受拉力的状态下放入环形夹具内，将试样夹紧。

（3）开动拉力机，顶压速率为 100 mm/min，在此速率下连续运行直至试样被顶破。

4）计算

计算 10 块试样圆球顶破强度 D 的算术平均值、标准差 σ 及变异系数 C_v。

6.2.3.2 CBR 顶破试验

CBR 顶破试验用于测定土工合成材料的 CBR 顶破强度。

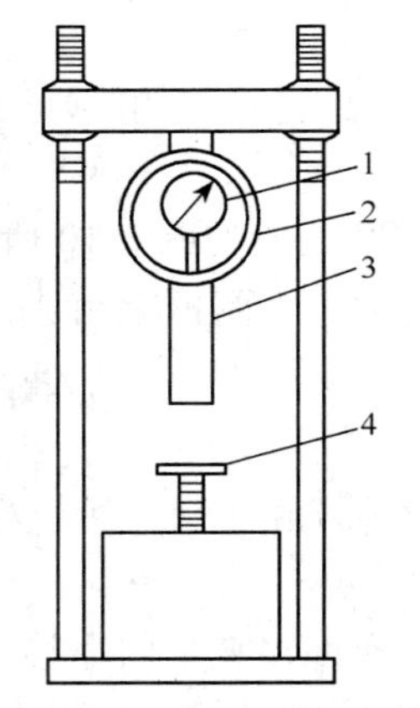

图 6-11 CBR 试验仪

1.百分表 2.量力计 3.圆柱顶杆 4.托盘

1）检测的仪器

（1）CBR 试验仪：如图 6-11 所示，试验仪最大压力约 50 kN，行程为 100 mm；顶压时可用电动驱动或人工驱动，要求顶压速率 60 mm/min。

（2）量力环：安装在加荷框架上，量力环下部装有ϕ50 mm 的圆柱形平头顶压杆，量力环中的百分表用于测定量力环变形的大小，据此计算顶压力。

（3）环形夹具：如图 6-12 所示，夹具内径为 150 mm，试样直径为 230 mm。试验仪上的夹具中心必须在圆柱顶压杆的轴线上，顶压杆直径为 50 mm。

2）试样制备

（1）试样数量：每组试验取 10 块试样。

（2）试样尺寸：试样尺寸为ϕ230 mm。

（3）取样方法：试样不应含有灰尘、折痕、损伤部分和可见疵点；应从样品长度与宽度方向上随机剪取，但距样品边缘至少 100 mm。

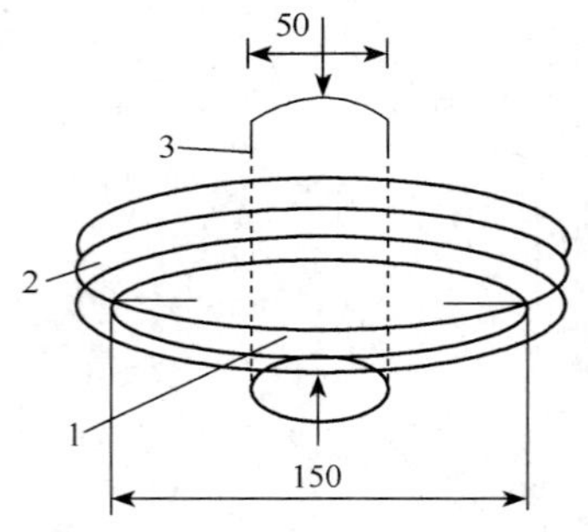

图 6-12 环形夹具（单位：mm）

1.织物 2.夹具 3.顶压杆

3）检测步骤

（1）将试样放入环形夹具内，拧紧夹具，使试样在自然状态下绷紧。

（2）将夹具放在加荷系统的托盘上，调整高度，使试样与顶杆刚好接触。

（3）将顶压速率设定在 60 mm/min。

（4）开动机器，圆柱顶压杆接触并顶压试样过程中，记录百分表读数和量力环读数，到确认试样破坏为止。

（5）停机，取下已破坏的试样。重复以上步骤进行试验，每组共进行 10 块试样。

4）结果整理

计算每块试样的顶破强度 T，10 块试样的顶破强度平均值$\overline{T_c}$。

6.2.4 刺破性能检测

刺破性能检测适用于土工合成材料的刺破强度测定，用来评价土工合成材料抵抗颗粒料贯入的能力。

1）检测的仪器

（1）压力机或带有反向器的拉力机，其变形速率为 300 mm/min。

（2）量力环、环形夹具、刚性顶杆。

2）试样准备

（1）试样数量：每组试验取 10 块试样。

（2）试样尺寸：试样尺寸为ϕ120 mm。

（3）取样方法：试样不应含有灰尘、折痕、损伤部分和可见疵点；应从样品长度与宽度方向上随机剪取，但距样品边缘至少 100 mm；试样不应在同一纵向和横向位置上剪取，如不可避免时应在试验报告中说明。

3）检测步骤

（1）将试样放入环形夹具内，使试样在自然状态下放平，拧紧夹具。

（2）将夹具放在加荷装置上并对中，如图 6-13 所示。

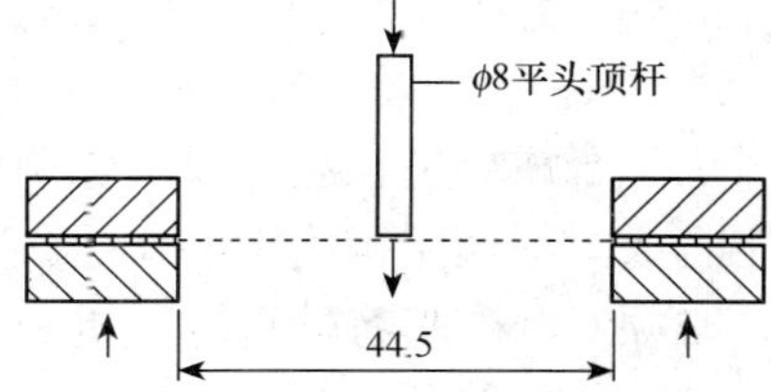

图 6-13 刺破试验示意图（单位：mm）

（3）将速率设定为 100 mm/min。

（4）调整连接在刚性顶杆上的量力环的百分表读数至零。

（5）开机，记录顶杆顶压试样时的最大压力值。

（6）停机，取下试样。重复以上步骤进行试验，每组试验进行 10 块试样。

4）结果整理

计算 10 块试样刺破强度的算术平均值$\overline{T}_{p}$。

6.2.5 落锥穿透性能检测

落锥穿透性能检测适用于测定土工合成材料的穿透孔洞直径，评价其对尖锐跌落物（点荷载）贯入时的抵御能力。

1）检测的仪器

（1）落锥试验仪如图 6-14 所示。

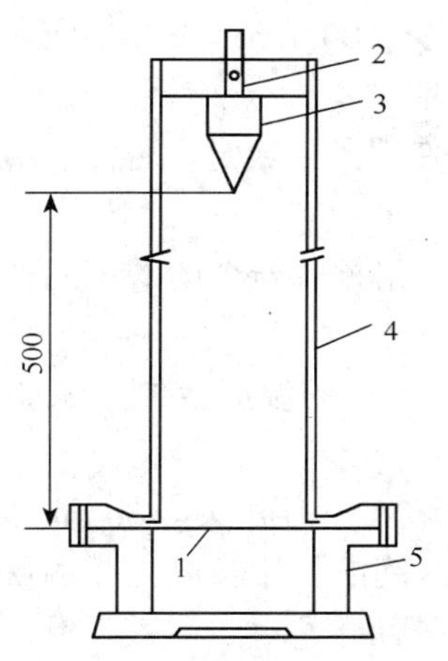

图 6-14 落锥试验仪（单位：mm）

1.试样 2.导向孔 3.落锥 4.支架 5.环形夹具

（2）落锥支架、环形夹具、落锥、卡尺。

2）试样准备

（1）试样数量：每组试验取 10 块试样。

（2）试样尺寸：试样尺寸为 230 mm。

（3）取样方法：试样不应含有灰尘、折痕、损伤部分和可见疵点；应从样品长度与宽度方向上随机剪取，但距样品边缘至少 100 mm；试样应在同一纵向或横向位置上剪取，如不可避免时应在试验报告中说明。

3）检测步骤

（1）将试样放在环保夹具内，使试样在自然状态下放平，拧紧夹具。

（2）将落锥支架放在环形夹具上。

（3）将落锥插入支架导向孔内，要求落锥对准夹具中心。

（4）让落锥自由落下。

（5）取下落锥支架，测量孔洞直径，可直接用落锥上的刻环测读，也可用卡尺测量。

（6）取下已破坏试样。重复以上步骤进行试验。

4）结果整理

计算10块试样的平均孔洞直径$\overline{D_f}$、标准差σ及变异系数C_v。

6.3　土工合成材料变形特性检测

土工合成材料在温度以及长期荷载的作用下会产生变形，这种变形特性会直接影响土工合成材料在结构物中的作用。为了使土工合成材料能在道路工程结构中充分发挥作用，必须对其变形特性进行分析和研究。

6.3.1　格栅温度收缩系数检测

格栅的平均线收缩系数是指规定尺寸的矩形试样在规定的温度区间，以规定速率降温时，每降低1℃的收缩变形与试样原长度的比值。

1）检测的仪器与材料

（1）游标卡尺、温度计、高低温循环恒温水槽。

（2）冷却液：1∶1甲醇水溶液。

2）检测步骤

（1）试验数量：对同一种网材制备6个试样。试样尺寸：试样根据格栅网孔形状和大小决定尺寸，每块试样应至少包括完整的（横向和竖向）一肋，建议试样面积20 cm（竖向）×10 cm（横向）。取样方法：试样不应含有灰尘、折痕、损伤部分和可见疵点；应从样品长度与宽度方向上随机剪取，但距样品边缘至少100 mm；试样不应在同一纵向或横向位置上剪取，如不可避免时应在试验报告中说明。

（2）试验温度区间及降温速率根据当地气候条件或使用条件决定，通常采用的温度区间为–20～20℃，降温速率为5℃/h。

（3）在试件上标记固定的测试长度，测试范围最好从格栅的一个肋的中间至其他肋的中间，初始测试长度宜为10～15 cm。

（4）在恒温水槽中注入甲醇水溶液作冷却液，并将水槽的温度控制至试验起始温度，保持恒温。

（5）将试样移置恒温水槽中，并在起始试验温度的溶液中恒温保持30 min。

（6）从恒温水槽中取出试样，用游标卡尺读取测试区间的初始长度L_0，测量时间不应超过5 s，否则，应将试件放回水槽中保温10 min左右后再重测。

（7）将试件全部测量完后，水槽开始降温，降温速度为5℃/h（或其他规定降温速率），直至预定的终点温度，停止降温，并在此条件下保温30 min。

（8）从水槽中取出试样，用游标卡尺读取测试区间的最终长度L_e。

（9）为测定不同温度区间的收缩系数，可每降温10℃并恒温保持30 min后，按步骤（6）～（9）的方法测定各温度时的试件长度，再继续降温。

3）计算

降温区间的平均收缩应变及平均收缩系数，按式（6-12）、式（6-13）计算。

$$\varepsilon_e = \frac{L_e - L_0}{L_0} \tag{6-12}$$

$$C = \frac{\varepsilon_e}{\Delta T} \tag{6-13}$$

式中：ε_e 为平均收缩应变；L_e、L_0 分别为–20℃、20℃时试样的长度，mm；C 为格栅的平均线收缩系数，℃；ΔT 为温度区间，从起始温度（20℃）至最终温度（–20℃）差值。

6.3.2 蠕变检测

蠕变检测适合测定土工合成材料在长期荷载下的变形特性。

1）检测的仪器及设备

（1）悬重物、夹具、加荷盘。

（2）测量和记录装置：测量拉伸方向的伸长量可用百分表或位移计，精度为 0.01 mm。

2）试样制备

（1）试样数量：顺机向数量最少 6 块，横机向数量最少 6 块。

（2）试样尺寸：

① 宽条试样：裁剪试样宽度 200 mm，长度至少 200 mm，实际长度视夹具而定，必须有足够的长度使试样伸出夹具，试样计量长度为 100 mm。对于有纺土工织物，裁剪试样宽度 210 mm，再在两边剪去大约相同数量的纤维，使试样达到宽度为 200 mm。

② 窄条试样：裁剪试样宽度为 50 mm，长度至少为 200 mm，必须有足够的长度使试样伸出夹具，试样计量长度为 100 mm。对于有纺土工织物，裁剪试样宽度为 60 mm，再在两边剪去大约相同数量的纤维，使试样宽度为 50 mm。

③ 取样方法：试样不应含有灰尘、折痕、损伤部分和可见疵点；应从样品长度与宽度方向上随机剪取，但距样品边缘至少 100 mm；试样不应在同一纵向或横向位置上剪取，如不可避免时应在试验报告中说明。

3）检测的步骤

（1）将两夹具的初始间距调到 100 mm，2 个夹具中要求其中一个支点能自由旋转或为万向接头，保证 2 个夹具平行并在一个平面内。

（2）根据试样破坏的最大抗拉强度确定加荷水平，试样破坏的最大抗拉强度由拉伸试验确定；加荷水平按试样抗拉强度的 20%、40%、60%三级考虑。

（3）将试样对中放入夹具中，为方便对中，事先可在试样上画垂直于拉伸方向的两条相距 100 mm 的平行线，使两条线尽可能贴近上下夹具的边缘。

（4）给试样挂上加荷盘使试样绷紧，测量试样的初始长度。

（5）在长度测量时，应量测试样左、右 2 个位置的长度，取平均值作为试样长度。

（6）按相应的荷载等级挂上悬重物，按时测量试件长度，直到试验结束。

（7）试验读数时间为：36 s，145 s，6 min，18 min，36 min，1 h，3 h，5 h，7 h，10 h，30 h，72 h，以后每隔 2 d 测读 1 次，试验持续时间不少于 500 h。在条件允许时，可进行更长时间的试验。

（8）当试验后期蠕变应变出现突变情况时，应增加读数次数。

（9）重复试验步骤（1）～（7），按不同的加荷等级进行试验。

4）结果整理

不同应力水平下的蠕变系数值由式（6-14）计算。

$$\varepsilon_t = \varepsilon_0 + b\lg t \tag{6-14}$$

式中：ε_t 为静荷载作用下，t 时后的总应变量；ε_0 为受力开始时的初始应变量；t 为试验历时，min；b 为蠕变系数。

6.4 土工合成材料摩擦、渗透、淤堵性能检测

6.4.1 摩擦检测

6.4.1.1 直剪摩擦检测

直剪摩擦检测适用于测定土工合成材料沿界面的摩擦特性。

1）检测的仪器

（1）应变控制式直接剪切仪，由剪切盒、垂直加荷系统、剪切传动装置、测力计和位移量测系统等组成，如图 6-15 所示。

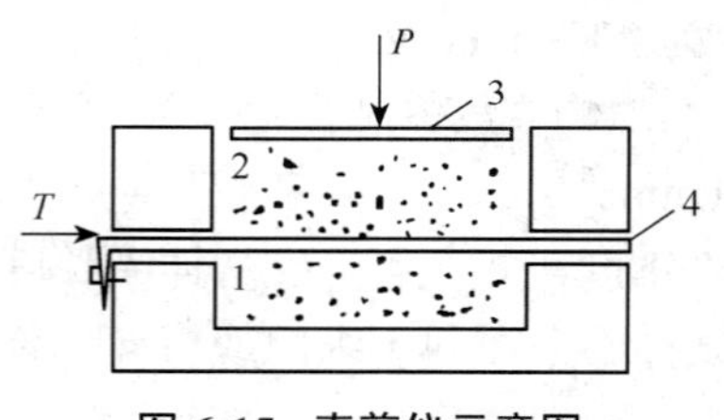

图 6-15 直剪仪示意图

1. 填土或木块 2. 填土 3. 加压板 4. 试样

（2）剪切盒：由上盒和下盒组成，盒的内壁平面尺寸不小于 150 cm×150 cm，上、下盒的高度不宜小于 $L/3$（L 为盒的内部边长）。

（3）加荷系统：包括施加垂直荷载和水平荷载的系统。

① 施加垂直荷载可采用杠杆系统或采用其他能保证垂直荷载恒定的装置。

② 施加水平荷载可采用调速电动机装置或其他加荷装置。

（4）测力计和位移量测系统：

① 测力可采用拉力传感器量力环或其他测力装置。

② 测垂直位移和水平位移可采用百分表或位移计。

2）试样

（1）试样制备：

① 取样方法：试样不应含有灰尘、折痕、损伤部分和可见疵点；应从样品长度与宽度方向上随机剪取，但距样品边缘至少 100 mm；试样不应在同一纵向或横向位置上剪取。

② 试样数量：试样数量不少于 5 块。

③ 试样尺寸：裁剪试样宽度和实际长度视剪切盒尺寸和固定方式而定，必须有足够的长度保证试样的固定。对于有纺土工织物，裁剪试样宽度应不大于要求尺寸 10 mm，再在两边剪去大约相同数量的纤维，使试样达到规定宽度。

（2）若下盒内填土，则将含水率符合要求的土料填入下盒，分层压密至规定的密实度，并且土面固结后不低于盒顶面。

（3）将试样平放于土面，使其一端固定于受推力一端下盒侧壁。若下盒内放置刚性垫板，则将试样用黏结剂平贴在垫板顶面上，然后放入下盒。

（4）放置上盒，调整上、下盒缝隙，缝宽为 1～1.5 mm 加上试样的厚度，使上盒边框不与试样相接触；插入固定销钉，使上、下盒连为一体。

（5）将含水率符合要求的土料填入上盒，分层压密。在土面上放透水石及加压板。

3）检测的步骤

（1）将剪切盒对准施加垂直荷载的装置，依次装上垂直和水平位移量测装置，对试样施加一微量垂直荷载，使土样接触好，将垂直位移表读数调整为零。

（2）施加要求的垂直荷载，待土样固结。固结时间视土性及排水距离而定，对粒状土，固结时间应不小于 15 min；对黏性土，每 1 h 测计垂直变形一次，试样固结稳定的垂直变形值为每小时不大于 0.000 25 h（h 为土样高度）。

（3）启动施加水平荷载的装置。待水平位移百分表指针一转动便停机，调整百分表读数为零；拔出固定上、下盒的销钉。

（4）移动传动装置，施加水平荷载，剪切速率视土性和排水方式而定。宜采用剪切速率为 0.02～3 mm/min，每隔一定的时间测记水平荷载一次，直至剪损。

（5）试验进行至出现下列情况时方可结束：

① 如果水平荷载（剪应力）出现峰值，试验进行至获得稳定值（残余强度）。

② 如果水平荷载（剪应力）始终随水平位移增大而增大，应进行至水平位移达 20 mm 时方可停止。

（6）改变垂直荷载，重复步骤（1）～（5），完成各级荷载下的试验。

一般可根据工程实际施加各级垂直荷载，要求在四级不同垂直荷载下进行试验，其中最大的一级荷载（压力）应不小于设计荷载。一般情况下，垂直压力可采用 100 kPa、200 kPa、300 kPa、400 kPa。

4）结果整理

（1）按式（6-15）和式（6-16）计算界面上的垂直应力 σ 和剪应力 τ。

$$\sigma = \frac{p}{A} \tag{6-15}$$

$$\tau = \frac{T}{A} \tag{6-16}$$

式中：p、T 分别为垂直及水平荷载，kN；A 为剪切盒面积，m^2；σ 为垂直应力，kPa；τ 为剪应力，kPa。

（2）按式（6-17）计算界面上的摩擦因数 f。

$$f=\tan\varphi_{GS}=\frac{\tau}{\sigma} \qquad (6\text{-}17)$$

式中：φ_{GS} 为摩擦角。

（3）以剪应力 τ 为纵坐标，剪切位移 ΔL 为横坐标作关系曲线，如图 6-16 所示。

（4）绘制 $\tau-\sigma$ 曲线，求取界面摩擦强度指标。

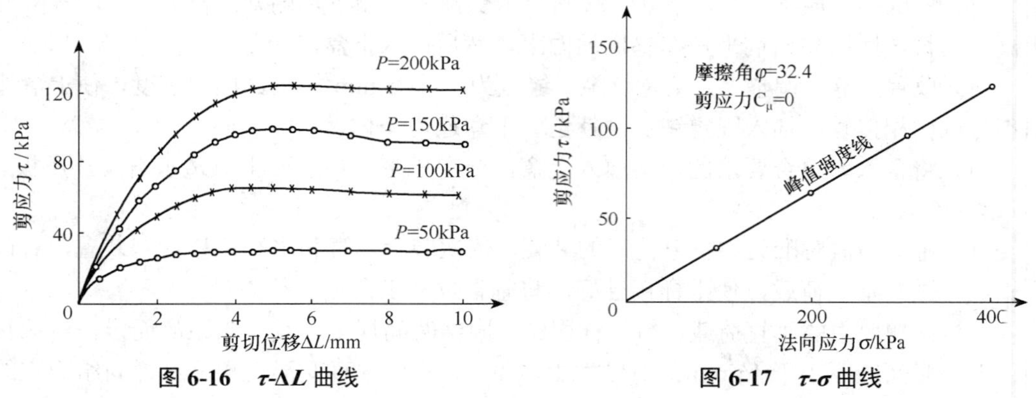

图 6-16 τ-ΔL 曲线　　图 6-17 τ-σ 曲线

以垂直应力 σ 为横坐标，剪应力 τ 为纵坐标，将各试样的峰值剪应力（如不出现峰值取水平移 ΔL=20 mm 对应的剪应力）绘制 $\tau-\sigma$ 联系线（如图 6-17 所示，取直线）. 其在纵轴上的截距为黏聚力 C_{GS}，直线的倾角为摩擦角 φ_{GS}。

6.4.1.2 拉拔摩擦检测

拉拔摩擦检测适用于测定土工合成材料埋在土内时与周围土体的摩擦特性。

1）检测的仪器及设备

（1）试验箱：试验箱为一矩形箱体，侧壁有足够刚度，受力时不变形。长×宽×高不宜小于 25 cm×20 cm×20 cm，如图 6-18 所示。试验箱一面侧壁的半高处开一横贯全宽的水平窄缝，高约 5 m，供试样引出箱体用；紧贴着窄缝内壁，安置一个上下抽动的插板，用以调整窄缝的缝隙大小，防止土粒漏出。

（2）加荷系统：包括施加垂直荷载和水平荷载的系统。

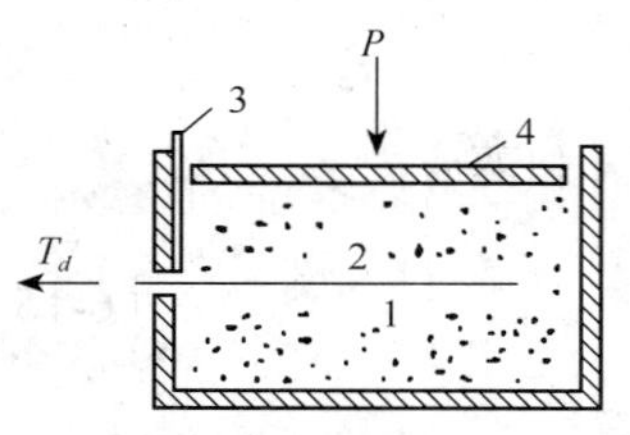

图 6-18 拉拔试验箱示意图

1. 土样 2. 试样 3. 插板 4. 加压板

① 用千斤顶及反力框架施加垂直荷载，以稳定装置使其维持恒值。荷载通过足够刚度的加压板加到土面上。

② 按应变控制方式施加水平荷载，一般采用调速电动机装置及千斤顶装置。

（3）量测系统：

① 测力可采用拉压力传感，或其他量力装置。

② 测垂直位移和水平位移可采用百分表或位移计测量精度为 0.01 mm。

2）试样

（1）试样数量：试样数量不小于 5 块。

（2）试样尺寸：试样宽度应小于试验箱宽度，建议裁剪试样宽度 150 mm，对于有纺土工织物，裁剪试样宽度 160 mm，再在两边拆去相同数量的纤维，使试样达到宽度为 150 mm。长度视夹具情况至少为 200 mm，应保证有足够的长度固定试样。试样埋在土中的长度应不大于拔出长度，拔出长度可由试验确定。

（3）取样方法：试验不应含有灰尘、折痕、损伤部分和可见疵点；应从样品长度与宽度方向上随机剪取，但距样品边缘至少 100 mm；试样不应在同一纵向或横向位置上剪取，如不可避免时应在试验报告中说明。

（4）试样端部加固：从试验箱引出的试样应进行端部加固，可采用黏胶加固（如环氧树脂），将加固板牢固地粘贴在织物上。

3）检测的步骤

（1）将土料填入试箱，按要求的密度分层压密并使土面水平且略高于箱侧窄缝下缘。

（2）将试样平放于土面上，要求平整无皱。在长度方向，试样埋入土中的长度为 10～15 cm，试样应居中放置，试样一端从窄缝引出箱外注意两边对称，并和水平夹具连接。插入可调整窄缝高度的插板，使该板下缘正好在试样表面之上，将插板固定。

（3）继续往箱内填土，分层压密至要求的密度，压密后土面平整，并略低于箱顶，放上加压板。

（4）安装垂直和水平位移百分表。将垂直加荷千斤顶对中于试验箱，未加压板施加一微量垂直荷载，使板与土面接触好，将百分表读数调整到零。将夹有试样的夹具连接到水平加荷装置上。

（5）施加要求的垂直荷载，使土料固结。固结时间视土性和排水距离而定，对粒状土固结时间不少于 15 min；对黏性土，要求垂直变形增量每小时不大于 0.000 25 h（h 为试样高度），作为固结稳定标准，测记相应的压缩量。施加一微量水平荷载，使水平加荷机构各处受力绷紧，将百分表读数调整为零。

（6）施加水平荷载。拉拔开始，测读并记录位移量和水平拉力。拉拔速率视土性而定，按应变控制加荷时，一般采用位移速率为 0.02～3 mm/min，对砂性土，可采用 0.5 mm/min。

（7）试验进行到出现下列情况时方可结束：

① 如果水平荷载（剪应力）出现峰值，试验进行至获得稳定值（残余强度）。

② 如果不出现峰值，或试样被拉断，表明试样长度超过了拔出长度，应缩短埋在土内的长度，再按步骤（1）～（7）做试验。

（8）改变垂直荷载，重复（1）～（7）各步骤，进行各垂直荷载下相应的拉拔摩擦试验值。

为求得拉拔摩擦强度指标，一般在 4 种不同垂直荷载下进行试验，其中最大的一级荷载（压力）应不小于设计荷载。

4）结果整理

（1）按式（6-18）、式（6-19）计算界面上的法向应力 σ 和剪应力 τ。

$$\sigma = \frac{P}{A} \tag{6-18}$$

$$\tau = 0.5 \times \frac{T_d}{L \cdot B} \quad (6\text{-}19)$$

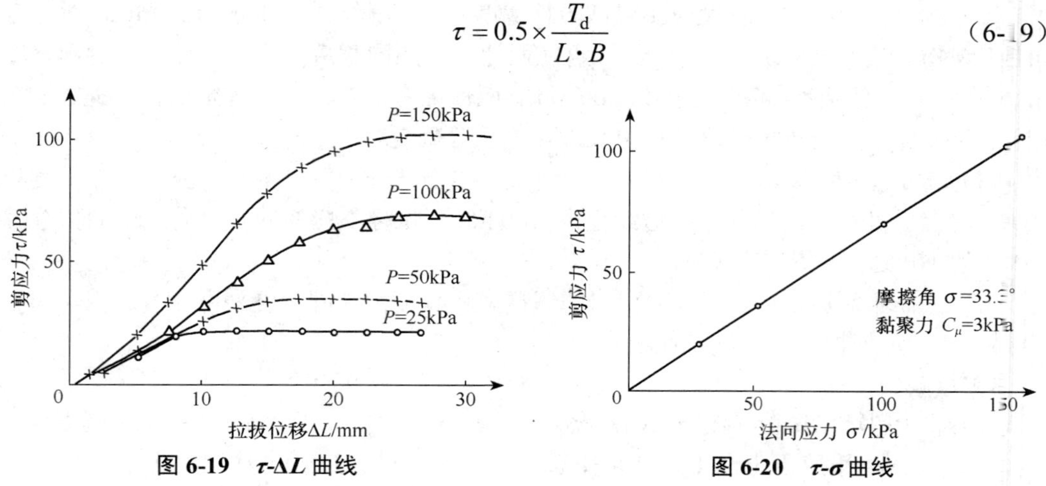

图 6-19 τ-ΔL 曲线　　**图 6-20 τ-σ 曲线**

式中：P、T_d 分别为垂直荷载及水平荷载，kN；A 为试验箱的水平面积，m^2；L、B 为织物被埋在土内部分的长度和宽度，m；σ 为法向应力，kPa；τ 为剪应力，kPa。

（2）按式（6-20）计算界面上的似摩擦因数 f'。

$$f' = \frac{\tau}{\sigma} \quad (6\text{-}20)$$

（3）绘制各级垂直荷载下剪应力 τ 与相应水平位移 ΔL 的关系曲线，如图 6-19 所示。

（4）绘制 τ–σ曲线（图 6-20），求得界面的摩擦强度。

6.4.2 孔径检测

土工合成材料可单独或与其他材料配合，作为过滤体和排水体用于暗沟、渗沟、坡面防护等道路工程结构中。通过孔径检测可为评定土工合成材料的质量及如何正确合理应用土工合成材料提供依据。

6.4.2.1 筛分法

筛分法适用于无纺织物及孔径较小的有纺织物，采用标准分析筛测量土工合成材料孔径的分布并确定 O_{95}。

1）检测的仪器

标准分析筛、振筛机、天平、秒表、剪刀、画笔、小毛刷等。

2）材料与试样

（1）试样数量：剪取试样数量为 5 n 块，n 为选取的粒径组数。

（2）试样的准备：试样应大于筛子直径。

（3）标准颗粒材料的准备：将洗净烘干的颗粒材料用筛析法（见《公路土工试验规程》（JTG E40—2007））制备分级标准颗粒。

3）检测的步骤

（1）将试样放在孔径为 2 mm 的细筛网上并固定好。

（2）称量某级标准颗粒材料 50 g，均匀散布在筛中的试样表面。

（3）将筛子、上盖和下部底盘一起固定在摇筛机上筛析，振筛时间定为 20 min。

（4）停机后，用天平称量留在底盘上的颗粒。

（5）用刷子将筛筐上的表面颗粒清理干净，更换试样。

（6）采用同级标准颗粒材料，重复步骤（1）～（4），共进行 5 次平行试验。

（7）另取一组分级标准颗粒材料按步骤（1）～（6）进行试验，需要取得不小于 4 级连续分级标准颗粒的过筛率，并要求试验点分布均匀，有一组的筛余率在 95%左右。

4）结果整理

（1）按式（6-21）计算某级标准颗粒的筛余率。

$$R_i = \frac{m_t - m_{pi}}{m_t} \times 100 \qquad (6\text{-}21)$$

式中：m_t 为筛析时标准颗粒的总质量，g；m_{pi} 为筛析后底盘中颗粒的质量（过筛量），g。

（2）计算 5 次试验筛余率的平均值 R。

（3）绘制孔径分布曲线：以分级标准颗粒粒径平均值为横坐标、筛余率平均值为纵坐标绘制孔径分布曲线，如图 6-21 所示。该曲线间接地反映织物孔径的分布情况，曲线上纵坐标为 95%的点对应的横坐标即定义为等效孔径 O_{95}，单位 mm。

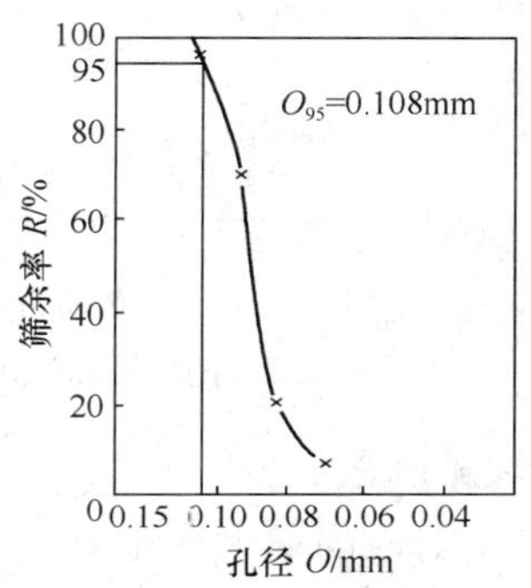

图 6-21　孔径分布曲线

6.4.2.2　显微镜测读法

显微镜测读法适用于孔径较大、较规则的有纺土工织物。

1）检测的仪器

（1）有双坐标读数的测量显微镜和光源。

（2）试样方框：2 个，框的内廓尺寸为 25.4 mm×25.4 mm，外廓尺寸为 100 mm×100 mm，两框可用 4 个螺钉夹紧。

（3）剪刀、直尺等。

2）试样准备

目测土工织物的均匀程度，选择具有代表性的部位取样 2 块（100 mm×100 mm）。

3）检测的步骤

（1）将试样夹紧在试样框中，记录 25.4 mm 长度内试样经向和纬向纤维根数 $n_1 \times n_2$，操作中尽量避免移动纤维的位置。

（2）将试样框固定在显微镜载物台上，调节光源和显微镜焦距，使织物可清晰观测到。

（3）转动微调手轮，用十字丝竖丝分别对准长方孔平行的两边，测读初读数和终读数。

（4）转动另一微调手轮，用十字丝模丝分别对准该长方孔的另外两边，并测读读数。

（5）重复（1）～（4）步骤进行试验，完成 25.4 mm×25.4 mm 范围内所有孔的测读。

4）结果整理

（1）按式（6-22）～式（6-24）计算土工织物每孔的缝宽和孔径。

$$X = |a_1 - a_2| \tag{6-22}$$

$$Y = |b_1 - b_2| \tag{6-23}$$

$$O = 2\sqrt{(XY/\pi)} \tag{6-24}$$

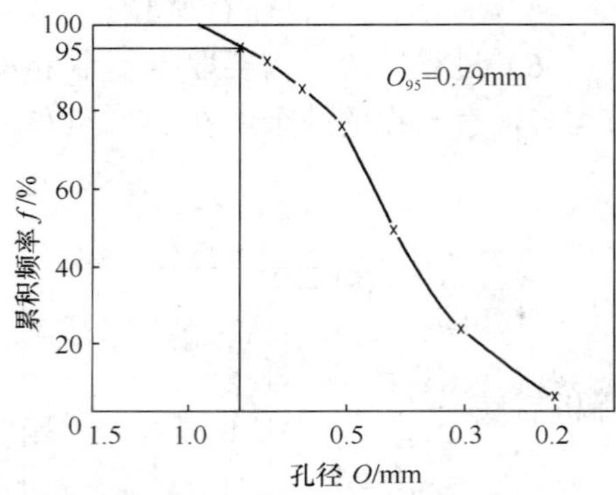

图 6-22 孔径累积频率曲线

式中：X 为土工织物纵缝宽度，mm；Y 为土工织物横缝宽度，mm；a_1、a_2 为纵缝初读数和终读数，mm；b_1、b_2 为横缝初读数和终读数，mm；O 为土工织物孔径，mm。

（2）按式（6-25）计算小于某孔径孔数的累积频率。

$$f = \frac{小于某孔径的孔数}{总孔数} \times 100 \tag{6-25}$$

（3）绘制孔径累积频率曲线。以孔径的数值为横坐标，以小于某孔径占总孔数的百分比（累积频率）为纵坐标绘制孔径累积频率曲线，如图 6-22 所示。曲线上纵坐标为 95%的点所对应的横坐标即为等效孔径 O_{95} 的算术平均值。

6.4.3 渗透系数检测

6.4.3.1 垂直渗透系数检测

垂直渗透系数检测用于确定法向水流作用下土工织物的透水特性。

1）检测的仪器

（1）常水头渗透仪（见图 6-23）。

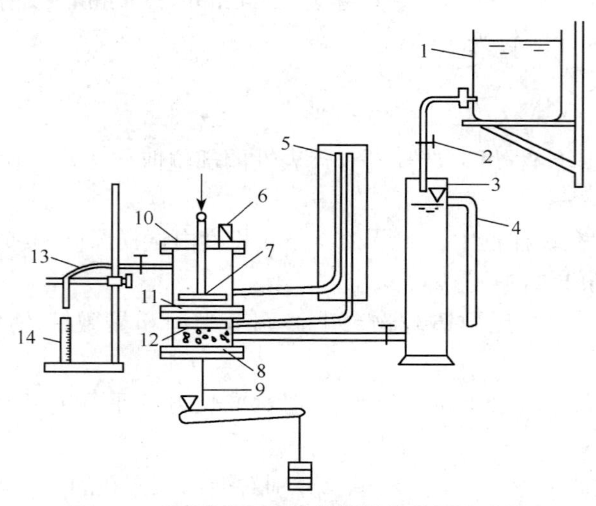

图 6-23 测试土工织物渗透性的装置示意图

1.供水瓶 2.供水管阀 3.常水位装置 4.溢管 5.测压管 6.播气管 7.加压多孔板 8.玻璃珠或瓷珠 9.加压杆 10.渗透仪 11.土工织物 12.承压多孔板 13.调节管 14.量筒

① 能安装单层或多层试样，试样的有效面积一般在20～100 cm^2。

② 试样与渗透仪内壁之间不得发生漏水现象。

③ 应在试样下游配备透水网或透水板，以防渗流引起试样变形。

④ 上下游水位容器应具有溢流装置，使在试验过程中能保持常水头，试验水头可以调节，一般使用的水位容器水头变化范围为0～40 cm。

⑤ 在试样的上下面仪器筒壁上各留一侧压管出口，其应尽量靠近试样。

（2）测压管装置、供水系统、加压设备。

（3）抽气机、真空表、秒表、量筒、吸球、水桶、水加热器等。

2）试样制备

（1）试样数量：单片试样测定时取6块试样；多片试样测定时取5组。

（2）制备试验所需的脱气水。

（3）按照渗透仪的规格，用抽气法饱和。

（4）安装好试验仪器设备。

3）检测的步骤

（1）将试样浸泡在水中直到饱和，将饱和的试样装入渗透仪，有条件的可在水下装样或装好试样后将渗透仪抽气饱和。

（2）调节供水管阀门，使进入常水位装置的水量多于经渗透仪流出的水量，溢水管始终有水溢出，以保证筒中水面不变。

（3）关闭调节管止水夹，检查测压管水位，待测压管水位齐平，并与溢水孔水位一致。

（4）将调节管固定在某一高度，造成上下游一定的水位差，打开调节管止水夹，水即渗过试样，经调节管流出，在渗流过程中应注意保持常水位。

（5）测压管水位稳定后，测记各管水位。

（6）开动秒表，同时用量筒接取一定时间内的渗透水量。

（7）测记进水与出口处水温，取平均值。

（8）重复步骤（5）～（7）3次。

（9）改变调节管管口高度，以改变水力梯度，重复步骤（5）～（8）。作渗透流速v与水力梯度i的v–i关系曲线，取其线性范围内的试验结果计算平均渗透系数。

（10）如需确定不同法向压力下的渗出透系数，则对同一试样逐级加压，在每种压力下重复步骤（5）～（9）。加压标准为2 kPa、20 kPa、200 kPa，或根据需要加压。

（11）重新安装一个试样，按步骤（1）～（10）进行平行试验，直至全部试样进行完毕。

4）计算

（1）按式（6-26）计算渗透参数。

$$k_n = \frac{Q\delta}{tA\Delta h} \tag{6-26}$$

式中：k_n为渗透系数，cm/s；δ为土工织物的厚度，cm；t为测量透水量的历时，s；A为土工织物试样的透水面积，cm^2；Q为时间内的透水量，cm^3；Δh为土工织物上下面测压管水位差，cm。

（2）按式（6-27）计算透水率。

$$\varphi = \frac{Q}{tA\Delta h} \tag{6-27}$$

式中：φ 为透水率，s^{-1}。

（3）透水率与渗透系数的关系为式（6-28）。

$$\varphi = \frac{k_n}{\delta} \tag{6-28}$$

（4）标准温度（20℃）下的渗透系数按式（6-29）计算。

$$k_n^{20} = k_n \frac{\eta_t}{\eta_{20}} \tag{6-29}$$

式中：k_n^{20} 为标准温度（20℃）时试样的渗透系数，cm/s；η_t 为试验水温（t℃）时水的动力黏滞系数，kPa·s；η_{20} 为 20℃时水的动力黏滞系数，kPa·s。

（5）标准温度（20℃）下的透水率按式（6-30）计算。

$$\varphi_{20} = \frac{\eta_t}{\eta_{20}} \tag{6-30}$$

式中：φ_{20} 为标准温度（20℃）下试样的透水率，s^{-1}。

（6）确定织物在某个压力下的渗透系数（或透水率）。

采用在该压力下 3～4 个计算值的平均值，它们的差值应在允许差值范围之内。

6.4.3.2　水平渗透系数检测

水平渗透系数检测用于测定土工织物和塑料排水板沿其平面方向输导水流的持性。

1）检测的仪器

（1）常水头渗透仪：

① 能安装一层或数层土工织物试样，试样为长方形，长边沿着渗透方向。

② 试样与渗透仪内壁之间不得发生漏水现象。如图 6-24 所示，可将织物试样包于乳胶套内，两边套口与上下游容器相接，水在套内流动。

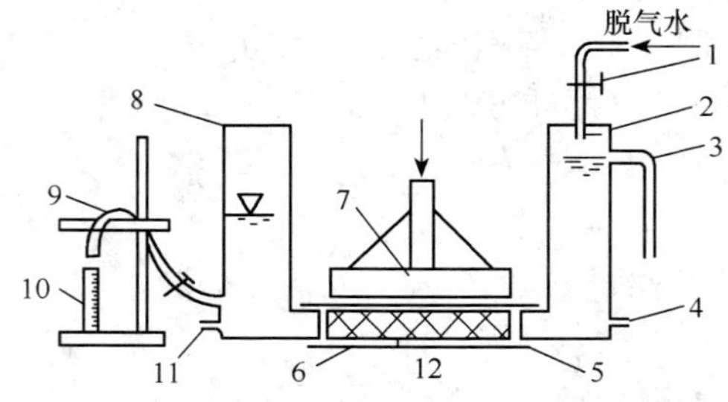

图 6-24　测试土工织物导水性的试验装置示意图

1.供水阀门　2.上游容器　3.溢流管　4.测压管口　5.供水阀门　6.乳胶管　7.加压装置　8.下游容器　9.调节管　10.量筒　11.测压管　12.织物试样

③ 在试样上下游的器壁各有一个测压管接出口。

④ 上下游水位容器应具有溢流装置，使在试验过程中能保持常水头。

（2）测压管装置、供水系统。

（3）加压设备：

① 通过加压杆和加压板给试样施加法向压力 0～200 kPa，或根据需要选择。

② 在包有乳胶膜的织物与金属槽座之间可垫以橡胶板，使受力均匀。

（4）其他设备与用品：抽气机、真空表、秒表、量筒、球、水桶、水加热器等。

2）试样制备

（1）制备试验用脱气水。

（2）根据渗透仪的规格裁剪 6 组试样，其中 3 组试样的长度沿顺机向，另外 3 组的长度沿横机向。

（3）试样用抽气法饱和。

（4）安装好试验仪器及设备。

3）检测的步骤

（1）将长度方向为顺机向的试样装入渗透仪，注意试样离开水下的时间尽可能地短，有条件可在水下装样，或装好试样后将渗透仪抽气饱和。

（2）按现场条件选择水力梯度，调节上下游水位容器，使其达到规定的水力梯度。在缺乏资料时，可选用水力梯度不大于 1。

（3）调节供水阀门，使进入上游容器中的水多于经织物试样流出的水，溢流管应始终有水溢出，以保持筒中水面不变。

（4）关闭调节管止水夹，检查测压管水位，待测压管水位齐平并与溢水孔水位一致。

（5）打开调节管止水夹，水即渗过试样，经调节管流出。在渗流过程中应注意保持常水头。

（6）测压管水位稳定后，测记各测管水位。

（7）开动秒表，同时用量筒接取一定时间内的渗透水量，接取时，调节管管口不得浸于量筒水中。

（8）测记进水处与出水处的水温，取平均值。重复以上步骤 3 次。

（9）改变调节管管口高度，以改变水力梯度，重复步骤（6）～（9）。作渗透流速 v 与水力梯度 i 的关系曲线，取 v–i 曲线上线性范围内的试验结果计算平均水平渗透系数。

（10）如需测定不同法向压力下的渗透系数，则对同一试样逐级加压，在每种压力下重复步骤（6）～（10）。加压标准为 2 kPa、20 kPa、200 kPa，或根据需要加压。

（11）重新安装一块长度沿顺机向的试样，进行步骤（1）～（11）的试验。

4）计算

（1）按式（6-31）计算沿织物平面的渗透系数。

$$k_1 = \frac{QL}{tB\delta\Delta h} \tag{6-31}$$

式中：k_1 为渗透系数，cm/s；δ 为织物的厚度，cm；t 为测量透水量的历时，s；B 为试样宽度，cm；L 为织物试样沿渗流方向的长度，cm；Δh 为 L 长度上两端的测压管水位差，cm；Q 为 t 时间内的透水量，cm^3。

（2）按式（6-32）计算导水率。

$$\theta = \frac{QL}{tB\Delta h} \tag{6-32}$$

式中：θ 为导水率，cm^3/s。

（3）导水率与渗透系数的关系为式（6-33）。

$$\theta = \frac{k_t}{\delta} \tag{6-33}$$

式中：k_t 为任意温度的渗透系数，cm/s。

（4）标准温度（20℃）下的渗透系数按式（6-34）计算。

$$k_t^{20} = k_t \frac{\eta_t}{\eta_{20}} \tag{6-34}$$

式中：k_t^{20} 为标准温度（20℃）时试样的渗透系数，cm/s；η_t 为试验水温(t℃)时水的动力黏滞系数，kPa·s；η_{20} 为 20℃时水的动力黏滞系数，kPa·s。

（5）标准温度（20℃）下的透水率按式（6-35）计算。

$$\theta_{20} = \theta \frac{\eta_t}{\eta_{20}} \tag{6-35}$$

式中：θ_{20} 为标准温度（20℃）下试样的透水率，s^{-1}。

（6）确定织物在某个压力下的渗透系数（或导水率）。采用在该压力下 3～4 个计算值的平均值，它们的差值应在允许差值范围之内。

（7）确定不同压力下的渗透系数。以渗透系数 k_t^{20}（或导水率）为纵坐标、压力为横坐标绘制关系曲线。

6.4.4　淤堵检测

淤堵检测适用于各种土工合成材料滤层，以判断土工合成材料滤层的淤堵情况。

1）检测的仪器

试验仪器及其装配如图 6-25 所示，主要由以下几个组成部分。

（1）渗透仪：

① 渗透仪的内径应不小于 10 cm，能安装一层或多层土工合成材料试样，在试样上方能装入 10 cm 高的土层。

② 试样与渗透仪内壁之间不得发生漏水现象。

③ 试样下应装两层铜筛网（孔径 2 mm 左右）和玻璃珠（或瓷珠）。

④ 在渗透仪筒壁上应留测压管接出口，位置如图 6-25 所示。

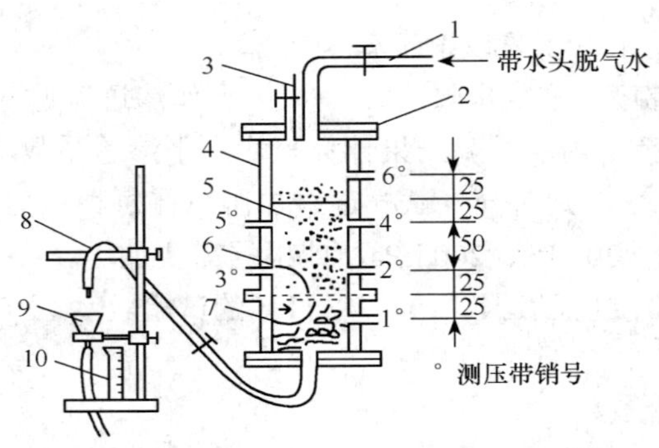

图 6-25　淤堵试验装置示意图（单位：mm）

1.供水管和供水阀　2.渗透仪上盖　3.溢水管和止水夹　4.渗透仪上筒　5.土样　6.土工织物试样　7.两层铜丝网　8.调水管和止水管　9.漏水和集水管　10.量筒

⑤ 上下游水位容器应具有溢流装置，使在试验过程中能保持常水头，试验水头可以调节。

（2）测压装置、供水系统。

（3）抽气机、真空表、秒表、量筒、小木锤、吸球、水桶、水加热器等。

2）试样制备

（1）制备试验所需要的脱气水。

（2）根据滤层设计的合成材料层数和渗透仪规格，剪取织物试样4组。

（3）称量试样在试验前的质量。

（4）试样用抽气法饱和。

（5）按被保护土的控制干容量和渗透仪的内径称取10 cm高的试样所需的土料，并均匀地分成4份。

3）检测的步骤

（1）安装仪器。打开渗透仪的上盖和上筒，将供水管与调节管连通。打开两管的止水夹，由仪器底部充水直至水位与铜丝筛网齐平，关供水管止水夹。

（2）安装好织物试样及上筒、微开供水管止水夹，使试样饱和。分4层装入土样，每层装入后平整，并用小木锤轻轻击实到一定的厚度（每层2.5 cm）。

（3）每层土样装好后，微开供水管、止水夹，使土样饱和，当水与土样顶面齐平时，关止水夹，土样饱和时水流不应过急，以免冲动土样。

（4）按上述步骤逐层装样，并使土样饱和，待土料全部装入后。在土样上铺设2 cm厚的砾石缓冲层。

（5）安装上盖，继续使水位缓慢上升至上盖的进水管口（或溢水管口）有水溢出，关供水管止水夹。

（6）关闭调节管止水夹，将供水管与调节管分开，并将供水管与上盖的进水口相连接。

（7）打开供水管止水夹，直至渗透仪上盖和溢水管有水溢出，待上盖下盖没有气泡时，关闭溢水管止水夹。

（8）静置一段时间，检查各测压管水位，并等待各测压管水位齐平，并与常水头装置的水位一致。

（9）将调节管口固定在某一高度，造成水位差，打开调节管止水夹，水流过土样和织物试样经调节管流出，通过漏斗流入集水容器中。

（10）当测压管稳定后，记录试验开始时间和各测压管水位。

（11）开动秒表，同时用量筒取一定时间内的渗透水量，接取渗透水量时，调节管管口不得浸于水中。

（12）测记进水与出水处的水温，取平均值。

（13）每隔1 h测读各测压管水位一次，并重复步骤（13）和（14），直至从试验开始起持续24 h为止。当进行到（15）步时，如计算得CH值接近于3，并且没有持续下降的趋势，可适当延长试验持续的时间。

（14）取出试样，清除上面的土，烘干后称量试样及内部含土的总质量。当完成步骤（14）后如整个试验过程没有异常现象或其他干扰因素，可考虑不进行第（15）步。

（15）更换试样和土样，重复步骤（2）～（14）。

4）计算

（1）用每小时测读的水位差按式（6-36）计算梯度比。

$$\mathrm{CR}=\frac{i_1}{i_2}=\frac{5h_{12}}{h_{24}(2.5+\delta)} \quad (6\text{-}36)$$

式中：h_{12} 为测压管 1 的水位与测压管 2、3 平均水位之差，cm；h_{24} 为测压管 2、3 的平均水位与测压管 4、5 的平均水位之差，cm；δ 为试样在上部土样及砾石下的厚度，cm；i_1 为试样及其上方 25 mm 土样的水力梯度；i_2 为上方相邻近的土（从试样上方 25～75 mm）的水力梯度。

（2）按式（6-37）计算土和土工合成材料试样在 20℃时的渗透系数。

$$k^2O_{\mathrm{sg}}=\frac{Q(7.5+\delta)}{tAh_{14}\eta_{20}} \quad (6\text{-}37)$$

式中：k^2Q_{sg} 为标准温度（20℃）时土和试样系统的渗透系数，cm/s；Q 为历时 t 通过土和试样系统的渗透水量，cm^3；t 为测量渗透水量 Q 的时间，s；A 为土工合成材料试样的透水面积，cm；h_{14} 为测压管 1 水位与测压管 4、5 平均水位之差，cm；η_{20} 为 20℃时水的动力黏滞系数，kPa。

（3）按式（6-38）计算标准温度（20℃）时的渗透系数。

$$k_{\mathrm{s}}^{20}=\frac{Q^5}{tAh_{24}}\frac{\eta_t}{\eta_{20}} \quad (6\text{-}38)$$

式中：k_{s}^{20} 为被保护土在标准温度（20℃）时的渗透系数，cm/s；η_t 为水温（t℃）时水的动力黏滞系数，kPa。

（4）按式（6-39）计算单位体积合成材料试样中的含土量。

$$\mu=\frac{m_0-m_1}{A\delta} \quad (6\text{-}39)$$

式中：μ 为单位体积合成材料试样的含土量，$\mathrm{g/cm}^3$；m_1 为试验后试样的烘干质量，g；m_0 为试验前试样的质量，g。

（5）制图：

① 以梯度比 CR 为纵坐标、时间 t（h）为横坐标绘制梯度比的时间过程曲线，并标明试验持续 24 h 的梯度比值。

② 以土工合成材料系统的渗透系数 k^2O_{sg}（cm/s）为纵坐标、时间 t（h）为横坐标绘制土工合成材料系统的渗透系数的时间过程曲线。

③ 以土的渗透系数 k_s^{20}（cm/s）为纵坐标、时间 t（h）为横坐标绘制土的渗透系数时间过程曲线。

小结

本章主要介绍土工合成材料的分类，基础试验、土工合成材料性能的检测、土工合成材料变形特性检测的方法。

思考题

1. 土工合成材料的分类。
2. 土工合成材料厚度检测的步骤。
3. 土工合成材料顶破强度检测的步骤。

第 7 章 水泥和水泥混凝土检测

［本章提要］

本章主要介绍水泥和水泥混凝土的基本性质及主要技术要求。包括水泥的细度、标准稠度用水量、凝结时间、安定性、水泥胶砂强度；水泥混凝土拌合物的工作性、表观密度、凝结时间；水泥混凝土的强度等的检测方法。

水泥作为一种重要的胶凝材料，广泛应用于道路工程结构中。水泥加水搅拌后成浆体，能在水中更好地硬化，并能把砂、石等材料牢固地胶结在一起形成水泥混凝土。水泥的物理性质包括细度、密度、凝结时间、标准稠度和体积安定性，水泥的化学性质包括有害成分、烧失量和不溶物，水泥混凝土拌合物的工作性、表观密度、凝结时间，水泥混凝土的强度等都是检测的重要内容。

7.1 水泥的基本性质及技术要求

7.1.1 物理性质

水泥的物理性质包括细度、密度、凝结时间、标准稠度和体积安定性。

1）细度

细度是水泥颗粒的粗细程度，它反应了水泥的分散程度，同时对水泥的水化速度、需水量、和易性、放热速率及强度的形成均有影响。

2）密度

水泥的密度指单位体积水泥的质量，其大小取决于水泥熟料的矿物组成。

3）凝结时间

水泥的凝结时间分为初凝时间和终凝时间。初凝时间是指从水泥加入水中到水泥开始失去塑性所需的时间；终凝时间是指从水泥加入水中到水泥完全失去塑性所需的时间。水泥的初凝时间和终凝时间对工程的施工有着重要的影响，因此水泥的凝结时间不宜过短也不宜过长。

4）标准稠度

水泥标准稠度是指水泥净浆对标准试杆沉入时所产生的阻力达到规定状态所具有的水和水泥用量百分率。

5）体积安定性

体积安定性是水泥浆体在硬化过程中体积均匀、稳定变化的指标。水泥在硬化过程中伴随着体积的一定变化，如果这种变化是轻微的、均匀稳定的，或发生在完全失去塑性之前，则不会影响混凝土的质量；反之，若这种变化是不均匀的或在硬化后变形仍然较大，即体现出体积的安定性不良，就会对混凝土构件产生一定的影响，使之变形、膨胀，严重时导致开裂。

7.1.2 化学性质

1）有害成分

水泥中游离的氧化镁、氧化钙或三氧化硫为有害成分，含量过多将会导致水泥的体检定性不良。

2）不溶物

水泥中的不溶物来自水泥原料中的黏土和氧化硅，由于煅烧不良、化学反应不充分而未能使这些矿物形成熟料，这些物质的存在影响水泥的有效成分含量。

3）烧失量

水泥煅烧不佳或受潮都会使水泥在规定的温度加热时增加质量的损失。

7.1.3 力学性质

1）强度

水泥的强度是评价水泥强度等级的重要指标，同时也是混凝土配合比设计的重要参数。水泥的强度包括抗压强度和抗折强度 2 个方面。强度除了跟水泥矿物组成和细度有关外，同时也与水灰比、试件的制作方法、养护条件和龄期密切相关。

2）水泥的强度等级

水泥的强度等级是根据规定龄期测定的抗压和抗折强度来划分的，各强度等级水泥在各个龄期的强度不得低于表 7-1 规定的数值。

表 7-1 硅酸盐类水泥各龄期抗压强度值 MPa

水泥品种	硅酸盐水泥						普通硅酸盐水泥					
强度等级	42.5	42.5 R	52.5	52.5 R	62.5	62.5 R	32.5	32.5 R	42.5	42.5 R	52.5	52.5 R
抗压 3 d	17.0	22.0	23.0	27.0	28.0	32.0	11.0	16.0	16.0	21.0	22.0	26.0
强度 28 d	42.5	42.5	52.5	52.5	62.5	62.5	32.5	32.5	42.5	42.5	52.5	52.5
抗折 3 d	3.5	4.0	4.0	5.0	5.0	5.5	2.5	3.5	3.5	4.0	4.0	5.0
强度 28 d	6.5	6.5	7.0	7.0	8.0	8.0	5.5	5.5	6.0	6.0	7.5	7.5

7.1.4　水泥的技术要求

我国现行规范规定：凡游离氧化镁、氧化钙、三氧化硫、安定性、初凝时间中任何一项不符合相关规定的水泥，均判为废品水泥。废品水泥在工程中绝对不允许使用。凡细度、终凝时间、不溶物和烧失量中任何一项指标不符合规定，或混合量掺入量超过最大限量和强度低于商品强度等级指标时，均判为不合格品。水泥包装标志中水泥品种、强度等级、生产者名称和出厂标号不全的也属于不合格品，技术要求如表 7-2 所示。

表 7-2　硅酸盐水泥、普通硅酸盐水泥的技术要求

序号	技术品质			指标
1	不溶物	Ⅰ型不得超过		0.75%
		Ⅱ型不得超过		1.50%
2	氧化镁	不得超过		5.0%
		经过压蒸安定性合格，容许放宽到		6%
3	三氧化硫	不得超过		3.5%
4	烧失量	Ⅰ型不得大于		3.0%
		Ⅱ型不得大于		3.5%
		普通水泥不得大于		5.0%
5	细度	硅酸盐水泥比表面积大于		300 m^2/kg
		普通水泥 80μm 方孔筛不得超过		10.0%
6	凝结时间	硅酸盐水泥	初凝不得早于	45 min
			终凝不得早于	390 min
		普通硅酸盐水泥	初凝不得早于	45 min
			终凝不得早于	10 h
7	安定性沸煮检验			合格
8	强度：各龄期强度不低于表 7-1 中的强度值			
9	碱含量：水泥中碱按 Na_2O+ 0.685 K_2O 计算值表示，不大于			0.6%
	若使用活性集料，用户要求提供低碱水泥时，水泥中碱含量不得大于 0.6%，或双方协定			

7.2　水泥的性能检测

7.2.1　水泥的细度检测

水泥细度采用筛析法测定，要求在 0.080 mm 方孔筛上的筛余量不得超过 10%。检测水泥的细度用以判断水泥颗粒的大小，并作为评价水泥品质的物理指标之一。

1）检测的仪器

（1）负压筛析仪：能够产生 4～6 kPa 的负压。

负压筛析仪由筛座、负压筛、负压源及收尘器组成。其中筛座由转速为 30 r/min±2 r/min 的喷气嘴、负压表、控制板、微电动机及壳体等构成，如图 7-1 所示。

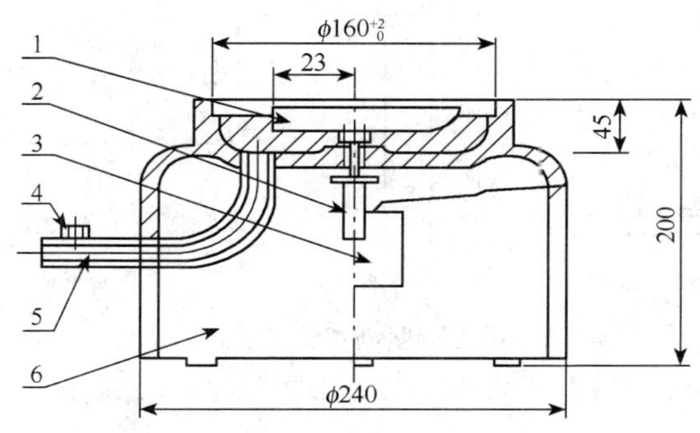

图 7-1 负压筛析仪示意图（单位：mm）

1. 0.080 mm 方孔筛 2.收集瓶 3.微电动机 4.调压阀 5.抽气口 6.壳体

（2）负压标准筛、天平。

2）检测的步骤

（1）正式筛析试验前，先接通电源打开仪器，检查仪器是否能达到 4～6 kPa 的负压压力。如果低于 4 kPa 时，应先将吸尘器中的水泥及杂物清理，以保证达到负压要求。

（2）称取水泥样品置于洁净的负压筛中，初始质量记作 m_0，放在筛座上，盖上筛盖，开动筛析仪连续筛析，在此期间如有试样附着在筛盖上，可用手敲击使之落下。筛毕用天平称量筛余物质量，记作 m_1。

（3）筛析法测定水泥细度的计算公式为式（7-1）。

$$F = \frac{m_1}{m_0} \times 100 \tag{7-1}$$

式中：F 为水泥样品的筛余百分率，%。

（4）合格评定时，每个样品应称取两个试样分别筛析，取筛余平均值作为筛余结果。若两次绝对误差大于 0.5%时（筛余值大于 5.0%时可放松至 1.0%），应再做一次试验，取两次相近结果的算术平均值作为最终结果。负压筛法与水筛法的结果发生争议时，以负压筛法为准。

7.2.2 水泥标准稠度用水量检测

水泥浆对标准试杆或试锥的沉入具有一定的阻力，通过试验不同用水量时水泥净浆的穿透性，以确定水泥净浆达到标准稠度所需的水量，以此作为水泥凝结时间和体积安定检测的可比性的基础。

1）检测的仪器及设备

（1）水泥净浆标准稠度仪如图 7-2（a）所示；试杆如图 7-2（b）所示；用于标准稠度测定的金属棒；盛装水泥的圆台形试模如图 7-2（c）所示。

（2）标准维卡仪，净浆搅拌机，天平。

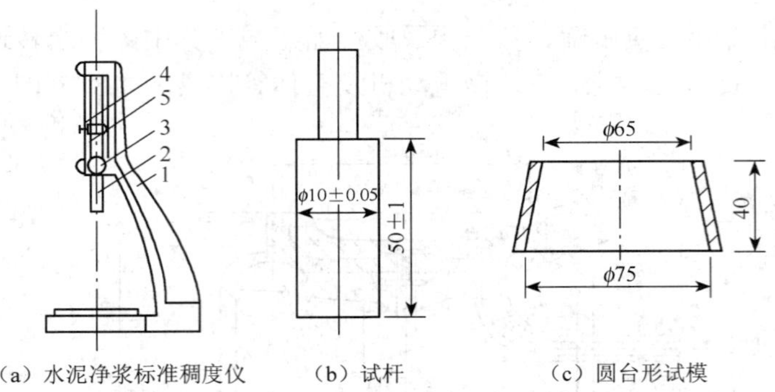

（a）水泥净浆标准稠度仪　（b）试杆　（c）圆台形试模

图 7-2　标准稠度测定仪（单位：mm）

1.铁座　2.金属圆棒　3.松紧螺钉　4.指针　5.标尺

2）检测的步骤（标准试杆法）

（1）水泥净浆的制备：称取水泥，将搅拌锅和搅拌叶用湿布湿润，倒入拌合用水。然后在规定的 5～10 s 内将水泥加到锅中，小心防止拌合物溅出。拌合锅安置在搅拌设备上，启动搅拌机，按照规定设置的搅拌方式搅拌。

（2）完成搅拌后，将拌制好的水泥净浆装填到放在玻璃板上的圆形模具中，分两层分别用小刀插捣 15 次使之密实，刮去多余的水泥并抹平。

（3）立刻将试模移到维卡仪上，维卡仪应当事先调零（维卡仪的试杆在接触玻璃指针对准零刻度），调整试杆正好与水泥净浆表面接触，拧紧螺钉。1～2 s 后，突然松开螺钉，使试杆尽量自由垂直沉入水泥浆中，在试杆停止沉入或释放试杆 30 s 时记录试杆与板底之间的距离。整个操作应在搅拌后 1.5 min 内完成。如试杆沉入净浆距板底 6 mm±1 mm 时，该水泥净浆为标准稠度净浆，此时的拌合用水量即为标准稠度用水量。如未能实现上述结果，则应当调整加水量重新试验，直至达到规定的试验结果。

7.2.3　水泥凝结时间检测

1）检测的仪器及设备

（1）湿气养护箱：可控制温度在（20±1）℃，相对湿度大于 95%。

（2）试针，如图 7-3 所示。

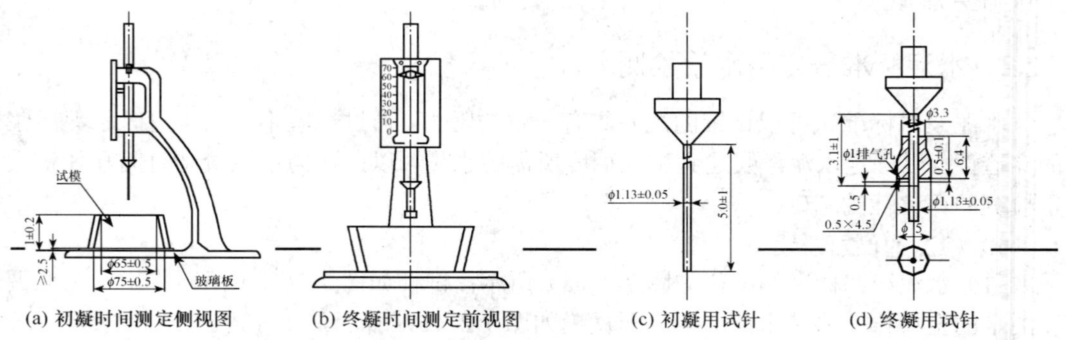

(a) 初凝时间测定侧视图　(b) 终凝时间测定前视图　(c) 初凝用试针　(d) 终凝用试针

图 7-3　水泥凝结时间测定仪（单位：mm）

2）检测的步骤

（1）以标准稠度时的水泥浆为测定凝结时间的材料，将该材料装满圆台形的试模，插捣、振实、刮平立即放入湿气养护箱养护。记录净浆搅拌时水泥全部加入水中的时刻，作为测定凝结时间的起始时间。

（2）初凝时间的测定。从待测试样在养护箱中开始养护时起 30 min 时，进行第一次测定。将维卡仪换上初凝测试的试针，取出试件安放在维卡仪上，调整试针与水泥净浆的表面刚好接触。拧紧螺钉，1～2 s 后，突然松开螺钉，使试杆自由垂直沉入水泥浆中，记录在试杆停止沉入或释放试杆 30 s 时试针的读数，当试针下沉距底板 4 mm±1 mm 时，表征水泥达到初凝状态。若未达到要求，则继续养护，在此测定，直至测试结果呈现规定的状态。在临近初凝状态时，每隔 5 min 测定一次，直至达到规定的状态。

（3）终凝时间的测定。若初凝测试合格，则继续进行终凝时间的测定。将装有水泥试样的圆台形试模从玻璃板上取下，翻转，直径大端朝上、小端朝下放于玻璃板上在养护箱中继续养护。在临近终凝时间时，每隔 15 min 测试一次，直到试锥沉入水泥试样表面 0.5 mm 时，即只有试针在试样表面留下痕迹但不出现圆环印记时才表征水泥达到了终凝状态。由起始时间到出现该规定的状态所用的时间定为终凝时间。达到终凝时，应当立即重复测一次，当两次结论相同时才能定为达到终凝状态。

（4）在最初测定的操作时应轻轻扶持住金属柱，使其徐徐下降，以防试针撞弯，但结果以自由下落为准；在整个测试过程中试针沉入的位置至少要距试模内壁 10 mm。每次测定不能让试针落入原针孔，每次测试完毕必须将试针擦净并将试模放入湿气养护箱内，整个测试过程要防止试模振动。

7.2.4 水泥安定性检测

水泥安定性采用雷氏夹法检测游离氧化钙引起水泥体积的变化。

1）检测的仪器及设备

（1）雷氏夹（见图 7-4）；雷氏夹膨胀测定仪（见图 7-5）。

（2）煮沸箱；玻璃板、小抹刀、直尺（宽 10 mm）、黄油等。

2）检测方法和步骤

（1）按所确定的标准稠度用水量搅拌水泥。

（2）每个雷氏夹配备质量为 75～80 g 的玻璃板两块。水泥净浆接触的玻璃板和雷氏夹表面都要稍涂一层油。

（3）将预先准备好的雷氏夹放在一擦油的玻璃板上，并立刻将已制好的标准稠度水泥净浆装满雷氏夹。装时一只手轻轻扶持雷氏夹，另一只手用小刀插捣水泥净浆然后抹平，盖上稍涂油的玻璃板，接着立刻将雷氏夹移至湿气养护箱内养护 24 h±2 h。

（4）调整好水箱内的水位，使之在整个煮沸过程中都能没过试件，使试验不需补水，同时要保证在 30 min±5 min 内水能沸腾。

（5）从养护箱中取出雷氏夹，去掉玻璃板，先测量雷氏夹指针尖端距离（记作 A），精确到 0.5 mm，随后将试件放入沸水箱中的试架上指针朝上，试件之间不交叉，然后

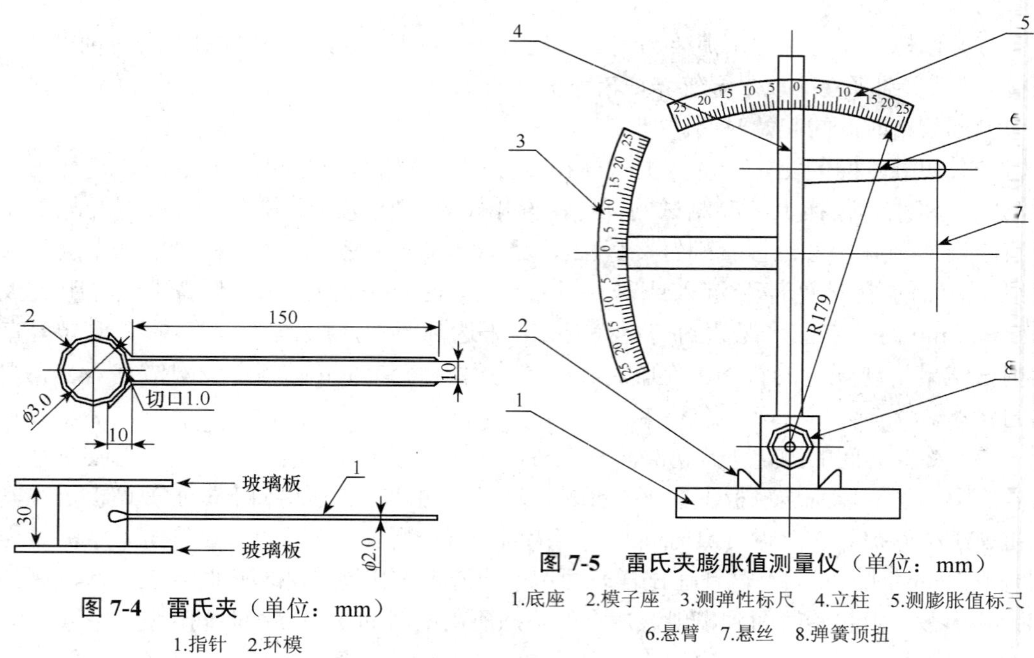

图 7-4 雷氏夹（单位：mm）

1.指针 2.环模

图 7-5 雷氏夹膨胀值测量仪（单位：mm）

1.底座 2.模子座 3.测弹性标尺 4.立柱 5.测膨胀值标尺 6.悬臂 7.悬丝 8.弹簧顶扭

在 30 min±5 min 内使水沸腾，恒沸 3 h±5 min。

（6）沸煮结束后立即放掉水箱中的水，打开箱盖，待箱体冷却至室温，取出试件。测量雷氏夹指针尖端间的距离记作 *C*，当 2 个试件煮沸后增加距离（*C*–*A*）的平均值不大于 5.0 mm 时，即认为该水泥的安定性合格。当（*C*–*A*）值相差超过 4.0 mm 时，应用同一样品立即重做试验，再如此，则认为该水泥的安定性不合格。

（7）当雷氏夹法和试饼法判定结果有出入时，以雷氏夹法为准。

7.2.5 水泥胶砂强度检测

通过水泥胶砂试验，测定水泥的强度等级。

1）检测的仪器

（1）胶砂搅拌机（见图 7-6）。

（2）振实台：振实台装有 2 个对称偏心轮的电动机产生振动。由可以跳动的台盘和使其跳动的凸轮等组成。振实台的振幅为 15 mm±0.3 mm，振动频率 60 次/（60±2）s。

（3）试模及下料漏斗（见图 7-7）。

（4）压力试验机：包括抗折试验机和抗压试验机。抗压试验机受压面积 40 mm×40 mm。

（5）刮平尺和播料斗、ISO 标准砂。

（6）水、试验筛、天平、量筒等。

2）检测的步骤

（1）材料用量：水泥 450 g±2 g；ISO 砂 1350 g±5 g；水 225 mL±1 mL。

（2）试样制备：将水加入锅中，再加入水泥，把锅放在固定架上上升至固定位置。然

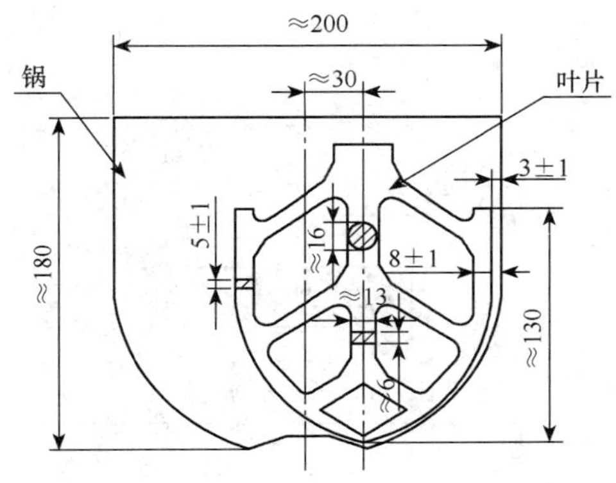

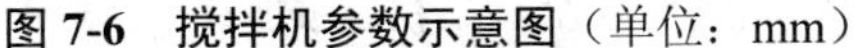

图 7-6 搅拌机参数示意图（单位：mm）

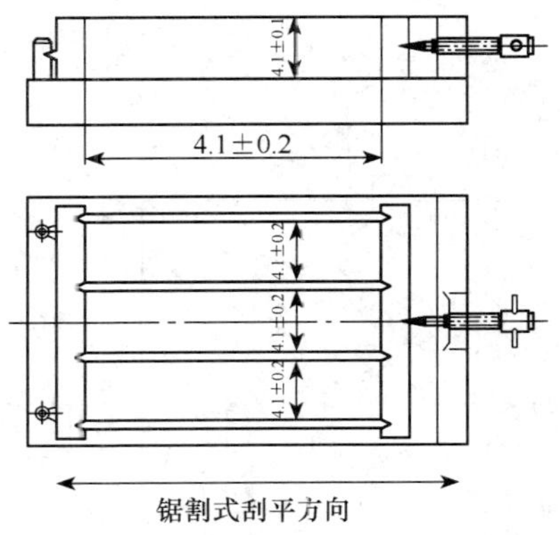

图 7-7 三联胶砂试模示意图（单位：mm）

后立即开动机器，低速搅拌 30 s 后，在第二个 30 s 开始时同时加入砂，再高速搅拌 30 s，停拌 90 s。在停拌的第一个 15 s 内将叶片和锅壁上的胶砂刮入锅中，再高速搅拌 60 s。

（3）胶砂试件成型：用试模成型前，应当将试模擦干净，四周的模板与底座的接触面上应涂黄油，紧密装配，防止漏浆，内壁均匀地刷一薄层机油。用振实台成型时，将孔试模和模套固定在振实台上，用适当的勺子从搅拌锅中将胶砂分成两层，加入试模。装第一层时，每个槽里约放 300 g 砂浆，用大播料器垂直架在模套顶部，沿每个槽模来回一次将料槽整平，接着振实 60 次。再装入第二层砂浆，再振实 60 次。去掉模套，从振实台上取下试模，用刮尺以 90°的角度架在试模顶的一端，沿试模长度方向去掉多余砂浆，并刮平试样表面。

（4）试件养护：对试样做标记，对于两个龄期以上的时间，应将同一试模中的试件编在两个以上的龄期，随后将试件放入养护箱中养护，养护箱内板必须水平。水平刮平面应朝上。养护箱的温度为 20℃±2℃（包括强度实验室），相对湿度大于 90%，养护的水温度 20℃±1℃。试件应当彼此保持一定的间隔，养护期间水面超过试件 5 mm，需要时及时补充水，保持恒定水位，但不允许全部换水。对于 24 h 龄期的，应在试验前 20 min 内脱模。对于 24 h 以上龄期的，应在成型后 20～24 h 内脱模。脱模时应当非常小心，防止试件损伤。

（5）强度试验：养护至规定龄期，将试样从养护环境箱中取出，脱模，进行强度测定。首先，进行抗折试验（图 7-8）。采用杠杆式抗折试验机时，试件放入前，应当使杠杆处于水平状态，将试件成型侧面朝上放入抗折试验机内。试件放入后调整夹具，使杠杆在试件这段时间尽可能地接近水平位置。接通开关，抗折机以 50 N/s±1 N/s 的速率匀速施加荷载，直至试件折断，并保持两个半棱柱试件处于潮湿状态直至抗压试验。记录破坏的荷载。接着，进行抗压试验。抗压试验须用抗压夹具（图 7-9）进行，试件受压面积为成型时的两个侧面，面积为 40 mm×40 mm。试验前应清除试件受压面与加压板间的砂粒或杂物。试件的底面紧靠夹具定为销，断块试件应对准抗压夹具中心，并使夹具对准压力机压板中心，半截棱柱体中心与压力机板中心差应在±0.5 mm 内，棱柱体露在压板外的部分约为 10 mm。压力机加荷速度控制在 2400 N/s±200 N/s 速率范围，直至试件破坏，记录破坏荷载 F_f。

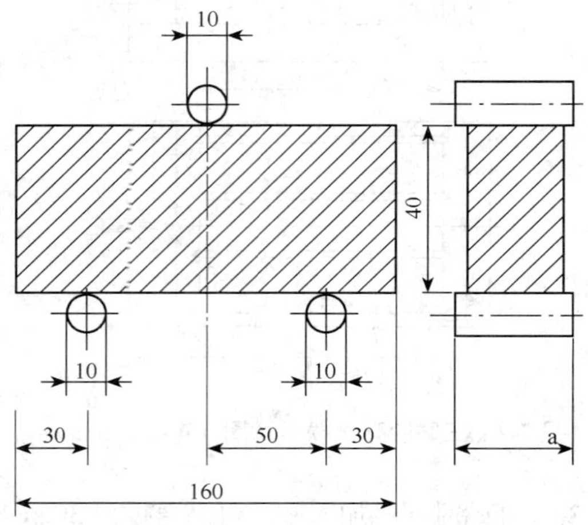

图 7-8　抗折强度装置示意图（单位：mm）

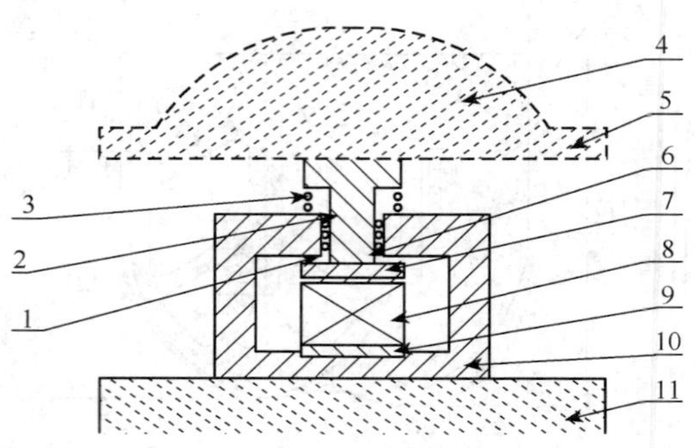

图 7-9　典型的抗压强度夹具示意图

1.滚珠轴承　2.滑块　3.复位弹簧　4.压力机球座　5.压力机上压板　6.夹具球座　7.夹具上压板　8.试体　9.底板　10.夹具下垫板　11.压力机下压板

（6）结果处理：

① 抗折强度按照式（7-2）计算。

$$R_{\mathrm{f}}=\frac{1.5F_{\mathrm{f}}L}{b^3} \tag{7-2}$$

式中：R_{f}为抗折强度，MPa；F_{f}为破坏荷载，N；L 为试件支撑间距离，mm，标准距离为 100 mm；b 为试件断面正方形的边长，40 mm。

抗折强度结果取 3 个试件的平均值。3 个强度值中有超过平均值±10%的，应剔除再平均，以平均值作为抗折试验结果。

② 抗压强度按照式（7-3）计算。

$$R_{\mathrm{c}}=\frac{F_{\mathrm{c}}}{A} \tag{7-3}$$

式中：R_{c}为抗压强度，MPa；F_{c}为破坏荷载，N；A 为受压面积 40 mm×40 mm=1600 mm^2。

抗压强度结果为一组 6 个断块试件抗压强度的算术平均值。如果 6 个强度值中有一个值超过平均值±10%的，应剔除后以剩下 5 个值的算术平均值作为最后结果。如果 5 个值中再有超过±10%的，则此组试件无效。

7.3　水泥混凝土技术性质检测

7.3.1　水泥混凝土拌合物工作性检测

新拌混凝土拌合物工作性又称和易性，是指混凝土具有流动性、可塑性、稳定性和易密性等几方面的一项综合性能。测定方法有坍落度试验法和维勃稠度试验法 2 种。

7.3.1.1 坍落度试验及坍落度扩展值

坍落度是表征新拌混凝土稠度的一种指标，它反映了混凝土拌合物流动性的大小。对于高流态的混凝土宜用坍落度和坍落度扩展值来表征混凝土拌合物的流动性。适用于混凝土的坍落度大于 10 cm 且集料公称粒径不大于 31.5 mm 的混凝土拌合物的坍落度的测定。

1）检测的仪器

用金属材料制成的标准坍落度筒、弹头型捣棒、小铁铲、装料漏斗、钢尺、抹刀。

2）检测的步骤

（1）检测前将坍落筒内外洗净，放在经水浸湿过的平板上，踏紧脚踏板。

（2）将试样分 3 层装入筒内，每层装入的高度稍大于筒高的 1/3，用捣棒在每一层均匀插捣 25 次。当顶层插捣完毕时清除掉多余的混凝土，并用抹刀将筒口抹平，刮净筒底周围的拌合物。而后立即提起坍落筒，提起的时间控制在 5～10 s，并尽量不要使混凝土受到横向力和扭力的作用。从开始装料到剔除坍落筒的整个时间不得超过 150 s，如图 7-10 所示。

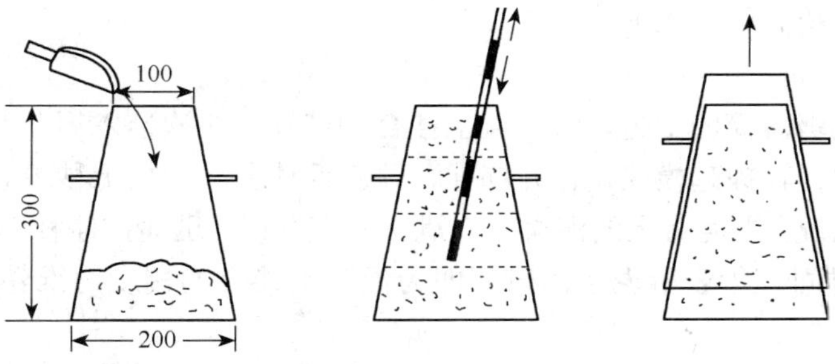

图 7-10 试验步骤示意图（单位：mm）

（3）将坍落筒放在锥体的一旁，筒顶平放尺子，用小钢尺量出尺子底面至试样顶面最高点的距离，即为该混凝土拌合物的坍落度。

3）检测说明

（1）坍落度可以认为是测量水泥混凝土拌合物在自重作用下流动的抗剪性。

（2）当混凝土试件的一侧发生崩塌或一边剪切破坏时，则应重新取样进行测试。如果第二次仍发生上述情况，则表明该混凝土的和易性不好，应予以记录。

（3）当混凝土的坍落度大于 220 mm 时，用钢尺测量混凝土扩展后最终的最大直径和最小直径，在这两个直径的差值小于 50 mm 的前提下，用算术平均值作为坍落度值，否则，此次试验无效，如图 7-11 所示。

4）工作性调整

如果坍落度不符合设计要求，就应立即进行配合比的调整。当坍落度较小时，保持水灰比不变，适当增加水泥和水；但坍落度较大时，应保持砂率不变，适当添加砂和石子；当黏聚性不良时，应当增大砂率，反之则要酌情减少砂率。根据实践经验，要使坍

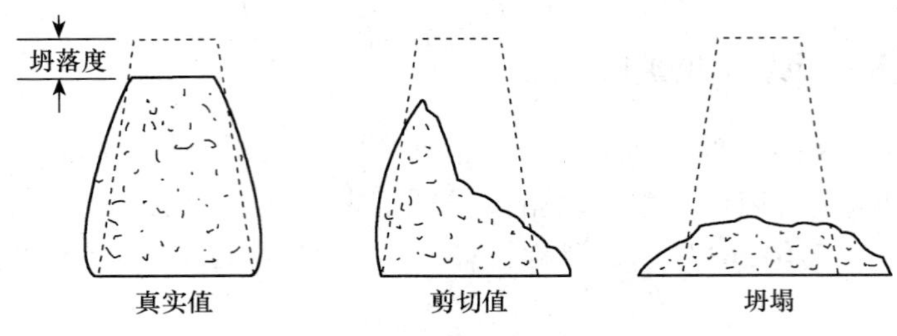

图 7-11 坍落后不同情况

落度增大 10 mm，水泥和水各需加添 20%（相当于原用量）；要使坍落度减少 10 mm，则砂和石子应加添 2%（相当于原用量）。添加材料后，应重新测量坍落度。调整时间不得拖延太长。从加水时算起，如果超过 0.5 h，则应重新配料拌合进行试验。

7.3.1.2 维勃稠度试验

当混凝土坍落度小于 10 mm、集料公称最大粒径大于 31.5 mm 时，采用维勃稠度试验来测定混凝土的工作性。

1）检测的仪器

用维勃稠度仪测定其稠度。

2）检测的步骤

将漏斗移到坍落筒的上方，将混凝土拌合物试样分 3 次装入坍落筒中，将筒顶的混凝土刮平，然后轻轻提起模筒，移开漏斗，开启振动台同时按下秒表。通过透明圆盘观察试样的坍落状况，当混凝土的泥浆刚布满圆盘底面时，迅速按停秒表，并关闭振动台，记录下秒表的时间。秒表所表示的时间即为混凝土拌合物稠度的维勃时间，如图 7-12 所示。

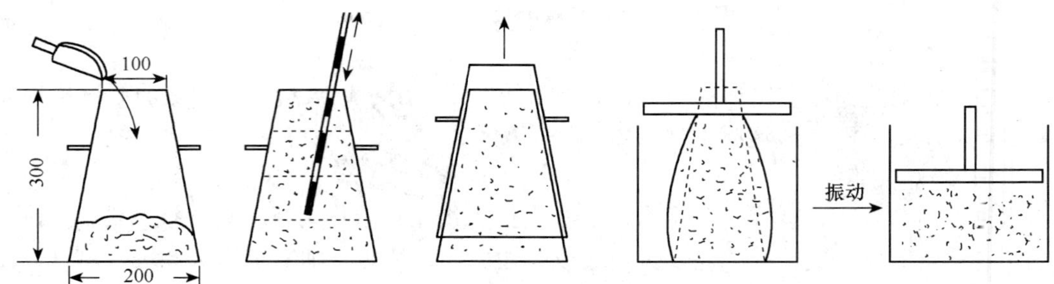

图 7-12 维勃稠度试验步骤示意图（单位：mm）

7.3.2 水泥混凝土拌合物表观密度检测

表观密度检测的目的是测定新拌水泥混凝土拌合物捣实后的密度，以备修正、核实混凝土配合比计算中的材料用量。当已知所用原材料密度时，则可大概推算该混凝土试样的含气量。

1）检测的仪器及设备

试验筒为刚性金属圆筒，两侧装有把手，筒壁坚固且不漏水。对于集料公称粒径不大于31.5 mm的拌合物采用5 L的试样筒，其内径与高均为186 mm±2 mm，壁厚为3 mm。对于集料公称粒径大于31.5 mm的拌合物所采用的试样筒，其内径与高均应大于集料公称最大直径的4倍。还有捣棒、磅秤、振动台、金属直尺、镘刀、玻璃板等。

2）检测的步骤

（1）检测前用湿布将筒内外擦拭干净，称出质量 m_1。

（2）对于小于5 L的样筒，可将混凝土分两层装入，每层插捣25次。

（3）对于大于5 L的样筒，每层混凝土高度不应大于 100 mm，每层插捣次数按每10000 mm^{2}截面积不小于12 次。从边缘到中心沿螺旋线均匀插捣。插捣棒应垂直压下，不得冲击，捣底层时应至筒底，插捣上层时，须插入下层约20～30 mm。每捣毕一层，应在筒外壁拍打5～10次，直至拌合物表面不出现气泡为止。

（4）当坍落度小于 70 mm 时宜用振实台振实，应当将试样同时在振动台上夹紧，一次将拌合物装满样筒，立即开始振动，如振动过程中混凝土低于筒口，应随时添加混凝土，振动直至拌合物表面出现水浆为止。

（5）用金属尺齐筒刮去多余的混凝土，用镘刀抹平表面，并用玻璃板检验，而后擦净试样筒外部并称其质量 m_2。

（6）试验结果分析

拌合物表观密度按照式（7-4）计算：

$$\rho_h = \frac{m_2 - m_1}{V} \tag{7-4}$$

式中：ρ_h 为拌合物表观密度，kg/m^3；V 为试样筒容积，L。

7.3.3 水泥混凝土拌合物凝结时间检测

通过测定贯入阻力的试验方法检测混凝土拌合物的凝结时间，以此来控制现场施工。

1）检测的仪器

标准贯入仪，如图7-13所示。

2）检测的步骤

（1）取有代表性的混凝土拌合物，将4.75 mm以上的粗集料用4.75 mm的标准筛筛去。再经过人工翻拌后，装入试模，每批混凝土取一个试样，共取3个试样，分别装到3个试模中。

（2）对于坍落度不大于 70 mm 的混凝土宜采用振动台振实砂浆，振动应持续到表面出浆为止，但要避免过度振动。对于坍落度大于 70 mm 的混凝土宜用棒人工捣实，沿螺旋方向由外向中心均匀插捣 25 次，然后用橡皮锤轻击试模侧面，以排除试样中的空洞。进一步整平砂浆表面，且要低于试模上沿10 mm，砂浆筒应立即加盖。

（3）试件静置于温度20℃±2℃或尽量与现场的温度相同，并在以后的试验中使环境的温度始终保持在20℃±2℃。整个试验过程中，除在吸取泌水或贯入试验外，试筒应始终加盖。

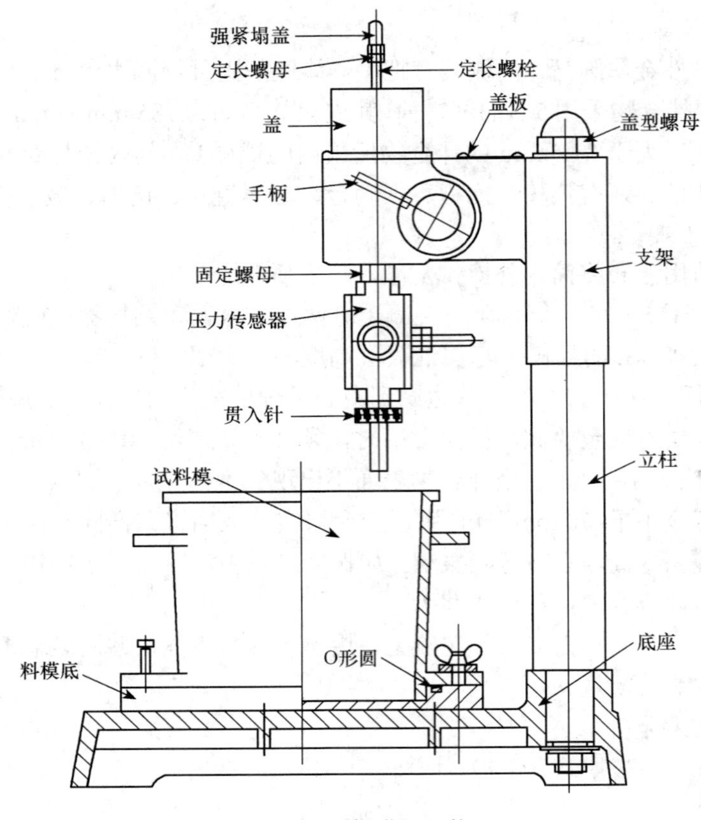

图 7-13 标准贯入仪

（4）约 1 h 后，将试件一侧稍微垫高约 20 mm，使其倾斜静置约 2 min，用吸管吸去泌水。以后每到测试前约 2 min，同上步骤用吸管吸取泌水（低温或缓凝的混凝土拌合物试验，静置与间隔时间的间隔应适当增长）。若在贯入试验前还有泌水，也应当吸干。

（5）将试件放在贯入阻力仪底座上记录刻度盘上显示的砂浆和容器的总质量。根据试样阻力的大小来选择合适的测针，如表 7-3 所示。

表 7-3 测针选用参考

单位面积贯入阻力/MPa	0.2～3.5	3.5～20.0	20.0～28.0
平头测针面积/mm^2	100	50	20

先使测针端面刚刚接触砂浆表面，然后转动手轮，使测针在 10 s±2 s 内垂直且均匀地插入试样，深度为 25 mm±2 mm，记下刻度盘显示的增量。并记下从开始加水拌合起所经过的时间及环境温度。每个试样做贯入阻力试验应在 0.2～28 MPa，且不小于 5 次，最后一次的单位面积贯入阻力应不低于 28 MPa。从加水拌合起，常温下混凝土 3 h 后开始测试。以后每次间隔 0.5 h；早强混凝土或在气温较高的情况下，则宜在 2 h 后开始测定，以后每隔 0.5 h 测一次；缓凝混凝土或在低温情况下，可在 5 h 后开始测定，每隔 2 h

测定一次。在临近初凝、终凝时刻增加测定次数。

（6）单位贯入阻力按式（7-5）计算。

$$f_{PR}=\frac{P}{A} \tag{7-5}$$

式中：f_{PR}为单位面积贯入阻力，MPa；P为测针贯入深度为 25 mm 时的贯入力，N；A为贯入测针截面面积，mm^2。

（7）以单位面积贯入阻力为纵坐标，测试时间为横坐标，绘出单位面积贯入阻力与测试时间的关系曲线。经 3.5 MPa 及 28 MPa 画两条平行于横坐标的直线，则直线与曲线相交的点即为初凝和终凝时间。

7.3.4 水泥混凝土强度检测

强度是混凝土硬化后的主要力学性能，包括立方体抗压强度、轴心抗压强度、劈裂抗拉强度、抗折强度。

7.3.4.1 立方体抗压强度检测

立方体抗压强度（f_{cu}）通常简称为抗压强度，是指按标准方法制作的边长为 150 mm 的立方体试件，在标准条件下（温度为 20℃±2℃，相对湿度为 95%以上）养护至 28 d，以标准方法测试和计算得到的抗压强度值。

1）检测仪器及设备

（1）压力试验机：试验机的精度应不低于±2%，量程应能使试件的预期破坏荷载值不小于全量程的 20%，也不大于全量程的 80%；

（2）振动台：振动频率为 50 Hz±3 Hz，空载振幅约为 0.5 m。

2）检测的步骤

（1）试件制备。混凝土抗压强度试件以边长 150 mm 的正方体为标准试件，其集料最大粒径为 31.5 mm。标准及非标准试件尺寸如表 7-4 所示。

表 7-4 抗压强度试件 mm

集料公称最大粒径	试件尺寸
25.5	100×100×100
31.5	150×150×100
53	200×200×200

（2）试件养护。采用标准养护的试件成型后应覆盖表面，以防水分蒸发，并在 20℃±5℃情况下静置 1～2 d，然后编号拆模。拆模后的试件应立即放在温度为 20℃±3℃，湿度为 90%以上的标准养护室内养护，在标准养护室内试件应放在架上，彼此间隔为 10～20 mm，并应避免用水直接冲淋试件。无标准养护室时，混凝土试件可在温度为 20℃±3℃的不流动水中养护，水的 pH 值不应小于 7。与构件同条件养护的试件成型后，应覆盖表面，试件的拆模时间可与实际构件的拆模时间相同。拆模后，试件仍需保持同条件养护。

（3）取出试件，检查其尺寸及形状，相对两面应平行。量出棱边长。试件受力截面面积按其与压力机上下接触面的平均值计算。在破型前，保持试件原有的湿度，在试验时擦干试件。以成型时侧面为上下受压面，试件中心应与压力机几何对中。

（4）抗压强度等级小于 C30 的混凝土取 0.3～0.5 MPa/s 的加荷速度；强度等级在

C30～C60 时取 0.5～0.8 MPa/s 的加荷速度；强度等级大于 C60 时取 0.8～1.0 MPa/s 的加荷速度。当试件接近破坏而迅速变形时，应停止调整试验机油门，直至试件破坏，记下破坏的极限荷载。

3）数据处理

（1）按式（7-6）计算试件的抗压强度。

$$f_{cu} = \frac{F}{A} \tag{7-6}$$

式中：f_{cu}为混凝土立方体抗压强度，MPa；F 为极限荷载，N；A 为受压面积，mm²。

（2）对非标准试件，测得的抗压强度值乘以换算系数：边长为 100 mm 试件的换算系数为 0.95；边长为 200 mm 试件的换算系数为 1.05。

以 3 个试件的算术平均值作为该组试件的抗压强度值。3 个测定值中的最大值或最小值中，如有一个与中间值的差值超过中间值的 15%时，则把最大及最小值一并舍去，取中间值作为该组试件的抗压强度值；如有 2 个测定值与中间值的差值均超过中间值的 15%，则此组试验无效。

7.3.4.2　抗折强度检测

抗折强度按三分点处双点加荷方式进行弯拉破坏试验。

1）检测仪器及设备

（1）压力试验机。

（2）抗弯拉试验装置。

2）检测的步骤

（1）试件制备。试件标准尺寸为 150 mm×150 mm×550 mm（或 600 mm），集料公称最大粒径不大于 31.5 mm。允许采用 150 mm×150 mm×400 mm，集料公称最大粒径不大于 26.5 mm。试件长度中部的 1/3 区段内表面不得有直径超过 2 mm 的孔洞。

（2）试件养护之后取出试件，擦干试件安放在试验装置中。

（3）抗压强度等级小于 C30 的混凝土取 0.3～0.5 MPa/s 的加荷速度；强度等级在 C30～C60 时取 0.5～0.8 MPa/s 的加荷速度；强度等级大于 C60 时取 0.8～1.0 MPa/s 的加荷速度。当试件接近破坏而迅速变形时，应停止调整试验机油门，直至试件破坏，记下破坏的极限荷载。

3）数据处理

按式（7-7）计算试件的抗折强度。

$$f_f = \frac{FL}{bh^2} \tag{7-7}$$

式中：f_f为抗折强度，MPa；L 为支座间距离，mm；b 为试件宽度，mm；h 为试件高度，mm。

小结

本章主要介绍了水泥及水泥混凝土的性能的检测标准及检测方法。水泥的物理性质包括细度、密度、凝结时间、标准稠度和体积安定性；水泥的力学性质主要指水泥的强度，主要检测胶砂强度；水泥混凝土拌合物工作性包括流动性、可塑性、稳定性、易密性；新拌混凝土工作性的方法有坍落度试验及坍落度扩展值及维勃稠度试验；水泥混凝土表观密度的检测；水泥混凝土拌合物的凝结时间的检测 水泥混凝土立方体抗压强度、抗弯拉强度检测。

思考题

1. 水泥的技术要求有哪些？相应的技术标准是怎样的？

2. 造成水泥体积安定性的原因有哪些？这些因素如何检验？若在工程中采用了安定性不良的水泥会对工程造成什么样的影响？应当如何处理上述情况？

3. 水泥中各种有害成分对水泥的影响是怎样的？

4. 何为新拌混凝土的工作性？它有哪些指标可以衡量？

5. 简要说明混凝土坍落度的测试方法。

6. 何为混凝土的凝结时间？影响因素是什么？凝结时间对工程有什么影响？如何控制凝结时间？

7. 结合混凝土的技术要求，谈一谈在实际工程中使用混凝土应当注意的事项。

第8章 沥青和沥青混合料检测

［本章提要］

本章主要介绍沥青的性能检测，包括针入度、软化点、延度、含蜡量、老化、动力黏度等检测；沥青混合料的技术性能检测，包括沥青混合料的密度、马歇尔稳定度、车辙、黏附性、沥青含量等检测方法。

沥青是由不同分子量的碳氢化合物及其非金属衍生物组成的黑褐色复杂混合物，呈液态、半固态或固态，是一种防水防潮和防腐的有机胶凝材料。经人工选配具有一定级配组成的矿料（碎石或轧碎砾石、石屑或砂、矿粉等）与一定比例的路用沥青材料，在严格控制条件下拌制而成的混合料是道路路面的主要材料。通过学习本章应掌握沥青的性能检测，包括针入度、软化点、延度、含蜡量、老化、动力黏度等检测；沥青混合料的技术性能检测，包括沥青混合料的密度、马歇尔稳定度、车辙、黏附性、沥青含量等检测方法。

8.1 沥青的性能检测

当沥青作为胶结料用于道路工程，须满足一定的技术性质。对于中轻交通道路石油沥青，需检验针入度、延度、软化点、溶解度、闪点以及蒸发损失试验后的质量损失和针入度比。对于重交通道路石油沥青，需检验针入度、延度、软化点、闪点、溶解度、含蜡量、密度以及薄膜加热试验后的质量损失、针入度比、延度。

8.1.1 沥青试样准备方法

按照《公路工程沥青及沥青混合料试验规程》（JTJ 052—2000）T 0601 取样的方法准备试样。每个样品的数量根据需要决定，常规测定宜不少于 600 g。

1）检测的仪器和材料

（1）烘箱；加热炉具，电炉或其他燃气炉（丙烷石油气、天然气）；石棉垫；乳化剂。

（2）滤筛、沥青盛样器皿、烧杯、温度计、天平、玻璃棒、溶剂、洗油、棉纱等。

2）试样的制备

（1）热沥青试样制备：

① 将装有试样的盛样器带盖放入恒温烘箱中，当石油沥青试样中含有水分时，烘箱温度 80℃左右，加热至沥青全部熔化后供脱水用。当石油沥青中无水分时，烘箱温度宜为软化点温度以上 90℃，通常为 135℃左右。对取来的沥青试样不得直接采用电炉或煤气炉明火加热。

② 当石油沥青试样中含有水分时，将盛样器皿放在可控温的砂浴、油浴、电热套上加热脱水，不得已采用电炉、煤气炉加热脱水时必须加放石棉垫。时间不超过 30 min，并用玻璃棒轻轻搅拌，防止局部过热。在沥青温度不超过 100℃的条件下，仔细脱水至无泡沫为止，最后的加热温度不超过软化点。

③ 将盛样器中的沥青通过 0.6 mm 的滤筛过滤，不等冷却立即一次灌入各项试验的模具中。根据需要也可将试样分装入擦拭干净并干燥的一个或数个沥青盛样器皿中，数量应满足一批试验项目所需的沥青样品并有富余。

④ 在沥青灌模过程中如温度下降可放入烘箱中适当加热，试样冷却后反复加热的次数不得超过 2 次，以防沥青老化影响试验结果。注意在沥青灌模时不得反复搅动沥青，避免混进气泡。

（2）乳化沥青试样制备：

① 取有乳化沥青的盛样器适当晃动使试样上下均匀，试样数量较少时，宜将盛样器上下倒置数次。

② 将试样倒出要求数量，装入盛样器皿或烧杯中，供试验用。

③ 当乳化沥青在试验室自行配制时，可按下列步骤进行：

a. 按上述方法准备热沥青试样。

b. 根据所需制备的沥青乳液质量及沥青、乳化剂、水的比例计算各种材料的数量。沥青用量按式（8-1）计算，乳化剂用量按式（8-2）计算，水的用量按式（8-3）计算。

$$m_b = m_E \times P_b \tag{8-1}$$

式中：m_b 为所需的沥青质量，g；m_E 为乳液总质量，g；P_b 为乳液中沥青含量，%。

$$m_e = m_E \times P_E / P_e \tag{8-2}$$

式中：m_e 为乳化剂用量，g；P_E 为乳液中乳化剂的含量，%；P_e 为乳化剂浓度（乳化剂中有效成分含量），%。

$$m_w = m_E - m_E \times P_b \tag{8-3}$$

式中：m_w 为配制乳液所需水的质量，g。

c. 称取所需的乳化剂量放入1000 mL烧杯中。

d. 向盛有乳化剂的烧杯中加入所需的水（扣除乳化剂中所含水的质量）。

e. 将烧杯放到电炉上加热并不断搅拌，直到乳化剂完全溶解，如需调节pH值时可加入适量的外加剂，将溶液加热到40～60℃。

f. 在容器中称取准备好的沥青并加热到120～150℃。

g. 开动乳化机，用热水先把乳化机预热几分钟，然后把热水排净。

h. 将预热的乳化剂倒入乳化机中，随即将预热的沥青徐徐倒入，待全部沥青乳液在机中循环1 min后放出，进行各项试验或密封保存。

i. 在倒入沥青过程中，需随时观察乳化情况，如出现异常，应立即停止倒入沥青，并把机中的沥青乳化剂混合液放出。

8.1.2　沥青密度与相对密度检测

利用比重瓶测定各种沥青材料的密度与相对密度。

1）检测的仪器与材料

（1）比重瓶、恒温水槽、烘箱、天平、温度计、烧杯、真空干燥器、软布、滤纸等。

（2）洗液，如玻璃仪器清洗液，三氯乙烯（分析纯）等；蒸馏水（或去离子水）；洗衣粉。

2）检测的步骤

（1）准备工作：

① 用洗液、水、蒸馏水先后仔细洗涤比重瓶，然后烘干称其质量m_1。

② 将盛有新煮沸并冷却的蒸馏水的烧杯浸入恒温水槽中一同保温，在烧杯中插入温度计，水的深度必须超过比重瓶顶部40 mm以上。

③ 使恒温水槽及烧杯中的蒸馏水达至规定的试验温度。

（2）比重瓶水值的测定步骤：

① 将比重瓶及瓶塞放入恒温水槽中，烧杯底浸没水中的深度应不少于100 mm，烧杯口露出水面，并用夹具将其固牢。

② 待烧杯中水温再次达至规定温度后并保温30 min后，将瓶塞塞入瓶口，将多余的水从瓶塞上的毛细孔中挤出。注意，比重瓶内不得有气泡。

③ 将烧杯从水槽中取出，再从烧杯中取出比重瓶，立即用干净软布将瓶塞顶部擦拭一次，再迅速擦干比重瓶外面的水分，称其质量m_2。

④ 以m_2-m_1作为试验温度时比重瓶的水值。

（3）液体沥青试样的检测步骤：

① 将试样过筛后注入干燥比重瓶中至满，注意不要混入气泡。

② 将盛有试样的比重瓶及瓶塞移入恒温水槽内盛有水的烧杯中，水面应在瓶口下约40 mm。

③ 从烧杯内的水温达到要求的温度后起算保温30 min后，将瓶塞塞上，使多余的试样由瓶塞的毛细孔中挤出。仔细用蘸有三氯乙烯的棉花擦净孔口挤出的试样，并注意保持孔中充满试样。

④ 从水中取出比重瓶，立即用干净软布仔细地擦去瓶外的水分或黏附的试样（注意不得再揩孔口）后，称其质量 m_3。

（4）黏稠沥青试样的检测步骤：

① 准备沥青试样，沥青的加热温度不高于估计软化点以上 100℃（石油沥青）或 50℃（煤沥青），仔细注入比重瓶中，约至 2/3 高度。注意勿使试样黏附瓶口或上方瓶壁，并防止混入气泡。

② 取出盛有试样的比重瓶，移入干燥器中，在室温下冷却连同瓶塞称其质量 m_4。

③ 从水槽中取出盛有蒸馏水的烧杯，将蒸馏水注入比重瓶，再放入烧杯中（瓶塞也放进烧杯中），然后把烧杯放回已达试验温度的恒温水槽中，从烧杯中的水温达到规定温度时起算保温 30 min 后，使比重瓶中气泡上升到水面，用细针挑除。保温至水的体积不再变化为止。待确认比重瓶已经恒温且无气泡后，再用保温在规定温度水中的瓶塞塞紧，使多余的水从塞孔中溢出，此时应注意不得带入气泡。

④ 保温 30 min 后，取出比重瓶，按前述方法迅速揩干瓶外水分后称其质量 m_5。

（5）固体沥青试样的检测步骤：

① 试验前，如试样表面潮湿，可用干燥、清洁的空气吹干或置 50℃烘箱中烘干。

② 将试样打碎，过筛，取 0.6～2.36 mm 的粉碎试样，放入清洁、干燥的比重瓶中，塞紧瓶塞后称其质量 m_6。

③ 取下瓶塞，将恒温水槽内烧杯中的蒸馏水注入比重瓶，水面高于试样约 10 mm，同时加入几滴表面活性剂溶液，并摇动比重瓶使大部分试样沉入水底，必须使试样颗粒表面上附气泡逸出。

④ 取下瓶塞，将盛有试样和蒸馏水的比重瓶置真空干燥箱（器）中抽真空，逐渐达到真空度 98 kPa（735 mmHg）不少于 15 min。如比重瓶试样表面仍有气泡，可再加几滴表面活性剂溶液，摇动后再抽真空。必要时，可反复几次操作，直至无气泡为止。抽真空不宜过快，防止样品带出比重瓶。

⑤ 将保温烧杯中的蒸馏水再注入比重瓶中至满，轻轻地塞好瓶塞，再将带塞的比重瓶放入盛有蒸馏水的烧杯中，并塞紧瓶塞。

⑥ 将有比重瓶的盛水烧杯置于恒温水槽（试验温度±0.1℃）中保持至少 30 min 后，取出比重瓶，迅速擦干瓶外水分后称其质量 m_7。

3）计算

（1）试验温度下液体沥青试样的密度或相对密度按式（8-4）及式（8-5）计算。

$$\rho_b = \frac{m_3 - m_1}{m_2 - m_1} \times \rho_w \tag{8-4}$$

$$\gamma_b = \frac{m_3 - m_1}{m_2 - m_1} \tag{8-5}$$

式中：ρ_b 为试样在试验温度下的密度，g/cm^3；γ_b 为试样在试验温度下的相对密度；ρ_w 为试验温度下水的密度，g/cm^3。

（2）试验温度下黏稠沥青试样的密度或相对密度按式（8-6）及式（8-7）计算。

$$\rho_b = \frac{m_4 - m_1}{(m_2 - m_1) - (m_5 - m_4)} \times \rho_w \tag{8-6}$$

$$\gamma_b = \frac{m_4 - m_1}{(m_2 - m_1) - (m_5 - m_4)} \tag{8-7}$$

（3）试验温度下固体沥青试样的密度或相对密度按式（8-8）及式（8-9）计算。

$$\rho_b = \frac{m_6 - m_1}{(m_2 - m_1) - (m_7 - m_6)} \times \rho_w \tag{8-8}$$

$$\gamma_b = \frac{m_6 - m_1}{(m_2 - m_1) - (m_7 - m_6)} \tag{8-9}$$

8.1.3 沥青针入度检测

沥青针入度检测适用于测定道路石油沥青、改性沥青针入度以及液体石油沥青蒸馏或乳化沥青蒸发后残留物的针入度。

1）检测的仪器与材料

（1）针入度仪。

（2）盛样皿、恒温水槽、平底玻璃、温度计、秒表、电炉或砂浴、石棉网、金属锅等。

（3）溶剂：三氯乙烯等。

2）检测的步骤

（1）准备试样。将试样注入盛样皿中，移入恒温水槽中。

（2）取出达到恒温的盛样皿，并移入水温控制在试验温度±0.1℃（可用恒温水槽中的水）的平底玻璃皿中的三脚支架上，试样表面以上的水层深度不少于 10 mm。

（3）将盛有试样的平底玻璃皿置于针入度仪的平台上。慢慢放下针连杆，用适当位置的反光镜或灯光反射观察，使针尖恰好与试样表面接触。拉下刻度盘的拉杆，使与针连杆顶端轻轻接触，调节刻度盘或深度指示器的指针指示为零。

（4）开动秒表，在指针正指 5 s 的瞬间，用手紧压按钮，使标准针自动下落贯入试样，经规定时间，停压按钮使针停止移动。当采用自动针入度仪时，计时与标准针落下贯入试样同时开始，至 5 s 时自动停止。

（5）拉下刻度盘拉杆与针连杆顶端接触，读取刻度盘指针或位移指示器的读数。

（6）同一试样平行试验至少 3 次。

（7）测定针入度大于 200 的沥青试样时，至少用 3 支标准针，每次试验后将针留在试样中，直至 3 次平行试验完成后，才能将标准针取出。

（8）测定针入度指数 *PI* 时，按同样的方法在 15℃、25℃、30℃（或 5℃）3 个或 3 个以上（必要时增加 10℃、20℃等）温度条件下分别测定沥青的针入度，但用于仲裁试验的温度条件应为 5 个。

3）计算

（1）对不同温度条件下测试的针入度值取对数按式（8-10）计算。

$$\lg P = K + A_{\lg \mathrm{Pen}} \times T \tag{8-10}$$

式中：T 为试验温度，℃；P 为不同温度条件下的针入度值，0.1 mm；K 为回归方程的常数项；A_{lgPen} 为回归方程的斜率。

（2）按式（8-11）确定沥青的针入度指数 PI，并记为 PI_{lgPen}。

$$PI_{\lg Pen}=\frac{20-500A_{\lg Pen}}{1+50A_{\lg Pen}} \tag{8-11}$$

（3）按式（8-12）确定沥青的当量软化点 T_{800}。

$$T_{800}=\frac{\lg 800-K}{A_{\lg Pen}}=\frac{2.9031-K}{A_{\lg Pen}} \tag{8-12}$$

（4）按式（8-13）确定沥青的当量脆点 $T_{1.2}$。

$$T_{1.2}=\frac{\lg 1.2-K}{A_{\lg Pen}}=\frac{0.972-K}{A_{\lg Pen}} \tag{8-13}$$

（5）按式（8-14）计算沥青的塑性温度范围 ΔT。

$$\Delta T=T_{800}-T_{1.2}=\frac{2.8235}{A_{\lg Pen}} \tag{8-14}$$

8.1.4 沥青软化点检测

沥青软化点检测适用于测定道路石油沥青、煤沥青的软化点，也适用于测定液体石油沥青经蒸馏或乳化沥青破乳蒸发后残留物的软化点。

1）检测的仪器与材料

（1）软化点试验仪如图 8-1 所示。

（2）钢球、试样环、钢球定位环、金属支架、环夹。

（3）装有温度调节器的电炉或其他加热炉具（液化石油气、天然气等）。

（4）耐热玻璃烧杯、温度计、试样底板、恒温水槽、平直刮刀、石棉网。

（5）甘油滑石粉隔离剂（甘油与滑石粉的比例为质量比 2∶1）；新煮沸过的蒸馏水。

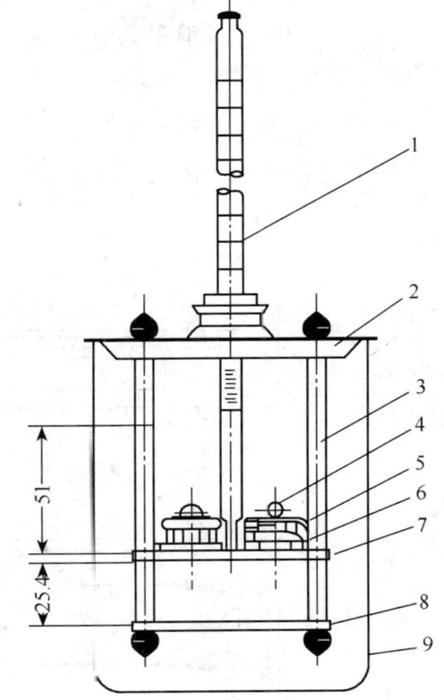

图 8-1 软化点试验仪（单位：mm）

1.温度计 2.上盖板 3.立杆 4.钢球 5.钢球定位环 6.金属环 7.中层板 8.下底板 9.烧杯

2）检测的步骤

（1）将试样环置于涂有甘油滑石粉隔离剂的试样底板上。将准备好的沥青试样徐徐注入试样环内至略高出环面为止。

（2）试样软化点在 80℃以下者：

① 将装有试样的试样环连同试样底板置于 5℃±0.5℃水的恒温水槽中至少 15 min；同时将金属支架、钢球、钢球定位环等亦置于相同水槽中。

② 烧杯内注入新煮沸并冷却至 5℃的蒸馏水，水面略低于立杆上的深度标记。

③ 从恒温水槽中取出盛有试样的试样环放置在支架中层板的圆孔中，套上定位环；然后将整个环架放入烧杯中，调整水面至深度标记，并保持水温为 5℃±0.5℃。环架上任何部分不得附有气泡。将温度计由上层板中心孔垂直插入，使端部测温头底部与试样环下面齐平。

④ 将盛有水和环架的烧杯移至放有石棉网的加热炉具上，然后将钢球放在定位环中间的试样中央，立即开动振荡搅拌器，使水微微振荡，并开始加热，使杯中水温在 3 min 内调节至维持每分钟上升 5℃±0.5℃。在加热过程中，应记录每分钟上升的温度值。如温度上升速度超出此范围时，则试验应重做。

⑤ 试样受热软化逐渐下坠，至与下层底板表面接触时，立即读取温度。

（3）试样软化点在 80℃以上者：

① 将装有试样的试样环连同试样底板置于装有 32℃±1℃甘油的恒温槽中至少 15 min；同时将金属支架、钢球、钢球定位环等亦置于甘油中。

② 在烧杯内注入预先加热至 32℃的甘油，其液面略低于立杆上的深度标记。

③ 从恒温槽中取出装有试样的试样环，按上述方法进行测定。

（4）当试样软化点小于 80℃时，重复性试验的允许差为 1℃，复现性试验的允许差为 4℃；当试样软化点等于或大于 80℃时，重复性试验的允许差为 2℃，复现性试验的允许差为 8℃。

8.1.5　沥青延度检测

沥青延度检测适用于测定道路石油沥青、液体沥青蒸馏残留物和乳化沥青蒸发残留物等材料的延度。

1）检测的仪器与材料

（1）延度仪的结构与试模如图 8-2 所示。

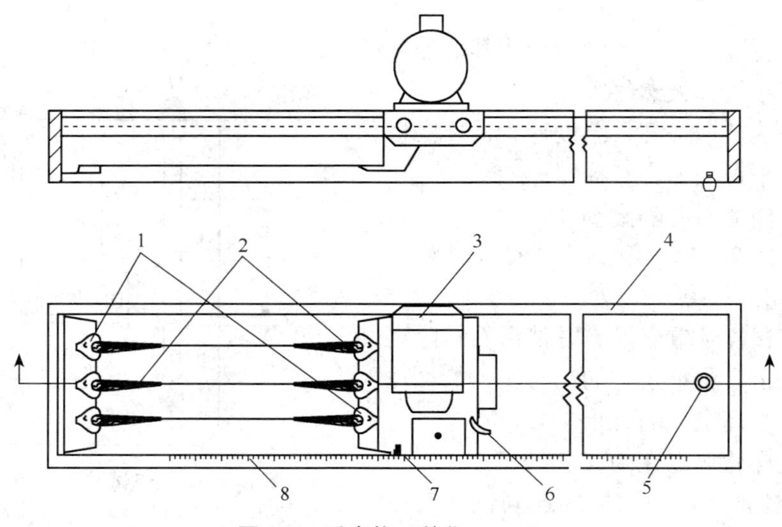

图 8-2　延度仪（单位：mm）

1.试模　2.试样　3.电动机　4.水槽　5.泄水孔　6.开关柄　7.指针　8.标尺

（2）试模、试模底板、恒温水槽、温度计、砂浴或其他加热炉具、平刮刀、石棉网等。

（3）甘油滑石粉隔离剂（甘油与滑石粉的质量比 2∶1）。

2）检测的步骤

（1）将隔离剂拌和均匀，涂于清洁干燥的试模底板和两个侧模的内侧表面，并将试模在试模底板上装妥；准备试样，然后将试样仔细自试模的一端至另一端往返数次缓缓注入模中，最后略高出试模，灌模时应注意勿使气泡混入；试件在室温中冷却 30～40 min，然后置于规定的试验温度±0.1℃的恒温水槽中，保持 30 min 后取出，用热刮刀刮除高出试模的沥青，使沥青面与试模面齐平。沥青的刮法应自试模的中间刮向两端，且表面应刮得平滑。将试模连同底板再浸入规定试验温度的水槽中 1～1.5 h；检查延度仪延伸速度是否符合规定要求，然后移动滑板使其指针正对标尺的零点。将延度仪注水，并保温达试验温度±0.5℃。

（2）将保温后的试件连同底板移入延度仪的水槽中，然后将盛有试样的试模自玻璃板或不锈钢板上取下，将试模两端的孔分别套在滑板及槽端固定板的金属柱上，并取下侧模。水面距试件表面应不小于 25 mm。

（3）开动延度仪，并注意观察试样的延伸情况。此时应注意，在试验过程中，水温应始终保持在试验温度规定范围内，且仪器不得有振动，水面不得有晃动，当水槽采用循环水时，应暂时中断循环，停止水流。在试验中，如发现沥青细丝浮于水面或沉入槽底时，则应在水中加入酒精或食盐，调整水的密度至与试样相近后，重新试验。

（4）试件拉断时，读取指针所指标尺上的读数，在正常情况下，试件延伸时应成锥尖状，拉断时实际断面接近于零。

8.1.6 沥青含蜡量检测

裂解蒸馏法适用于测定道路石油沥青的含蜡量。

1）检测的仪器与材料

（1）蒸馏烧瓶，如图 8-3 所示。

（2）冷却过滤装置、水流泵或真空泵。

（3）乙醚–无水乙醇混合液，分析纯，按体积比 1∶1 配制。

（4）石油醚经硅胶脱芳烃（60～90℃），分析纯。

（5）工业酒精及干冰（固体 CO_2）；洗液、蒸馏水。

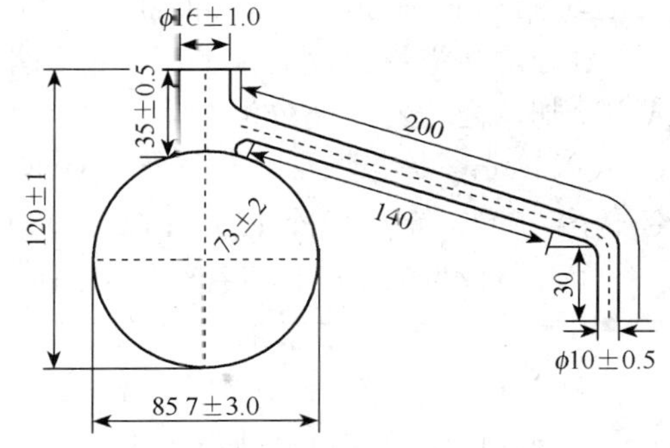

图 8-3 蒸馏烧瓶（单位：mm）

（6）立式高温电炉、天平、锥形烧瓶、玻璃漏斗、低温水槽、冰块、电热套、燃气炉、烘箱、恒温水槽、量筒、烧杯、铁架、U 形水银柱压力计（或真空表）、温度计等。

2）检测的步骤

（1）将蒸馏瓶洗净、干燥后称其质量，然后置烘箱中备用；将 150 mL 或 250 mL

锥形瓶洗净、烘干、编号后称其质量，然后置干燥器中备用；将冷却装置各部洗净、干燥，其中过滤漏斗用洗液浸泡后蒸馏水冲洗干净，然后烘干备用；准备沥青试样；用高温炉蒸馏时，应预先加热并控制炉内恒温550℃±10℃；在烧杯内备好冰水。

（2）沥青蒸馏，制备馏分试样：

① 在蒸馏瓶中称取沥青试样质量m_b，并将瓶塞塞妥，用锥形瓶做接收器，装在盛有冰水的烧杯中。

② 当用高温电炉时，将盛有试样的蒸馏瓶置于恒温550℃±10℃的电炉中，并迅速将瓶颈固定在铁架的弹簧支架上，蒸馏瓶支管与置于冰水中的锥形瓶连接。随后蒸馏瓶底将渐渐烧红。如用燃气炉时，调节火焰高度将蒸馏瓶周围包住。

③ 调节加热强度（调节蒸馏瓶至高温炉间距离或燃气炉火焰大小），从加热开始起5～8 min内开始初馏（支管端口流出第一滴馏分）。然后以每秒两滴（4～5 mL/min）的流出速度继续蒸馏至无馏分油，瓶内蒸馏残留物完全形成焦炭为止。全部蒸馏过程必须在25 min内完成。蒸馏后支管中残留的馏分不要流入接收器中。

④ 将盛有馏分油的锥形瓶从冰水中取出，拭干瓶外水分，置室温下冷却称其质量，得到馏分油总质量m_1。

⑤ 将盛有馏分油的锥形瓶盖上盖，稍加热熔化，并摇晃锥形瓶使试样均匀。加热时温度不要太高，避免有蒸发损失。然后将熔化的馏分油注入另一已知质量的锥形瓶中，称取用于脱蜡的馏分油质量m_2。估计蜡含量高的试样馏分油数量宜少取，反之需多取，使其冷冻过滤后能得到0.05～0.1 g蜡，但取样量不得超过10 g。

（3）馏分油中蜡的冷冻分离（方法一）：

① 将冷却过滤装置按图8-3装妥，并将吸滤瓶支管用橡胶管与水流泵（或真空泵）及U形水银柱压力计连接起来。向冷浴中注入适量的冷液（工业酒精），其液面比试样冷却筒内液面（乙醚-乙醇）高约70 mm以上，以便向冷浴内加干冰不致溅入试样冷却筒内，用适当工具搅拌冷液，使之保持温度−20℃±0.5℃。也可取低温水槽作冷浴，此时冷却液可采用1∶1甲醇（或乙二醇）水溶液，低温水槽应能自动控温到−20℃±0.5℃。

② 将盛有馏分油的锥形瓶注入乙醚，使其充分溶解，然后注入试样冷却筒中，再用乙醚分两次清洗盛油的锥形瓶，并将清洗液倒入试样冷却筒中。再将25 mL乙醇注入试样冷却筒内与乙醚充分混合均匀。从加入乙醚时开始冷却1 h，使蜡充分结晶析出。

③ 预先在另一锥形瓶或试管中量取50 mL乙醚-乙醇（体积比1∶1）混合液，使其冷却至−20℃，至少恒冷15 min以后再使用。

④ 当试样冷却筒中溶液冷却结晶后，拔起其中的塞子，过滤结晶析出的蜡，并将塞子用适当方法或吊在试样冷却筒中，保持自然过滤30 min。

⑤ 当砂芯过滤漏斗内看不到液体时，启动水流泵（或真空泵），调节U形汞柱压力计真空度，使滤液的过滤速度为每秒一滴左右，抽滤至无液体滴落，然后小心地关闭水流泵（或真空泵）使压力计恢复常压。再将已冷却的乙醚–乙醇混合液一次加入30 mL，洗涤蜡层并清洗塞子及试样冷却筒内壁。继续过滤，当溶剂在蜡层上看不见时，继续抽滤5 min，将蜡中的溶剂抽干，以除去蜡中的溶液。

⑥ 从冷浴中取出试样冷却过滤装置，取下吸滤瓶，将其中溶液倾入一回收瓶中。

吸滤瓶也用乙醚-乙醇混合液冲洗 3 次，每次用 10～15 mL，洗液并入回收瓶中。

⑦ 将试样冷却筒、塞子及吸滤瓶重新装妥，再用 30 mL 已预热至 50～60℃的石油醚清洗试样冷却筒及塞子，拔起塞子使溶液流至过滤漏斗。待漏斗中无溶液后，再用热石油醚溶解漏斗中的蜡 2 次，每次用量 35 mL，然后立即用水流泵（或真空泵）吸滤，至无液滴滴落。

⑧ 将吸滤瓶中蜡溶液倾入已称质量的锥形瓶中，并用常温石油醚分 3 次清洗吸滤瓶，每次用量 5～10 mL。洗液倒入锥形瓶的蜡溶液中。

⑨ 将盛有蜡溶液的锥形瓶放在适宜的热源上回收溶剂或使溶剂蒸发净尽。然后，将锥形瓶置温度为 105℃±5℃的烘箱中除去石油醚，然后放入真空干燥箱（105℃±5℃，残压 21～35 kPa）中 1 h，再置干燥器中冷却 1 h 后称其质量，得到析出蜡的质量 m_w。

（4）馏分油中蜡的冷冻分离（方法二）：

① 采用冷却过滤装置进行蜡的分离，并按以下步骤进行。

② 将盛有馏分油的锥形瓶注入 30～50 mL 乙醚-乙醇的混合液（体积比 1∶1），所加混合液的数量视蜡含量高低调节，蜡含量高的样品应多加，以馏分能溶解成透明的溶液为度。

③ 在锥形瓶中插入一支温度计，然后将锥形瓶浸入低温水槽的冷却液（如甲醇或乙二醇水溶液等）中，此冷却液的温度应控制到–20℃以下，此温度与环境温度有关，室温越高的温度要求越低，以便能使锥形瓶内的温度达到–20℃。当缺乏低温水槽时，也可采用在保温瓶中加冷却液并不断加干冰的办法降温制造低温冷却液。在严密注视锥形瓶中的温度计保持–20℃的同时，不断轻轻地晃动锥形瓶，从锥形瓶内的温度计达到–20℃开始计时冷却 1 h，使蜡充分结晶析出。

④ 安装冷却过滤装置。

⑤ 在玻璃漏斗里放一支温度计，向玻璃外套中注入已经冷却到–20℃以下的冷却液至约容积 2/3 处，待玻璃漏斗内的温度计下降到–20℃时，将锥形瓶中已经冷却了 1 h 的含有蜡分的乙醚-乙醇混合液一起倒入玻璃漏斗内，开动真空泵或水流泵吸滤。此时仍应密切注意插在玻璃漏斗内的温度计，检测混合液的温度保持在–20℃，待溶液吸滤将尽时，再用预先冷却至–20℃的洁净的乙醚-乙醇洗涤原锥形瓶，并将洗液倾至玻璃漏斗上吸滤，用乙醚-乙醇洗涤及吸滤的过程应该反复 1～2 次，每次洗涤用的混合液用量约为 10 mL。吸滤结束后，关闭真空泵或水流泵。可见玻璃漏斗底部有一层洁净的蜡的结晶。

⑥ 卸下吸滤瓶，将瓶内的乙醚-乙醇混合液倒入回收瓶内，并用少量室温状态的纯净的乙醚-乙醇洗涤吸滤瓶 2～3 次，倒入回收瓶内。由于此混合液已不纯净，不能反复使用，应集中废弃。将玻璃外套中的冷却液倒回低温水槽中。

⑦ 装上吸滤瓶，用已预热至 50～60℃石油醚约 10 mL 倒入玻璃漏斗上使蜡溶解，再次开动真空泵或水流泵吸滤。再用少量石油醚反复洗涤、吸滤 3～4 次，直至玻璃漏斗底部完全没有蜡分为止，共使用石油醚 30～40 mL，结束吸滤过程，关闭真空泵或水流泵。

⑧ 取下吸滤瓶，将吸滤瓶中石油醚蜡溶液倾入已称质量的锥形瓶中，并用常温石油醚分 3 次清洗吸滤瓶，每次用量 5～10 mL，洗液倒入锥形瓶中。

⑨ 将盛有蜡溶液的锥形瓶放在适宜的热源上回收溶剂或使溶剂蒸发净尽。然后，将锥形瓶置温度为 105℃±5℃的烘箱中烘去石油醚至恒重（约 1 h），取出置干燥器中冷却 1～2 h 至室温后称其质量，得到析出蜡的质量 m_w。

3）计算

沥青试样的蜡含量按式（8-15）计算。

$$P_p = \frac{m_1 \times m_w}{m_b \times m_2} \times 100 \tag{8-15}$$

式中：P_p 为蜡含量，%；m_b 为沥青试样质量，g。

8.1.7　沥青老化检测

沥青老化检测适用于测定道路石油沥青旋转薄膜烘箱加热（简称 RTFOT）后的质量损失，并根据需要测定旋转薄膜加热后，沥青残留物的针入度、黏度、延度及脆点等性质的变化，评定沥青的老化性能。

1）检测的仪器与材料

（1）旋转薄膜烘箱，如图 8-4 所示。

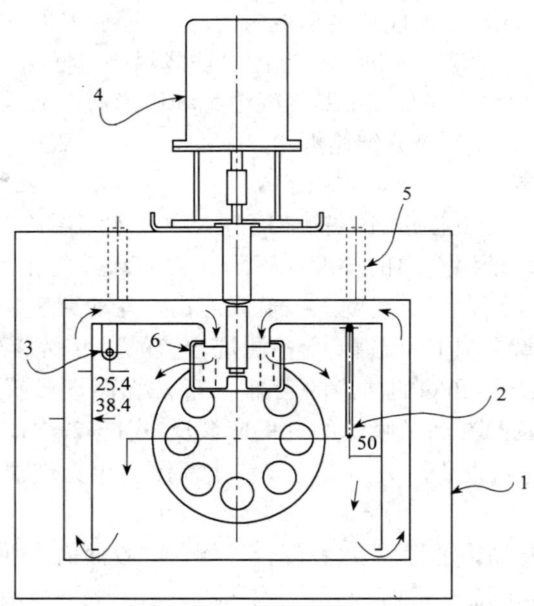

图 8-4　旋转薄膜烘箱恒温室（单位：mm）

1.恒温箱　2.温度计　3.温度传感器　4.电风扇电动机　5.换气孔　6.箱形电风扇

（2）盛样瓶、温度计、天平。

（3）溶剂：汽油、三氯乙烯等。

2）检测的步骤

（1）用汽油或三氯乙烯洗净盛样瓶后，置烘箱中烘干，并在干燥器中冷却后称其质量，供测定加热损失的 2 个盛样瓶；将旋转加热烘箱调节水平，并预热不少于 16 h，使箱内空气充分加热均匀。调节好温度控制器，在全部盛样瓶装入环形金属架后，烘箱的温度应在 10 min 以内达到 163℃±0.5℃；调整喷气嘴与盛样瓶开口处的距离为 6.35 mm，并调节流量计，使空气流量为 4000 mL/min±200 mL/min；准备的沥青试样，注入每个盛样瓶中。对测定质量损失的 2 个盛样瓶应先称质量，然后灌样再称量，再与其他盛样瓶同时放入烘箱。需测定加热前后沥青性质变化时，应同时灌样测定加热前沥青的性质。

（2）需要测定加热质量损失的 2 个盛样瓶放入干燥器中，冷却到室温后称取质量。

（3）将需要加热后测定其他性质的盛样瓶，趁热置于烘箱的环形架中的各个瓶位中，同时将测定质量损失的 2 个盛样瓶放入烘箱的瓶位中，关上烘箱门后开启环形架转动开关，以 15 r/min±0.2 r/min 速度转动。同时开始以流速 4 000 mL/min±200 mL/min 的热空气喷入转动着的盛样瓶的试样中，持续 85 min，但烘箱的温度应在 10 min 回升到 163℃±0.5℃，使在 163℃±0.5℃温度受热时间不少于 75 min。若 10 min 内达不到试验温度时，试验不得继续进行。

（4）到达时间后，停止环形架转动及喷射热空气，立即逐个取出盛样瓶，并迅速将试样倾至一洁净容器内混匀（进行加热质量损失的试样除外），以备进行旋转薄膜加热试验后的沥青性质的试验，但不允许将已倒过的沥青试样瓶重复加热以取得更多试样。所有试验项目应在 72 h 内全部完成。

（5）将进行质量损失试验的试样瓶放入真空干燥器中，冷却至室温，称取质量。

8.1.8 沥青动力黏度检测

真空减压毛细管黏度计适用于测定黏稠石油沥青的动力黏度。

1）检测的仪器与材料

（1）真空减压毛细管黏度计；真空减压系统。

（2）温度计、恒温水槽、秒表、烘箱（有自动温度控制器）。

（3）溶剂：三氯乙烯（化学纯）等；洗液、蒸馏水等。

2）检测的步骤

（1）估计试样的黏度，根据试样流经规定体积的时间在 60 s 以上，来选择真空毛细管黏度计的型号；将真空毛细管黏度计用三氯乙烯等溶剂洗涤干净。如黏度计粘有油污，可用洗液、蒸馏水等仔细洗涤。洗涤后置烘箱中烘干或用通过棉花的热空气吹干；准备沥青试样，将脱水过筛的试样仔细加热至充分流动状态。在加热时，予以适当搅拌，以保证加热均匀。然后将试样倾入另一个便于灌入毛细管的小盛样器中，数量约为 50 mL，并用盖盖好；将水槽加热，并调节恒温在 60℃±0.1℃范围之内，温度计应预先校验；将选用的真空毛细管黏度计和试样置烘箱（135℃±5℃）中加热 30 min。

（2）将加热的黏度计置一个容器中，然后将热沥青试样自装料管 A 注入毛细管黏度计，试样应不致粘在管壁上，并使试样液面在 E 标线处±2 mm 之内。

（3）将装好试样的毛细管黏度计放回电烘箱（135℃±5.5℃）中，保温 10 min±2 min，以使管中试样所产生气泡逸出。

（4）从烘箱中取出 3 支毛细管黏度计，在室温条件下冷却 2 min 后，安装在保持试验温度的恒温水槽中，其位置应使I标线在水槽液面以下至少为20 mm。自烘箱中取出黏度计，至装好放入恒温水槽的操作时间应控制在5 min之内。

（5）将真空系统与黏度计连接，关闭活塞或阀门。

（6）开动真空泵或抽气泵，使真空度达到40 kPa（300 mmHg±0.5 mmHg）。

（7）黏度计在恒温水槽中保持 30 min 后，打开连接减压系统阀门，当试样吸到第一标线时同时开动两个秒表，测定通过连续的一对标线间隔时间，记录第一个超 60 s的标线符号及间隔时间。

（8）按此方法对另两支黏度计作平行试验。试验结束后，从恒温水槽中取出毛细管，按下列顺序进行清洗：将毛细管倒置于适当大小的烧杯中，放入预热至 135℃的烘箱中0.5～1 h，使毛细管中的沥青充分流出，但时间不能太长，以免沥青烘焦附在管中；从烘箱中取出烧杯及毛细管，迅速用洁净棉纱轻轻地把毛细管口周围的沥青擦净；从试样管口注入三氯乙烯溶剂，然后用吸耳球对准毛细管上口抽吸，沥青渐渐被溶解，从毛细管口吸出，进入吸耳球，反复几次。直至注入的三氯乙烯抽出时为清澈透明为止，最后用蒸馏水洗净、烘干、收藏备用。

3）计算

沥青试样的动力黏度按式（8-16）计算。

$$\eta=K\times t \tag{8-16}$$

式中：η 为沥青试样在测定温度下的动力黏度，Pa·s；K 为选择的第一对超过 60 s 的一对标线间的黏度计常数，Pa·s/s；t 为通过第一对超过 60 s 标线的时间间隔，s。

8.2 沥青混合料技术性质检测

8.2.1 沥青混合料取样方法

1）取样的仪器与材料

铁锹、搪瓷盘或其他金属盛样容器、塑料编织袋、温度计、溶剂（汽油）、棉纱等。

2）取样方法

（1）取样数量要求：

① 试样数量根据试验目的决定，宜不少于试验用量的 2 倍。按现行规范规定进行沥青混合料试验的每一组代表性取样如表8-1所示。

表8-1 常用沥青混合料试验项目的样品数量 kg

试验项目	目 的	最少试样量	取样量
马歇尔试验、抽提筛分	施工质量检验	12	20
车辙试验	高温稳定性检验	40	60
浸水马歇尔试验	水稳定性检验	12	20
冻融劈裂试验	水稳定性检验	12	20
弯曲试验	低温性能检验	15	25

② 根据沥青混合料集料公称最大粒径，细粒式沥青混合料，不少于 4 kg；中粒式沥青混合料，不少于 8 kg；粗粒式沥青混合料，不少于 12 kg；特粗式沥青混合料，不少于 16 kg。

③ 取样材料用于仲裁试验时，取样数量除应满足本取样方法规定外，还应保留一份有代表性试样，直到仲裁结束。

（2）取样方法：沥青混合料取样应是随机的，并具有充分的代表性。以检查拌和质量（如油石比、矿料级配）为目的时，应从拌和机一次放料的下方或提升斗中取样，不得多次取样混合后使用。以评定混合料质量为目的时，必须分几次取样，拌和均匀后作为代表性试样。

① 在沥青混合料拌和厂取样。在拌和厂取样时，宜用专用的容器（一次可装 5～8 kg）装在拌和机卸料斗下方，每放一次料取一次样，顺次装入试样容器中，每次倒在清扫干净的平板上，连续几次取样，混合均匀，按四分法取样至足够数量。

② 在沥青混合料运料车上取样。在运料汽车上取沥青混合料样品时，宜在汽车装料一半后开出去于汽车车厢内，分别用铁锹从不同方向的 3 个不同高度处取样，然后混在一起用手适当拌和均匀，取出规定数量。这种车到达施工现场后取样时，应在卸掉一半后将车开出去从不同方向的 3 个不同高度处取样。宜从 3 辆不同的车上取样混合使用。在运料车上取样时不得仅从满载的运料车车顶上取样，且不允许只在一辆车上取样。

③ 在道路施工现场取样。在道路施工现场取样时，应在摊铺后未碾压前于摊铺宽度的两侧 1/2～1/3 位置处取样，用铁锹将摊铺层的全厚铲出，但不得将摊铺层下的其他层料铲入。每摊铺一车料取一次样，连续 3 车取样后，混合均匀按四分法取样至足够数量。对现场制件的细粒式沥青混合料，也可在摊铺机经螺旋拨料杆拌匀的一端一边前进一边取样。

④ 对热拌沥青混合料每次取样时，都必须用温度计测量温度。

⑤ 乳化沥青常温混合料试样的取样方法与热拌沥青混合料相同，但宜在乳化沥青破乳水分蒸发后装袋，对袋装常温沥青混合料亦可直接从储存的混合料中随机取样。取样袋数不少于 3 袋，使用时将 3 袋混合料倒出做适当拌和，按四分法取出规定数量试样。

⑥ 液体沥青常温沥青混合料的取样方法同上，当用汽油稀释时，必须在溶剂挥发后方可封袋保存。当用煤油或柴油稀释时，可在取样后即装袋保存，保存时应特别注意防火安全。其余与热拌沥青混合料同。

⑦ 从碾压成型的路面上取样时，应随机选取 3 个以上不同地点，钻孔、切割或刨取混合料至全厚度，仔细清除杂物及不属于这一层的混合料，需重新制作试件时，应加热拌匀按四分法取样至足够数量。

（3）试样的保存与处理：

① 热拌热铺的沥青混合料试样需送至中心试验室或质量检测机构作质量评定且二次加热会影响试验结果（如车辙试验）时，必须在取样后趁高温立即装入保温桶内，送试验室立即成型试件，试件成型温度不得低于规定要求。

② 热混合料需要存放时，可在温度下降至 60℃后装入塑料编织袋内，扎紧袋口，并宜低温保存，应防止潮湿、淋雨等，且时间不要太长。

③ 在进行沥青混合料质量检验或进行物理力学性质试验时，由于采集的热拌混合料试样温度下降或稀释沥青溶剂挥发结成硬块已不符合试验要求时，宜用微波炉或烘箱适当加热重塑，且只容许加热一次，不得重复加热。不得用电炉或燃气炉明火局部加热。用微波炉加热沥青混合料时不得使用金属容器和带有金属的物件。沥青混合料的加热温度以达到符合压实温度要求为度，控制最短的加热时间，通常用烘箱加热时不宜超过 4 h，用工业微波炉加热 5～10 min。

（4）样品的标记。取样后当场试验时，可将必要的项目一并记录在试验记录报告上。此时，试验报告必须包括取样时间、地点、混合料温度、取样数量、取样人等栏目。取样后转送试验室试验或存放后用于其他项目试验时应附有样品标签。

8.2.2　沥青混合料试件制作方法

沥青混合料试件制作方法有击实法、轮碾法和静压法。击实法适用于标准击实法或大型击实法制作沥青混合料试件，以供试验室进行沥青混合料物理力学性质检测使用。

1）材料要求

（1）沥青混合料配合比设计及在试验室人工配制沥青混合料制作试件时，试件尺寸应符合试件直径不小于集料公称最大粒径的 4 倍，厚度不小于集料公称最大粒径的 1～1.5 倍的规定。对直径ϕ101.6 mm 的试件，集料公称最大粒径应不大于 26.5 mm。对粒径大于 26.5 mm 的粗粒式沥青混合料，其大于 26.5 mm 的集料应用等量的 13.2～26.5 mm 集料代替（替代法），也可采用直径ϕ152.4 mm 的大型圆柱体试件。大型圆柱体试件适用于集料公称最大粒径不大于 37.5 mm 的情况。试验室成型的一组试件的数量不得少于 4个，必要时宜增加至 5～6 个。

（2）用拌和厂及施工现场采集的拌和沥青混合料成品试样制作直径ϕ101.6 mm 的试件时，按下列规定选用不同的方法及试件数量：当集料公称最大粒径小于或等于 26.5 mm 时，可直接取样（直接法），一组试件的数量通常为 4 个；当集料公称最大粒径大于 26.5 mm，但不大于 31.5 mm 时，宜将大于 26.5 mm 的集料筛除后使用（过筛法），一组试件数量仍为 4 个，如采用直接法，一组试件的数量应增加至 6 个；当集料公称最大粒径大于 31.5 mm 时，必须采用过筛法，过筛的筛孔为 26.5 mm，一组试件仍为 4 个。

2）制作的仪器与材料

（1）标准击实仪、大型击实仪、标准击实台、自动击实仪。

（2）试验室用沥青混合料拌和机，如图 8-5 所示。

（3）脱模器、试模、运动黏度测定设备。

（4）烘箱、天平或电子秤、温度计、插刀或大螺丝刀、电炉或煤气炉、沥青熔化锅等。

3）准备工作

（1）确定制作沥青混合料试件的拌和与压实温度。

① 按表 8-2 的要求确定适宜于沥青混合料拌和及压实的等黏温度。

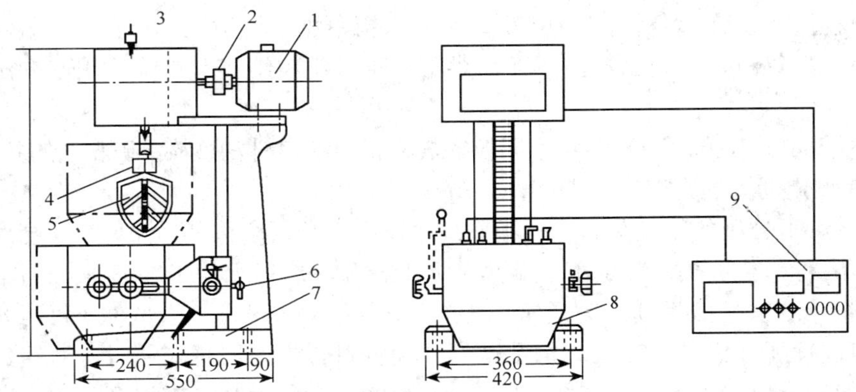

图 8-5　试验室用沥青混合料拌和机（单位：mm）

1.电动机　2.联轴器　3.变速箱　4.弹簧　5.拌和叶片　6.升降手柄　7.底座　8.加热拌和锅　9.温度时间控制仪

表 8-2　适宜于沥青混合料拌和及压实的沥青等黏温度

沥青结合料种类	黏度与测定方法	适宜于拌和的沥青结合料黏度	适宜于压实的沥青结合料黏度
石油沥青（含改性沥青）	表观黏度，T 0625	（0.17±0.02）Pa·s	（0.28±0.03）Pa·s
	运动黏度，T 0619	（170±20）mm²/s	（280±30）mm²/s
	赛波特黏度，T 0623	（85±10）s	（140±15）s
煤沥青	恩格拉度，T 0622	25±3	40±5

② 当缺乏沥青黏度测定条件时，试件的拌和与压实温度可按表 8-3 选用，并根据沥青品种和标号作适当调整。针入度小、稠度大的沥青取高限，针入度大、稠度小的沥青取低限，一般取中值。

表 8-3　沥青混合料拌和及压实温度参考表　℃

沥青结合料种类	拌和温度	压实温度
石油沥青	130～160	120～150
煤沥青	90～120	80～110
改性沥青	160～175	140～170

对改性沥青，应根据改性剂的品种和用量，适当提高混合料的拌和及压实温度，对大部分聚合物改性沥青，需要在基质沥青的基础上提高 15～30℃，掺加纤维时，尚需再提高 10℃左右。

③ 常温沥青混合料的拌和及压实在常温下进行。

（2）在拌和厂或施工现场采集沥青混合料试样。将试样置于烘箱中或加热的砂浴上保温，在混合料中插入温度计测量温度，待混合料温度符合要求后成型。需要适当拌和时可倒入已加热的小型沥青混合料拌和机中适当拌和，时间不超过 1 min。但不得用铁锅在电炉或明火上加热炒拌。

（3）在试验室人工配制沥青混合料时，材料准备按下列步骤进行：

① 将各种规格的矿料置于105℃±5℃的烘箱中烘干至恒重（一般不少于4～6 h）。根据需要，粗集料可先用水冲洗干净后烘干。也可将粗细集料过筛后用水冲洗再烘干备用。

② 按规定试验方法分别测定不同粒径规格粗、细集料及填料（矿粉）的各种密度，按T 0603测定沥青的密度。

③ 将烘干分级的粗细集料，按每个试件设计级配要求称其质量，在一金属盘中混合均匀，矿粉单独加热，置烘箱中预热至沥青拌和温度以上约15℃（采用石油沥青时通常为163℃；采用改性沥青时通常需180℃）备用。一般按一组试件（每组4～6个）备料，但进行配合比设计时宜对每个试件分别备料。当采用替代法时，对粗集料中粒径大于26.5 mm的部分，以13.2～26.5 mm粗集料等量代替。常温沥青混合料的矿料不应加热。

④ 采集的沥青试样，用恒温烘箱或油浴、电热套熔化加热至规定的沥青混合料拌和温度备用，但不得超过175℃。当不得已采用燃气炉或电炉直接加热进行脱水时，必须使用石棉垫隔开。

(4)用蘸有少许黄油的棉纱擦净试模、套筒及击实座等置100℃左右烘箱中加热1 h备用。常温沥青混合料用试模不加热。

4）拌制沥青混合料

（1）黏稠石油沥青或煤沥青混合料：

① 将沥青混合料拌和机预热至拌和温度以上10℃左右备用（对试验室试验研究、配合比设计及采用机械拌和施工的工程，严禁用人工炒拌法热拌沥青混合料）。

② 将每个试件预热的粗细集料置于拌和机中，用小铲子适当混合，然后再加入需要数量的已加热至拌和温度的沥青（如沥青已称量在一专用容器内时，可在倒掉沥青后用一部分热矿粉将沾在容器壁上的沥青擦拭一起倒入拌和锅中），开动拌和机一边搅拌一边将拌和叶片插入混合料中拌和1～1.5 min，然后暂停拌和，加入单独加热的矿粉，继续拌和至均匀为止，并使沥青混合料保持在要求的拌和温度范围内。

（2）液体石油沥青混合料：将每组（或每个）试件的矿料置已加热至55～100℃的沥青混合料拌和机中，注入要求数量的液体沥青，并将混合料边加热边拌和，使液体沥青中的溶剂挥发至50%以下。拌和时间应事先试拌决定。

（3）乳化沥青混合料：将每个试件的粗细集料，置于沥青混合料拌和机（不加热，也可用人工炒拌）中，注入计算的用水量（阴离子乳化沥青不加水）后，拌和均匀并使矿料表面完全湿润，再注入设计的沥青乳液用量，在1 min内使混合料拌匀，然后加入矿粉后迅速拌和，使混合料拌成褐色为止。

5）马歇尔标准击实法的成型步骤

（1）将拌好的沥青混合料，均匀称取一个试件所需的用量（标准马歇尔试件约1200 g，大型马歇尔试件约4050 g）。当已知沥青混合料的密度时，可根据试件的标准尺寸计算并乘以1.03得到要求的混合料数量。当一次拌和几个试件时，宜将其倒入经预热的金属盘中，用小铲适当拌和均匀分成几份，分别取用。在试件制作过程中，为防止混合料温度下降，应连盘放在烘箱中保温。

（2）从烘箱中取出预热的试模及套筒，用蘸有少许黄油的棉纱擦拭套筒、底座及击实锤底面，将试模装在底座上，垫一张圆形的吸油性小的纸，按四分法从 4 个方向用小铲将混合料装入试模中，用插刀或大螺丝刀沿周边插捣 15 次，中间 10 次。插捣后将沥青混合料表面整平成凸圆弧面。对大型马歇尔试件混合料分 2 次加入，每次插捣次数同上。

（3）插入温度计，至混合料中心附近，检查混合料温度。

（4）待混合料温度符合要求的压实温度后，将试模连同底座一起放在击实台上固定，在装好的混合料上面垫一张吸油性小的圆纸，再将装有击实锤及导向棒的压实头插入试模中，然后开启电动机或人工将击实锤从 457 mm 的高度自由落下击实规定的次数（75、50 或 35 次）。对大型马歇尔试件，击实次数为 75 次（相应于标准击实 50 次的情况）或 112 次（相应于标准击实 75 次的情况）。

（5）试件击实一面后，取下套筒，将试模掉头，装上套筒，然后以同样的方法和次数击实另一面。乳化沥青混合料试件在两面击实后，将一组试件在室温下横向放置 24 h；另一组试件置温度为 105℃±5℃的烘箱中养生 24 h。将养生试件取出后再立即两面锤击各 25 次。

（6）试件击实结束后，立即用镊子取掉上下面的纸，用卡尺量取试件离试模上口的高度并由此计算试件高度，如高度不符合要求时，试件应作废，并按下式调整试件的混合料质量，以保证高度符合 63.5 mm±1.3 mm（标准试件）或 95.3 mm±2.5 mm（大型试件）的要求。

（7）卸去套筒和底座，将装有试件的试模横向放置冷却至室温后（不少于 12 h），置脱模机上脱出试件。在施工质量检验过程中如急需试验，允许采用电风扇吹冷 1 h 或浸水冷却 3 min 以上的方法脱模，但浸水脱模法不能用于测量密度、空隙率等各项物理指标。

（8）将试件仔细置于干燥洁净的平面上，供试验用。

8.2.3 沥青混合料密度检测

压实沥青混合料的密度试验有表干法、水中重法、蜡封法和体积法。表干法适用于测定吸水率不大于 2%的各种沥青混合料试件，包括Ⅰ型或较密实的Ⅱ型沥青混凝土、抗滑表层混合料、沥青玛蹄脂碎石混合料（SMA）试件的毛体积相对密度或毛体积密度。表干法用于计算沥青混合料试件的空隙率、矿料间隙率等各项体积指标。

1）检测的仪器与材料

（1）浸水天平或电子秤、网篮、秒表、毛巾、电风扇、烘箱。

（2）溢流水箱，如图 8-6 所示。

（3）试件悬吊装置：天平下方悬吊网篮及试件的装置，吊线应采用不吸水的细尼龙线绳，并有足够的长度。

2）检测的步骤

（1）选择适宜的浸水天平或电子秤，最大称量应不小于试件质量的 1.25 倍，且不大于试件质量的 5 倍。

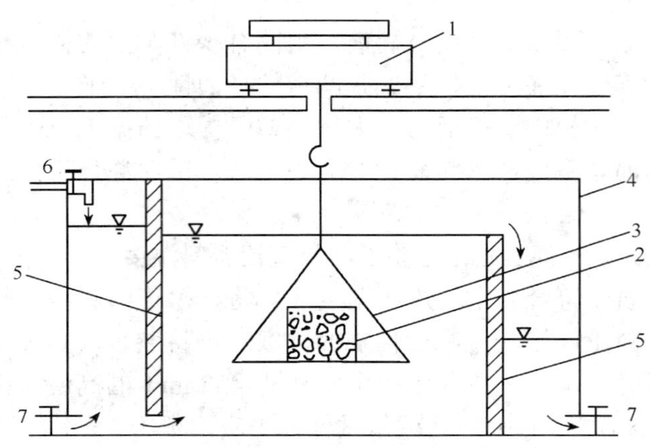

图 8-6 溢流水箱及下挂法水中重称量方法示意图

1.浸水天平或电子秤 2.试件 3.网篮 4.溢流水箱水位搁板 5.水位隔板 6.注入口 7.放水阀门

（2）除去试件表面的浮粒，称取干燥试件的空中质量 m_a。

（3）挂上网篮，浸入溢流水箱中，调节水位，将天平调平或复零，把试件置于网篮中（注意不要晃动水）浸水中约 3～5 min，称取水中质量 m_w。若天平读数持续变化，不能很快达到稳定，说明试件吸水较严重，不适用于此法测定，应改用蜡封法测定。

（4）从水中取出试件，用洁净柔软的拧干湿毛巾轻轻擦去试件的表面水（不得吸走空隙内的水），称取试件的表干质量 m_f。

（5）对从路上钻取的非干燥试件可先称取水中质量 m_w，然后用电风扇将试件吹干至恒重（一般不少于 12 h，当不需进行其他试验时，也可用 60℃±5℃烘箱烘干至恒重），再称取空中质量 m_a。

3）计算

（1）按式（8-17）计算试件的吸水率 S_a。

$$S_a = \frac{m_f - m_a}{m_f - m_w} \times 100 \tag{8-17}$$

（2）计算试件的毛体积相对密度和毛体积密度。当试件的吸水率符合 S_a<2%要求时，试件的毛体积相对密度和毛体积密度按式（8-18）、式（8-19）计算，当吸水率 S_a>2%要求时，应改用蜡封法测定。

$$\gamma_f = \frac{m_a}{m_f - m_w} \tag{8-18}$$

$$\rho_f = \frac{m_a}{m_f - m_w} \times \rho_w \tag{8-19}$$

式中：γ_f 为用表干法测定的试件毛体积相对密度；ρ_f 为用表干法测定的试件毛体积密度，g/cm^3；ρ_w 为常温水的密度，g/cm^3。

（3）试件的空隙率按式（8-20）计算。

$$VV = \left(1 - \frac{\gamma_f}{\gamma_t}\right) \times 100 \tag{8-20}$$

式中：VV 为试件的空隙率，%；γ_t 为沥青混合料理论最大相对密度，当实测理论最大相对密度有困难时，也可采用按式（8-22）或式（8-23）计算的理论最大相对密度；γ_f 为试件的毛体积相对密度，用表干法测定，当试件吸水率 S_a>2%时，由蜡封法或体积法测定；当按规定容许采用水中重法测定时，也可用表观相对密度 γ_a 代替。

（4）计算试件的理论最大相对密度或理论最大密度：

① 当已知试件的油石比时，试件的理论最大相对密度可按式（8-21）计算。

$$\gamma_t = \frac{100 + P_a}{\frac{P_1}{\gamma_1} + \frac{P_2}{\gamma_2} + \cdots + \frac{P_n}{\gamma_n} + \frac{P_a}{\gamma_a}} \tag{8-21}$$

式中：γ_t 为理论最大相对密度；P_a 为油石比，%；γ_a 为沥青的相对密度是指沥青与水的相对密度，是指在 25℃相同温度下的密度比，(25℃/25℃)；$P_1, P_2, \cdots, P_n$ 为各种矿料占矿料总质量的百分率，%；$\gamma_1, \gamma_2, \cdots, \gamma_n$ 为各种矿料对水的相对密度。

对粗集料，宜采用与沥青混合料同一种相对密度，即混合料采用表干法、蜡封法或体积法测定的毛体积相对密度时，粗集料也采用毛体积相对密度。当混合料采用水中重法测定的表观相对密度代替时，粗集料也采用表观相对密度；对细集料（砂、石屑）和矿粉均采用表观相对密度。

② 当已知试件的沥青含量时，试件的理论最大相对密度按式（8-22）计算。

$$\gamma_t = \frac{100}{\frac{P'_1}{\gamma_1} + \frac{P'_2}{\gamma_2} + \cdots + \frac{P_n'}{\gamma_n} + \frac{P_b}{\gamma_a}} \tag{8-22}$$

式中：$P'_1, P'_2, \cdots, P'_n$ 为各种矿料占沥青混合料总质量的百分率，%；P_b 为沥青含量，%。

③ 试件的理论最大密度按式（8-23）计算。

$$\rho_t = \gamma_t \times \rho_w \tag{8-23}$$

式中：ρ_t 为理论最大密度，g/cm^3。

④ 旧路面钻取芯样试样的混合料缺乏材料密度及配合比时，沥青混合料理论最大相对密度应采用相应规程方法实测求得。

（5）试件中沥青的体积百分率可按式（8-24）或式（8-25）计算。

$$VA = \frac{P_b \times \gamma_f}{\gamma_a} \tag{8-24}$$

$$VA = \frac{100 \times P_b \times \gamma_f}{(100 + P_a) \times \gamma_a} \tag{8-25}$$

式中：VA 为沥青混合料试件的沥青体积百分率，%。

（6）试件中的矿料间隙率，可按式（8-26）或式（8-27）计算，式（8-26）适用于空隙率按计算的理论最大相对密度计算的情况；式（8-27）适用于空隙率按实测的理论最大相对密度计算的情况，取 1 位小数。

$$VMA = VA + VV \tag{8-26}$$

$$VMA=\left(1-\frac{\gamma_f}{\gamma_{sb}}\times P_s\right)\times 100 \tag{8-27}$$

式中：VMA 为沥青混合料试件的矿料间隙率，%；P_s 为沥青混合料中各种矿料占沥青混合料总质量的百分率之和，即$\sum P'_i$，%；γ_{sb} 为全部矿料对水的平均相对密度，按式（8-28）计算。

$$\gamma_{sb}=\frac{100}{\frac{P_1}{\gamma_1}+\frac{P_2}{\gamma_2}+\cdots+\frac{P_n}{\gamma_n}} \tag{8-28}$$

（7）试件的沥青饱和度按式（8-29）计算。

$$VFA=\frac{VA}{VA+VV}\times 100 \tag{8-29}$$

式中：VFA 为沥青混合料试件的沥青饱和度，%。

（8）试件中的粗集料骨架间隙率可按式（8-30）计算。

$$VCA_{mix}=\left(1-\frac{\gamma_f}{\gamma_{ca}}\times P_{ca}\right)\times 100 \tag{8-30}$$

式中：VCA_{mix} 为沥青混合料中粗集料骨架之外的体积（通常指小于 4.75 mm 的粗细集料、矿粉、沥青及空隙）占总体积的比例，%；P_{ca} 为沥青混合料中粗集料的比例（由 $P_{ca}=P_s\times PA_{4.75}$ 计算，$PA_{4.75}$ 为矿料级配中 4.75 mm 筛余量，即 100 减去 4.75 mm 通过率之差），%；γ_{ca} 为矿料中所有粗集料颗粒部分对水的合成毛体积相对密度，按式（8-31）计算。

$$\gamma_{ca}=\frac{P_{1c}+P_{2c}+\cdots+P_{nc}}{\frac{P_{1c}}{\gamma_{1c}}+\frac{P_{2c}}{\gamma_{2c}}+\cdots+\frac{P_{nc}}{\gamma_{nc}}} \tag{8-31}$$

式中：$P_{1c}, P_{2c}, \cdots, P_{nc}$ 为各种粗集料在矿料配合比中的比例，%；$\gamma_{1c}, \gamma_{2c}, \cdots, \gamma_{nc}$ 为相应的各种粗集料对水的毛体积相对密度。

8.2.4 沥青混合料马歇尔稳定度检测

沥青混合料马歇尔稳定度检测包括马歇尔稳定度试验和浸水马歇尔稳定度试验，以进行沥青混合料的配合比设计或沥青路面施工质量检验。浸水马歇尔稳定度试验（根据需要，也可进行真空饱水马歇尔试验）供检验沥青混合料受水损害时抵抗剥落的能力时使用，通过测试其水稳定性检验配合比设计的可行性。

1）检测的仪器与材料

（1）沥青混合料马歇尔试验仪。

（2）恒温水槽、真空饱水容器、天平、温度计、烘箱、卡尺、棉纱、黄油等。

2）检测的方法与步骤

（1）标准马歇尔试验方法：

① 按标准击实法成型马歇尔试件。

② 将试件置于已达规定温度的恒温水槽中保温。

③ 将马歇尔试验仪的上下压头放入水槽或烘箱中达到同样温度。将上下压头从水槽或烘箱中取出擦拭干净内面。为使上下压头滑动自如，可在下压头的导棒上涂少量黄油。再将试件取出置于下压头上，盖上上压头，然后装在加载设备上。

④ 在上压头的球座上放妥钢球，并对准荷载测定装置的压头。

⑤ 当采用自动马歇尔试验仪时，将自动马歇尔试验仪的压力传感器、位移传感器与计算机或 X–Y 记录仪正确连接，调整好适宜的放大比例。调整好计算机程序或将 X–Y 记录仪的记录笔对准原点。

⑥ 当采用压力环和流值计时，将流值计安装在导棒上，使导向套管轻轻地压住上压头，同时将流值计读数调零。调整压力环中百分表，对零。

⑦ 启动加载设备，使试件承受荷载，加载速度为 50 mm/min±5 mm/min。计算机或 X–Y 记录仪自动记录传感器压力和试件变形曲线并将数据自动存入计算机。

⑧ 当试验荷载达到最大值的瞬间，取下流值计，同时读取压力环中百分表读数及流值计的流值读数。

⑨ 从恒温水槽中取出试件至测出最大荷载值的时间不得超过 30 s。

（2）浸水马歇尔试验方法：浸水马歇尔试验方法与标准马歇尔试验方法的不同之处在于，试件在已达规定温度恒温水槽中的保温时间为 48 h，其余均与标准马歇尔试验方法相同。

（3）真空饱水马歇尔试验方法：试件先放入真空干燥器中，关闭进水胶管，开动真空泵，使干燥器的真空度达到 98.3 kPa（730 mmHg）以上，维持 15 min，然后打开进水胶管，靠负压进入冷水流使试件全部浸入水中，浸水 15 min 后恢复常压，取出试件再放入已达规定温度的恒温水槽中保温 48 h，其余均与标准马歇尔试验方法相同。

3）计算

（1）试件的稳定度及流值：

① 当采用自动马歇尔试验仪时，将计算机采集的数据绘制成压力和试件变形曲线，或由 X–Y 记录仪自动记录的荷载—变形曲线，按图 8-7 所示的方法在切线方向延长曲线与横坐标相交于 O_1，将 O_1 作为修正原点，从 O_1 起量取相应于荷载最大值时的变形作为流值（*FL*）。最大荷载即为稳定度（*MS*）。

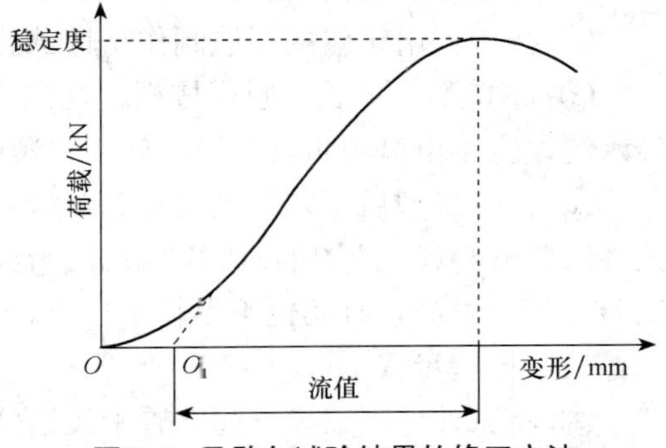

图 8-7 马歇尔试验结果的修正方法

② 采用压力环和流值计测定时，根据压力环标定曲线，将压力环中百分表的读数换算为荷载值，或者由荷载测定装置读取的最大值即为试样的稳定度（*MS*）。由流值计及位移传感器测定装置读取的试件垂直变形，即为试件的流值（*FL*）。

（2）试件的马歇尔模数按式（8-32）计算。

$$T=\frac{MS}{FL} \tag{8-32}$$

式中：T为试件的马歇尔模数，kN/mm；MS为试件的稳定度，kN；FL为试件的流值，mm。

（3）试件的浸水残留稳定度按式（8-33）计算。

$$MS_0 = \frac{MS_1}{MS} \times 100 \tag{8-33}$$

式中：MS_0为试件的浸水残留稳定度，%；MS_1为试件浸水48 h后的稳定度，kN。

（4）试件的真空饱水残留稳定度按式（8-34）计算。

$$MS'_0 = \frac{MS_2}{MS} \times 100 \tag{8-34}$$

式中：MS'_0为试件的真空饱水残留稳定度，%；MS_2为试件真空饱水后浸水48 h后的稳定度，kN。

8.2.5 沥青混合料车辙检测

沥青混合料车辙检测适用于测定沥青混合料的高温抗车辙能力，供沥青混合料配合比设计的高温稳定性检验使用。

1）检测的仪器

车辙试验机，包括试件台、试验轮、加载装置、试模、变形测量装置、温度检测装置；恒温室。

2）检测的步骤

（1）准备工作：

① 试验轮接地压强测定：测定在60℃时进行，在试验台上放置一块50 mm厚的钢板，其上铺一张毫米方格纸，上铺一张新的复写纸，以规定的700 N荷载后试验轮静压复写纸，即可在方格纸上得出轮压面积，并由此求得接地压强。当压强不符合0.7 MPa±0.05 MPa时，荷载应予适当调整。

② 按规程用轮碾成型法制作车辙试验试块。

③ 如需要，将试件脱模按规程规定的方法测定密度及空隙率等各项物理指标。如经水浸，应用电风扇将其吹干，然后再装回原试模中。

④ 试件成型后，连同试模一起在常温条件下放置的时间不得少于12 h。对聚合物改性沥青混合料，放置的时间以48 h为宜，使聚合物改性沥青充分固化后方可进行车辙试验，但室温放置时间也不得长于一周。

（2）检测步骤：

① 将试件连同试模一起，置于已达到试验温度60℃±1℃的恒温室中，保温不少于5 h，也不得多于24 h。在试件的试验轮不行走的部位上，粘贴一个热电隅温度计（也可在试件制作时预先将热电隅导线埋入试件一角），控制试件温度稳定在60℃±0.5℃。

② 将试件连同试模移置于轮辙试验机的试验台上，试验轮在试件的中央部立，其行走方向须与试件碾压或行车方向一致。开动车辙变形自动记录仪，然后启动试验机，使试验轮往返行走，时间约1 h，或最大变形达到25 mm时为止。试验时，记录仪自动

记录变形曲线（见图 8-8）及试件温度。

3）计算

（1）从图 2 上读取 45 min（t_1）及 60 min（t_2）时的车辙变形 d_1 及 d_2。

当变形过大，在未到 60 min 变形已达 25 mm 时，则以达到 25 mm（d_2）时的时间为 t_2，将其前 15 min 为 t_1，此时的变形量为 d_1。

（2）沥青混合料试件的动稳定度按式（8-35）计算。

$$DS=\frac{(t_2-t_1)\times N}{d_2-d_1}\times C_1\times C_2 \qquad (8\text{-}35)$$

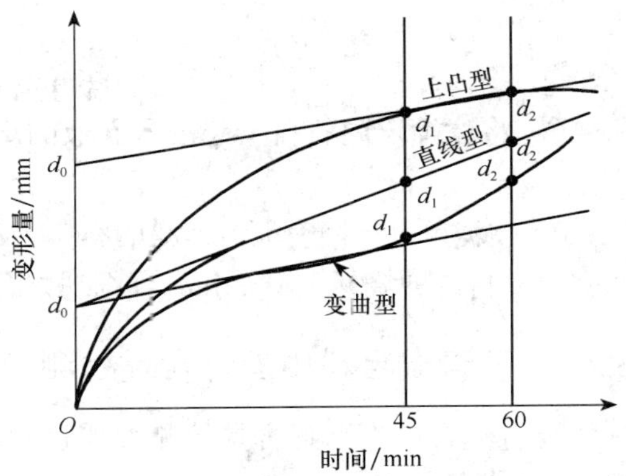

图 8-8　车辙试验自动记录的变形曲线

注：对 300 mm 宽且试验时变形较小的试件，也可对一块试件在两侧 1/3 位置上进行两次试验取平均值。

式中：DS 为沥青混合料的动稳定度，次/mm；d_1 为对应于时间 t_1 的变形量，mm；d_2 为对应于时间 t_2 的变形量，mm；C_1 为试验机类型修正系数，曲柄连杆驱动试件的变速行走方式为 1.0，链驱动试验轮的等速方式为 1.5；C_2 为试件系数，试验室制备的宽 300 mm 的试件为 1.0，从路面切割的宽 150 mm 的试件为 0.8；N 为试验轮往返碾压速度，通常为 42 次/min。

8.2.6　沥青与矿料黏附性检测

沥青与矿料黏附性检测用于评定各类乳化沥青与矿料的黏附性。

1）检测的仪器与材料

（1）标准筛、滤筛、烧杯、烘箱、天平、秒表、细线、铁支架、电炉、玻璃棒。

（2）道路工程实际使用的碎石，蒸馏水。

2）检测的方法与步骤

（1）阳离子乳化沥青与石料的黏附性试验方法：

① 将道路工程用碎石过筛，取 19.0～31.5 mm（方孔筛）的碎石颗粒洗净，然后置于烘箱中烘干；从烘箱中取出 3～4 颗碎石冷至室温逐个用细线或金属丝系好，留出尾线作悬挂用。

② 取 2 个烧杯，分别盛入蒸馏水及经 1.18 mm 滤筛过滤的乳液试样。

③ 用线或金属丝系好的石料颗粒放进盛水烧杯中浸水 1 min 后，取出再置试样中浸泡 1 min。然后，取出石料颗粒在室温下悬挂 20 min。

④ 将晾后的石料颗粒浸入已盛水 1000 mL 的烧杯中，用手提尾线使石料上下移动水洗乳液薄膜，移动速度为 30 次/min，上下移动距离为 50 mm 左右。

⑤ 上下移动 3 min 后，用纸片粘出浮在水面上的沥青膜，然后将石料颗粒提出水面，观察在石料颗粒表面裹覆沥青膜的面积。

（2）阴离子乳化沥青与石料的黏附性试验方法：

① 取试样约 300 mL 置入烧杯中；将道路工程用碎石过筛，取 13.2～19.0 mm（方孔筛）的碎石颗粒洗净，然后置于烘箱中烘干；取出碎石约 50 g 在室温以间距 30 mm

以上排列冷却至室温约 1 h。

② 将冷却的碎石颗粒排列在 0.6 mm 滤筛上。

③ 将滤筛连同石料一起浸入乳液的烧杯中 1 min，然后取出架在支架上，在室温下放置 24 h。

④ 将滤网连同附有沥青薄膜的石料一起浸入另一个盛有 1000 mL 洁净水并已加热至 40℃±1℃保温的烧杯中浸 5 min，仔细观察石料颗粒表面沥青膜的裹覆面积，作出综合评定。

8.2.7 沥青混合料中沥青含量检测

沥青混合料中沥青含量检测方法有射线法、离心分离法、回流式抽提仪法和脂肪抽提器法。

8.2.7.1 射线法

射线法用于黏稠石油沥青拌制的热拌沥青混合料中沥青含量（或油石比），不适用于其他沥青拌制的混合料。

1）检测的仪器

（1）射线法沥青含量测定仪：符合放射性安全规定。

（2）试样容器：射线法沥青含量测定仪的规定附件。

（3）磅秤或天平、木板、沥青混合料拌和机铁铲大号金属盘，烘箱，温度计等。

2）检测的步骤

（1）沥青含量测定仪参数标定。

① 用检测对象的实际材料按施工要求的矿料配合比配合矿料，在烘箱中加热。

② 准备施工实际使用的沥青试样，按设计沥青用量，加热到要求的拌和温度。

③ 从小的沥青用量开始分别用沥青混合料拌和机拌和。

④ 按仪器说明书要求称取沥青混合料装入试样容器中压实，用木板压平放进射线法沥青含量测定仪中，用 16 min 测定时间测定标定参数。仪器应放在木制仪器箱上方，并远离水源。

⑤ 重复上述步骤，每次增加所需沥青用量，将每一档沥青用量的混合料进行测定，得出标定参数，储存入试验仪器中。

（2）在拌和厂从运料卡车上采取欲检测的沥青混合料试样。

（3）按仪器操作说明书要求立即将热沥青混合料分别装入 2 个试样容器，称取质量，使之符合规定取样量，并量测沥青混合料温度。

（4）用木板压紧沥青混合料，达到规定的体积。

（5）依次将试样容器放入沥青含量测定仪中，开动仪器，输入试样号、沥青混合料温度、标定的沥青混合料编号或标定参数，进行测定，测定一段时间后，测定仪自动显示沥青含量（或油石比）。

（6）沥青含量测定仪测定时的放置条件应与标定时相同，挪动测定地点时，应重新标定后方可测定，测定时的沥青混合料数量应与标定时相同，混合料温度应接近标定温度，显示的数据是沥青含量还是油石比与标定用的相同。

8.2.7.2　离心分离法

离心分离法用于测定黏稠石油沥青拌制的沥青混合料中沥青含量（或油石比）。适用于热拌热铺沥青混合料路面施工时的沥青用量检测，以评定拌和厂产品质量。此法也适用于旧路调查时检测沥青混合料的沥青用量，用此法抽提的沥青溶液可用于回收沥青，以评定沥青的老化性质。

1）检测的仪器

（1）离心抽提仪、天平、量筒、电烘箱、小铲金属盘、大烧杯等。

（2）工业用三氯乙稀，碳酸铵饱和溶液。

2）检测的步骤

（1）在拌和厂从运料卡车采取沥青混合料试样，放在金属盘中适当拌和，待温度稍下降后至100℃以下时，用大烧杯取混合料试样质量（m）1000～1500 g。

（2）如果试样是路上用钻机法或切割法取得的，应用电风扇吹风使其完全干燥，置微波炉或供箱中适当加热后成松散状态取样，但不得用锤击以防集料破碎。

（3）向装有试样的烧杯中注入三氯乙稀溶剂，将其浸没，浸泡 30 min，用玻璃棒适当搅动混合料，使沥青充分溶解；也可直接在离心分离器中浸泡。

（4）将混合料及溶液倒入离心分离器，用少量溶剂将烧杯及玻璃棒上的黏附物全部洗入分离容器中。

（5）称取洁净的圆环形滤纸质量。滤纸不宜多次反复使用，有破损者不能使用，有石粉黏附时应用毛刷清除干净。

（6）将滤纸垫在分离器边缘上，加盖紧固，在分离器出口处放上回收瓶，上口应注意密封，防止流出液成雾状散失。

（7）开动离心机，转速逐渐增至 3000 r/min，沥青溶液通过排出口注入回收瓶中，待流出停止后停机。

（8）从上盖的孔中加入新溶剂，数量大体相同，稍停 3～5 min 后，重复上述操作，如此数次直至流出的抽提液成清彻的淡黄色为止。

（9）卸下上盖，取下圆环形滤纸，在通风橱或室内空气中蒸发干燥，然后放入105℃±5℃的烘箱中干燥，称取质量，其增重部分 m_2 为矿粉的一部分。

（10）将容器中的集料仔细取出，在通风橱或室内空气中蒸发后放入 105℃±5℃供箱中烘干（一般需 4 h），然后放入大干燥器中冷却至室温，称取集料质量 m_1。

（11）用压力过滤器过滤回收瓶中的沥青溶液，由滤纸的增重得出泄漏入滤液中矿粉质量 m_3，如无压力过滤器时，也可用燃烧法测定。

（12）用燃烧法测定抽提液中矿粉质量的步骤如下：

① 将回收瓶中的抽提液倒入量筒中。

② 充分搅匀抽提液，取出 10 mL（V_b）放入坩埚中，在热浴上适当加热使溶液试样发成暗黑色后，置高温炉（500～600℃）中烧成残渣，取出坩埚冷却。

③ 向坩埚中注入碳酸铵饱和溶液，静置 1 h，放入烘箱中干燥。

④ 取出放在干燥器中冷却，称取残渣质量 m_4。

3）计算

（1）沥青混合料中矿料的总质量 m_a 按式（8-36）计算。

$$m_a = m_1 + m_2 + m_3 \tag{8-36}$$

（2）用燃烧法时可按式（8-37）计算。

$$m_3 = m_4 \times \frac{V_a}{V_b} \tag{8-37}$$

式中：V_a 为抽提液的总量，mL。

（3）沥青混合料中的沥青含量按式（8-38）计算，油石比按式（8-39）计算。

$$P_b = \frac{m - m_a}{m} \tag{8-38}$$

$$P_a = \frac{m - m_a}{m_a} \tag{8-39}$$

式中：P_b 为沥青混合料的沥青含量，%；P_a 为沥青混合料的油石比，%。

8.2.7.3 回流式抽提仪法

回流式抽提仪法适用于沥青路面施工的沥青用量检测使用，以评定施工质量，也适用于旧路调查中检测沥青路面的沥青用量。

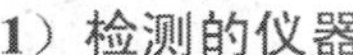

1）检测的仪器

（1）回流式沥青抽提仪，如图 8-9 所示。

（2）滤纸、天平、蒸馏烧瓶、脱脂棉、烘箱、高温炉、量筒、金属盘、磁蒸发皿。

（3）三氯乙烯，碳酸铵饱和溶液。

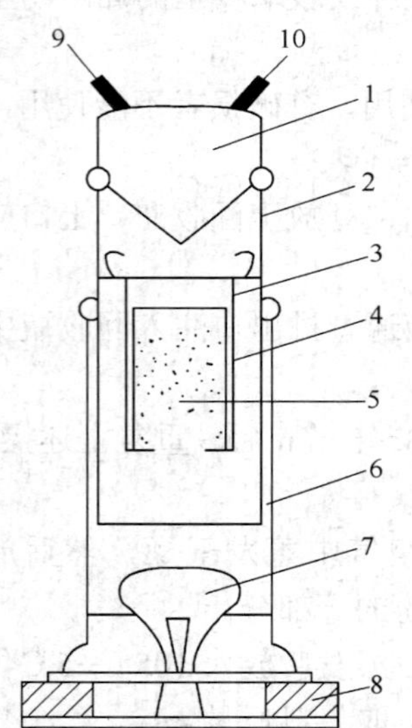

图 8-9 回流式沥青抽提仪
1.水冷凝器 2.抽提筒 3.铜柱 4.铜筛筒 5.沥青混合料 6.外套筒 7.红外线灯泡 8.底座 9.进水管 10.出水管

2）检测的步骤

（1）准备好滤纸筒，如没有滤纸筒时也可将大张定性滤纸卷成 2～3 层的圆筒状，下部摺成平底（大小接近铜筛网内部尺寸），用一细线捆好以防散开，底面再铺一张滤纸和一层脱脂棉，称合计质量 m_1 后，仔细置于铜网筛筒内。

（2）将溶剂注入抽提筒内，其用量可根据试样质量确定，一般为试样的 1～1.5 倍。

（3）采集沥青混合料试样，当试样已冷却结块或系从路上钻取的芯样时，应置微波炉或烘箱内加热（石油沥青不高于 100℃，煤沥青不高于 80℃），使之呈松散状态（注意不得用锤打碎）。需要时，须用电风扇充分吹干 1 h 以上，预先测定试样的水分含量。

（4）称取松散的沥青混合料试样 1 kg，轻轻放入铜网筛筒的滤纸筒内。

（5）将盛有试样的铜网筛筒放入抽提筒内的铜柱上，盖好水冷凝器。

（6）检查抽提仪是否全部装妥。

（7）开放进水阀，使冷水流入冷凝器，充满后不断由排水阀流出。

（8）接通电路，加热抽提筒内的溶剂至沸腾后，其蒸汽上升遇冷凝器冷凝后滴入铜网筛筒溶洗混合料试样中的沥青，并通过滤纸流至抽提筒内。如此反复溶洗，至试样中的沥青被溶解洗净为止。

（9）抽提结束，关闭电源，待冷却后关闭进水阀，取下冷凝器，仔细将筒网筛筒取出，置通风橱内晾干，再将装有矿料的滤纸筒置干净的金属盘中，并置烘箱内烘至恒重。

（10）分别称取烘干的矿料质量及带有矿粉的滤纸筒、脱脂棉质量 m_3。

（11）测定抽提溶液中矿粉质量：

① 将抽提筒中的抽提溶液搅动后倒入量筒中，并用少量溶剂摇洗抽提筒数次，清洗的溶液并入量筒中，记录量筒内抽提液的体积 V_1。

② 搅匀量筒内抽提液后，约取 10 mL 溶液倒入一已称重的磁蒸发皿 m_4 中，并记录用于量测部分的抽提溶液的体积 V_2。

③ 将蒸发皿移置电热板或砂浴上适当加热，使溶剂蒸发、干燥。

（12）将蒸发皿移入高温炉内加热至暗红色（500～600℃）后，冷却至室温。

（13）按每 1 g 残余物约 5 mL 的比例向蒸发皿内注入饱和碳酸铵溶液，在室温下使蒸发皿中残余物浸渍 1 h，然后置烘箱中烘至恒重。

（14）将恒重的蒸发皿置干燥器中冷却后称其质量 m_5，作为矿粉的一部分。

8.2.7.4　脂肪抽提器法

脂肪抽提器法适用于热拌热铺沥青混合料路面施工时的沥青用量检测，以评定拌和厂产品质量使用，也适用于旧路调查时检测沥青混合料的沥青用量。

1）检测的仪器与材料

（1）索克斯里抽提仪，如图 8-10 所示。

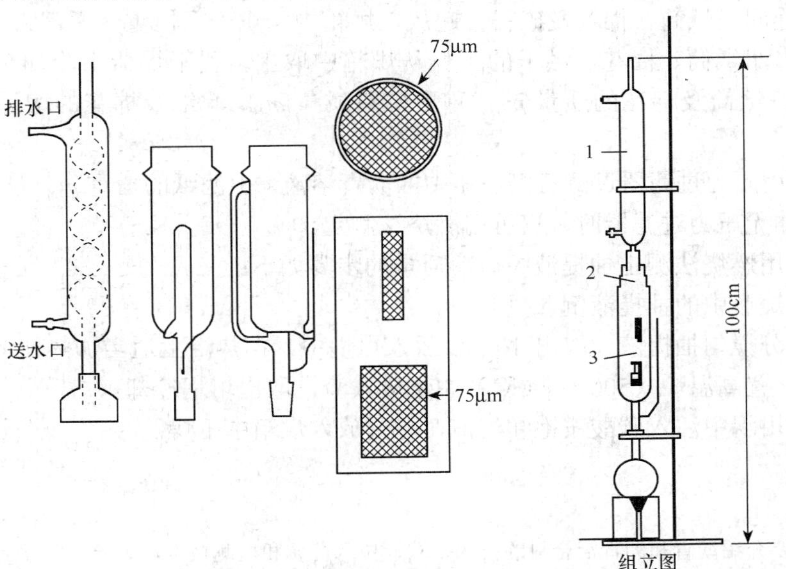

图 8-10　索克斯里抽提仪

1.回流冷凝器　2.过滤部分　3.过滤器

（2）压力过滤装置。

（3）滤纸、电炉或燃气炉、天平、电烘箱、脱脂棉花、干燥器、小铲、金属盘等。

（4）三氯乙烯（工业或化学纯），碳酸铵饱和溶液。

2）检测的步骤

（1）在拌和厂或施工现场采取沥青混合料试样，放在金属盘中适当拌和，待温度稍下降后至100℃以下时，取混合料试样质量 m。

（2）如果试样是路上用钻机法或切割法取得的，应待其干燥，置微波炉或烘箱中适当加热后呈松散状态时取样，但不得用锤击以防集料破碎。

（3）安装滤纸筒于脂肪抽提器中，如无滤纸筒时，可用大张滤纸裁成约180 mm×400 mm大小，然后将其卷成直径约40 mm长140 mm的纸筒。注意，卷纸时应一边卷一边将底边摺好，卷好后用线将纸筒上口系牢。然后用一块脱脂棉花垫在筒底，将已称重的沥青混合料装入滤纸筒内，上面再盖一层脱脂棉，滤纸筒内的棉花均应称量 m_p。

（4）向蒸馏烧瓶中注入三氯乙烯溶剂至其容量的50%～70%，安装滤纸筒，再向脂肪抽提器中注入溶剂。并用少量溶剂将烧杯及玻璃棒上的黏附物全部洗入滤纸筒中。

（5）安装回流冷凝器，开放冷却水，调节水量至回流冷凝器中溶剂蒸发为止。

（6）开始加热烧瓶，热量由小到大，至烧瓶中的三氯乙烯溶剂受热沸腾，在强热下，溶剂不断蒸发，经过冷凝器冷却滴入滤纸筒中，逐渐溶解、冲洗混合料中的沥青，冲洗的溶剂进入烧瓶，如此循环反复，直至溶剂清澈透明为止。

（7）停止加热，回流冷凝器继续通水回流约20 min。

（8）关闭冷却循环水，拆下冷凝器，仔细从脂肪抽提仪中取出滤纸筒，将其竖立在大烧杯中，放通风橱内，让矿料中残留的溶剂滴尽，然后移入搪瓷盘中，待溶剂自然蒸发干燥，连同滤纸筒、棉花及矿料一起放入烘箱中，烘干至恒重（通常为4 h）。

（9）将滤纸筒、棉花、烘干的矿料从烘箱中取出，置干燥器中冷却至室温，然后分别称量滤纸筒及棉花的质量 m_s，称取矿料质量 m_1。滤纸及棉花的增重为矿粉的一部分。

（10）用压力过滤器过滤蒸馏烧瓶中的沥青溶液，由滤纸的增重 m_3 得出泄漏入滤液中矿粉，如无压力过滤器时，也可用燃烧法测定。

（11）用燃烧法测定抽提液中矿粉质量的步骤如下：

① 将烧瓶中的抽提液倒入量筒中。

② 充分搅匀抽提液，取出10 mL放入坩埚中，在热浴上适当加热使溶液试样变成暗黑色后，置高温炉（500～600℃）中烧成残渣，取出坩埚冷却。

③ 向坩埚中注入碳酸铵饱和溶液，静置放入烘箱中干燥。

小结

本章主要介绍沥青和沥青混合料的技术要求、技术性质和检测技术，关键是要学会将材料性质与试验结合，充分理解各个技术性质要求，每个试验的要求和内容要尽量掌握以达到能够进行沥青和沥青混合料的设计要求。

思考题

1. 哪些因素将影响沥青三大指标的测定？

2. 采用什么方法评价沥青的抗老化性？老化后的沥青在三大指标上有什么变化？

3. 归纳总结沥青中蜡含量对沥青性能的不利影响。

4. 分析孔隙率的大小对沥青混合料性能的影响。

5. 马歇尔试验直接测得的结果是什么？这些结果表示沥青混合料的什么性质？

6. 当一组马歇尔试验所测得的稳定度分别是 8.4 kN、7.8 kN、9.5 kN、10.0 kN 时，问最终的稳定度是多少？

7. 在沥青混合料配合比设计过程中，沥青用量大多采用沥青含量还是油石比？当沥青混合料的沥青含量是 4.8%时，问混合料的油石比是多少？

8. 沥青混合料水稳定性用什么指标表示？高温稳定性采用什么指标表示？

9. 当沥青混合料的稳定度达不到规定指标时，可采用什么措施提高混合料的稳定度？

第9章 路基路面工程检测

[本章提要]

本章主要介绍路基路面工程压实度检测、强度检测、平整度检测、抗滑性能检测、结构层厚度检测及沥青路面渗水系数检测的方法。

随着公路交通事业的快速发展，公路路基路面使用质量要求不断提高，利用快速、科学先进的现场检测技术，有效地控制和评价路基路面施工质量与使用性能，引起了越来越多的重视。本章根据目前的检测状况，以公路工程现行技术规范、标准、试验规程为依据，主要阐述压实度检测、回弹弯沉、回弹模量、水泥混凝土路面芯样劈裂强度、沥青混凝土路面芯样马歇尔稳定度检测、平整度检测、路面抗滑性能检测、路面结构层厚度检测、沥青路面渗水性能检测的方法。

9.1 压实度检测

压实度表征现场压实后的密实状况。对于路基土、路面半刚性基层及粒料类柔性基层而言，压实度是指工地实际达到的干密度与室内标准击实试验所得的最大干密度的比值；对沥青面层、沥青稳定基层而言，压实度是指现场实际达到的密度与室内标准密度的比值。

9.1.1 标准密度确定

室内试验得出的标准密度（最大干密度）是压实度评定的基准值，直接决定着评定结果的可靠性。近年来逐渐被引起重视的振动击实、大型马歇尔击实等均是考虑到目前施工中广泛使用振动压路机进行碾压成型而对试验条件进行改进的结果。

由于筑路材料类型不同，标准密度（最大干密度）的室内确定试验方法也有所不同（见表 9-1）。

表 9-1　路基土最大干密度确定方法比较

试验方法	适用范围	粒组
轻型、重型击实法	小试筒适用于粒径不大于 25 mm 的土 大试筒适用于粒径不大于 38 mm 的土	细粒土 粗粒土
振动台法	①本试验规定采用振动台法测定无黏性自由排水粗粒土和巨粒土（包括堆石料）的最大干密度。②本试验方法适用于通过 0.074 mm 标准筛的土颗粒质量百分数不大于 15%的无黏性自由排水粗粒土和巨粒土。③对于最大颗粒大于 60 mm 的巨粒土，因受试筒允许最大粒径的限制，宜按相似级配法的规定处理	粗粒土 巨粒土
表面振动压实仪法	同上	粗粒土 巨粒土

9.1.2　现场密度检测

现场密度主要检测方法有挖坑灌砂法、核子密度仪法、钻芯法。

9.1.2.1　挖坑灌砂法

挖坑灌砂法是利用均匀颗粒的砂去置换试洞的体积，适用于在现场测定基层（或底基层）、砂石路面及路基土的各种材料压实度的密度和压实度检测。不适用填石路堤等有大孔洞或大孔隙的材料压实层的压实度检测。

1）检测的仪器与材料

（1）灌砂筒：有大小 2 种，根据需要采用。形式和主要尺寸如图 9-1 及表 9-2 所示。

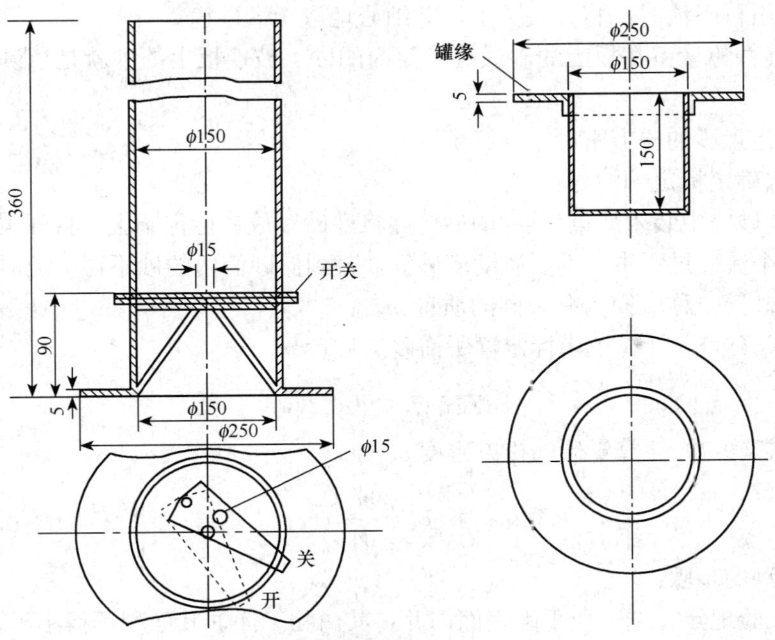

图 9-1　灌砂筒和标定罐（单位：mm）

表 9-2　灌砂筒的主要尺寸

结　构		小型灌砂筒	大型灌砂筒
储砂筒	直径/mm	100	150
	容积/cm^3	2120	4600
流砂孔	直径/mm	10	15
金属标定罐	内径/mm	100	150
	外径/mm	150	200
金属方盘基板	边长/mm	350	400
	深/mm	40	50
中孔	直径/mm	100	150

注：如集料的最大粒径超过 31.5 mm，则应相应地增大灌砂筒和标定罐的尺寸。如集料的最大粒径超过 53 mm，灌砂筒和现场试洞的直径应为 200 mm。

（2）金属标定罐、基板、量砂、玻璃板、试样盘、天平、台秤、铝盒、烘箱等。

2）检测的步骤

（1）标定筒下部圆锥体内砂的质量：

① 在灌砂筒筒口高度上，向灌砂筒内装砂至距筒顶 15 mm 左右为止。称取装入筒内砂的质量 m_1。以后每次标定及试验都应该维持装砂高度与质量不变。

② 将开关打开，使灌砂筒筒底的流砂孔、圆锥形漏斗上端开口圆孔及开关铁板中心的圆孔上下对准叠在一起，让砂自由流出，并使流出砂的体积与工地所挖试坑内的体积相当（可等于标定灌的容积），然后关上开关，称灌砂筒内剩余砂质量 m_3。

③ 不晃动储砂筒的砂，轻轻地将灌砂筒移至玻璃板上，将开关打开，让砂流出，直到筒内砂不再下流时，将开关关上，并细心地取走灌砂筒。

④ 收集并称量留在板上的砂或称量筒内的砂。玻璃板上的砂就是填满筒下部圆锥体的砂 m_2。

（2）标定量砂的松方密度 ρ_s（g/m^3）：

① 用水确定标定罐的容积 V。

② 在储砂筒中装入质量为 m_1 的砂，并将灌砂筒放在标定罐上，将开关打开，让砂流出，在整个流砂过程中，不要碰动灌砂筒，直到储砂筒内的砂不再下流时，将开关关闭。取下灌砂筒，称取筒内剩余砂的质量 m_3。

③ 按式（9-1）计算填满标定罐所需砂的质量 m_a。

$$m_a = m_1 - m_2 - m_3 \tag{9-1}$$

④ 按式（9-2）计算量砂的松方密度 ρ_s。

$$\rho_s = \frac{m_a}{V} \tag{9-2}$$

（3）检测的步骤：

① 在试验地点，选一块平坦表面，并将其清扫干净，其面积不得小于基板面积。

② 将基板放在平坦表面上。当表面的粗糙度较大时，则将盛有量砂 m_5 的灌砂筒放

在基板中间的圆孔上，将灌砂筒的开关打开，让砂流入基板的中孔内，直至储砂筒内的砂不再下流时关闭开关。取下灌砂筒，并称量筒内砂的质量 m_6。

③ 取走基板，并将留在试验地点的量砂收回，重新将表面清扫干净。

④ 将基板放回清扫干净的表面上（尽量放在原处）沿基板中孔凿洞（洞的直径与灌砂筒一致）。在凿洞过程中，应注意不使凿出的材料丢失，并随时将凿松的材料取出装入塑料袋中，不使水分蒸发，也可放在大试样盒内。试洞的深度应等于测定层厚度，但不得有下层材料混入，最后将洞内的全部凿松材料取出。对土基或基层，为防止试样盘内材料的水分蒸发，可分几次称取材料的质量。全部取出材料的总质量为 m_w。当需要检测厚度时，应先测量厚度后再进行这一步骤。

⑤ 从挖出的全部材料中取出有代表性的样品，放在铝盒或洁净的搪瓷盘中，测定其含水率。

⑥ 将基板安放在试坑上，将灌砂筒安放在基板中间（储砂筒内放满砂到要求质量 m_1），使灌砂筒的下口对准基板的中孔及试洞，打开灌砂筒的开关，让砂流入试坑内。在此期间，应注意勿碰到灌砂筒。直至储砂筒内的砂不再下流时，关闭开关。仔细取走灌砂筒，并称量筒内剩余砂的质量 m_4。

⑦ 如清扫干净的平坦表面的粗糙度不大，也可省去上述②和③的操作。在试洞挖好后，将灌砂筒直接对准放在试坑上，中间不需要放基板。打开筒的开关，让砂流入试坑内。在此期间，应注意勿碰动灌砂筒。直到储砂筒内的砂不再下流时，关闭开关，小心取走灌砂筒，并称量剩余砂的质量 m_4'。

⑧ 仔细取出试筒内的量砂，以备下次试验时再用，若量砂的湿度已发生变化或量砂中混有杂质，则应该重新烘干、过筛，并放置一段时间，使其与空气的湿度达到平衡后再用。

3）计算

（1）按式（9-3）或式（9-4）计算填满试坑所用的砂的质量 m_b。

① 灌砂时，试坑上放有基板时：

$$m_b = m_1 - m_4 - (m_5 - m_6) \tag{9-3}$$

② 灌砂时，试坑上不放基板时：

$$m_b = m_1 - m_4' - m_2 \tag{9-4}$$

式中：m_b 为填满试坑的砂的质量，g；m_1 为灌砂前灌砂筒内砂的质量，g；m_2 为灌砂筒下部圆锥内砂的质量，g；m_4，m_4' 为灌砂后放基板和不放基板时灌砂筒内剩余砂的质量，g；m_5，m_6 为放基板和不放基板时灌砂筒下部圆锥体内及基板和粗糙表面间砂的合计质量，g。

（2）按式（9-5）计算试坑材料的湿密度 ρ_w（g/m^3）。

$$\rho_w = \frac{m_w}{m_b} \times \gamma_s \tag{9-5}$$

式中：m_w 为试坑中取出的全部材料的质量，g；γ_s 为量砂的松方密度，g/cm^3。

（3）按式（9-6）计算试坑材料的干密度 ρ_d（g/m^3）。

$$\rho_d = \frac{\rho_w}{1 + 0.01 w_d} \tag{9-6}$$

式中：w_d为试坑材料的含水率，%。

（4）对水泥、石灰、粉煤灰等无机结合料稳定土可按式（9-7）计算干密度ρ_d（g/m^3）。

$$\rho_d = \frac{m_d}{m_b} \times \rho_s \tag{9-7}$$

式中：m_d为试坑中取出的稳定土的烘干质量，g。

（5）按式（9-8）计算施工压实密度。

$$k = \frac{\rho_d}{\rho_c} \times 100 \tag{9-8}$$

式中：k为测试地点的施工压实度，%；ρ_c为由击实试验得到试样的最大干密度，g/cm^3。

9.1.2.2 核子密度仪法

核子密度仪法是指利用放射性元素（通常是γ射线和中心射线）以散射法或直接投射法测定路基或路面材料的密度和含水率。主要用于测定沥青混合料面层的压实度或硬化水泥混凝土等难以打孔材料的密度时宜使用散射法；用于测定土基、基层材料或非硬化水泥混凝土等可以打孔材料的密度及含水率时，应使用直接透射法。在表面用散射法测定时，所测定沥青面层的层厚应根据仪器的性能决定最大厚度。

1）检测的仪器与材料

（1）核子密度湿度仪，主要包括下列部件：

① γ射线源：双层密封的同位素放射源，如铯-137或镭-226等

② 中子源：如镅（241）—铍等。

③ 探测器：γ射线探测器，如G–M计数管；热中子探测器，如氦-3管。

④ 读数显示设备：如液晶显示器、脉冲计数器、数率表或直接计数表。

⑤ 标准计数块：密度和含氢量都均匀不变的材料块，用于检验仪器运行状况和提供射线计数的参考标准。

⑥ 钻杆：用于打测试孔以便插入探测杆。

⑦ 安全防护设备：符合国家规定要求的设备。

⑧ 刮平板、钻杆、接线等。

（2）细砂、天平、台秤、毛刷等。

2）检测的步骤

（1）使用前或对测试结果有怀疑时，按下列步骤用标准计数块测定仪器的标准值：

① 进行标准值测定时的地点至少离其他放射源10 m的距离，地面必须经压实平整。

② 接通电源，按照仪器使用说明书建议的预热时间，预热测定仪。

③ 测定前，应检查仪器性能是否正常。

（2）在进行沥青混合料压实层密度测定前，应用核子法对钻孔取样的试件进行标定；测定其他材料密度时，宜与挖坑灌砂法的结果进行标定，标定的步骤如下：

① 选择压实度的路表面，与试验段测定时的条件一致，对纹理较大的路面必须用

细砂填平，然后将仪器放置在测试点上转动几下，或者在测试点上用刮平板刮几下，以达到测试条件。按要求的测定步骤用核子仪器测定密度读数。

② 在测定的同一位置用钻机钻孔法或挖坑灌砂法取样，量测厚度，按相关规范规定的标准方法测定材料的密度。

③ 对同一种路面厚度及材料类型，在使用前至少测定 15 处，求取 2 种不同方法测定的密度的相关关系，其相关系数 k 应不小于 0.9。

（3）测试位置的选择：

① 按照随机取样的方法确定测试位置，但距路面边缘或其他物体的最小距离不得小于 30 cm。核子仪距其他射线源的距离不得小于 10 m。

② 当用散射法测定时，应用细砂填平测试位置路表结构凹凸不平的空隙，使路表面平整，能与仪器紧密接触。

③ 用导板和钻杆打孔。在拟测试材料的表面打一个垂直的测试孔，测试孔要以插进探测杆后仪器在测点表面上下不倾斜为准。孔深度必须大于探测杆达到的测试深度。再将探测杆放下插入已打好的测试孔内，前后左右移动仪器，使之安放稳固。

（4）按照规定的时间，预热仪器。

（5）测定步骤：

① 如用散射法测定沥青混合料压实层密度时，应按图 9-2 的方法将核子仪平稳地置于测试位置上。测点应随机选择，测定温度与试验测定时一致，一组不少于 13 点，取平均值。检测精度通过试验路段与钻孔试件比较评定。

② 如用直接透射法测定时，应按图 9-3 方法将放射源奉放下插入已预先打好的孔内。

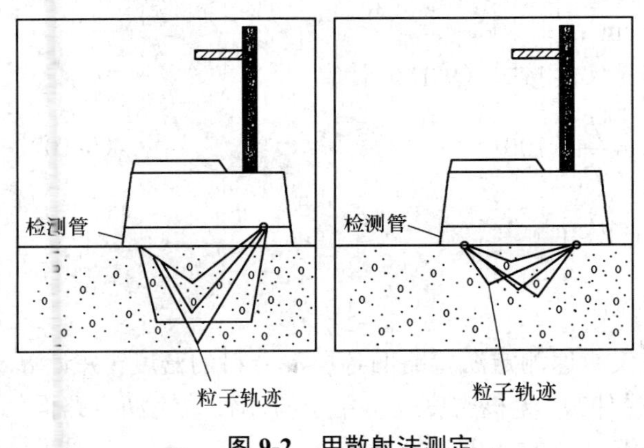

图 9-2 用散射法测定

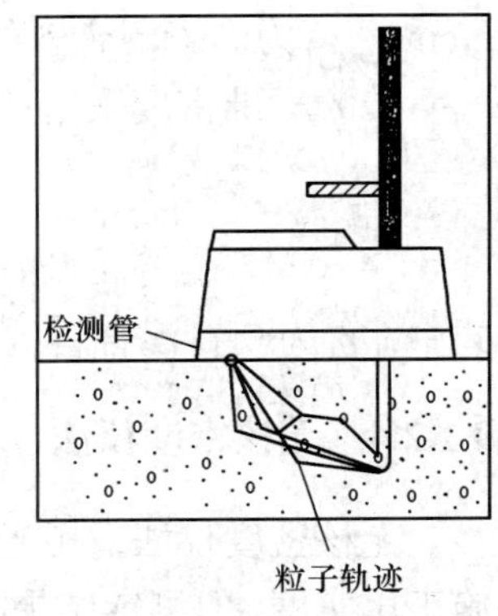

图 9-3 用透射法测定

③ 打开仪器，测试员退出仪器 2 m 以外，按照选定的测定时间进行测量，到达测定时间后，读取显示的各项数值，并迅速关机。

9.1.2.3 钻芯法测定沥青面层密度

沥青混合料面层的压实度是指按施工规范规定方法测得的混合料试样的毛体积密度与标准密度之比值，以百分率表示。

1）检测的仪器与材料

（1）路面取芯钻机。

（2）天平、水槽、吊篮、石蜡、卡尺、毛刷、小勺、取样袋（容器）、电风扇。

2）检测的步骤

（1）钻取芯样：钻取路面芯样，芯样直径不宜小于ϕ100 mm。当一次钻孔取得的芯样包含有不同层位的沥青混合料时，应根据结构组合情况用切割机将芯样沿各层接合面锯开分层进行测定。钻孔取样应在路面完全冷却后进行，对普通沥青路面通常在第二天取样，对改性沥青及SMA路面宜在第三天以后取样。

（2）测定试件密度：

① 将钻取的试件在水中用毛刷轻轻刷黏附的粉尘。

② 将试件晾干或用电风扇吹干不少于 24 h，直到恒重。

（3）采用表干法测定试件的毛体积相对密度；对吸水率大于 2%的试件，宜采用蜡封法测定试件的毛体积相对密度；对吸水率小于 0.5%特别致密的沥青混合料，在施工质量检验时，允许采用水中重法测定表现相对密度。

3）计算

（1）标准密度采用每天试验室实测的马歇尔击实试件密度或试验路段钻孔取样密度时，压实度按式（9-9）计算。

$$K=\frac{\rho_s}{\rho_0}\times 100 \tag{9-9}$$

式中：K为沥青面层某一测定部位的压实度，%；ρ_s为沥青混合料芯样试件的实际密度，g/cm^3；ρ_0为沥青混合料的标准密度，g/cm^3；

（2）标准密度采用最大理论密度时压实度按式（9-10）计算。

$$K=\frac{\rho_s}{\rho_t}\times 100 \tag{9-10}$$

式中：ρ_t为沥青混合料的最大理论密度，g/cm^3。

9.1.2.4 无核密度仪法

无核密度仪法适用于现场无核密度仪快速测定沥青路面各层混合料的密度，并计算施工压实度，但测定结果不宜用于评定或仲裁。无核密度仪可用于检测铺筑完沥青路面、现场沥青混合料铺筑层密度及快速检查混合料的离析。

1）检测的仪器与材料

（1）无核密度仪。

（2）标准密度块、交流充电器或直流充电器、打印机。

2）检测的步骤

① 打开仪器箱，将仪器提手扶正，拧紧连接套，将仪器电源开关打开，使仪器进入预备状态，预热 15 min。

② 将聚乙烯标准块放置在支架上，再将仪器放置在标准块上，进行测量标准计数。

③ 平整待测地面，如果不平要用小刀铲除突出点，用细土填满凹下点，以保证仪器底部与地面有良好的接触。

④ 测量记录。选择初始参数，包括预置测量时间、密度和绝对含水量修正值、测量序号、最大干密度，按下测量键，仪器发出鸣叫声，开始对土基进行测试，等仪器发出短促的鸣叫声时，即显示出所测结果，读数并记录。

⑤ 每一处密度，需在碾压方向和垂直方向进行两次测量，取其平均值作为最后结果。

⑥ 测量不同土质时，要进行现场修正以保证测量的准确性。

⑦ 仪器测量时，仪器周围 1 m 内不得有障碍物或站人。

3）计算

按照式（9-11）计算施工压实度。

$$K=\frac{\rho_s}{\rho_0}\times 100 \tag{9-11}$$

式中：K 为测试地点的施工压实度，%；ρ_0 为沥青混合料的标准密度，g/cm^3；ρ_s 为沥青混合料的实际密度，g/cm^3。

9.1.3 压实度检测结果评定

路基、路面压实度以 1～3 km 长的路段为检验评定单位，检验评定段的压实度代表值 K（算术平均值的下置信界限）计算式为（9-12）。

$$K=k-t_\alpha s/\sqrt{n}\geqslant K_0 \tag{9-12}$$

式中：k 为检验评定段内各测点压实度的平均值；t_α为 t 分布表中随测点数和保证率（或随置信度 α 而变的系数：高速、一级公路时，基层、底基层为 99%，路基、路面面层为 95%；其他公路时，基层、底基层为 95%，路基、路面面层为 90%）；s 为检测值的均方差；n 为检测点数；K_0 为压实度标准值。

压实度评分方法如下：

（1）路基、基层和底基层：$K\geqslant K_0$ 且单点压实度全部大于或等于规定值减 2 个百分点时，评定路段的压实度可得规定满分；当 $K\geqslant K_0$ 且单点压实度全部大于或等于规定极值时，对于测定值低于规定值减 2 个百分点的测点，按其占总检查点数的百分率计算扣分值。$K< K_0$ 或某一单点压实度 K_i 小于规定极值时，该评定路段压实度为不合格，为零分。

（2）路堤施工段落短时，分层压实度要每点都符合要求，且实际样本数不小于 6 个。

（3）沥青面层：当 $K\geqslant K_0$ 且全部测点大于或等于规定值减 1 个百分点时，评定路段的压实度可得规定的满分；当 $K\geqslant K_0$ 时，对于测定值低于规定值减 1 个百分点的测点，按其占总检查点数的百分率计算扣分值；$K<K_0$ 时，评定路段的压实度为不合格，为零分。

9.2 强度检测

9.2.1 回弹弯沉检测

回弹弯沉值表征路基路面的承载能力。回弹弯沉检测用于新建路面结构的设计和施工控制与验收，也用于旧路补强设计。目前应用最多的是贝克曼梁法。

1）检测的仪器与材料

（1）测试车：双轴、后轴双侧4轮的载重车，其标准轴荷载、轮胎气压等主要参数应符合表9-3的要求。测试车应采用后轴10 t标准轴载BZZ-100的汽车。

表9-3 弯沉测定用的标准车参数

标准轴载等级	BZZ-100
后轴标准轴载 P/kN	100±1
一侧双轮荷载/kN	50±0.5
轮胎充气压力/MPa	0.70±0.05
单轮传压面当量圆直径/cm	21.3±0.5
轮隙宽度	应满足能自由插入弯沉仪侧头的试验要求

（2）路面弯沉仪、接触式路面温度计、皮尺、口哨、白油漆或粉笔、指挥旗等。

2）检测的步骤

（1）试验前准备工作：

① 检查并保持测定用标准车的车况及刹车性能良好，轮胎内胎符合规定充气压力。

② 向汽车车槽中装载（铁块或集料），并用地中衡称量后轴总质量及单侧轮轴线，均应符合要求的轴重规定，汽车行驶及测定过程中，轴重不得变化。

③ 测定轮胎接地面积：在平整光滑的硬质路面上用千斤顶将汽车后轴顶起，在轮胎下方铺一张新的复写纸和一张方格纸，轻轻落下千斤顶，即在方格纸上印上轮胎印痕，用求积仪或数方格的方法测算轮胎接地面积。

④ 检查弯沉仪百分表测量灵敏情况。

⑤ 当在沥青路面上测定时，用路表温度计测定试验时气温及路表温度，并通过气象台了解前5 d的平均气温（日最高气温与最低气温的平均值）。

⑥ 记录沥青路面修建或改建时材料、结构、厚度、施工及养护等情况。

（2）检测的步骤：

① 在测试路段布置测点，其距离随测试需要而定。测点应在路面行车道的轮迹带上，并用白油漆或粉笔画上标记。

② 将试验车后轮轮隙对准测点后3～5 cm处的位置。

③ 将弯沉仪插入汽车后轮之间的缝隙处，与汽车方向一致，梁臂不得碰到轮胎，弯沉仪测头置于测点上（轮隙中心前方 3～5 cm 处），并安装百分表于弯沉仪的测定杆上，百分表调零用手指轻轻叩打弯沉仪，检查百分表是否稳定回零。弯沉仪可以是单侧

测定，也可以双侧同时测定。

④ 测定者吹哨发令指挥汽车缓缓前进，百分表随路面变形的增加而持续向前转动。当表针转动到最大值时，迅速读取初读数 L_1。汽车仍在继续前进，表针反向回转，等汽车驶出弯沉影响半径（约 3 m 以上）后，吹口哨或挥动红旗，汽车停止。待表针回转稳定后再次读取终读数 L_2。汽车前进的速度宜为 5 km/h 左右。

3）弯沉仪的支点变形修正

（1）当采用长度为 3.6 m 的弯沉仪进行测定时，有可能引起弯沉仪支座处变形，因此测定时应检验支点有无变形。支点变形修正的原理如图 9-4 所示。

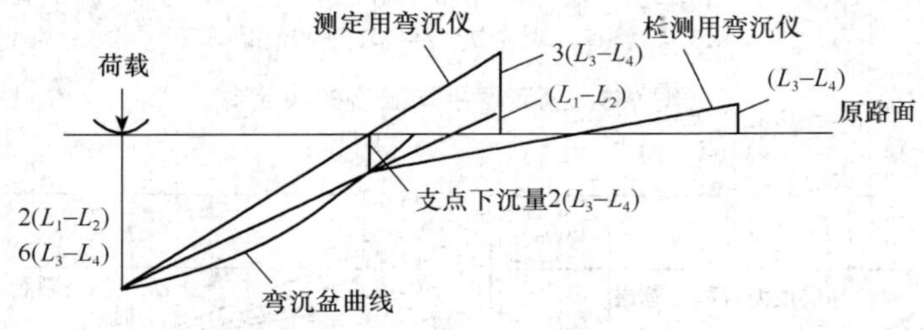

图 9-4 弯沉仪支点变形修正原理图

（2）当采用长 5.4 m 的弯沉仪测定时，可不进行支点变形修正。

4）结果计算及温度修正

（1）测点的回弹弯沉值按式（9-13）计算。

$$L_T = (L_1 - L_2)\times 2 \tag{9-13}$$

式中：L_T 为在路面温度为 T 时的回弹值；L_1 为车轮中心邻近弯沉仪测头时百分表的最大读数即初读数；L_2 为汽车驶出弯沉影响半径后百分表的最大读数即终读数。

（2）进行弯沉仪支点变形修正时，路面测点的回弹沉值按式（9-14）计算。适用于测定用弯沉仪支座处有变形，但百分表架处路面已无变形的情况。

$$L_T = (L_1 - L_2)\times 2 + (L_3 - L_4)\times 6 \tag{9-14}$$

式中：L_3 为车轮中心邻近弯沉仪测头时检验用弯沉仪的最大读数；L_4 为汽车驶出弯沉影响半径后检验用弯沉仪的终读数。

（3）沥青面层厚度大于 5 cm 且路面温度超过 20℃±2℃时回弹弯沉值进行温度修正。

① 测定时的沥青层平均温度按式（9-15）计算。

$$T = (T_{25} + T_{\mathrm{m}} + T_{\mathrm{e}})/3 \tag{9-15}$$

式中：T 为测定时沥青层平均温度，℃；T_{25} 为根据 T_0 由图 9-5 决定的路表下 25 mm 处的温度，℃；T_{m} 为根据 T_0 由图 9-5 决定的沥青层中间深度的温度，℃；T_{e} 为根据 T_0 由图 9-5 决定的沥青层底面处的温度，℃。

② 根据沥青平均温度 T 及沥青层厚度，分别由图 9-6（适用于粒料基层及沥青稳定基层）及图 9-7（适用于无机结合料稳定半刚性基层）求取不同基层的沥青路面弯沉值的温度修正系数 K。

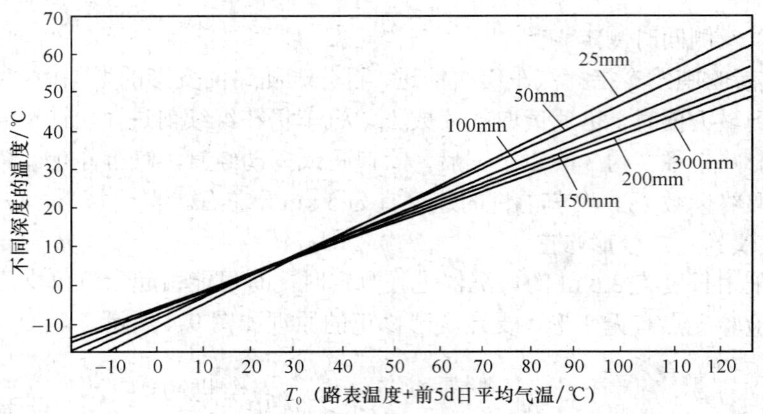

图 9-5　沥青层平均温度的决定

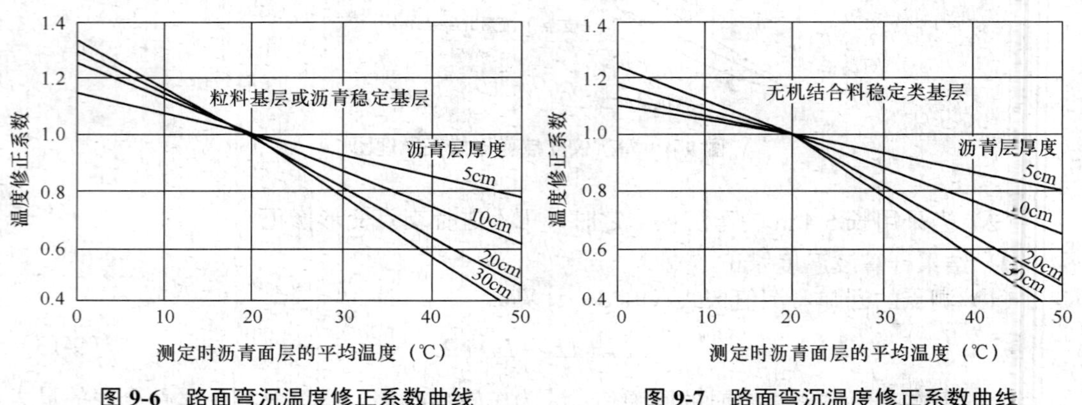

图 9-6　路面弯沉温度修正系数曲线　　　图 9-7　路面弯沉温度修正系数曲线

③ 沥青路面回弹弯沉按式（9-16）计算。

$$L_{20} = L_T \times K \tag{9-16}$$

式中：K 为温度修正系数；L_{20} 为换算为 20℃的沥青路面回弹弯沉值；L_T 为测定时沥青面层内平均温度为 T 时的回弹弯沉值。

9.2.2　回弹模量检测

测定回弹模量的方法包括：承载板法、贝克曼梁法和其他间接测试方法（如贯入仪测定法、CBR 测定法）。承载板法适用于在现场土基表面，通过承载板对土基逐渐加载、卸载的方法，测出每级荷载下相应的土基回弹变形值，经过计算求得土基回弹模量，测定的土基回弹模量可作为路面设计参数使用。

1）检测的仪器与材料

（1）加载设施；现场测试装置，如图 9-8 所示。

（2）刚性承载板、路面弯沉仪、液压千斤顶、秒表、水平尺、细砂、毛刷、垂球、镐、铁锹、铲等。

2）准备工作

（1）根据需要选择有代表性的测点，测点应位于水平的路基上，土质均匀，不含杂物。

（2）仔细平整土基表面，撒干燥洁净的细砂填平土基凹处，砂子不可覆盖全部土基表面，避免形成一层。

（3）安置承载板，并用水平尺进行校正，使承载板置水平状态。

（4）将试验车置于测点上，在加劲小梁中部悬挂垂球测试，使之恰好对准承载板中心，然后收起垂球。

（5）在承载板上安放千斤顶，上面衬垫钢圆筒、钢板，并将球座置于顶部与加劲横梁接触。如用测力环时，应将测力环置于千斤顶与横梁中间，千斤顶及衬垫物必须保持垂直，以免加压时千斤顶倾倒发生事故并影响测试数据的准确性。

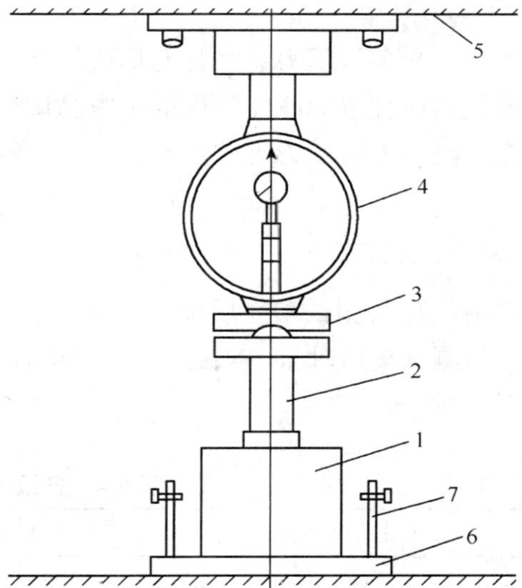

图 9-8 承载板测试装置图

1.加载千斤顶 2.钢圆筒 3.钢板及球座 4.测力计 5.加劲横梁 6.承载板 7.立柱及支座

（6）安放弯沉仪，将两台弯沉仪的测头分别置于承载板立柱的支座上，百分表对零或其他合适的初始位置。

3）检测的步骤

（1）用千斤顶开始加载，注视测力环或压力表，至顶压 0.5 MPa，稳压 1 min，使承载板与土基紧密接触，同时检查百分表，其工作情况是否正常，然后放松千斤顶油门卸载，稳压 1 min 后，将指标对零或记录初始读数。

（2）测定土基的压力–变形曲线。用千斤顶加载，采用逐级加载卸载法，用压力表或测力环控制加载量，荷载小于 0.1 MPa 时，每级增加 0.02 MPa，以后每级增加 0.04 MPa 左右。每次加载至预定荷载后，稳定 1 min，立即读记两台弯沉仪百分表数值，然后轻轻放开千斤顶油门卸载至 0，待卸载稳定 1 min 后，再次读数，每次卸载后百分表不再对零。两台弯沉仪百分表读之差不超过平均值的 30%，如超过 30%，则应重测。当回弹变形值超过 1 mm 时，即可停止加载。

（3）各级荷载的回弹变形和总变形，按式（9-17）和式（9-18）计算。

回弹变形 L=（加载后读数平均值–卸载后读数平均值）×弯沉仪杠杆比 （9-17）

总变形 L'=（加载后读数平均值–加载初始前读数平均值）×弯沉仪杠杆比 （9-18）

（4）测定汽车总影响量 α。最后一次加载卸载循环结束后，取走千斤顶，重新读取百分表初读数，然后将汽车开出 10 m 以外，读取终读数，2 只百分表的初、终读数差的平均值即为总影响量 α。

（5）在试验点下取样，测定材料含水率。

（6）在紧靠试验点旁边的适当位置，用灌砂法或环刀法等测定土基的密度。

4）计算

（1）各级压力的回弹变形值加上该级的影响量后，则为计算回弹变形值。表 9-4 所列是以后轴重 60 kN 的标准车为测试车的各级荷载影响量的计算值。当使用其他类型测试车时，各级压力下的影响量按式（9-19）计算。

$$\alpha_i = \frac{(T_1 + T_2)\pi D^2 P_i}{4T_1 Q} \cdot \alpha \tag{9-19}$$

式中：T_1 为测试车前后轴距，m；T_2 为加劲小梁距后轴距离，m；D 为承载板直径，m；Q 为测试车后轴重，N；P_i 为该级承载板压力，Pa；α为总影响量；α_i 为该级压力的分级影响量。

表 9-4　各级荷载影响量（后轴 60 kN）

承载板压力/MPa	0.05	0.10	0.15	0.20	0.30	0.40	0.50
影响量	0.06 α	0.12 α	0.18 α	0.24 α	0.36 α	0.48 α	0.60 α

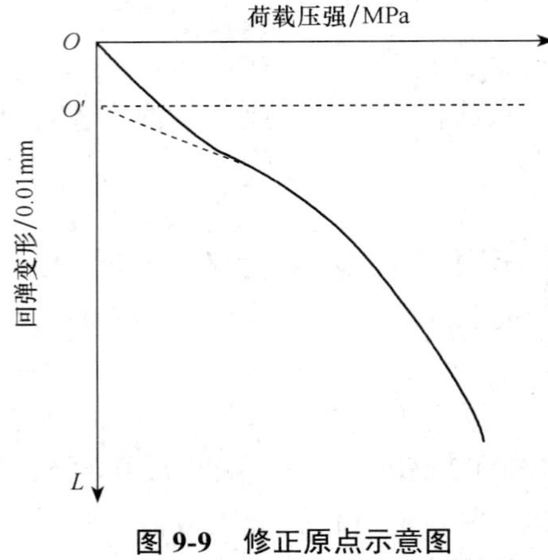

图 9-9　修正原点示意图

（2）将各级计算回弹变形值点绘于标准计算纸上，排除显著偏离的异常点并绘出顺滑的 P–L 曲线，如曲线起始部分出现反弯，应按图9-9 所示修正原点 O。

（3）按式（9-20）计算相应于各级荷载下的土基回弹模量值。

$$E_i = \frac{\pi D}{4} \cdot \frac{P_i}{L_i}(1 - \mu_0^2) \tag{9-20}$$

式中：E_i 为相应于各级荷载下的土基回弹模量，MPa；μ_0 为土的泊松比，根据部颁路面设计规范规定选用；L_i 为相对于荷载时的回弹变形，cm。

（4）各回弹变形值按线性回归方法由式（9-21）计算土基回弹模量 E_0 值。

$$E_0 = \frac{\pi D}{4} \cdot \frac{\sum P_i}{\sum L_i}(1 - \mu_0^2) \tag{9-21}$$

9.2.3　水泥混凝土路面芯样劈裂强度检测

水泥混凝土路面强度的控制指标是弯拉或劈裂强度，由于弯拉强度试件成型及试验过程比较麻烦，现多用劈裂强度来代替。

1）检测的仪器与材料

（1）压力机。

（2）劈裂夹具、木质三合板垫条。

2）检测的步骤

（1）外观检查，每个芯样应详细描述有无裂缝、接缝、分层、麻面或离析等情况；集料情况，估计集料的最大粒径、形状及种类，粗细集料的比例与级配；密实性。

（2）测量平均直径 d_m。

（3）试件的制作：试件两端平面应与它的轴线相垂直，误差不应大于±1°，端面凹凸每 100 mm 不超过 0.05 mm，承压线凹凸不应大于 0.25 mm。

（4）湿度控制：试验前试件应在 20℃±2℃的水中浸泡 40 h，从水中取出后立即进行试验。如有专门要求，可用其他养护或湿度控制条件。

（5）将试件、劈裂垫条和垫层放在压力机上，借助夹具两侧杆，将试件对中；开动压力机，当压力机压板与夹具垫条接近时调整球座使压力均匀接触试件。当压力加到 5 kN 时，将夹具的侧杆抽出，以 60 N/s±4 N/s 的速度连续、均匀加荷，直至试件劈裂为止，记下破坏荷载。

3）计算

芯样劈裂抗拉强度 R_a 按式（9-22）计算。

$$R_a = \frac{2P}{\pi A} = \frac{2P}{\pi d_m L_m} \tag{9-22}$$

式中：R_a 为芯样劈裂抗拉强度，MPa；P 为极限荷载，N；A 为芯样劈裂面面积，mm；d_m 为芯样截面的平均直径，mm；L_m 为芯样平均长度，mm。

9.2.4 沥青混凝土路面芯样马歇尔稳定度检测

沥青混凝土路面芯样马歇尔稳定度检测适用于从沥青路面钻取的芯样进行马歇尔试验，供评定沥青路面施工质量是否符合设计要求或进行路况调查。标准芯样钻孔试件的直径为 100 mm，适用的试件高度为 30～80 mm；大型钻孔试件的直径为 150 mm，适用的试件高度为 80～100 mm。

1）检测的仪器与材料

所用的仪具与材料与沥青混合料马歇尔试验相同。

2）检测的步骤

（1）用钻孔机钻取压实沥青混合料路面芯样试件。

（2）适当清扫混合料芯样表面，如果底面沾有基层泥土则应洗净，若底面凹凸不平严重，则应用锯石机将其锯平。

（3）如缺乏沥青用量、矿料配合比及各种材料的密度数据时，应按规程测定沥青混合料的理论最大相对密度。

（4）测定试件的密度、空隙率等各项物理指标。

（5）用卡尺测定试件的直径，取两个方向的平均值。

（6）测定试件的高度，取 4 个对称位置的平均值。

（7）按沥青混合料马歇尔稳定度检测的方法进行马歇尔试验，由试验实测稳定度乘以表 9-5 或表 9-6 中的试件高度修正系数 K 得到试件的稳定度 MS。

表 9-5 现场钻取芯样试件高度修正系数（适用于ϕ100 mm试件）

试件高度/cm	修正系数 K	试件高度/cm	修正系数 K
2.47～2.61	5.56	5.16～5.31	1.39
2.62～2.77	5.00	5.32～5.46	1.32
2.78～2.93	4.55	5.47～5.62	1.25
2.94～3.09	4.17	5.63～5.80	1.19
3.10～3.25	3.85	5.81～5.94	1.14
3.26～3.40	3.57	5.95～6.10	1.09
3.41～3.56	3.33	6.11～6.26	1.04
3.57～3.72	3.03	6.27～6.44	1.00
3.73～3.88	2.78	6.45～6.60	0.96
3.89～4.04	2.50	6.61～6.73	0.93
4.05～4.20	2.27	6.74～6.89	0.89
4.21～4.36	2.08	6.90～6.06	0.86
4.37～4.51	1.92	6.07～6.21	0.83
4.52～4.67	1.79	6.22～6.37	0.81
4.68～4.87	1.67	6.38～6.54	0.78
4.88～4.99	1.50	6.55～6.69	0.76
5.00～5.15	1.47		

表 9-6 现场钻取芯样试件高度修正系数（适用于ϕ150 mm 试件）

试件高度/cm	试件体积/cm^3	修正系数 K
8.81～8.97	1608～1626	1.12
8.98～9.13	1637～1665	1.09
9.14～9.29	1666～1694	1.06
9.30～9.45	1695～1723	1.03
9.46～9.60	1724～1752	1.00
9.61～9.76	1753～1781	0.97
9.77～9.92	1782～1810	0.95
9.93～10.08	1811～1839	0.92
10.09～10.24	1840～1868	0.90

9.3 平整度检测

平整度的检验与评定是公路施工与养护的一个非常重要的环节。平整度测试方法有3 m 直尺法、连续式平整度仪法、颠簸累积仪。

9.3.1 3 m直尺法

3 m 直尺测定法有单尺测定最大间隙和等距离（1.5 m）连续测定两种。前者常用于施工质量控制与检查验收，单尺测定时要计算出测定段的合格率；等距离连续测试也可用于施工质量检查验收，要算出标准差，用标准差来表示平整程度。

1）测点选择及测试要点

（1）在测试路段路面上选择测试地点：

① 如为施工过程中质量检测需要，测试地点根据需要确定，可以单杆检测；

② 当为路基、路面工程质量检查验收或进行路况评定需要时，应首尾相接连续测量 10 尺。除特殊需要外，应以行车道一侧车轮轮迹（距车道线 80～100 cm）带作为连续测定的标准位置。

③ 对已有车辙的旧路面，应取车辙中间位置为测定位置，用粉笔在路面上做好标记。

（2）测试要点：

① 在施工过程中检测时，根据需要确定的方向，将 3 m 直尺摆在测试地点的路面上。

② 目测 3 m 直尺底面与路面之间的间隙情况，确定间隙为最大的位置。

③ 用有高度标线的塞尺塞进间隙处，量记最大间隙的高度。

④ 施工结束后检测时，按现行《公路工程质量检验评定标准》（JTG F80/1—2004）的规定，每 1 处连续检测 10 尺，按上述步骤测记 10 个最大间隙。

2）计算

单杆检测路面的平整度计算，以 3 m 直尺与路面的最大间隙为测定结果。连续测定 10 尺时，判断每个测定值是否合格，根据要求计算合格百分率，利用式（9-23）计算 10 个最大间隙的平均值。

$$合格率=（合格尺数/总测尺数）\times 100 \qquad (9\text{-}23)$$

9.3.2 连续式平整度仪法

连续式平整度仪法用于测定路表面的平整度，评定路面的施工质量和使用质量，但不适用于在已有较多坑槽、破损严重的路面上测定。

1）检测的仪器与设备

（1）连续式平整度仪如图 9-10 所示。

（2）牵引车，皮尺或测绳。

2）检测的步骤

（1）准备工作：

① 选择测试路段。当为施工过程中质量检测需要时，测试地点根据需要决定；当为路面工程质量检查验收或进行路况评定

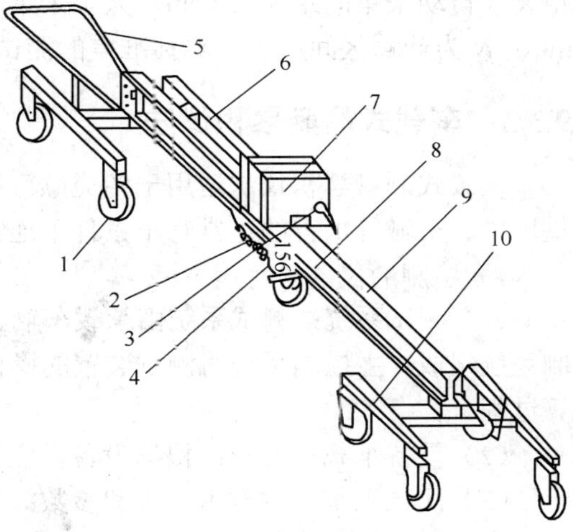

图 9-10 连续式平整仪构造图

1.脚轮 2.拉簧 3.离合器 4.测架 5.牵引架 6.前架 7.纵断面绘图仪 8.测定轮 9.纵梁 10.后架

需要时，通常以行车道一侧车轮轮迹带作为连续测定的标准位置。对旧路已形成车辙的路面，取一侧车辙中间位置为测定位置。按前所述的规定在测试路段路面上确定测试位置，当以内侧轮迹（IWP）或外侧轮迹带（OWP）作为测定位置时，测定位置距车道标线 80～100 cm。

② 清扫路面测定位置处的脏物。检测箱各部分应完好、灵敏，安装记录设备。

（2）测试步骤：

① 将连续式平整度仪置于测试路段路面起点上。

② 在牵引汽车的后部，将连续式平整度仪与汽车连接好，按照仪器使用手册依次完成各项操作。

③ 启动牵引汽车，沿道路纵向行驶，横向位置保持稳定。

④ 确认连续式平整度仪工作正常。牵引连续式平整度仪的速度应保持匀速，速度宜为 5 km/h，最大不得超过 12 km/m。

⑤ 在测试路段较短时，亦可用人力拖拉平整度仪测定路面的平整度，但拖拉时应保持匀速前进。

3）计算

（1）连续式平整度测定仪测定后，可按每 10 cm 间距采集的位移值自动计算 100 m 计算区间的平整度标准差（mm），还可记录测定长度（mm）。

（2）每一计算区间的路面平整度以该区间测定结果的标准差表示，按式（9-24）计算。

$$\sigma_i = \sqrt{\frac{\sum d_i^2 - (\sum d_i)^2 / N}{N-1}} \tag{9-24}$$

式中：σ_i 为各计算区间的平整度计算值，mm；d_i 为以 100 m 为一个计算区间，每隔一定距离（自动采集间距为 10 cm，人工采集间距为 1.5 m）采集的路面凹凸偏差位移值，mm；N 为计算区间用于计算标准差的测试数据个数。

9.3.3　车载式颠簸累积仪法

车载式颠簸累积仪法适用于各类颠簸累积仪在新建、改建路面工程质量验收和无严重坑槽、车辙等病害的正常行车条件下连续采集路段平整度数据。

1）检测的仪器与材料

（1）测试系统：测试系统由承载车辆、距离测量装置、颠簸累积值测试装置和主控制系统组成。主控制系统对测试装置的操作实施控制，完成数据采集、传输、存储与计算过程。

（2）设备承载车要求：根据设备供应商的要求选择测试系统承载车辆。

（3）测试系统基本技术要求和参数：

① 测试速度：30～80 km/h；

② 最大测试幅值：±20 cm；

③ 垂直位移分辨率：1 mm；

④ 距离标定误差：<0.5%；

⑤ 系统工作环境温度：0～60℃；

⑥ 系统软件能够依据相关关系公式自动对颠簸累积值进行换算，间接输出国际平整度指数 IRI。

2）检测的步骤

（1）准备工作：

① 测试车辆具备下列条件之一时，都应进行仪器测值与国际平整度指数 IRI 的相关性标定，相关系数 R 应不低于 0.99：在正常状态下行驶超过 20 000 km；标定的时间间隔超过 1 年；减振器、轮胎等发生更换、维修。

② 检查测试车轮胎气压，应达到车辆轮胎规定的标准气压；车胎应清洁，不得黏附杂物；车上载重、人数以及分布应与仪器相关性标定试验时一致。

③ 距离测量系统需要现场安装的，根据设备操作手册说明进行安装，确保紧固装置安装牢固。

④ 检查测试系统，各部分应符合测试要求，不应有明显的可视性破损。

⑤ 打开系统电源，启动控制程序，检查系统各部分的工作状态。

（2）测试步骤：

① 测试开始之前应让测试车以测试速度行驶 5～10 km，按照设备操作手册规定的预热时间对测试系统进行预热。

② 测试车停在测试起点前 300～500 m 处，启动平整度测试系统程序，按照设备操作手册的规定和测试路段的现场技术要求设置完毕所需的测试状态。

③ 驾驶员在进入测试路段前应保持车速在规定的测试速度范围内，沿正常行车轨迹驶测试路段。

④ 进入测试路段后，测试人员启动系统的采集和记录程序，在测试过程中必须及时准确地将测试路段的起终点和其他需要特殊标记点的位置输入测试数据记录中。

⑤ 当测试车辆驶出测试路段后，仪器操作人员停止数据采集和记录，并恢复仪器各部分至初始状态。

⑥ 操作人员检查数据文件，文件应完整，内容应正常，否则需要重新测试。

⑦ 关闭测试系统电源，结束测试。

3）计算

颠簸累积仪直接测试输出的颠簸累积值 VBI，要按照相关性标定试验得到相关关系式，并以 100 m 为计算区间换算成 IRI（以 m/km 计）。

4）颠簸累积仪测值与国际平整度指数 IRI 相关关系对比试验

（1）基本要求：由于颠簸累积仪测值受测试速度等因素影响，因此测试系统的每一种实际采用的测试速度都应单独进行标定，建立相关关系式。标定过程及分析结果应详细记录并存档。

（2）试验条件：

① 按照每段 IRI 值变化幅度不小于 1.0 的范围选择不少于 4 段不同平整度水平的路段且有足够加速或减速长度的路段。根据实际测试道路 IRI 的分布情况，可以增加某些

范围内的标定路段。

② 每路段长度不小于 300 m。

③ 每一段内的平整度应均匀，包括路段前 50 m 的引道。

④ 选择坡度变化较小的直线路段，路段交通量小，便于疏导。

⑤ 标定宜选择在车道的正常行驶轮迹上进行，明确标出标定路段的轮迹、起终点。

（3）检测步骤：

① 依据设备供应商建议的长度，选择坡度变化较小的平坦直线路段，标出起终点和行驶轨迹。

② 标定开始之前应让测试车以测试速度行驶 5～10 km，按照设备操作手册规定的预热时间对测试系统进行预热。

③ 将测试车的前轮对准起点线，启动距离校准程序，然后令车辆沿着路段轨迹直线行驶，避免突然加速或减速，接近终点时，看指挥人员手势减速停车，确保测试车的前轮对准终点线，结束距离校准程序。重复此过程，确保距离传感器脉冲当量的准确性，应在允许误差范围之内。

④ 参照前述方法与步骤，令颠簸累积仪按选定的测试速度测试每个标定路段的反应值，重复测试至少 5 次，取其平均值作为该路段的反应值。

（4）IRI 值的确定：

① 以精密水准仪作为标准仪具，分别测量标定路段两个轮迹的纵断高程；然后用 IRI 标准计算程序对每个轮迹的纵断面测量值进行模型计算，得到该轮迹的 IRI 值。2 个轮迹 IRI 值的平均值即为该路段的 IRI 值。

② 其他符合世界银行一类平整度测试标准的纵断面测试仪具也可以作为确定标定路段标准 IRI 值的仪具。

（5）试验数据处理：用数理统计的方法将各标定路段的 IRI 值和相应的颠簸累积仪测值进行回归分析，建立相关关系方程式。

9.4　路面抗滑性能检测

路面抗滑性能是指车辆轮胎受到制动时沿表面滑移所产生的力。抗滑性能是路面的表面特性，并用轮胎与路面间的摩阻系数来表示。抗滑性能测试方法有制动距离法、偏转轮拖车法（横向力系数测试）、摆式仪法、构造深度测试法（手工铺砂法、电动铺砂法、激光构造深度仪法）。

9.4.1　手工铺砂法

手工铺砂法适用于测定沥青路面及水泥混凝土路面表面的构造深度，用以评定路面表面的宏观构造。

1）检测的仪器与材料

（1）人工铺砂仪由量砂筒、推平板组成。量砂筒如图 9-11（a）所示，推平板如图 9-11（b）所示。

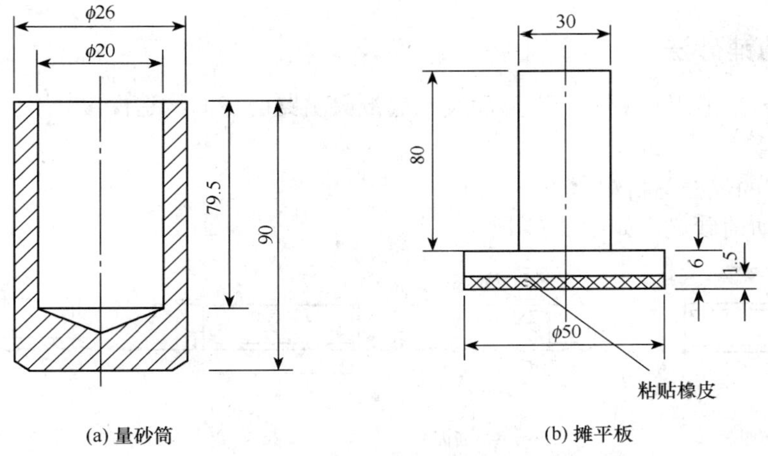

(a) 量砂筒　　(b) 摊平板

图 9-11　量砂筒和摊平板示意图（单位：mm）

（2）量砂、钢板尺、钢卷尺、装砂容器（小铲）、扫帚或毛刷、挡风板等。

2）检测的步骤

（1）准备工作：

① 量砂准备：取洁净的细砂凉干、过筛，取 0.15～0.3 mm 的砂置适当的容器中备用。量砂只能在路面上使用一次，不宜重复使用。

② 对测试路段按随机取样选点的方法，决定测点所在横断面位置。测点应选在行车道的轮迹带上，距路面边缘不应小于 1 m。

（2）检测步骤：

① 用扫帚或毛刷将测点附近的路面清扫干净。

② 用小铲装砂，沿筒壁向圆筒中注满砂，手提圆筒上方，在硬质路面上轻轻地叩打 3 次，使砂密实，补足砂面用钢尺一次刮平。注意，不可直接用量砂筒装砂，以免影响量砂密度的均匀性。

③ 将砂倒在路面上，用底面粘有像橡胶片的推平板，由里向外重复做旋转摊铺运动，稍稍用力将砂细心地尽可能地向外摊开，使砂填入凹凸不平的路表面的空隙中，尽可能将砂摊成圆形，并不得在表面上留有浮动余砂。注意摊铺时不可用力过大或向外推挤。

④ 用钢板尺测量所构成圆的两个垂直方向的直径，取其平均值。

⑤ 同一处平行测定不少于 3 次，3 个测点均位于轮迹带上，测点间距 3～5 m 在同一处，应由同一个试验员进行测定。该处的测定位置以中间测点的位置表示。

3）计算

路面表面构造深度测定结果按式（9-25）计算。

$$TD = \frac{1000V}{\pi D^2/4} = \frac{31\,831}{D^2} \tag{9-25}$$

式中：TD 为路面表面构造深度，mm；V 为砂的体积，25 cm^3；D 为摊平砂的平均直径，mm。

9.4.2 电动铺砂法

电动铺砂法适用于测定沥青路面及水泥混凝土路面表面构造深度，用以评定路面表面的宏观构造。

1）检测的仪器与材料

（1）电动铺砂仪，如图 9-12 所示。

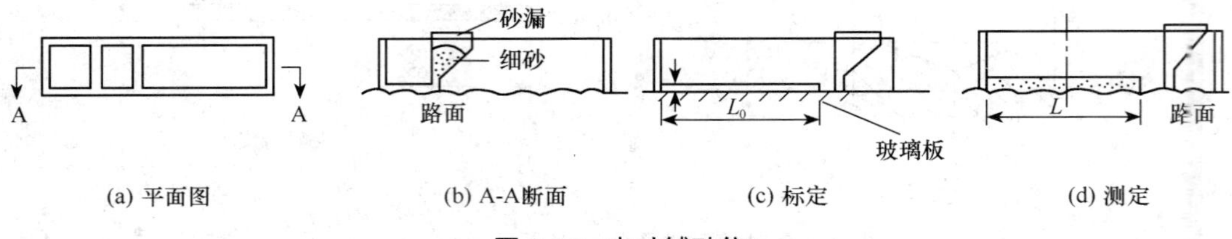

图 9-12 电动铺砂仪

（2）量砂、标准量筒、玻璃板、直尺、扫帚、毛刷等。

2）检测的步骤

（1）准备工作：

① 量砂准备：取洁净的细砂，晾干、过筛，取 0.15～0.3 mm 的砂置适当的容器中备用。量砂只能在路面上使用一次，不宜重复使用。

② 对测试路段按随机取样选点的方法，决定测点所在横断面的位置。测点应选在行车道的轮迹上，距路面边缘不应小于 1 m。

（2）电动铺砂仪标定：

① 将铺砂仪平放在玻璃板上，将砂漏移至铺砂器端部。

② 将灌砂漏斗口和量筒口大致齐平。通过漏斗向量筒中缓缓注入准备好的量砂至高出量筒成尖顶状，用直尺沿筒口一次刮平，其容积为 50 mL。

③ 将漏斗口与铺砂器砂漏上口大致齐平。将砂通过漏斗均匀倒入砂漏，漏斗前后移动，使砂的表面大致齐平，但不得用任何其他工具刮动砂。

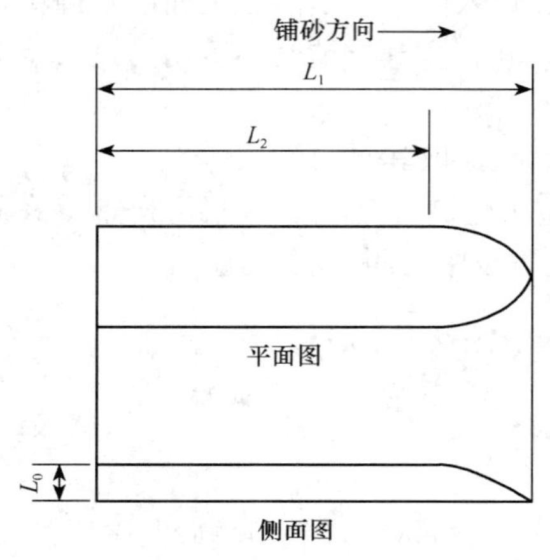

图 9-13 决定 L_0 的方法

④ 开动电动马达，使砂漏向另一端缓缓运动，量砂沿砂漏底部铺成如图 9-13 所示的宽 5 cm 的带状，待砂全部漏完后停止。

⑤ 按图 9-13，依式（9-26）由 L_1 及 L_2 的平均值决定量砂的摊铺长度 L_0。

$$L_0 = (L_1 + L_2)/2 \tag{9-26}$$

式中：L_0 为量砂的摊铺长度，mm；L_1、L_2 见图 9-13，mm。

⑥ 重复标定 3 次，取平均值决定 L_0。

⑦ 标定应在每次测试前进行，用同一种量砂，由同一试验员承担测试。

（3）测试步骤：

① 将测试地点用毛刷刷净，面积大于铺砂仪。

② 将铺砂仪沿道路纵向平稳地放在路面上，将砂漏移至端部。

③ 按上述电动铺砂器标定的步骤，在测试地点摊铺 50 mL 量砂，按图 9-13 的方法量取摊铺长度 L_1 及 L_2，由式 $L=(L_1+L_2)/2$ 计算 L。

④ 按以上方法，同一处平行测定不少于 3 次，3 个测点均位于轮迹带上，测点间距 3～5 m，该处的测定位置以中间测点的位置表示。

3）计算

（1）按式（9-27）计算铺砂仪在玻璃板上摊铺的量砂厚度 t_0。

$$t_0=\frac{V}{B\times L_0}\times 1000=\frac{1000}{L_0} \tag{9-27}$$

式中：t_0 为量砂在玻璃板上摊铺的标定厚度，mm；V 为量砂体积，V=50 mL；B 为铺砂仪铺砂宽度，B=50 mm；L_0 为玻璃板上 50 mL 最砂摊铺的长度，mm。

（2）按式（9-28）计算路面构造深度 TD。

$$TD=\frac{L_0-L}{L}\times t_0=\frac{L_0-L}{L\times L_0}\times 1000 \tag{9-28}$$

式中：TD 为路面的构造深度，mm；L 为路面上 50 mL 量砂摊铺的长度，mm。

9.4.3 摆式仪法

摆式仪法适用于以摆式摩擦系数测定仪（摆式仪）测定沥青路面、标线或其他材料试件的抗滑值，用以评定路面在潮湿状态下的抗滑能力。

1）检测的仪器与材料

（1）摆式仪如图 9-14 所示。

（2）橡胶片、标准量尺、洒水壶、橡胶刮板、路面温度计、扫帚、记录表格等。

2）检测的步骤

（1）检查摆式仪的调零灵敏情况，并定期进行仪器的标定。当用于路面工程检查验收时仪器必须重新标定；进行测试路段的取样选点。在横断面上测点应选在行车道轮迹处，且距路面边缘不应小于 1 m。

（2）清洁路面：用扫帚或其他工具将测点处的路面打扫干净。

（3）仪器调平：将仪器置于路面测点上，并使摆的摆动方向与行车方向一致；转动底座上的调平螺栓，使水准泡居中。

（4）调零：放松上、下两手紧固把手，转动升降把手，使摆升高并能自由摆动，然后旋紧紧固把手；将摆向固定在右侧悬臂上，使摆处于水平位置，并把指针拨至与摆杆平行处；按下释放开关，使摆向左带动指针摆动，当摆达到最高位置后下落时，用手将摆杆接住此时指针应指向零；若不指零时，可稍旋紧或放松摆的调节螺母；重复上述操作，直至指针指零。

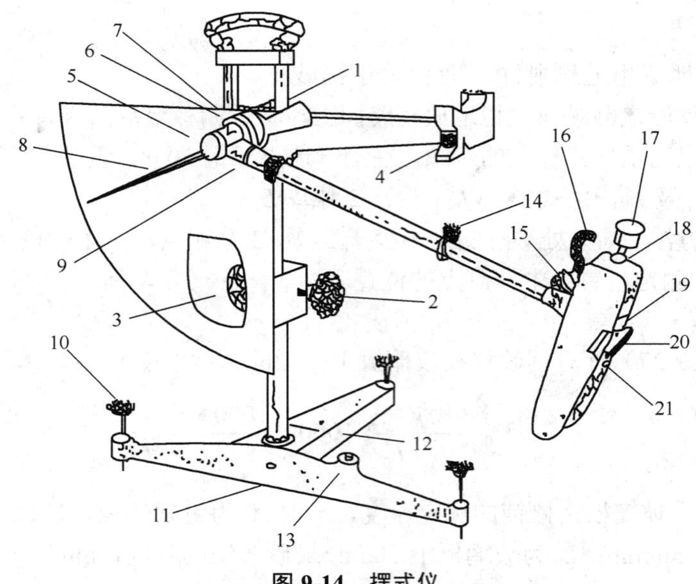

图 9-14　摆式仪

1、2.紧固把手　3.升降把手　4.释放开关　5.转向节螺盖　6.调节螺母　7.针簧片或毡垫　8.指针　9.连接螺母　10.调平螺栓　11.座　12.垫块　13.水准泡　14.卡环　15.定位螺钉　16.举升柄　17.平衡锤　18.并紧螺母　19.滑溜块　20.橡胶片　21.止滑螺钉

（5）校核滑动长度：

① 让摆处于自然下垂状态，松开固定把手，转动升降把，使摆下降。与此同时，提起举升柄使摆向左侧移动，然后放下举升柄使橡胶片下缘轻轻触地，紧靠橡胶片摆放滑动长度量尺，使量尺左端对准橡胶片下缘；再提起举升柄使摆向左侧移动，然后放下举升柄使橡胶片下缘轻轻触地，检查橡胶片下缘应与滑动长度量尺的左端齐平。

② 若齐平，则说明橡胶片两次触地的距离（滑动长度）符合 126 mm 的规定。校核滑动长度时，应以橡胶片长边刚刚接触路面为准，不可借摆的力量向前滑动，以免标定的滑动长度与实际不符。

③ 若不齐平，升高或降低摆或仪器底座的高度。微调时用旋转仪器底座上的调平螺栓调整仪器底座的高度的方法比较方便，但需注意保持水准泡居中。

④ 重复上述动作，直至滑动长度符合 126 mm 的规定。

（6）将摆固定在右侧悬臂上，使摆处于水平释放位置，将指针拨至右端与摆杆平行处。

（7）用喷水壶浇洒测点，使路面处于湿润状态。

（8）按下右侧悬臂上的释放开关，使摆在路面滑过。当摆杆回落时，用手接住，读数但不记录。然后使摆杆和指针重新置于水平释放位置。

（9）重复步骤（7）和步骤（8）的操作 5 次，并读记每次测定的摆值。单点测定的 5 个值中最大值与最小值的差值不得大于 3。如果差值大于 3 时，应检查产生的原因，并再次重复上述各项操作，至符合规定为止。取 5 次测定的平均值作为单点的路面抗滑值（摆值 BPN_t），取整数。

（10）在测点位置用温度计测记潮湿路表温度。

（11）每个测点由 3 个单点组成，即需按以上方法在同一测点处平行测定 3 次，以 3 次测定结果的平均值作为该测点的代表值。3 个单点均应位于轮迹带上，单点间距离为 3～5 m。该测点的位置以中间单点的位置表示。

3）抗滑值的温度修正

当路面温度为 T 时，测得的值为 BPN_t，必须按式（9-29）换算成标准温度 20℃的摆值 BPN_{20}。

$$BPN_{20} = BPN_t + \Delta BPN \tag{9-29}$$

式中：BPN_{20} 为换算成标准温度 20℃时的摆值；BPN_t 为路面温度 T 时测得的摆值；T 为测定的路表潮湿状态下的温度，℃；ΔBPN 为温度修正值，按表 9-7 选用。

表 9-7　温度修正值

温度 T/℃	0	5	10	15	20	25	30	35	40
温度修正值 ΔF	−6	−4	−3	−1	0	+2	+3	+5	+7

9.4.4　横向力摩擦系数测定系统

横向力摩擦系数测定系统适用于新建路面工程质量验收和无严重坑槽、车辙等病害的正常行业条件下连续采集路面的横向力系数。

1）检测的仪器

测试系统如图 9-15 所示。

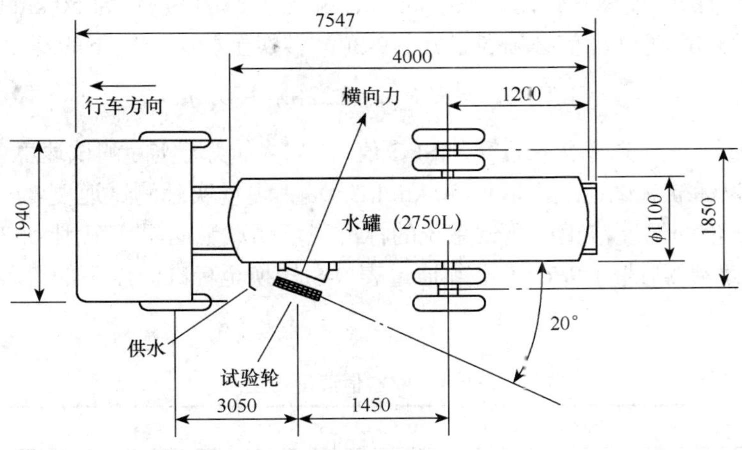

图 9-15　横向力摩擦系数测定系统示意图（单位：mm）

2）检测的步骤

（1）准备工作：

① 每个测试项目开始前或连续测试超过 1000 km 后必须按照设备使用手册规定的方法进行测试系统的标定，记录标定数据并存档。

② 检查测试车轮胎气压，应达到车辆轮胎规定的标准气压。

③ 检查测试轮胎磨损情况，当其直径比新轮胎减小达 6 mm（胎面磨损 3 mm）以

上或有明显磨损裂口时，必须立即更换新轮胎。更换的新轮胎在正式测试前应试测 2 km。

④ 检测测试轮气压，应达到 0.35 MPa±0.02 MPa 的要求。

⑤ 检查测试轮固定螺栓应拧紧。将测试轮放到正常测试时的位置，检查其应能够沿两侧滑柱上下自由升降。

⑥ 根据测试里程的需要向水罐加注清洁测试用水。

⑦ 检查洒水口出水情况和洒水位置应正常；洒水位置应在测试轮触地面中点沿行驶方向前方 400 mm±50 mm 处，洒水宽度应为中心线两侧各不小于 75 mm。

⑧ 将控制面板电源打开，检查各项控制功能键、指示灯和技术参数选择状态应正常。

（2）步骤：

① 正式开始测试前，首先应按设备操作手册规定的时间要求对系统进行通电预热。

② 进入测试路段前应将测试轮胎降至路面上预跑约 500 m。

③ 按照设备操作手册的规定和测试路段的现场技术要求设备完毕所需的测试状态。

④ 驾驶员在进入测试路段前应保持车速在规定的测试速度范围内，沿正常行车轨迹驶入测试路段。

⑤ 进入测试路段后，测试人员启动系统的采集和记录程序。在测试过程中必须及时准确地将测试路段的起终点和其他需要特殊标记点的位置轮入测试数据记录中。

⑥ 当测试车辆驶出测试路段后，仪器操作人员停止数据采集和记录，提升测量轮并恢复仪器各部分至初始状态。

3）*SFC*值的修正

（1）*SFC* 值的速度修正：测试系统的标准测试速度范围规定为 50 km/h±4 km/h，其他速度条件下测试的 *SFC* 值必须通过式（9-30）转换至标准速度下的等效 *SFC* 值。

$$SFC_{标} = SFC_{测} - 0.22(\upsilon_{标} - \upsilon_{测}) \tag{9-30}$$

式中：$SFC_{标}$为标准测试速度下的等效 SFC 值；$SFC_{测}$为现场实际测试速度条件下的 *SFC* 测试值；$\upsilon_{标}$为标准测试速度，取值 50 km/h；$\upsilon_{测}$为现场实际测试速度。

（2）*SFC* 值的温度修正：测试系统的标准现场测试地面温度范围为 20℃±5℃，其他地面温度条件下测试的 *SFC* 值必须通过表 9-8 转换至标准温度下的等效 *SFC* 值。系统测试要求地面温度控制在 8～60℃。

表 9-8　*SFC*值温度修正　℃

温度	10	15	20	25	30	35	40	45	50	55	60
修正	−3	−1	0	+1	+3	+4	+6	+7	+8	+9	−10

4）不同类型摩擦系数测试设备间相关关系对比试验

（1）基本要求：不同类型摩擦系数测试设备的测值应换算成 *SFC* 值后使用，所以制动式摩擦系数测试设备和其他类型横向力测试设备在使用时必须和 SCRIM 系统进行对比试验，建立测试结果与 SCRIM 系统测出值——*SFC* 值的相关关系。

（2）检测条件：

① 按 *SFC* 值 0～30、30～50、50～70、70～100 的范围选择 4 段不同摩擦系数的路

段，路段长度可为 100～300 m。

② 对比试验路段地面应清洁干燥，地面温度应在 10～30℃，天气条件宜为晴天无风。

（3）检测步骤：

① 测试系统和需要进行对比试验的其他类型设备分别按前述的方法及其操作手册规定的程序准备就绪。

② 两套设备分别以 40 km/h、50 km/h、60 km/h、70 km/h、80 km/h 的速度在所选择的 4 种试验路段上各测试 3 次。3 次测试的平均值的绝对差值不得大于 5，否则重测。

③ 两种试验设备设置的采样频率差值不应超过 1 倍，每个试验路段的采样数据量不应少于 10 个。

④ 用数理统计的回归分析方法建立试验设备测值与速度的相关关系式，相关系数 R 不得小于 0.95。

⑤ 建立不同速度下试验设备测值 *SFC* 的相关关系式，相关系数 R 不得小于 0.95。

9.5 路面结构层厚度检测

路面结构层厚度检测适用于路面各层施工过程中及工程交工验收的厚度检验。

1）检测的仪器与材料

（1）路面取芯样钻机及钻头、冷却水。

（2）补坑材料：与检查层位的材料相同。

（3）夯、热夯、镐、铲、凿子、锤子、小铲、毛刷、搪瓷盆、棉纱、钢直尺。

2）检测的步骤

（1）基层或砂石路面的厚度可用填坑法测定，沥青面层及水泥混凝土路面板的厚度应用钻孔法测定。

（2）挖坑法厚度测量步骤：

① 根据现行相关规范的要求，按规范规定的方法，随机取样决定挖坑检查的位置，如为旧路，该点有坑洞等显著缺陷或接缝时，可在其旁边检测。

② 在选择试验地点方面，选一块平坦表面，用毛刷将其清扫干净。

③ 根据材料坚硬程度，选择镐、铲、凿子等适当的工具，开挖这一层材料，直至层位底面。在便于开挖的前提下，开挖面积应尽量缩小，坑洞大体呈圆形，边开挖边将材料铲出，置于搪瓷盘中。用毛刷将坑底清扫，确认为下一层的顶面。

④ 将钢直尺寸平放横跨于坑的两边，用另一把钢尺或卡尺等量在坑的中部位置垂直伸至坑底，测量坑底至钢板尺的距离，即为检查层的厚度。

（3）钻孔取样法厚度测试步骤：

① 根据现行相关规范的要求，随机取样决定钻孔检查的位置，如为旧路，该点有坑洞等显著缺陷或接缝时，可在其旁边检测。

② 用路面取芯钻机钻孔。钻孔深度必须达到层厚。

③ 仔细取出芯样，清除底面灰土，找出与下层的分界面。

④ 用钢直尺或卡尺沿圆周对称的十字方向四处量取表面至上下层界面的高度，取

其平均值，即为该层的厚度。

（4）在沥青路面施工过程中，当沥青混合料尚未冷却时，可根据需要随机选择测点，用大螺丝刀插入至沥青层底面深度后用尺读数，量取沥青的厚度。

（5）按下列步骤用于取样层相同的材料填补挖坑和钻孔：

① 适当清理坑中残留物，钻孔时留下的积水应用棉纱吸干。

② 对无机结合料稳定层及水泥混凝土路面板，应按相同配合比用新拌的材料分层填补并用小锤压实。水泥混凝土中宜掺加少量快凝早强剂。

③ 对无机结合料粒料基层，可用挖坑时取出的材料，适当加水拌和后分层填补，并用小锤压实。

④ 对正在施工的沥青路面，用相同级配的热拌沥青混合料填补并用加热的铁锤或热夯压实，旧路钻孔也可用乳化沥青混合料修补。

⑤ 所有补坑结束时，宜比原面层鼓出少许，用重锤或压路机压实平整。

3）计算

（1）按式（9-31）计算路面实测厚度 T_{ii} 与设计厚度 T_{oi} 之差。

$$\Delta T_i = T_{ii} - T_{oi} \tag{9-31}$$

式中：T_{ii} 为路面的实测厚度，mm；T_{oi} 为路面的设计层厚，mm；ΔT_i 为路面的实测厚度与设计厚度的差值，mm。

（2）评定：

① 厚度代表值为厚度的算术平均值的下置信界限值，即按式（9-32）计算。

$$XL = X - t_\alpha \frac{s}{\sqrt{n}} \tag{9-32}$$

式中：XL 为厚度代表值（算术平均值下置信界限）；X 为厚度平均值；s 为标准差；n 为检查数量；t_α为 t 分布表中随测点数和保证率（或置信度α）而变的系数。

② 当厚度代表值大于等于设计后减去代表值的允许偏差时，则按单个检查制的偏差不超过单点合格值来计算合格率；当厚度代表值小于设计厚度减去代表值得允许偏差时，相应分项工程评为不合格。

③ 沥青面层一般按沥青铺筑层的总厚度进行评定，高速公路和一级公路分 2～3 层铺筑时，还应进行上面层厚度检查和评定。

9.6 沥青路面渗水系数检测

沥青路面渗水性能通常用渗水系数表征，渗水系数是指在规定的水头压力下，水在单位时间内通过一定面积的路面渗入下层的数量。

1）检测的仪器与材料

（1）路面渗水仪，如图 9-16 所示。

（2）大桶、大漏斗、秒表、水、塑料图、刮刀、粉笔、扫帚、玻璃泥子、油灰等。

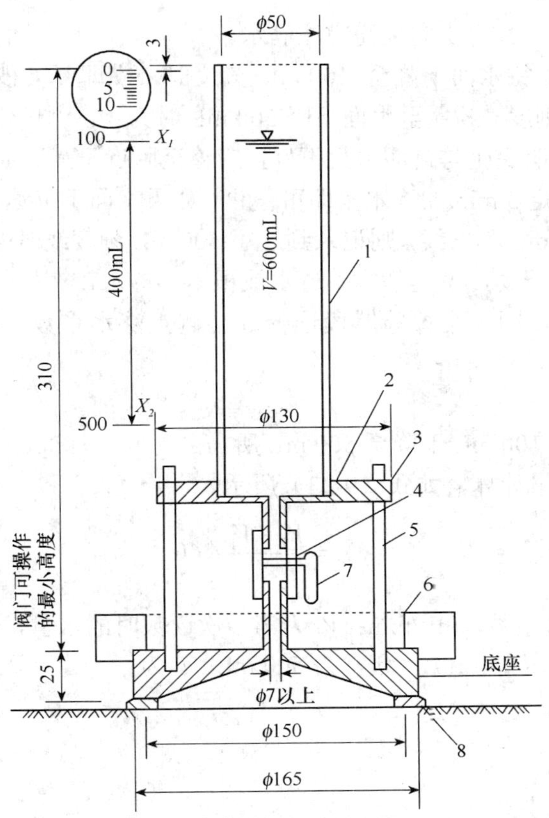

图 9-16 渗水仪结构图（单位：mm）

2）检测的步骤

（1）准备工作：

① 在测试路段的行车道面上，按随机取样方法选择测试位置，每一个检测路段应测定 5 个测点，用扫帚清扫表面，并用粉笔划上测试标记。

② 试验前，首先用扫帚清扫表面，并用刷子将路面表面的杂物刷去。杂物的存在一方面会影响水的渗入，另一方面也会影响渗水仪和路面或者试件的密封效果。

（2）检测步骤：

① 将塑料圈置于试件中央或者路面表面的测点上．用粉笔分别沿塑料圈的内测和外侧画上圈，在外环和内环之间的部分就是需要密封材料进行密封的区域。

② 用密封材料对环状密封区域进行密封处理，注意不要使密封材料进入内圈。如果密封材料不小心进入内圈，必须用刮刀将其刮走。然后再将搓成拇指粗细的条状密封材料摞在环状密封区域的中央，并且摞成一圈。

③ 将渗水仪放在试件或者路面表面的测点上，注意使渗水仪的中心尽量和圆环中心重合，然后略微使劲将渗水仪压在条状密封材料表面，而将配重加上，以防压力水从底座与路面间流出。

④ 将开关关闭，向量筒中注满水，然后打开开关，使量筒中的水下流排出渗水仪底部内的空气。当量筒中水面下降速度变慢时，用双手轻压渗水仪使渗水仪底部的气泡

全部排出。关闭开关，并再次向量筒中注满水。

⑤ 将开关打开，待水面下降至 100 mL 刻度时，立即开动秒表开始计时，每间隔 60 s，读记仪器管的刻度一次，至水面下降 500 mL 时为止，测试过程中，如水从底座与密封材料间渗出，说明底座与路面密封不好，应移至附近干燥路面处重新操作。当水面下降速度较慢，则测定 3 min 的渗水量即可停止；如果水面下降速度较快，在不到 3 min 的时间内到达了 500 mL 刻度线，则记录到达了 500 mL 刻度线时的时间；若水面下降至一定程度后基本保持不动，说明基本不透水或根本不透水，在报告中注意。

⑥ 按以上步骤在同一个检验路段选择 5 个测点渗水系数，取其平均值作为检测结果。

3）计算

计算时以水面从 100 mL 下降至 500 mL 所需的时间为标准，若渗水时间过长，亦可采用 3 min 通过的水量计算，如式（9-33）所示。

$$C_{\mathrm{w}}=\frac{V_2-V_1}{t_2-t_1}\times 60 \tag{9-33}$$

式中：C_{w}为路面渗水系数，mL/min；V_1为第一次读数时的水量，mL，通常为 100 mL；V_2为第二次读数时的水量，mL，通常为 500 mL；t_1为第一次读数时的时间，s；t_2为第二次读数时的时间，s。

小结

本章主要阐述了路基土、路面半刚性基层及粒料类柔性基层压实度的检测；沥青面层、沥青稳定基层压实度的检测；弯沉测试方法有贝克曼梁法、自动弯沉仪法和落锤式弯沉仪法等；回弹模量的测定方法承载板法、贝克曼梁法和其他间接测试方法；水泥混凝土路面强度弯拉或劈裂强度的检测；平整度测试方法有 3 m 直尺法、连续式平整度仪法、颠簸累积仪等；抗滑系数测试方法制动距离法、偏转轮拖车法、摆式仪法、构造深度的检测；渗水系数检测的方法。

思考题

1. 简述路面基层材料最大干密度的确定试验方法及适用条件。
2. 试述沥青混合料标准密度的取值及试验方法。
3. 简述灌砂法测现场压实度的要点。
4. 简述贝克曼梁法测定回弹弯沉值的要点。
5. 评述路基路面平整度常见的测试方法。
6. 试述路面抗滑性能的测试方法及其测试原理。
7. 某二级公路路基工程进行交工验收，已知：压实度规定值为 93%，规定极值为 88%，测得某段压实度数值百分数为 94.5、95.5、94.0、93.5、93.6、90.5、94.5、95.5、95.5，请对该段压实度检测结果进行评定。
8. 试述渗水系数测试的必要性及测试要点。

第 10 章 桥梁工程检测

[本章提要]

本章主要介绍桥梁工程下部结构、上部结构和成桥的检测方法。

桥梁工程检测的内容随着桥梁所在的位置、结构形式和所用的材料不同而异。根据桥梁的具体情况按有关标准规范确定检测项目，桥梁工程下部结构包括地基承载力、钻孔灌注桩、基桩承载力、混凝土基础、墩台结构；上部结构包括梁桥、拱桥、钢桥、混凝土斜拉桥、悬索桥、桥面系及附属工程；成桥的检测均是重点检测的内容。

10.1 桥梁下部结构检测

10.1.1 地基承载力检测

地基承载力的确定方法一般包括以下几种：参照相邻结构物确定，现场荷载试验确定，理论公式计算，规范经验公式法。

10.1.1.1 规范经验法

1）计算公式

按规范法确定容许地基承载力，见式（10-1）。

$$[\sigma]=[\sigma_0]+k_1\gamma_1(b-2)+k_2\gamma_2(h-3) \qquad (10\text{-}1)$$

式中：$[\sigma]$为地基容许承载力，MPa。$[\sigma_0]$为当基础最小边宽度（或直径）$b \leqslant 2$ m，埋置深度 $h \leqslant 3$ m 时的地基容许承载力，MPa。b 为基础最小边宽度（或直径），m。当 $b<2$ m 时，取 $b=2$ m；当 $b>10$ m 时，取 $b=10$ m。h 为基础地面的埋置深度，m。对于受水流冲刷的基础，由一般冲刷线算起；不受水流冲刷的基础，由天然地面算起；位于挖方内的基础，由开挖后的地面算起；当 $h<3$ m 时，取 $h=3$ m。γ_1 为基底以下持力层土的天然容重，kN/m^3。如持力层在水面下且为透水性土时，应取浮容重。γ_2 为基底以上土的天然容重，kN/m^3。如为多层土，要用加权平均容重；如持力层在水面下且为不透水性土时，不论基底以上土的透水性如何，应取饱和容重；如持力层在水面下且为透水性土时，不论基底以上土的透水性如何，应取浮容重。k_1、k_2 为按照持力层土的类别确定在基础宽度和深度方面的修正系数。

10.1.1.2 荷载板试验法

荷载板试验是在被检测的土层表面上逐级施加荷载，测读每级荷载作用下的沉降量，分析地基土强度和变形之间的关系，求得地基土的容许承载力。

1）检测的设备

现场荷载试验装置，如图 10-1 所示。

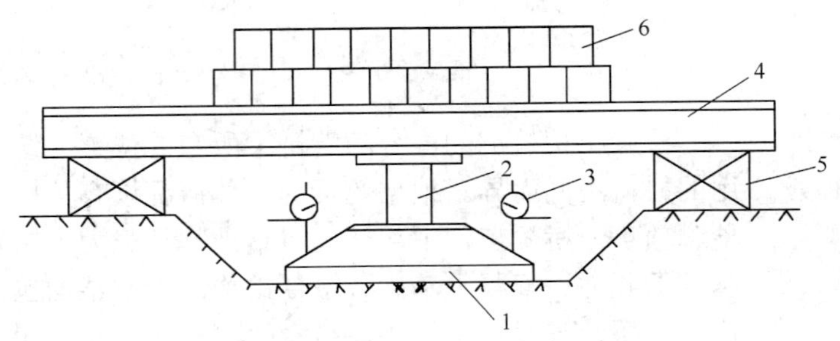

图 10-1 现场荷载试验装置

1.荷载板 2.千斤顶 3.百分表 4.反力架 5.枕木梁 6.荷重

2）检测的方法

（1）加载的方法，有慢速法和快速加载法 2 种方法。

（2）加载：第一级荷载（包括设备重量）应接近卸去土重；每一级荷载增量一般取被测土层的预估极限承载力的 1/8～1/10。施加的总荷载应尽量接近被测土层的极限荷载。

（3）沉降稳定的标准：一般采用连续 2 h 的每 1 h 沉降量不超过 0.1 mm，或者连续 1 h 的每 30 min 的沉降量不超过 0.05 mm。

（4）极限状态：承压板周围的土体有明显的侧向挤出或发生裂纹；在某一级荷载下，24 h 内沉降速率不能达到稳定；本级荷载下的沉降大于前一级荷载下沉降的 5 倍，当发生了其中之一，即可判断荷载达到极限状态。

3）数据处理

根据记录的数据绘制 P–S 曲线，读取 P 值作为地基承载力。

10.1.1.3 圆锥动力触探试验法

圆锥动力触探试验是采用一定质量的落锤，以一定高度的自由落距，将标准规格的探头打入土层中，然后记录锤击数 N。

1）检测的设备

圆锥动力触探检测设备，如图 10-2 所示。

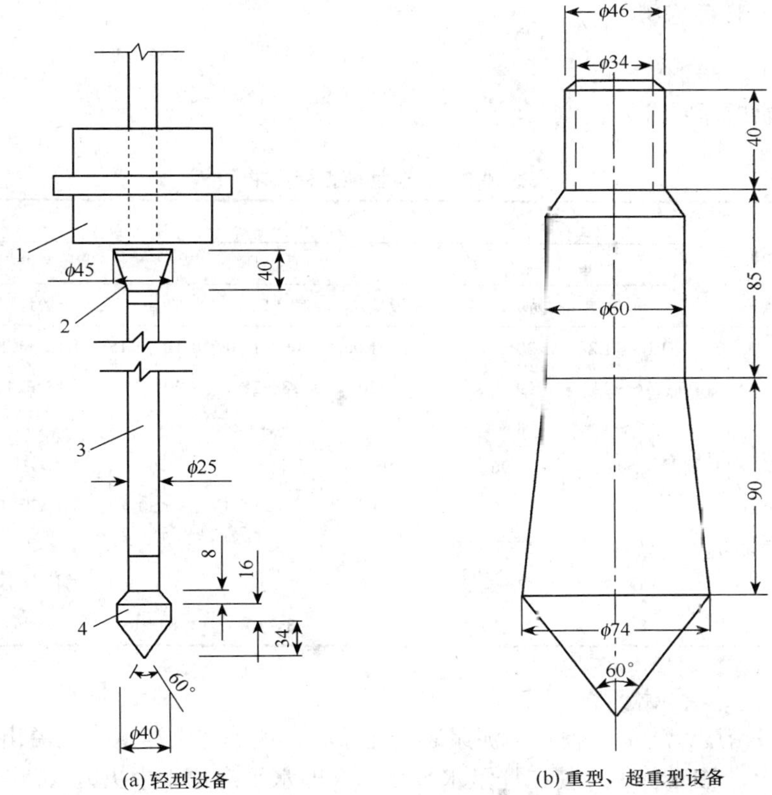

(a) 轻型设备　(b) 重型、超重型设备

图 10-2　现场荷载试验装置（单位：mm）

1.穿心锤　2.锤垫　3.触探杆　4.探头

2）检测的方法

（1）用钻机先钻孔到需要进行试验的土层。

（2）触探架与触探头对准孔位，使锤自由下落，连续垂直击打探头到试验土层中，达到贯入深度要求时记录锤击数 N。

3）结果应用

根据 N 估计天然地基的容许承载力$[\sigma_0]$，如表 10-1 所列。

表 10-1　N与土的容许承载力$[\sigma_0]$的关系　kPa

N	3	5	7	9	10	12	16	18	20	22	24
碎石土	140	200	280	360	400	480	600	660	720	780	830
中砂、砂砾	120	180	260	340	380						

10.1.2　钻孔灌注桩检测

10.1.2.1　泥浆性能检测

1）泥浆性能要求

泥浆性能指标要求见表 10-2。

表 10-2　泥浆性能指标要求

泥浆性能指标	钻孔方法						
	正循环		反循环			推钻冲抓	冲击
	一般地层	易坍地层	一般地层	易坍地层	卵石土	一般地层	易坍地层
相对密度	1.05～1.20	1.20～1.45	1.02～1.06	1.06～1.10	1.10～1.15	1.10～1.20	1.20～1.40
黏度/Pa·s	16～22	19～28	16～20	18～28	20～35	18～24	22～30
含砂率/%	8～4	8～4	⩽4	⩽4	⩽4	⩽4	⩽4
胶体率/%	⩾96	⩾96	⩾95	⩾95	⩾95	⩾95	⩾95
失水率/(mL/30 min)	⩽25	⩽15	⩽20	⩽20	⩽20	⩽20	⩽20
泥皮厚/(mm/30 min)	⩽2	⩽2	⩽3	⩽3	⩽3	⩽3	⩽3
静切力/Pa	1.0～2.5	3～5	1～2.5	1～2.5	1～2.5	1～2.5	3～5
pH	8～10	8～10	8～10	8～10	8～10	8～11	8～11

2）泥浆性能指标检测

（1）相对密度：将需要检查的泥浆装满泥浆杯，加盖并洗净从小孔溢出的泥浆，然后置于支架上，移动游码，使杠杆呈水平状态（即水平泡位于中央），读出游码左侧所示刻度，即为泥浆的相对密度γ_x。若工地无上述仪器，可用一口杯先称其质量 m_1，再装满清水称其质量 m_2，再倒去清水，装满泥浆并擦去杯周溢出的泥浆称其质量 m_3，则泥浆的相对密度按式（10-2）计算。

$$\gamma_x = \frac{m_3 - m_1}{m_2 - m_1} \tag{10-2}$$

（2）黏度：用工地标准漏斗黏度计检测，黏度计如图 10-3 所示。用两端开口量杯分别量取 200 mL 和 500 mL 泥浆，通过滤网滤去大砂粒后，将泥浆 700 mL 均注入漏斗，然后使泥浆从漏斗流出，流满 500 mL 量杯所需时间 s，即为所测泥浆的黏度。校正方法：漏斗中注入 700 mL 清水，流出 500 mL，所需时间应是 15 s，其偏差如超过±1 s，测量泥浆黏度时应校正。

（3）静切力：工地可用浮筒切力计测定，如图 10-4 所示。测量时，先将约 500 mL 泥浆搅匀后，立即倒入切力计中，将切力筒沿刻度尺垂直下移至于泥浆接触时，轻轻放下，当它自由下降到静止不动时，即静切力与浮筒重力平衡时，读出浮筒上泥浆面所对的刻度（刻度是按式（10-3）计算值刻划的），即为泥浆的初切力。取出切力筒，擦净粘着的泥浆，用棒搅动筒内泥浆后，静止 10 min，用上述方法量测，所得即为泥浆的终切力。

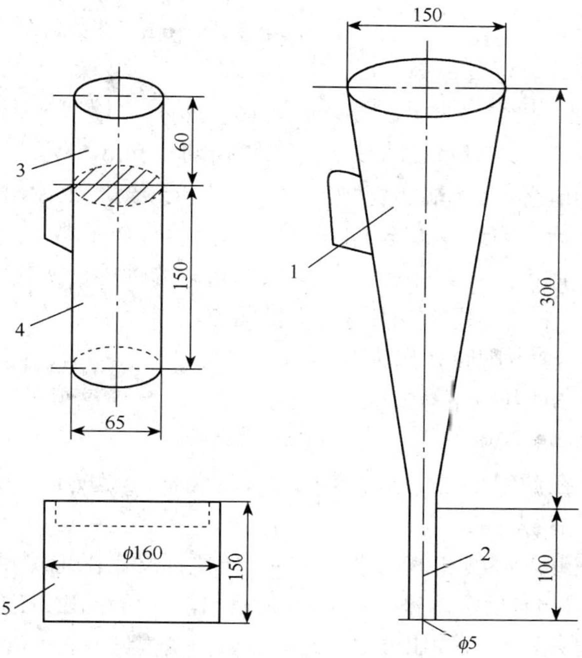

图 10-3　黏度计（单位：mm）

1.漏斗　2.管子　3.量杯 200 mL　4.量杯 500 mL　5.筛网及杯

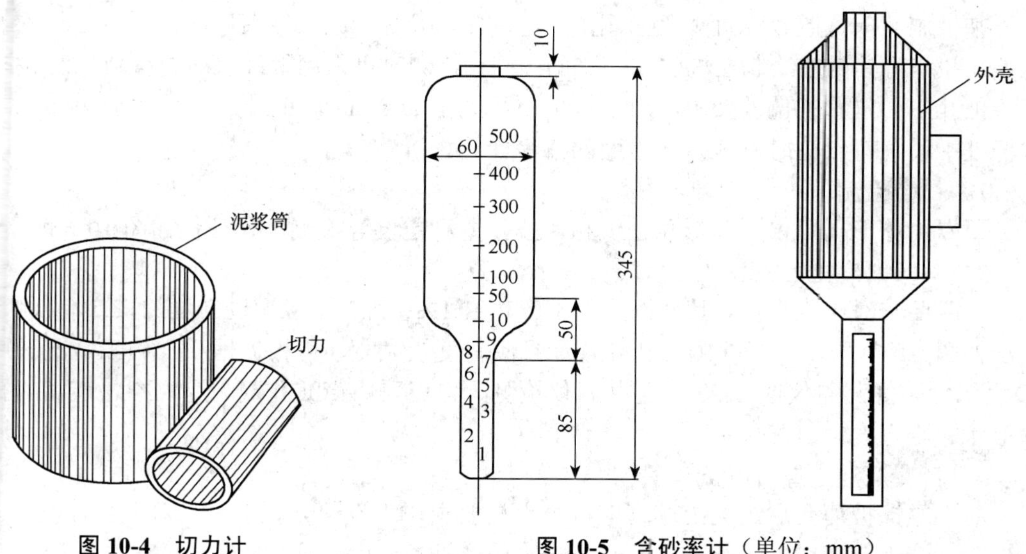

图 10-4　切力计

图 10-5　含砂率计（单位：mm）

泥浆静切力 θ 可用式（10-3）计算。

$$\theta = \frac{G - \pi d\delta h\gamma}{2\pi dh + \pi d\delta} \tag{10-3}$$

式中：G 为铝制浮筒质量，g；d 为浮筒的平均直径，cm；h 为浮筒的沉没深度，cm；γ 为泥浆容重，g/cm^3；δ 为浮筒壁厚，cm。

（4）含砂率：工地可用含砂率计测定，如图 10-5 所示。量测时，把调好的泥浆 500 mL 倒进含砂率计，然后再倒进清水，将仪器口塞紧摇动 1 min，使泥浆与水混合均匀。再将仪器垂直静放 3 min，仪器下端沉淀物的体积（由仪器刻度上读出）乘 2 就是含砂率。有一种大型的含砂率计，内装 900 mL 的泥浆，从刻度读出的数不乘 2 即为含砂率。

（5）胶体率：胶体率是泥浆中土粒保持悬浮状态的性能。测定方法是：将 100 mL 泥浆倒入 100 mL 的量杯中，用玻璃片盖上，静置 24 h 后，量杯上部泥浆可能澄清为水，测量时其体积若为 5 mL，则胶体率为 95%。

（6）失水率：用一张 12 cm×12 cm 的滤纸，置于水平玻璃板上，中央画一直径 3 cm 的圆，将 2 mL 的泥浆滴入圆圈内，30 min 后，测量湿圆圈的平均直径减去泥浆摊平的直径，即为失水率。在滤纸上量出泥浆皮的厚度即为泥皮厚度。泥皮愈平坦、愈薄则泥浆质量愈高，一般不宜厚于 2～3 cm。

（7）酸碱度：酸碱度即酸和碱的强度，用 pH 值标度。工地测量 pH 值可取一条 pH 试纸放在泥浆面上，0.5 s 后拿出来与标准颜色相比，即可读出 pH 值。也可用 pH 酸碱计，将其探针插入泥浆，直接读出 pH 值。

10.1.2.2 灌注桩成孔质量检测

1）桩位偏差检测

基桩施工前按照设计桩位平面图落放桩的中心位置，施工结束后应检测中心位置的偏差，并应将其偏差绘制在桩位竣工平面图中，检测时可采用经纬仪对纵横方向进行检测。桩孔中心位置的偏差要求，对于群桩不得大于 100 mm，单排桩不得大于 50 mm。当群桩中设置有斜桩时，应以水平面的偏差计算。

2）孔径检测

用专用球形孔径仪、伞形孔径仪和声波孔壁测定仪等检测，孔径仪如图 10-6 所示。

3）桩倾斜度检测

一般要求对于竖直桩，其允许偏差不应超过 1%，斜桩不应超过斜度的±2.5%。测定方法如图 10-7 所示。当检测的孔径较深且倾斜度较大时，可根据地质及施工情况选用 JDL–Ⅰ型陀螺测斜仪或 JJX–3 型井斜仪检测，也可采用声波孔壁测厚仪绘出连续的孔壁形状和垂直度。

4）孔底沉淀土厚度检测

对于摩擦桩清孔后沉淀土厚度应符合设计要求，当设计无要求时，对于直径≤1.5 m 的桩，沉淀土厚度≤300 mm；对于桩径>1.5 m 或桩长>40 m 或土质较差的桩，沉淀土厚度≤500 mm；支撑桩的沉淀土厚度不大于设计规定值。

10.1.2.3 灌注桩完整性检测

1）钻芯检测法

由于大直径钻孔灌注桩的设计荷载一般较大，用静力试桩法有许多困难，所以常用

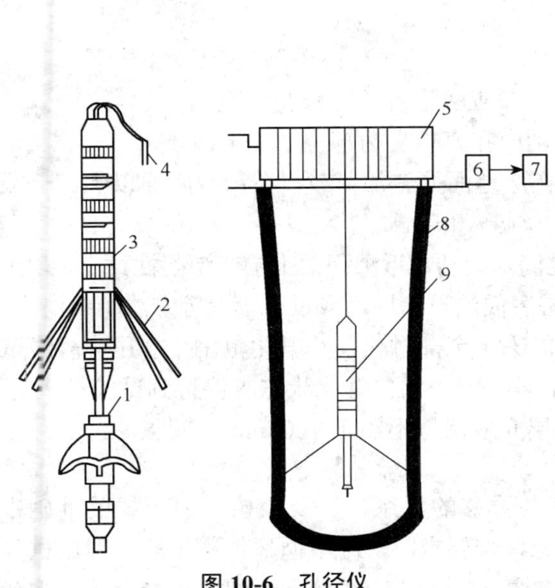

图 10-6 孔径仪

1.锁腿架 2.测腿 3.密封桶 4.电缆 5.电缆绞车 6.放大器 7.记录仪 8.桩孔 9.测头

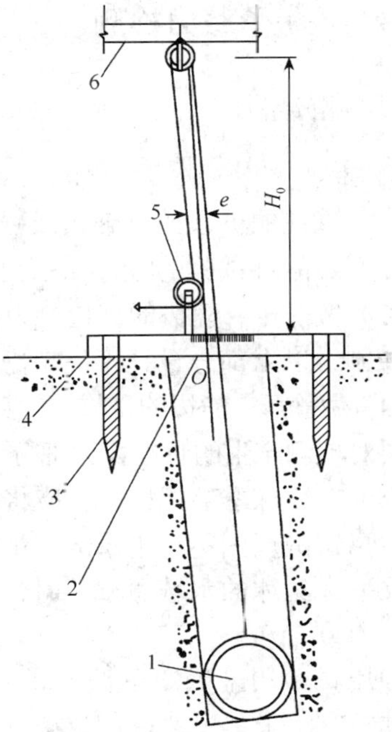

图 10-7 桩倾斜度检测装置

1.钢筋圆球 2.标尺 3.元钉 4.木枋 5.导向滑轮 6.钻架横梁

地质钻机在桩身上沿长度方向钻取芯样，通过对芯样的观察和测试确定桩的质量。这种方法只能反映钻孔范围内的小部分混凝土质量，而且设备庞大、费工、费时、价格昂贵，不宜作为大面积检测，而只能用于抽检，一般抽检总桩量的3%～5%，或作为对无损检测结果的校核的一种手段。

2）振动检测法

所谓振动检测法又称动测法，是在桩顶用各种方法（如锤击、敲击、电磁激振器、电水花等）施加一个激振力，使桩体乃至桩土体系产生振动，或在桩内产生应力波，通过对波动及振动参数的分析，以推定桩体混凝土质量及总体承载力。

3）超声脉冲检测法

这个方法是在检测混凝土缺陷技术的基础上发展起来的。在桩的混凝土灌注前沿桩的长度方向平行预埋若干根检测用的管道，作为超声发射和接收换能器的通道。检测时探头分别在两个管子中同步移动，沿不同深度逐点测出横断面上超声脉冲穿过混凝土时的各项参数，并按超声检测缺陷的原理分析每个断面混凝土的质量。

4）射线检测法

该法是以放射性同位素在混凝土中的衰减、吸收、散射等现象为基础的一种方法。当射线穿过混凝土时，因混凝土质量不同或存在缺陷，接收仪记录的射线强弱发生变化，据此判断桩的质量。

10.1.3　基桩承载力检测

10.1.3.1　静载试验

1）准备工作

（1）试桩的桩顶如有破损或强调不足时，应凿除后，再修补平整。

（2）做静推试验的桩，如系空心桩，则应在直接受力部位填充混凝土。

（3）做静压、静拔的试桩，为了便于在原地面处施加荷载，在承台底面以上部分或局部冲刷线以上部分设计不能考虑的摩擦力应予扣除。

（4）做静压、静拔的试桩，桩身需通过尚未固结新近沉积的土层或湿陷性黄土、软土等土层对桩侧产生的负摩擦力部分，应在桩表面涂设涂层，或设置套管等方法予以消除。

（5）在冰冻季节试桩时，应将桩周围的冻土全部融化，其融化范围：静压、静拔试验时，离试桩周围不小于 1 m；静推试验，不小于 2 m，融化状态应保持到试验结束。

（6）在结冰的水域做试验时，桩与冰层间应保持不小于 100 mm 的间隙。

2）静压试验

静压试验用来确定单桩承载力和荷载与位移的关系，以及校核动力公式的准确程度。试验方法采用慢速持荷载法，如设计无特殊要求时，用单循环加载试验。静压试验应在冲击试验后立即进行。对于钻（挖）孔灌注桩，须待混凝土达到能承受设计要求荷载后才可进行试验。

（1）试验加载装置，如图 10-8 所示。

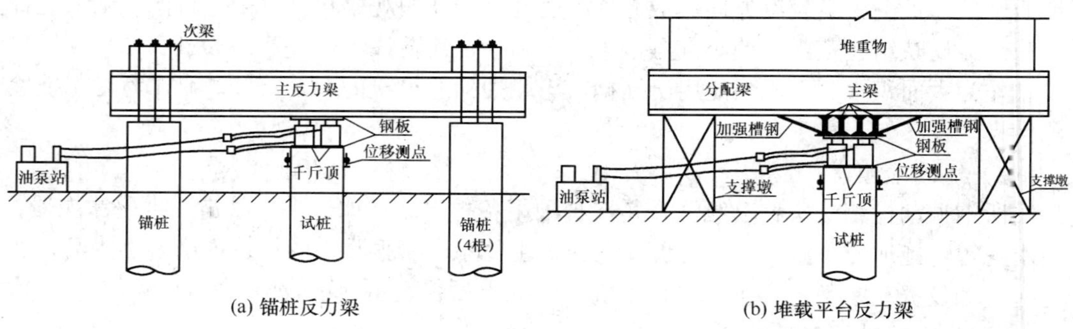

(a) 锚桩反力梁　　(b) 堆载平台反力梁

图 10-8　静压试验装置

（2）测量位移装置：测量位移一般使用 1/20 mm 光学仪器或力学仪表，如水平仪、挠度仪、位移计等。

（3）加载方法：加载重心应与试桩轴线相一致；加载时应分级进行，使荷载传递均匀，无冲击；加载过程中，荷载不能超过每级的规定值；加载每级荷载为预估最大荷载的 1/10～1/15；当桩的下端埋入巨粒土、粗粒土以及坚硬的黏质土时，第一级荷载可按 2 倍的分级荷载加载。

（4）沉降观测：下沉未达到稳定状态不得施加下一级荷载；每一级荷载的加载时间规定为每级加载完毕后，每隔 15 min 观测一次，累计 1 h 后，每隔 30 min 观测一次。

（5）稳定标准：每级加载下沉量，在下列时间内如不大于 0.1 mm 即可认为稳定；如桩端下为巨粒土、砂类土、坚硬黏质土时，为最后 30 min；如桩端下为半坚硬和细粒土，为最后 1 h。

（6）加载终止及极限荷载取值：总位移量≥40 mm，本级荷载的下沉量大于或等于前一级荷载下沉量的 5 倍时，加载即可终止。取此终止时荷载小一级的荷载为极限荷载；总位移量≥40 mm，本级荷载加上 24 h 未达稳定，加载即可终止，取此终止时的荷载小一级的荷载为极限荷载；巨粒土、密实砂类土以及坚硬的黏质土中，总下沉量<40 mm，但荷载已大于或等于设计规定的安全系数，加载即可终止，取此时的荷载为极限荷载；施工过程中检验性试验，一般加载应继续到桩的 2 倍设计荷载为止，如桩的总沉降量不超过 40 mm，及最后一级加载引起的沉降不超过前一级加载引起的沉降的 5 倍，则该桩可以停止试验；绘制 P–S 曲线、$S-t$ 曲线、$S-\lg t$ 曲线、$S-\lg P$ 曲线、$S-(1-P/P_{\max})$ 曲线等综合比较，可以确定比较合理的极限荷载。

（7）桩的卸载和回弹：卸载应分级进行，每级卸载量为两个加载级的荷载值，每级荷载卸载后，应观测桩顶的回弹量，观测办法与沉降相同，直到回弹稳定后，再卸下一级荷载，回弹稳定标准与下沉稳定标准相同；卸载到零后，至少在 2 h 内每 30 min 观测一次，如果桩尖下为砂类土，则开始 30 min 内，每 15 min 观测一次；如果桩尖下为黏质土时，在开始 1 h 内，每 15 min 观测一次。

3）静拔试验

在个别桩基中设计承受拉力时，用以确定单桩抗拔容许承载力。静拔试验一般可按复打规定的“休止”时间以后进行，对于钻挖孔灌注桩，须待灌注的混凝土强度达到设计要求的强度后才可进行；也可在静压试验后进行。

（1）加载装置，如图 10-9 所示。

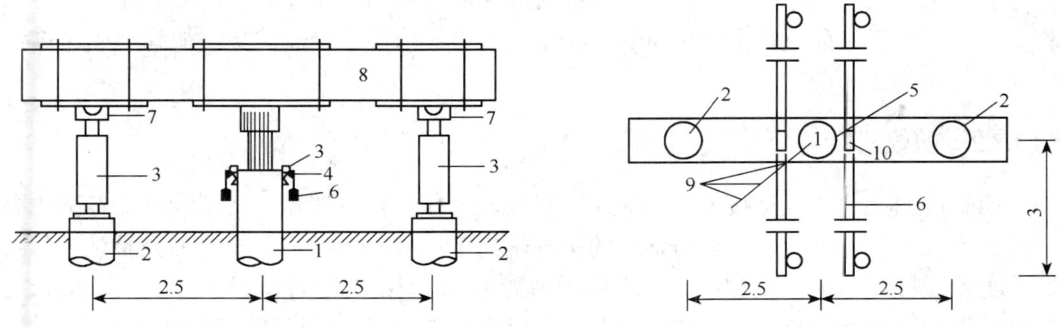

图 10-9　静拔试验装置（单位：mm）

1.试桩　2.锚桩　3.千斤顶　4.表座　5.测微计　6.基准梁　7.球铰　8.反力梁　9.测点　10.钢板

（2）加载方法：一般采用慢速维持荷载法进行。施加的静拔力必须作用于桩的中轴线。加载应均匀、无冲击。每级加载量不大于预计最大荷载的 1/10～1/15。

（3）位移观测：每级加载完毕后，每隔 15 min 观测一次，累计 1 h 后，每隔 30 min 观测一次。下沉未达稳定不得进行下一级加载。

（4）稳定标准：位移量≤0.1 mm/h 即可认为稳定。

（5）加载终止：勘测设计阶段，总位移≥25 mm，加载即可终止；施工阶段，加载不应大于设计容许抗拔荷载。

4）静推试验

试验主要是确定桩的水平承载力、桩侧地基土水平抗力系数的比例系数。对于承受反复水平荷载的基桩，采用多循环加卸载法，对于承受长期水平荷载的基桩，采用单循环加载法。

（1）试验加载装置，如图 10-10 所示。

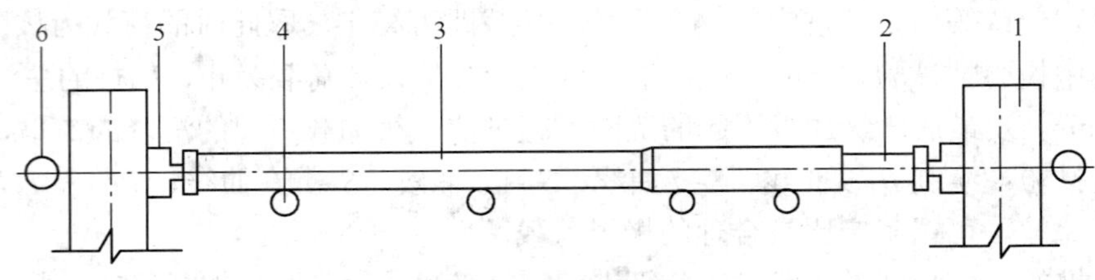

图 10-10 静推试验装置

1.桩 2.千斤顶及测力计 3.传力杆 4.滚轴 5.球支座 6.百分表

（2）多循环加卸载试验法：加载分级可按预计最大试验荷载的 1/10～1/15，一般可采用 5～10 kN，过软的土可采用 2 kN 级差。各级荷载施加后，恒载 4 min 测读水平位移，然后卸载至零，2 min 后测读残余水平位移，至此完成一个加载循环，如此循环 5 次，便完成一级荷载的试验。加载时间应尽量缩短，测量位移间隔时间应严格准确，试验不得中途停歇。当出现下列情况之一即可终止加载：桩顶水平位移超过 20～30 mm（软土取 40 mm）；桩身已经断裂；桩侧地表明显裂纹或隆起。

（3）单循环加载试验法：加载分级与多循环加卸载试验方法相同。加载后测读位移量与静压试验测读的方法相同。如位移量≤0.05 mm/h 即可认为稳定。勘测设计阶段的试验，水平力作用点处位移量≥50 mm 加载即可终止；施工检验性试验，加载不应超过设计的容许荷载。

10.1.3.2 动载试验

动载检测法的特点是技术相对先进、操作较简便、耗时较短、费用较低。本法适用于检测混凝土灌注桩、预制桩和钢桩的单桩轴向抗压极限承载力和桩身的完整性；监测混凝土预制桩和钢桩打入时桩身应力和锤击能量传递比，为选择沉桩工艺参数及桩长选择提供依据。进行单桩的轴向抗压极限承载力检测应具有相同条件下的动-静试验对比资料和现场工程实践经验。超长桩、大直径扩底桩和嵌岩桩不宜采用本法。

1）检测的仪器

（1）检测系统包括信号采集及分析仪、传感器、激振设备和贯入度测量仪等。

（2）信号采集器和传感器的性能应符合规定。

（3）激振宜采用由铸铁或铸钢整体制作的自由落锤。锤体应材质均匀、形状对称、底面平整，高径比不得小于 1。

（4）检测单桩轴向抗压承载力时，激振锤的质量不得小于基桩极限承载力的 1.2%。

（5）桩的贯入度应采用精密仪器测定。

2）现场检测

（1）检测混凝土预制桩和钢桩的极限承载力的最短休止期应满足下列条件：砂土 7 d，粉土 10 d，非饱和黏性土 15 d，饱和黏性土 25 d。

（2）检测混凝土灌注桩的极限承载力时，其桩身混凝土强度等级应达到设计要求，且应满足上述规定的休止期。

（3）检测前桩头应平整，桩头高度应满足安装锤击装置和传感器的要求，锤重心应与柱顶对中。加固处理的桩头应平整且垂直于被检桩轴线，侧面应平直，截面积应与被检柱相同，所用混凝土的强度应高于被检桩的强度；被检柱的主筋应全部接至新桩头内，并设置间距不大于 150 mm 的箍筋及上下间距不应大于 120 mm 的 2～3 层钢筋网片。

（4）检测时在桩顶面应铺设锤垫。锤垫宜由 10～30 mm 厚的木板或胶合板等匀质材料制作，垫面略大于桩顶面积。

（5）桩顶下两侧应对称安装加速度传感器和应变传感器各一只，其与桩顶的距离不应小于 1.5 倍的桩径或边长，如图 10-11 所示。

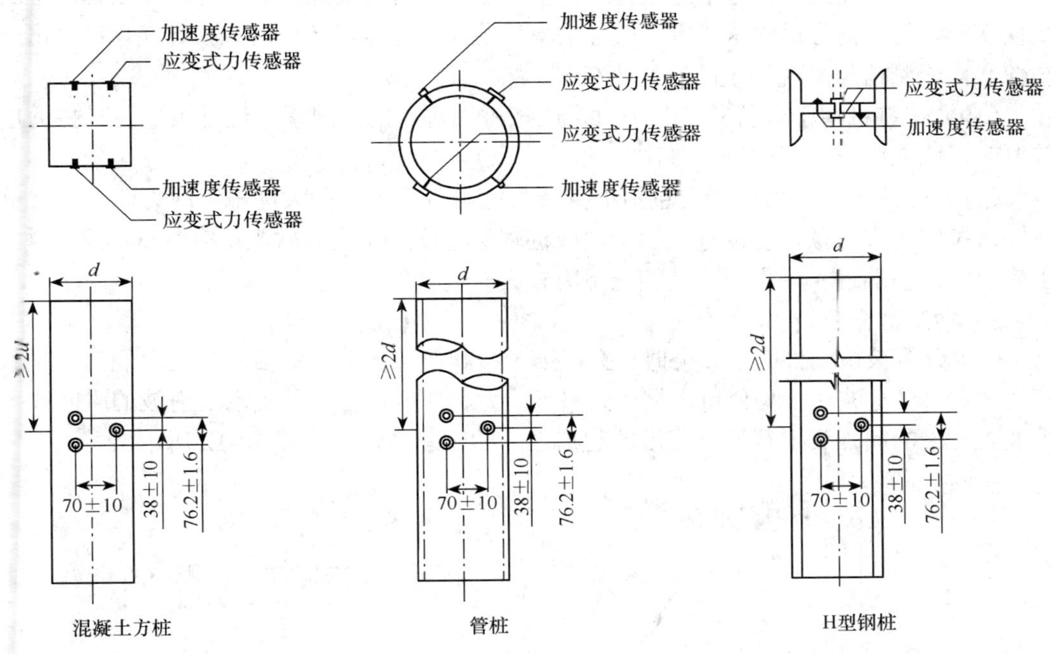

图 10-11 动载试验传感器安装（单位：mm）

（6）被检桩基本参数的设定应符合规定：测点以下桩长和截面积可根据设计文件或施工记录提供的数据设定；桩身材料质量密度按照表 10-3 选取；桩身平均波速可结合本地经验或按同场地同类型已检桩的平均波速初步设定，现场检测完成后应根据实测结果予以调整；传感器安装位置处的桩身截面面积应按实际直径或边长计算确定，波速的设定宜综合考虑材料的设计强度和龄期的影响；桩身材料的弹性模量按式（10-4）计算。

表 10-3　桩身材料质量密度ρ　　kg·m^{-3}

混凝土灌注桩	混凝土预制桩	预应力混凝土管桩	钢桩
2400	2450～2500	2550～2600	7850

$$E=\rho\cdot c^2 \tag{10-4}$$

式中：E 为桩身材料的弹性模量，MPa；c 为桩身内应力波的传播速度，m/s；ρ 为桩身材料的密度，kg/m^3。

（7）激振应符合的要求有：采用自由落锤为激振设备时，宜重锤低击，锤的最大落距不宜大于 2.0 m；对于斜桩，应采用相应的打桩机械或类似装置沿桩轴线激振；实测桩的单击灌入度确认与所采集的振动信号相对应，用于推算桩的极限承载力时，桩的单击贯入度不得低于 2 mm 且不宜大于 6 mm；检测桩的极限承载力时，锤击数宜为 2～3 击。

（8）检测桩身完整性和承载力时，应及时分析实测信号质量、桩顶最大锤击力、动位移、贯入度、桩身最大拉（压）应力、桩身缺陷程度及其发展情况等，并由此综合判定本次采集信号的有效性；每根被检桩的有效信号数不应少于 2 组。

（9）以下情况采集信号不得作为有效信号：传感器安装处混凝土开裂或出现严重的塑性变形，使力信号最终未归零；信号采集后发现传感器已有松动或损坏现象；锤击严重偏心，一侧信号呈现严重的受拉特征。

（10）试打桩用于评价其承载力时，应按桩端进入的土层逐一进行测试；当持力层较厚时，应在同一土层中进行多次测试。

（11）桩身锤击应力监测应包括桩身最大锤击拉应力和最大锤击压应力两部分。桩身锤击拉应力宜在预计桩端进入软土层或桩端穿过硬土层进入软土层时测试；桩身锤击压应力宜在桩端进入硬土层或桩侧土阻力较大时测试。

3）检测数据分析

（1）分析被检测桩的承载力时，宜在第一击和第二击的实测信号中选取能量和贯入度较大者；桩身波速平均值可根据已知桩长、力和速度信号上的桩端反射波的时间或下行波上升沿的起点到上行波下降沿的起点之间的时差确定，如图 10-12 所示。

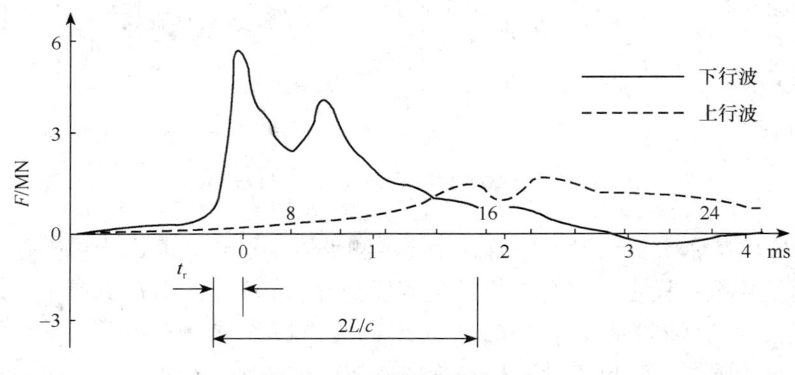

图 10-12　桩身波速的确定

（2）推算被检测桩的极限承载力前，应结合工程地质条件和设计参数，利用实测信号特征对桩的荷载传递性状、桩身缺陷程度和位置及连续锤击的逐渐扩大或闭合情况进行定性判别。

（3）采用实测的桩和土的力学模型应能分别反映被检测桩和地基土的物理力学性状，在各计算单元中，所用土的弹性极限位移不应超过相应桩单元的最大计算位移；曲线拟合时间段长度在 t_1+2 L/c（L 为测点以下桩长，m；c 为桩身波速，m/s）后的延续时间不应小于 20 ms 或 3 L/c 中的最大值；分析所用的模型参数应在岩土工程的合理范围内，可根据工程地质和施工工艺条件进行桩身阻抗变化或裂隙拟合；拟合曲线应与实测曲线基本吻合，贯入度的计算值应与实测基本一致，且整体曲线的拟合质量系数宜控制在合适的范围之内。

（4）采用凯司法推算单桩的极限承载力时，此法只适用于桩侧和桩端土阻力均已充分发挥的摩擦性桩；用于计算混凝土灌注桩时，桩身材质、截面应基本均匀；单桩轴向抗压极限承载力按式（10-5）、式（10-6）计算；J_c 应根据基本相同条件下桩的动–静荷载比试验结果确定，或由不少于 50%被检测桩的曲线拟合结果推算，但当其极差相对于平均值大于 30%时不得使用。

$$Q_{uc}=\frac{1}{2}\{(1-J_c)[F(t_1)+Z\cdot v(t_1)]+(1+J_c)[F(t_1+2\frac{L}{c})-Z\cdot v(t_1+2\frac{L}{c})]\} \quad (10\text{-}5)$$

$$Z=A\cdot\frac{E}{c} \quad (10\text{-}6)$$

式中：Q_{uc} 为单桩轴向抗压极限承载力，kN；J_c 为凯司法阻尼系数；t_1 为速度信号第一峰对应的时刻，ms；F（t_1）为 t_1 时刻的锤击力，kN；v（t_1）为 t_1 时刻的振动速度，m/s；Z 为桩身截面力学阻抗，kN·s/m；E 为桩身材料弹性模量，kPa；A 为桩身截面积，m^2；c 为桩身波速，m/s；L 为测点以下桩长，m。

（5）对于等截面桩，测点下第一个缺陷可根据桩身完整性系数 β 值按表 10-4 判定。桩顶下第一个缺陷的结构完整性系数 β 值可按式（10-7）计算。

表 10-4 桩身完整性判定

类别	β 值
Ⅰ	β=1.0
Ⅱ	0.80≤β≤1.0
Ⅲ	0.60≤β≤0.80
Ⅳ	β<0.6

$$\beta=\frac{[F(t_1)+Z\cdot v(t_1)]/2-\Delta R+[F(t_x)+Z\cdot v(t_x)]/2}{[F(t_1)+Z\cdot v(t_1)]/2-[F(t_x)+Z\cdot v(t_x)]/2} \quad (10\text{-}7)$$

式中：β 为桩身结构完整性系数；t_1 为速度第一峰所对应的时刻，ms；t_x 为缺陷反射峰所对应的时刻，ms；ΔR 为缺陷以上部位土阻力的估计值，等于缺陷反射起始点的锤击力与速度乘以桩身截面力学阻抗之差值，取值方法如图 10-13 所示。

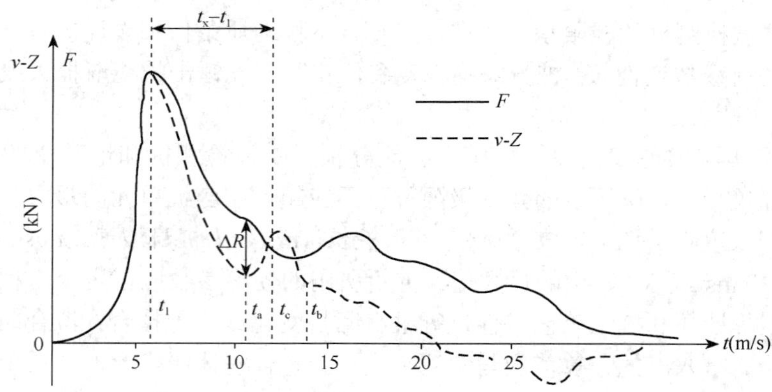

图 10-13 桩身结构完整性系数计算方法

桩身缺陷位置可按式（10-8）计算。

$$x=\frac{c\cdot(t_x-t_1)}{2000} \tag{10-8}$$

式中：x 为点至桩身缺陷之间的距离，m。

（6）当出现了桩身有扩径、截面渐变或多变的混凝土灌注桩，桩身出现多处缺陷的桩，力和速度曲线在上升沿或峰值附近出现异常，桩身浅部存在缺陷或波阻抗变化复杂的桩时，应按工程地质和施工工艺条件，采用市场曲线拟合法或其他检测方法综合判定桩身完整性。

（7）试打桩分析时，桩端持力层的判定应综合考虑岩土工程勘察资料，并应对推算的单桩极限承载力进行复打校核。

（8）桩身最大锤击拉应力和桩身最大锤击压应力可按式（10-9）、式（10-10）计算。

$$\sigma_1=\frac{1}{2A_{\max}}\left\{Z\cdot v(t_1+\frac{2L}{c})-F(t_1+\frac{2L}{c})-Z\cdot v(t_1+\frac{2L-2x}{c})-F(t_1+\frac{2L-2x}{c})\right\} \tag{10-9}$$

式中：σ_1 为桩身最大锤击拉应力，kPa；x 为测点至桩身缺陷之间的距离，m；A 为桩身截面积，m^2；Z 为桩身截面力学阻抗，kN·s/m；c 为桩身波速，m/s；L 为测点以下桩长，m。

$$\sigma_p=\frac{F_{\max}}{A} \tag{10-10}$$

式中：σ_p 为桩身最大锤击压应力，kPa；$F_{\max}$ 为实测最大锤击力，kN；A 为桩身截面积，m^2。

（9）桩锤实际传递给桩的能量按式（10-11）计算。

$$E_n=\int_0^T Ev\mathrm{d}t \tag{10-11}$$

式中：E_n 为桩锤实际传递给桩的能量，J；T 为结束的时刻，s；E 为桩顶锤击力信号，N；v 为桩顶实测振动速度信号，m/s。

10.1.4 混凝土基础、墩、台结构检测

混凝土基础、墩、台结构必须满足基本要求。

10.1.4.1　混凝土基础检测要点

（1）钢筋进场时，应抽取试件做力学性能复试，其质量必须符合现行国家标准《钢筋混凝土用热轧带肋钢筋》（GB 1499.2—2007）、《钢筋混凝土用热轧光圆钢筋》（GB 1499.1—2008）等的规定。当发现钢筋脆断、焊接性能不良或力学性能显著不正常等现象时，应对该批钢筋进行化学分析或其他专项检验。

（2）锚具、夹具和连接器应具有可靠的锚固性能、足够的承载能力和良好的适应性。进场应按出厂合格证和质量证明书核查其锚固性能类别、型号、规格和数量，无误后分批进行外观、硬度及静载锚固性能检验，确认合格后使用。外观检测应从每批中抽取10%的锚具且不少于10套，检测其外观和尺寸，如有1套表面有裂纹或超过产品标准集设计图纸规定的尺寸的允许偏差，则应另取双倍数量的锚具重做检测，如仍有1套不符合要求，则应逐套检测，合格者方可使用；硬度检测应从每批中抽取5%的锚具且不少于5套，对其中有硬度要求的零件做硬度检测，对多孔夹片式锚具的夹片，每套至少在抽取5片，每个零件测试3点，其硬度应在设计要求范围内，如有1个零件不合格，则应另取双倍数量的锚具重做检测，如仍有1个零件不符合要求，则应逐个检测，合格者方可使用；静载锚具性能检测，对于大桥等重要工程，当质量证明书不齐全、不正确或质量有疑点时，经外观和硬度检测合格后，应从同批中抽取6套锚具（包括夹具和连接器）组成3个预应力锚具组装件，进行静载锚固性能检测，如有1个试件不符合要求，则应另取双倍数量的锚具（包括夹具和连接器）重做检测，如仍有1个试件不符合要求，则该批锚具（包括夹具和连接器）为不合格。

（3）一般基础应水平分层浇筑，当平面截面过大，不能在前层混凝土初凝或能重塑前浇筑完成次层混凝土时，可分块进行浇筑。

（4）混凝土基础检测中，混凝土强度按水泥混凝土的要求检测；平面尺寸用尺量：长宽各3处；土质基础底面标高、石质基础底面标高、基础顶面标高用水准仪量5～8点；轴线偏位用经纬仪量，纵横各2点。

10.1.4.2　墩、台身检测要点

（1）要符合钢筋、锚具、夹具和连接器的检测要点。

（2）一般墩、台应水平分层浇筑，当平面截面过大，不能在前层混凝土初凝或能重塑前浇筑完成次层混凝土时，可分块进行浇筑。

（3）混凝土墩台身检测中，混凝土强度按水泥混凝土的要求检测；断面尺寸尺量检测3个断面；竖直度或斜度吊垂线或经纬仪量2点；顶面高程水准仪量3处；轴线偏位全站仪或经纬仪量纵横各2点；节段间错台尺量每节检测4处；大面积平整度3 m直尺检测竖直、水平两个方向，每20 m^2测1处；预埋件位置尺量每件。

（4）柱或双壁混凝土墩身检测中，混凝土强度按水泥混凝土的要求检测；相邻间距用尺或全站仪检测顶、中、底3处；竖直度吊垂线或经纬仪量2点；柱（墩）顶面高程水准仪量3处；轴线偏位全站仪或经纬仪量纵横各2点；断面尺寸检测3个断面；节段间错台尺量每节检测2～4处。

（5）混凝土墩、台身安装检测中，轴线偏位用全站仪或经纬仪纵横各 2 点；顶面高程用水准仪量 4～8 处；倾斜度用吊垂线或经纬仪量 4～8 处；相邻墩、台柱间距用尺或全站仪测检测 3 处；节段间错台用尺每节检测 2～4 处。

（6）混凝土墩、台帽或盖梁检测中，混凝土强度按水泥混凝土的要求检测；断面尺寸用尺检测 3 个断面；轴线偏位用全站仪或经纬仪量纵横各检测 2 点；顶面高程水准仪检测 3～5 处；支座垫石预留位置用尺量每一个。

（7）拱桥组合桥台检测中，架设拱圈前台后沉降完成量用水准仪检测台后上下游两侧填土后至架设拱圈前高程差；台身后倾率用吊垂线检测沉降缝分离值推算；架设拱圈前台后填土按填土状况推算；拱建成后桥台水平位移用全站仪或经纬仪检测预埋测点。

（8）台背填土检测中，压实度每 50 m 每层检测 1 点。

10.2 桥梁上部结构检测

10.2.1 梁桥的检测

梁桥上部结构必须满足基本要求。

10.2.1.1 预制和安装梁（板）检测要点

（1）对各种材料（包括砂、石料、钢筋、水泥、预应力钢材及锚具）进行取样试验，检测材料的合格率。若对材料有怀疑，应要求承包人重新取样试验。

（2）对预应力混凝土预制块件，尤其要注意对锚固件的检测。所有锚固件必须由专业厂家生产，具有合格的强度和硬度，到场后应做探伤和硬度的检测，有裂痕、伤痕的锚固件不可使用。为保证预加力的有效传递，还必须进行锚具和预应力钢材的配套试验，其锚固率指标应符合要求。

（3）如采用预制构件加工厂的成品梁，则必须有相关的资质证明、生产许可证，预制梁达到现场后，应仔细检测构件的几何尺寸、支座钢板、预埋件、预留孔位置、外观质量及预应力梁的起拱高度，检测合格后方可使用。

（4）对在起重机械的工作半径和有效高度（当有输电架空线路时还应加上安全高度）范围排除障碍，否则必须采取有效措施。起重机与输电线路间的安全距离见表 10-5。

表 10-5 起重机与输电线路间的安全距离

垂直距离		水平距离	
线路电压/kV	距离/m	线路电压/kV	距离/m
<1	≥1.0	<1	≥1.5
<20	≥1.5	<20	≥2.0
≥20	≥2.5	<110	≥14.0
		<220	≥16.0

（5）起吊构件前应进行试吊检测，按规定的吊点位置挂钩或绑扎，吊起构件离地面20～30 cm 时，检测机身是否稳定，吊点是否牢固，确认良好后方可继续工作。

（6）安装预制梁前，应清除支座钢板的铁锈和砂浆等杂物；检测支撑结构的强度、尺寸、标高、平面位置和墩台支座；用仪器校核桥墩、台盖梁和预埋件的位置，并在盖梁支座处标出安装轴线与端线，以使构件准确就位。

（7）构件安装就位在固定前应进行测量校正，符合设计要求后，才允许焊接或浇筑端头混凝土，在固定完成后须进行复查，并做好记录，填报检测资料，报请监理工程师验收合格后方可实施下道工序。

（8）梁安装完成后进行检测，填写抽检资料。对灌缝混凝土进行检测取样，达到设计要求和验收标准后方可同意实施下道工序。

（9）梁（板）预制检测中，混凝土强度按水泥混凝土的要求检测；梁（板）长度用尺量每梁（板）；干接缝（梁翼缘板）宽度、湿接缝（梁翼缘板）宽度、箱梁顶宽、箱梁底宽用尺检测 3 处；梁（板）高度、箱梁高度、顶板宽、底板宽、腹板或梁肋用尺检测 2 个断面；平整度用 3 m 直尺每侧面每 10 m 梁长测 1 处；横系梁及预埋件位置用尺量每一件。

（10）梁（板）安装检测中，梁支座中心偏位、板支座中心偏位用尺量每孔抽测 4～6 个支座；倾斜度用吊垂线每孔检测 3 片梁；梁（板）底面纵向高程用水准仪抽测每孔 2 片，每片 3 点；相邻梁（板）顶面高差用尺量每相邻梁（板）。

10.2.1.2 就地浇筑梁（板）检测要点

（1）进场后，对材料试验报告做出审查，检查材料的出厂证书，产品合格证和质量保证书等，并对混凝土的配合比进行审查。

（2）在支架上浇筑梁体混凝土必须确保梁体标高满足设计要求，梁体不得有裂缝。

（3）在浇筑过程中，随时检查支架、模板、钢筋、预埋件等，确保其在施工过程中不发生移动和变形。

（4）浇筑过程中，必须随着检查支架及模板的安全及稳定性不断观测支架的下沉量。

（5）就地浇筑梁（板）体检测中，混凝土强度按水泥混凝土的要求检测；轴线偏位用全站仪或经纬仪测量 3 处；梁（板）顶面高程用水准仪检测 3～5 处；梁（板）高度、梁（板）顶宽、箱梁底宽、顶、底、腹板或梁肋厚用尺每跨检测 1～3 个断面；长度用尺检测 2 个断面每梁（板）；横坡用水准仪每跨检测 1～3 处；平整度用 3 m 直尺每侧面每 10 m 梁长测 1 处。

10.2.1.3 顶推施工梁检测要点

（1）对原材料试验报告及混凝土配合比设计方案的审查。

（2）在桥端路基上或引桥上设置预制台座时，对其地基或引桥的强度、刚度和稳定性进行检查，必须符合设计要求，同时应做好台座地基的防水、排水设施，以防发生沉降。

（3）台座和滑道组的中心线必须在桥轴线或其延长线上，且台座的顶面变形不应大于 2 mm。为使梁段的预制作业不受大气影响，并便于混凝土养护，预制场地上空搭设固定或活动的作业棚，其长度不应大于 2 倍预制梁段的长度。

（4）顶推前对顶推设备如千斤顶、高压油泵、控制装置及梁段中线、各滑道顶的标高等进行检验，检验合格并做好顶推的各项准备后方可开始顶推。

（5）必须严格控制预制梁段的截面尺寸、底面平整度和梁段端部的垂直度。

（6）严格控制钢筋、预应力筋的孔道位置、预埋件位置和混凝土浇筑质量。

（7）台座的轴线应与桥梁轴线的延长线重合，台座的纵坡应与桥梁的纵坡一致。台座施工的允许偏差：轴线偏差为 5 mm；相邻两个支撑点上台座中滑移装置的纵向顶面标高为 2 mm；同一个支撑点上滑移装置的横向顶面标高为 1 mm；台座（包括滑移装置）和梁段底模板顶面标高差为 2 mm。

（8）梁段前端设置导梁时，导梁全部节间拼装应平整，预埋在梁段前端的预埋件联结强度、刚度必须满足梁顶推时的安全要求。采用钢桁架导梁时，应注意导梁与梁段刚度的协调，不得采用刚度过小的导梁，并应减小每个节点的非弹性变形，使梁端挠度不大于设计要求。导梁中线为 5 mm；导梁纵横向底面高程为±5 mm。

（9）顶推施工梁检测中，轴线偏位用全站仪或经纬仪每段测量 2 处；落梁反力用千斤顶油压检测全部；相邻纵向支点高差、同墩两侧支点高差用水准仪检测全部。

10.2.1.4 悬臂施工梁检测要点

1）悬臂浇筑的检测要点

（1）挂篮的质量与梁段混凝土的质量比值宜控制在 0.3～0.5 之间，特殊情况下也不应超过 0.7；挂篮所用的材料必须是可靠的，有疑问时应进行材料的力学性质试验，挂篮试拼后必须进行荷载试验；挂篮支撑平台除要有足够的强度外，还应有足够的平面尺寸，以满足梁段的现场作业需要。

（2）现浇梁模板的制作和安装、钢筋制作及安装质量检查要求可参照本章其他内容。

（3）桥墩两侧梁段悬臂施工应对称、平衡，实际不平衡偏差不得超过设计要求值。

（4）悬臂浇筑段前端底板和桥面的标高，应根据挂篮前端的垂直变形及预拱度设置，施工过程中要对实际高程进行监测，如与设计值有较大出入时，应会同有关部门查明原因进行调整。

（5）复查、调整两悬臂端合拢施工荷载，使其对称相等，如不相等时，应用压重调整；检查梁内预应力钢束是否张拉完成；复测、调整中跨、边跨悬臂的挠度及两端的高差；观测了解合拢前的温度变化与梁端高程及合拢段长度变化的关系；合拢前应在两端悬臂预加压重，并于浇筑混凝土过程中逐步撤除，使悬臂挠度保持稳定；合拢宜在一天气温最低时完成；合拢段的混凝土强度等级可提高一级，以尽早张拉；合拢段混凝土浇筑完成后，应加强养护，悬臂端应覆盖，防止日晒。

（6）悬臂梁浇筑的检测中，混凝土强度按水泥混凝土的要求检测；轴线偏位用全站仪或经纬仪每个节段检测 2 处；顶面高程用水准仪每个节段检测 2 处；相邻节段高差用尺检测 3～5 处；高度、顶宽、底宽、顶、底、腹板厚度用尺每个节段检测 1 个断面；长度合拢后同跨对称点高程差用水准仪每跨检测 5～7 处；横坡用水准仪每个节段检测 1～2 处；平整度 3 m 直尺检测竖直、水平两个方向，每侧面每 10 m 梁长测 1 处。

2）悬臂拼装的检测要点

（1）箱梁基准块出坑前必须对所有梁块进行测量，详细记录，并根据其在桥上的位置进行校正；箱梁标高控制点和挠度观测点在箱梁顶面埋置 4～6 个；在预制梁段上标出梁号、中轴线、横轴线。

（2）块件起吊安装前，应对起吊设备进行全面的安全技术检查，并按设计荷载的60%、100%和 130%分别进行起吊试验。

（3）吊机重、吊机的定位和锚固应符合设计，经检查符合要求后再进行起吊拼装。

（4）应在施工前绘制主梁安装挠度变化曲线，悬臂拼装过程中应随时观测桥轴线安装挠度曲线的变化情况，并与设计值进行对比，遇有较大偏差时应及时处理，以便控制块件的安装高程。

（5）混凝土表面应尽量平整，疏松表面层及附着的水泥应清除干净，涂胶前表面应干燥或烘干；胶黏剂使用过程中应继续搅拌以保证均匀，胶缝加压被挤出的胶黏料应及时刮干净；胶黏人员应有防护设施；安装调整位置标高应在 3 h 内完成；胶接缝采用预施应力（挤压）0.2 MPa，挤压应在 3 h 以内完成，当施工时间超过明露时间的 70%时，在固化之前应清除被挤出的胶结料。

（6）块件拼装和预应力钢筋张拉时，应注意温度和气象变化，当气温在 0℃以下、风力在 5 级以上时，不宜进行张拉。桥面明槽内已张拉的预应力束应加以保护，禁止在上面堆放物件和抛物撞击。

（7）每对块件拼装完毕并张拉后，应立即压浆、封锚。当块件的预应力束按设计要求张拉完毕后方可放松吊钩。

（8）悬臂梁拼装的检测中，合拢段混凝土强度按水泥混凝土的要求检测；轴线偏位用全站仪或经纬仪每个节段检测 2 处；顶面高程用水准仪每个节段检测 2 处；相邻节段高差用尺检测 3～5 处；长度合拢后同跨对称点高程差用水准仪每跨检测 5～7 处。

10.2.1.5 转体施工梁检测要点

（1）转动设施和锚固体系必须经过严格检查，确认可靠后方可批准进行施工。

（2）转动时两侧高差应小于 5 mm，用水平连通器检查。

（3）合拢段两侧高差必须在设计规定的允许范围内。接头混凝土的浇筑应在当日最低气温时进行。合拢就位后纵轴线误差应小于 10 mm，两端高差应小于 20 mm。

（4）当接头混凝土强度达到设计高度的 70%以上时，应撤除锚扣体系，实现由悬臂受力体系至梁受力体系的转换。当接头混凝土强度达到设计强度后，方可最终封固转盘，完成全桥主体施工。

（5）转体施工梁检测中，封闭转盘和合拢段混凝土强度按水泥混凝土的要求检测；轴线偏位用全站仪或经纬仪检查 5 处；跨中梁顶面高程用水准仪检测 2 个断面，每断面 3 处；同一横断面两侧或相邻上部构件高差用水准仪检测 4 个断面。

10.2.2 拱桥的检测

拱桥上部结构必须满足基本要求。

10.2.2.1 就地浇筑拱圈检测要点

（1）在浇筑拱圈或拱肋混凝土时，若拱圈或拱肋的跨径<16 m，则应按全宽从两端拱脚向拱顶对称连续浇筑，并在混凝土凝结前全部完成；若拱圈或拱肋的跨径⩾16 m，则应沿拱跨方向分段浇筑。

（2）在安装拱架前，应对拱架立柱和拱架支撑面进行详细检查，准确调整支撑面和顶部标高，并复测跨度，确认无误后方可进行安装。各片拱架在同一节点的标高尽量一致，以便于拼装平联杆件。

（3）落架应分几个循环卸完，卸落量开始应小，以后逐渐增大。在纵向应对称均衡卸落，在横向应同时卸落。满布式桁架卸落时，一般从拱顶向拱脚循环卸落；拱式拱架可在两支座外同时均匀卸落。应配合承包人检查拱圈挠度和墩台位移情况，复核测量观测记录。

（4）就地浇筑拱圈，板拱轴线偏位、肋拱轴线偏位用经纬仪检测 5 处；内弧线偏离设计弧线用水准仪检测 5 处；高度、顶、底、腹板厚度、板拱拱宽、肋拱拱宽用尺检测拱脚、L/4、拱顶 5 个断面；拱肋间距用尺检测 5 处。

10.2.2.2 拱桥安装检测要点

（1）预制拱圈节段检测中，混凝土强度按水泥混凝土的要求检测；每段拱箱内弧长用尺量每段；内弧线偏离设计弧线用样板每段检测 1～3 点；高度、顶、底、腹板厚度用尺检测 2 处；肋拱平面度、箱拱平面度用拉线、尺每段检测 1～3 点；拱箱接头倾斜用角尺检测每接头；肋拱预埋件位置、箱拱预埋件位置用尺检测每件。

（2）桁架拱杆件预制检测中，混凝土强度按水泥混凝土的要求检测；断面尺寸、杆件长度用尺检测 2 处；杆件旁弯拉线用尺量每件；预埋件位置用尺量每件。

（3）拱桥主拱圈安装检测中，轴线偏位用经纬仪检测 5 处；拱圈标高用水准仪检测 5～7 点；对称接头点允许相对高差、对称接头点极限相对高差用水准仪检测每段；同跨各拱肋相对高差用水准仪检测每段 5 处；同跨各拱肋间距用尺检测 5 处。

（4）悬臂拼装的桁架拱检测中，混凝土强度按水泥混凝土的要求检测；轴线偏位用经纬仪检测 5 处；拱圈标高用水准仪每肋每跨检测 5 处；相邻拱片高程、对称接头点允许相对高差、对称接头点极限相对高差用水准仪每跨检测 5 处；拱片竖直垂直度用吊垂线每片检测 2 处。

（5）腹拱安装检测中，轴线偏位用经纬仪检测 5 处；起拱线高程、相邻块件高差用水准仪每跨检测 5 处。

10.2.2.3 转体施工拱检测要点

（1）应严格掌握结构的预制尺寸和重量，其允许偏差为±5 mm，重量偏差不得超过±2%。桥体轴线平面允许偏差为预制长度的±1/5000，轴线立面允许偏差为±10 mm。环道转盘应平整，球面转盘应圆滑，其允许偏差为±1 mm。环道基座应水平，3 m 长度内平整度应⩽±1 mm，环道径向对称点高差不大于环道直径的 1/5000。

（2）桥体混凝土达到规范规定强度或设计强度的80%后，方可分批、分级张拉扣锁，扣锁索力应进行检测，其允许偏差为±3%。

（3）转盘可用钢带焊制而成，其内径、走板平面平整度、焊缝均应符合设计要求。转轴与转盘套合部分应涂润滑油脂。环道上的滑道宜采用固定式，其平整度应控制在±1 mm内，滑道上应按照设计尺寸铺设四氟板。当转盘填芯混凝土强度达到设计强度的75%后，可拨动转盘转至拱体预制位置。转轴与轴套应转动灵活，其配合误差应控制在0.6～1.0 mm。

（4）拱铰铰头可用钢板加工，其配合误差应小于2 mm。

（5）应严格控制桥体轴线和高程，误差应符合设计，合拢接口允许相对偏差为±10 mm。

（6）应控制合拢温度。当合拢温度与设计要求偏差3℃或影响高程差±10 mm时，应计算温度影响，修正合拢高程。合拢时应当选择当日温度最低的时候进行。

（7）转动前应进行试转，以检验转动系统的可靠性。竖转速度可控制在0.005～0.01 rad/min，提升重量大者宜采用较低的转速，力求平稳。两岸桥体竖转就位，调整高程和轴线应符合要求，楔紧合拢缺口，焊接钢筋，浇筑合拢混凝土，封填转动铰至混凝土达到设计强度后，拆除提升体系，完成竖转工作。

（8）转体施工拱检测中，封闭转盘和合拢段混凝土强度按水泥混凝土的要求检测；轴线偏位用经纬仪检测5处；跨中拱顶面高程用水准仪检测拱顶2～4处；同一横截面两侧或相邻上部构件高差用水准仪检测5处。

10.2.2.4 劲性骨架混凝土拱检测要点

（1）劲性骨架加工检测中，杆件截面尺寸用尺每段检测2端面；骨架高、宽用尺每段检测3～5断面；内弧偏离设计弧线用样板每段检测拱顶1～3点；每段弧长用尺检测每段；焊缝用超声检测全部。

（2）劲性骨架安装检测中，轴线偏位用经纬仪每肋检测5处；高程用水准仪检测拱顶、拱脚及各接头点；对称点允许相对高差、极限相对高差用水准仪检测各接头点；焊缝用超声波检测全部。

（3）劲性骨架混凝土浇筑检测中，混凝土强度按水泥混凝土的要求检测；轴线偏位用经纬仪每肋检测5处；拱圈标高、对称点允许相对高差、对称点极限相对高差用水准仪检测5处；断面尺寸用尺检测5处。

10.2.2.5 钢管混凝土拱检测要点

（1）成品管及制管用的钢材和焊接材料等应符合设计要求和国家现行标准的规定，具备完整的产品合格证明。

（2）工地弯管宜采用加热顶压方式，加热温度不得超过800℃。钢管对接端头应校圆，除成品管按相应国家标准外，失圆度不宜大于钢管外径的0.003倍。两条对接焊缝的间距应符合设计要求，设计无规定时，直缝焊接管不小于管的直径，螺旋焊接管不小于3 m。对接径向偏差不得超过壁厚的0.2倍。为减少运输及安装过程中对口处的失圆变形，应适当在该处加设内支撑。

（3）拱肋（桁架）节段焊接宜要求与母材等强度焊接。所用焊缝均应按规定进行强度和外观检检测，宜要求主拱的焊缝达到二级焊缝标准。对接焊缝应 100%进行超声波探伤。

（4）钢管混凝土的质量检测办法应以超声波检测为主，人工敲击为辅。

（5）为保证混凝土泵送工艺的顺利进行，对大跨径钢管混凝土拱桥，需按实际泵送距离和高度进行模拟混凝土压注试验。

（6）预应力系杆的张拉应与加载相对应。施工过程中除了严格控制系杆的内力和伸长量外，尚应监测和控制关键结构的变位，不得超过设计允许值。

（7）钢管拱肋制作检测中，钢管直径用尺每管检测 1～3 处；钢管中距用尺每段检测 2～3 处；内弧偏离设计弧线、拱肋内弧长、节段对接错边用水准仪检测 5 处；焊缝探伤用尺检测 5 处。

（8）钢管拱肋安装检测中，轴线偏位用经纬仪检测 5 处；拱圈高程用水准仪检测 5 处；对称点允许高差、极限高差用水准仪检测各接头点；拱肋接缝错边用尺检测每个接缝；焊缝尺寸用量规检查全部；焊缝探伤用超声波检查全部，用射线按 5%抽查。

（9）钢管拱肋混凝土浇筑检测中，混凝土强度按水泥混凝土的要求检测；轴线偏位用经纬仪检测 5 处；拱圈标高用水准仪检测 5 处；对称点允许相对高差、极限相对高差用水准仪检测各接头点。

10.2.2.6　中下承式拱检测要点

（1）跨度小于 15 m 的拱圈（拱肋）混凝土，应自两侧拱脚向拱顶对称、连续浇筑，并在拱脚处混凝土初凝前完成。

（2）跨度大于 15 m 的拱圈（拱肋）混凝土，应采用分段浇筑法施工，以减小混凝土收缩应力和拱架变形所产生的裂缝。

（3）拱段长 6～15 m，以拱顶为准，保持两侧对称。分段点宜设在拱架支点、节点等处适当留间隔缝。

（4）当各拱肋同时浇筑和卸落拱架施工时，拱肋横向连接系应与拱肋浇筑同时施工；若各拱肋非同时浇筑和卸落拱架，则应在各拱肋卸落后再浇筑横向连接系。

（5）吊杆的制作与安装质量检测中，吊杆长度用钢尺量；吊杆允许拉力、极限拉力用测力计每吊杆检测；吊点位置、吊点高程、吊点两侧高差用经纬仪每吊点检测。

（6）柔性系杆检测中，张拉应力查油压表读数，检测每根；张拉伸长率用尺检测每根。

10.2.3　钢桥的检测

钢桥上部结构必须满足基本要求。

10.2.3.1　钢梁制作检测要点

（1）核查材料质量证明书，其订货技术条件要求的检测数据必须齐全，性能指标必须符合相应标准规定；对材料外观质量、标志及包装进行抽检；审查施工单位材料入库、保管、发放等管理制度，并对材料仓库进行检查，使每个环节得到有效控制；审查施工单位对钢材炉罐号及焊接材料批号跟踪的方法及管理制度，抽查其执行情况，以排料图为控制依据，跟踪零部件炉罐号移植应准确和齐全，并有详细记录；平行抽检的比例不得少于施工单位检验数量的 10%；对于试验不合格的材料及制作过程中发现的材料缺陷应即时处理，并应扩大检查，若存在数量较多的严重缺陷，必须即时通知建设单位处理。

（2）核查计量器具、仪器、仪表鉴定合格证书，并在有效期内。

（3）检查放样平台、组装工作平台、组装胎膜等应符合技术要求，并对实物进行抽检。

（4）检查施工单位设备数量和技术性能应满足生产需求，并应有设备的操作规程和对设备的选用、保管、使用、维护、检修等重要过程的管理制度。

（5）对杆板和样板的放样精度、切割面质量、矫正和加热工的加热温度控制、边缘加工、制孔、弯曲加工、组装质量、预拼装质量、涂装质量等进行检查，并做详细记录，验收合格后签署合格证书。

（6）钢板梁制作检测中，主梁、横梁、纵梁用尺检测两端腹板处高度；跨度用全站仪或尺检测两支座中心距离；梁全长用全站仪或钢尺检测中心线处；纵梁长、横梁长用尺检测两端角钢背与背之间的距离；纵横梁旁弯梁立置时在腹板一侧距主焊缝 100 mm 处拉线检测中部 1 处；主梁拱度梁卧置时在下盖板外侧拉线检测中部 1 处；两片主梁拱度差分别测量两片主梁拱度，求差值；主梁腹板平面、纵横梁腹板平面度用平尺或拉线检测中部 1 处；主梁、纵横梁盖板对腹板的垂直度（其余部位）用角尺检测 3～5 处；焊缝尺寸用量规检测全部；焊缝探伤用超声波检测全部，用射线时按 10%抽查；高强螺栓扭矩测力扳手检测 5%，且不少于 2 个。

（7）钢桁节段制作检测中，节段长度用尺每节段检测 4～6 处；节段高度用尺每节段检测 4 处；节段宽度、节间长度用尺检测两端腹板处高度；对角线长度用全站仪或尺检测两支座中心距离；桁片平面度用全站仪或钢尺检测中心线处；拱度用尺检测两端角钢背与背之间的距离；焊缝尺寸用量规检测全部；焊缝探伤用超声波检测全部，用射线时按 10%抽查；高强螺栓扭矩用测力扳手检测 5%，且不少于 2 个。

（8）钢箱梁制作检测中，梁高用尺检测两端腹板处高度；跨度用全站仪或钢尺检测两支座中心距离；全长用全站仪或钢尺检测；腹板中心距用尺检测两腹板中心距离；盖板宽度、横断面对角线差用尺检测两端断面；旁弯、拱度拉线用尺检测跨中；腹板平面度用平尺或拉线检测跨中；扭曲度置于平台，四角中有三角接触平台，用尺量另一角与平台间隙；焊缝尺寸用量规检测全部；焊缝探伤用超声波检测全部，用射线时按 10%抽查；高强螺栓扭矩测力扳手检测 5%，且不少于 2 个。

10.2.3.2 钢梁防护检测要点

（1）涂装前应进行表面处理的质量检查，合格后方可进行涂装。

（2）涂装涂层遍数和漆膜厚度应符合设计要求，应及时测定湿膜厚度保证干膜厚度。

（3）涂层干膜厚度大于或等于设计厚度的点数占总测点数的 90%以上，其他测点的干膜厚度不应低于 90%的设计厚度值。当不符合上述要求时，应进行修补。

（4）厚膜涂层应进行针孔检测，针孔数不应超过测点总数的 20%，当不符合要求时，应进行修补。

（5）可目视或用 5～10 倍放大镜观察，喷涂金属层应颗粒细密、厚薄均匀，并不得有固体杂质、气泡及裂缝等缺陷。

（6）喷涂厚度达不到要求时，应进行补喷或重喷。

（7）孔隙率检测，检测面积宜占总面积的 5%，当不合格时，应进行补喷或重喷。

（8）对喷涂金属层与钢结构的结合性能，可采用敲击或刀刮进行检测，当不合格时，应进行补喷或重喷。

（9）钢梁防护涂装检测中，除锈清洁度用比照板目测 100%；内、外表面粗糙度按设计规定检测；总干膜厚度漆膜用厚度仪检测；附着力用划格或拉力试验按设计频率检测。

10.2.3.3 钢梁安装检测要点

（1）运到工地的杆件目测鉴定，对外观有损坏不符合质量要求的，应退回或予以修整。

（2）高强度螺栓的材料、炉号、制作批号、化学成分与机械性能证明或试验数据应齐全。要求做的试验有：螺栓楔负荷试验、螺母保证荷载试验、螺母及垫圈的硬度试验、连接副的扭矩试验。

（3）螺栓、螺母、垫圈有锈蚀应抽样检查紧固轴力，达到要求后方可使用。螺栓不得被泥土、油污沾染，保持洁净、干燥状态。

（4）钢箱梁临时支架施工前必须通过荷载试验，在支架设计的安全系数范围内可采用碗扣式脚手架或型钢支架，并严格按照支架按照方案组织施工。

（5）钢箱梁吊装前，应对桥台、墩顶面高程、中线及各孔跨径进行复测，误差在允许范围内方可吊装并放出钢箱梁就位线。

（6）钢梁吊装时，应观察支架的强度、刚度和位置，检查钢梁杆件的受力变形情况，如发现问题要及时处理。

（7）安装过程中每完成一节应测量其位置、标高和预拱度，不符合要求时应进行校正。

（8）高强度螺栓的紧固顺序从刚度大的部位向不受约束的自由端进行，同一节点内从中间向四周，以使板面密贴。

（9）对螺栓应做紧固检查。

（10）钢梁安装检查中，钢梁中线偏位、两孔相邻横梁中线偏位用经纬仪检测 2 处；梁墩台处梁底高程、两孔相邻横梁相对高差用水准仪检测每支座 1 处，每横梁 2 处；焊缝尺寸用量规检测全部；焊缝探伤用超声波检测全部，用射线时按 10%抽查；高强螺栓用扭矩测力扳手检测 5%，且不少于 2 个。

10.2.4 混凝土斜拉桥的检测

混凝土斜拉桥上部结构必须满足基本要求。

10.2.4.1 混凝土索塔检测要点

（1）斜拉桥塔柱段检测中，混凝土强度按水泥混凝土的要求检测；塔柱底偏位、倾斜度用全站仪或经纬仪纵横各检测 2 点；外轮廓尺寸用尺每段检测 3 个断面；壁厚用尺每段每个侧面检测 1 处；锚固点高程用水准仪检测各锚固点；孔道位置用尺检测每孔道；预埋件位置用尺检测每件。

（2）横梁检测中，混凝土强度按水泥混凝土的要求检测；轴线偏位用经纬仪每梁检测 5 处；外轮廓尺寸用尺检测 3～5 个断面；壁厚用尺每个侧面检测 1 处，3～5 个断面；顶面高程用水准仪检测 5 处。

10.2.4.2 平行钢丝斜拉索制作与防护检测要点

（1）平行钢丝斜拉索制作检测中，斜拉索长度用尺检测每根；锚板孔眼直径用游标卡尺，每种规格检测 10 个；墩头尺寸、冷铸填料允许强度用试验机检测，每锚 3 个边长 30 mm 试件；冷铸填料极限强度用尺检测每孔道。

（2）平行钢丝斜拉索防护检测中，PE 防护厚度用量规检测每件；锚具附近密封处理用目测每件。

10.2.4.3 混凝土斜拉桥主墩上梁段的浇筑检测要点

（1）主墩上梁段浇筑检测中，混凝土强度按水泥混凝土的要求检测；轴线偏位用全站仪或经纬仪纵桥向检测 2 点；顶面高程用水准仪检测 3 处；高度、底宽或肋间宽、顶、底、腹板或梁肋厚用尺检测 2 个断面；横坡用水准仪检测 1～3 处。

（2）预埋件位置用尺检测每件；平整度用 3 m 直尺检测竖直、水平两个方向，每侧面每 10 m 梁长测 1 处。

10.2.4.4 混凝土斜拉桥的悬臂施工检测要点

（1）混凝土斜拉桥悬臂浇筑检测中，混凝土强度按水泥混凝土的要求检测；轴线偏位用经纬仪纵桥向每段检测 2 点；高度、顶宽、底宽或肋间宽、顶、底、腹板或梁肋厚用尺检测 2 个断面；索力允许值、极限值用测力计检测每索；梁段梁锚固点或梁顶高程、合拢后梁锚固点或梁顶高程用水准仪检测每个锚固点或每梁段中点；横坡用水准仪检测每梁段；锚具轴线与孔道轴线偏位用尺检测全部；预埋件位置用尺检测每件；平整度 3 m 直尺检测竖直、水平两个方向，每侧面每 10 m 梁长测 1 处。

（2）悬臂拼装检测中，合拢段混凝土强度按水泥混凝土的要求检测；轴线偏位用全站仪或经纬仪纵桥向检测 2 点；索力允许值、极限值用测力计检测每索；梁段梁锚固点或梁顶高程、合拢后梁锚固点或梁顶高程用水准仪检测每个锚固点或每梁段中点；锚具轴线与孔道轴线偏位用尺抽查 25%。

10.2.5 混凝土悬索桥的检测

混凝土悬索桥上部结构必须满足基本要求。

10.2.5.1 混凝土索塔施工检测要点

（1）严格控制塔索平面位置、塔身斜度、高程，以保证塔顶平面和水平高度的正确性。

（2）索塔施工应严格遵守高空作业的安全操作规程，在块件或杆件的安装过程中，应经常检查起重设备，保证安全。

（3）悬索桥塔柱段检测中，混凝土强度按水泥混凝土的要求检测；塔柱底水平偏位、倾斜度用经纬仪纵横各检测 2 点；外轮廓尺寸用尺每段检测 3 个断面；壁厚用尺每段每侧面检测 1 处；预埋件位置用尺检测每件；索鞍底板面高程用水准仪检测每索鞍 1 处。

10.2.5.2　锚固系统制作与安装检测要点

（1）预应力锚固系统制作检测中，拉杆孔至锚固孔中心距、连接器主要孔径用游标卡尺逐件检测；孔轴线与底顶面垂直度、底面平面度、拉杆孔底顶面的平行度、拉杆同轴度用量具逐件检测。

（2）刚架锚固系统制作检测中，刚架杆件长度、锚杆长度、锚梁长度用尺检测每件；刚架杆件中心距用尺检测每节间；连接用超声波或测力扳手抽查 30%。

（3）预应力锚固系统安装检测中，前锚面孔道中心坐标偏差用全站仪检测每孔道；前锚面孔道角度、拉杆轴线偏位、连接器轴线偏位用全站仪或经纬仪。

（4）刚架锚固系统安装检测中，刚架中心线偏差用经纬仪检测；刚架安装锚杆之平联高程用水准仪检测；锚杆纵向偏位、锚杆横向偏位、后锚梁偏位用经纬仪检测每根；锚固点高程、后锚梁高程用水准仪检测每件。

10.2.5.3　索鞍制作与安装检测要点

（1）主索鞍制作检测中，主要平面（主索鞍的下平面、对合竖直平面、上下承板平面、中心鞍槽的竖直面）的平面度用量具检测主要平面；鞍座下平面对中心索槽竖直平面的垂直度偏差、鞍座底面对中心鞍槽底的高度偏差、鞍槽轮廓的圆弧半径偏差、各槽对中心鞍槽的对称度、各槽曲线立面角度偏差用机床检测；锚杆纵向偏位、上下承板平面的平行度用量具检测上下承板；对合竖直平面与鞍体下平面的垂直度偏差用百分检测每对合竖直平面；各槽宽度、深度偏差用样板或游标卡尺检测；防护层厚度用测厚仪每检测面 10 点。

（2）主索鞍安装检测中，顺、横桥向最终偏位用经纬仪或全站仪每鞍检测；高程用全站仪每鞍检测 1 处；四角高差用水准仪或全站仪每鞍检测 4 处。

10.2.5.4　悬索桥索股和锚头的制作与防护检测要点

（1）索股和锚头制作及防护检测中，索股基准丝长度、成品索股长度用钢尺检测。

（2）热铸锚合金灌铸率量测计算每件。

（3）索股和锚头防护检测中，锚头顶压索股外移量（按规定顶压力，持续荷载 5 min）用百分表检测每件。

（4）索股轴线与锚头端面垂直度用仪器量测每件。

（5）锚头表面涂层厚度用测厚仪检测每件。

10.2.5.5　主缆架设与防护检测要点

（1）主缆架设及防护检测中，中跨、边跨跨中索股高程、上下游索股高程用全站仪检测跨中。

（2）相对于基准索股高程用全站仪或专用卡尺检测跨中。

（3）锚跨索股力偏差用测力计检测每索股。

（4）主缆孔隙率量直径和周长后计算检测索夹处和索夹间。

（5）主缆直径不圆度，缆索后横竖直径之差与设计直径相比，测两索夹间。

（6）缠丝间距用插板检测索夹间 1 m。

（7）缠丝张力标定检测每盘抽取 1 处。

（8）防护涂层厚度用测厚仪每 200 m 测 1 点。

10.2.5.6　悬索桥索夹制作与防护检测要点

（1）夹制作及防护检测中，索夹内径偏差、耳板销孔位置偏差、耳板销孔内径偏差、螺杆孔直线度、壁厚用量具检测每件。

（2）设计内壁喷锌厚度用测厚仪检测每件。

10.2.5.7　悬索桥吊索和锚头的制作与防护检测要点

（1）吊索和锚头制作与防护检测中，吊索调整后长度用尺检测每根。

（2）销轴直径偏差、叉形耳板销孔位置偏差用量具检测每个。

（3）热铸锚合金灌铸率用量具检测和计算每个。

（4）锚头顶压后吊索外移量（按规定顶压力，持续荷载 5 min）、吊索轴线与锚头端面垂直度用量具检测每个。

（5）锚头喷锌厚度用测厚仪检测每个。

10.2.5.8　索夹和吊索的安装检测要点

（1）索夹安装前须测定主缆的空缆线形，提交给设计及监理单位，对原设计的索夹位置进行确认。然后在温度稳定时在空缆上放样定出各索夹的具体位置并编号，清除索夹位置处主缆表面的油污及灰尘，涂上防锈漆。

（2）索夹在运输过程中应注意保护防止碰伤及损坏表面。

（3）紧固同一索夹螺栓时，须保证各螺栓受力均匀，并按 3 个荷载阶段（即索夹安装时、钢箱梁吊装后、桥面铺装后）对索夹螺栓进行紧固，补足轴力。索夹位置要求安装准确，纵向误差不应大于 10 mm。

（4）运输和安装过程中保证吊索不受损伤。安装时须采取措施防止吊索扭转。

（5）索夹和吊索安装检测中，索夹纵向偏位用全站仪和钢尺检测每个；索夹横向偏位用全站仪检测每个；上下游吊点高差用水准仪检测每个；螺杆紧固力用压力表检测每个。

10.2.5.9　钢加劲梁梁段制作及安装检测要点

钢加劲梁安装检测中，梁长用全站仪检测每测点；同一梁段两侧对称吊点处梁顶高差用水准仪检测每测点；相邻节段匹配高差用尺检测每段；焊缝尺寸用量规检测全部；焊缝探伤用超声波检测全部；高强螺栓扭矩用测力扳手检测 5%且不少于 2 个。

10.2.6 桥面系及附属工程的检测

桥面系及附属工程必须满足基本要求。

10.2.6.1 桥面防水层铺设检测要点

（1）沥青胶结材料防水层一般涂两层，每层厚 1.5～2.0 mm。使用沥青的软化点应比垫层可能的最高温度高 20～25℃且不低于 40℃；加热温度和使用温度不低于 150℃。

（2）沥青胶结材料防水层的施工气温不低于–20℃，如温度过低必须采取保温措施。在炎热季节施工时，应采取遮阳措施，防止烈日暴晒而沥青流淌。

（3）合成树脂合成橡胶的乳液防水层施工，第一层涂层涂刷完毕必须待干燥结膜后方可涂刷下一层，一般涂 2～3 层。第一层涂层必须与水泥混凝土密实结合，不得夹有空隙。

（4）涂料中如配有挥发性溶液必须在 3～4 h 内用完。

（5）涂贴应均匀，不得有起鼓、翘边、皱折、流淌等现象。玻璃丝布的搭接长度，长边不应小于 10 cm，短边不应小于 15 cm。

（6）施工时的最低气温，若采用水乳型橡胶沥青时不得低于 5℃，雨天及大风天气不得施工。

（7）卷材防水层施工，表面应用冷底子油涂满铺匀，待冷底子油干燥后方可铺贴卷材。

（8）铺贴卷材的铺设层数应根据设计要求和当地气温条件决定，一般为 2～4 层。

（9）粘贴卷材的沥青胶厚度一般为 1.5～2.5 mm，不得超过 3 mm。

（10）卷材的搭接长度不应小于 10 cm，短边不应小于 15 cm；上下两层和相邻两幅卷材的接缝相互错开，上下两层卷材不得相互垂直。

（11）粘贴卷材应展平压实，卷材和基层和各层卷材间必须粘贴紧密，并将多铺的沥青胶结材料挤出，搭接缝必须封缝严密，防止出现水路，粘贴完最后一层卷材后，表面应再涂刷一层厚 1～1.5 mm 的热沥青胶结材料。

（12）卷材防水层铺贴的温度不应低于 5℃。

（13）防水层检测中，防水涂膜厚度用测厚：每 200 m^2 测 4 点或按材料用量推算；黏结强度用抗拔仪每 200 m^2 测 4 点（拉拔速度为 10 mm/min）；抗剪强度用剪切仪检测 1 组 3 个（剪切速度为 10 mm/min）；剥离强度用 90°仪检测 1 组 3 个（剥离速度为 10 mm/min）。

10.2.6.2 桥面铺装检测要点

（1）对各种材料应进行抽检，不合格材料不得入场用于施工。

（2）进行混凝土桥面铺装时，应按图纸预留好伸缩缝工作槽，当进行沥青混凝土桥面铺装时不必预留，而在安装伸缩缝前切割即可。

（3）桥面铺装宜采用全桥宽同时，或分车道进行，或根据监理工程师指示办理。

（4）桥面铺装检测中，强度或压实度按路面检测方法检测；厚度检测浇筑前后高差每 100 m 测 5 处；IRI、σ 用平整度仪全桥每车道连续检测每 100 m 计算 IRI、σ；横坡用水准每 100 m 测 3 个断面；抗滑构造深度用砂铺每 200 m 测 3 处。

（5）复合桥面水泥混凝土铺装检测中，混凝土强度按路面检测方法；厚度检测浇筑前后高差，每 100 m 测 5 处；平整度用 3 m 直尺每 100 m 测 3 处 3 尺；横坡用水准仪每 100 m 测 3 个断面。

10.2.6.3　钢桥面板上防水黏结层检测要点

钢桥面防水黏结层检测中，钢桥面板清洁度用比照板目测全部；黏结层厚度、防水层厚度用测厚仪每洒布段检测 6 点；黏结层与钢板底漆间结合力用拉拔仪每洒布段检测 6 点。

10.2.6.4　钢桥面板上沥青混凝土铺装检测要点

（1）沥青材料及混合料的各项指标应符合设计要求和施工规范的要求，对每日生产的沥青混合料应做抽提试验（包括马歇尔稳定度试验）。

（2）严格控制各种矿料和沥青用量及各种材料和沥青混合料的加热温度，碾压温度应符合要求。

（3）拌和后的沥青混合料应均匀一致，无花白、粗细料分离和结团成块现象。

（4）桥面泄水孔进水口的布置应有利于桥面和渗入水的排除，其数量不得少于设计要求，出水口不得使水直接冲刷桥体。

（5）钢桥面板上沥青混凝土铺装检测中，压实度按碾压吨位和遍数检测；IRI、σ用平整度仪全桥每车道连续检测每 100 m 计算 IRI、σ; h 用 3 m 直尺每 100 m 测 3 处 3 尺；平均厚度按沥青混凝土实际用量推算；横坡用砂铺法每 200 m 测 4 处；抗滑构造深度一样砂铺法每 200 m 测 1 处。

10.2.6.5　支座安装检测要点

（1）支座垫石检测中，混凝土强度按混凝土部分检测检测；轴线偏位用全站仪或经纬仪检测支座垫石纵横向；断面尺寸用尺检测 1 个断面；顶面高程、顶面四角高差用水准仪检测中心及四个角；预埋件位置用尺检测每件。

（2）挡块检测中，混凝土强度按混凝土部分检测检测；平面位置用全站仪或经纬仪检测每块；断面尺寸用尺检测 1 个断面；顶面高程用水准仪检测每块 1 处；与梁体间隙用尺检测每块。

（3）支座检测中，支座中心横桥向偏位用经纬仪、钢尺检测每支座；支座顺桥向偏位用经纬仪或拉线检测每支座；支座高程、支座四角高差用水准仪检测每支座。

10.2.6.6　伸缩缝安装检测要点

伸缩缝安装检测中，长度用尺检测每道；缝宽用尺检测每道 2 处；与桥面高差用尺每侧检测 3～7 处；一般纵坡用水准仪检测纵向混凝土锚固混凝土端部 3 处；大型纵坡用水准仪检测纵向两侧 3 处；横向平整度用 3 m 直尺检测每道。

10.2.6.7　混凝土小型构件预制检测要点

混凝土小型构件检测中，混凝土强度按混凝土标准检测；断面尺寸用尺检测 2 处，按构件总数的 30%检测；长度用尺按构件总数的 30%检测。

10.2.6.8　人行道铺设检测要点

（1）对原材料和半成品构件进行试验验证及对供应单位资质检测。

（2）对施工单位放样的人行道中线、边线及相应的标高进行复测。

（3）人行道板安装前必须精确放样定位（包括路缘石、安全带、栏杆基座），并报请监理工程师验收，合格后方可施工安装。

（4）铺设好的人行道板应安放稳固不摇动，外侧边线顺直，相邻板的高差不大于 5 mm。

（5）人行道板接缝处应用水泥砂浆嵌填，打扫干净后按规定绑扎钢筋网，充分湿润并清除积水后浇筑细石混凝土，在初凝前抹平，不宜再加水泥砂浆抹面，以防脱落。

（6）安装后的人行道，表面应平整，线条直顺，整齐美观，自检合格后填报相关资料报请监理工程师验收。

（7）人行道铺设检测中，人行道边缘平面偏位用经纬仪、钢尺拉线每 30 m 检测 1 处；纵向高程、横坡用水准仪每 100 m 检测 3 处；接缝两侧高差用水准仪抽测 10%；平整度用 3 m 直尺每 100 m 检测 3 处。

10.2.6.9　桥头搭板检测要点

桥头搭板检测中，混凝土强度按混凝土标准检测；枕梁高、宽用尺检测每梁 2 断面；枕梁长用尺检测每梁；板长、宽用尺各检测 2～4 处；板厚用尺各检测 4～8 处；顶面高程用水准仪每 100 m 检测 3 处；纵坡用水准仪检测 3～5 处。

10.3　成桥的检测

成桥的检测包括静载、动载检测和承载能力评定。

10.3.1　静载检测

静载检测是鉴定成桥质量和评估结构承载能力的最基本内容。

10.3.1.1　荷载

现场实桥检测荷载一般选用载重汽车，如图 10-14 所示。

图 10-14　检测载重汽车

10.3.1.2 测点和测站布置

根据检测的目的和要求，考虑各种桥梁体系的受力特点，结合检测的技术可行性确定被测桥的控制断面和测点。

1）梁桥

（1）主要控制点：跨中挠度和截面应力（或应变），支点沉降。

（2）次要控制点：跨径四分点的挠度，支点附近腹板的应力。

2）连续梁桥

（1）主要控制点：主跨、边跨跨中挠度，主跨跨中、边跨弯矩和支点应力（或应变）。

（2）次要控制点：1/4 跨径处的挠度和应力（或应变）。

3）悬臂结构

（1）主要控制点：悬臂端挠度，挂孔跨中挠度和应力，固端根部或支点应力，T 型刚构墩身控制截面应力。

（2）次要控制点：牛腿局部应力，墩顶变位（水平与垂直位移、转角）。

4）拱桥

（1）主要控制点：跨中挠度、1/4 跨径处的变位和应力，拱脚截面应力。

（2）次要控制点：1/8 跨径处的变位和应力，拱上建筑变位和应力，墩台变位。

5）刚架桥

（1）主要控制点：跨中挠度和应力，结点附近的变位和应力。

（2）次要控制点：柱脚截面的变位、应力和转角，墩台顶的变位和转角。

6）索结构

（1）主要控制点：主梁挠度，控制截面应力，索塔顶部水平位移，拉（吊）索拉力。

（2）次要控制点：活载索力塔柱底截面应力，锚索拉力。

10.3.1.3 加载

（1）静载初读数。检测正式开始，以部分重车在桥上缓行几次而进行预压阶段仪器的读数。

（2）加载。为被测结构的安全，进行分级加载。

（3）稳定后读数。加载后结构的变形和内力需要有一个稳定的过程，以控制点的应变值或挠度值稳定为准，只要读数波动值在测试仪器的精度范围内，就认为结构处于稳定状态，可测量读数。

（4）卸载读零。一个工况结束，各测点要读回零值，同样需要有一个稳定过程。

（5）当发生下列情况时应停止加载：

① 控制点应力值达到或超过计算的控制应力值。

② 控制测点变位（或挠度）超过规定允许值。

③ 由于加载使结构裂缝的长度、宽度极具增加，新裂缝大量出现，缝宽超过允许值的裂缝大量增多，对结构使用寿命造成较大影响。

④ 发生其他损坏影响桥梁承载能力或正常使用的情况。

10.3.1.4 数据整理

1）荷载

列出加载效率表；制作实际载重明细表；绘制载重的纵横向布置图，标明其尺寸。

2）变形

挠度的实际值和计算值曲线表；非竖向变位的实际值和计算值曲线表；支座沉降的实际值和计算值曲线表。

3）应力和应变

实测应变的修正；应力、应变的换算；实测值与计算值的比较。

4）残余变形（或应变）

总变形（或应变）、弹性变形（或应变）、残余变形（或应变）的计算；相对残余变形（或应变）不允许大于 20%。

5）裂缝

绘制裂缝图进行分析。

10.3.2 动载检测

动载试验是为了检测桥梁结构的动态性能。

10.3.2.1 动力特性参数的测定

1）动力特性参数

动力特性参数有自振频率和自振周期、阻尼、振型。

2）动力特性参数的测定

测定成桥结构的动力特性参数的主要方法有自由振动衰减法、强迫振动法和环境随机振动法。

（1）自由振动衰减法：给结构一个初位移或初速度使结构产生振动，因结构的自振特性只与它本身的刚度、质量和材料等固有性质有关，与所施加的力、初位移或初速度（在结构受力允许的条件下）没有关系，只要能激发起结构的振动就能够测得结构的自由振动衰减曲线，对该部分曲线进行分析处理可以获得自振特性参数。能使桥梁结构产生自由振动的方法很多，如测定竖向振动可以采用撞击、跳车的方法；为测定横向或扭转振动可采用突然释放、撞击等方法，如图 10-15 所示，只要给结构一个瞬态激振力就可以实现桥梁结构的自由振动。

根据记录的曲线绘制振型，得到自由振动频率对应的振型。其优点是激励形式多变，测试仪器要求不高，容易实现，得到的频率较为准确，对于一些只要求得到结构基本频率或较低阶频率是很方便的。如要获得高阶自振特性参数，需要有信号分析手段。

（2）强迫振动法：成桥的强迫振动法是利用激振器对结构进行连续正弦扫描，根据共振效应，当扫描频率与结构的某一固有频率相一致时，结构振幅会明显增大，用仪器测出这一过程，绘制出频率—幅值曲线（共振曲线），通过曲线获得自振特性参数。把

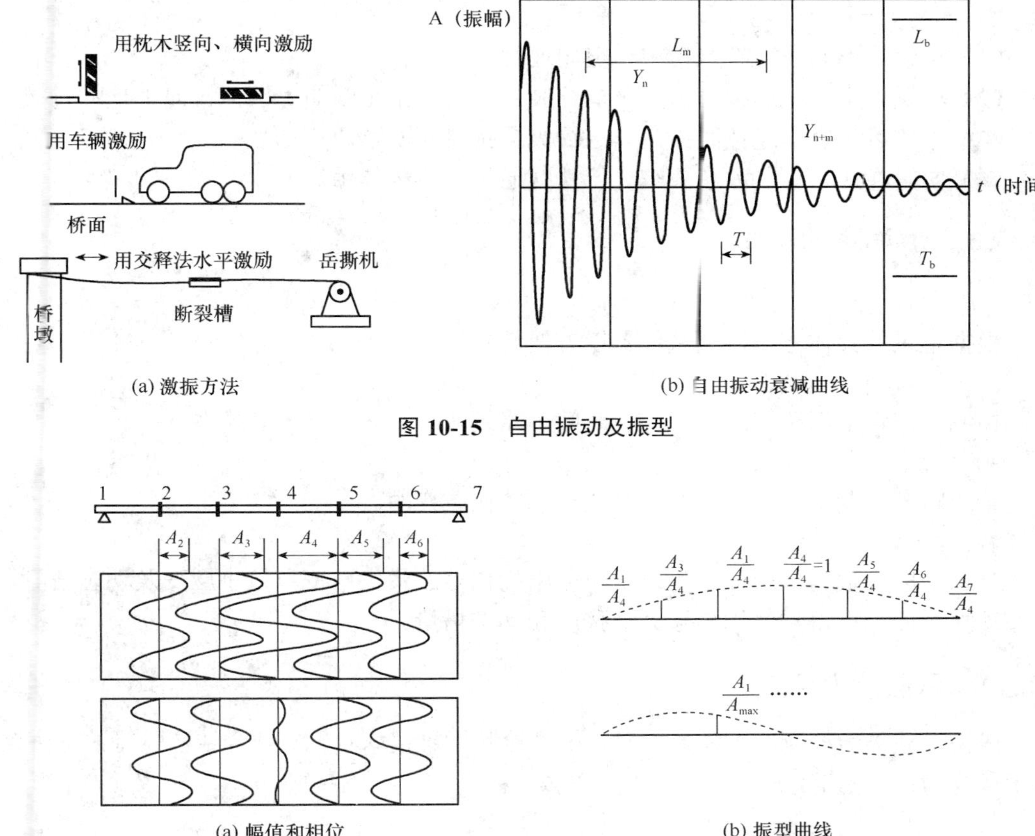

(a) 激振方法　　(b) 自由振动衰减曲线

图 10-15　自由振动及振型

(a) 幅值和相位　　(b) 振型曲线

图 10-16　简支梁桥振型测定的方法

激振器安装在成桥上，根据计算得到的期望值对桥梁结构进行扫描激振，同时记录扫描过程中的输出幅值，绘制幅值与频率曲线，峰值即对应结构的自振频率；利用仪器记录下振动波形可分析确定振型曲线，图 10-16 所示为简支梁桥振型测定的方法。强迫共振法的优点是方法可靠，自振特性参数的精度较高。缺点是激振设备和器械庞大，搬装费时费力，国内应用很少。

（3）环境随机振动法：环境随机振动法（也称脉动法）以谱分析技术为基础来识别桥梁结构的动力特性。随机振动信号的频谱代表了信号在不同频率分量处信号成分的大小，能够提供比时域信号波形更直观、更丰富的信息。成桥结构在自然环境振源（如地脉动、风、水流等）影响下会产生随机振动，利用测振器可测得这种随机响应信号。环境随机振动法不用任何激振设备或手段，只以环境随机振源为激振源，按照随机数据处理分析确定采样、记录时间和方式，应用随机振动数据处理技术分析数据结果。

10.3.2.2　动载检测的内容

1）检测荷载

采用一辆或多辆载重汽车。

2）加载方式

（1）车辆以不同车速按照指定车道匀速行驶过桥。

（2）车辆以不同车速按照指定车道行驶，并跨越指定断面上模拟桥面不平障碍物。

（3）车辆以一定车速按照指定车道行驶至指定断面紧急制动。

（4）实时在线车辆（如超载车、特殊交通量）荷载作用。

10.3.2.3 动载检测的步骤

1）仪器调试

根据记录的具体方法，调试仪器以方便记录。

2）车辆控制

控制好车辆上下桥车速、位置、时间、路线。

3）测试记录

记录跑车、制动、跳车、实时在线车辆的荷载作用。

4）数据处理

通过动应变数据（曲线）整理出对应结构构件的最大应变和最小应变及动态增量，通过动挠度曲线可得到结构的最大动挠度和动态增量。

10.3.3 承载能力评定

成桥承载能力检测的方法有 2 种：一是检测桥梁技术状况，结合结构验算评定桥梁的承载能力；二是荷载试验法。

10.3.3.1 承载能力检测的条件

（1）技术状况等级为四类、五类的桥梁。

（2）拟提高荷载等级的桥梁。

（3）需通行大件运输车辆的桥梁。

（4）遭受重大自然灾害或意外事件的桥梁。

10.3.3.2 基于桥梁技术状况检测的承载能力评定

1）圬工结构

圬工结构桥梁承载能力评定应根据桥梁检测结果按照式（10-12）进行计算评定。

$$\gamma_0 S \leqslant R\left(f_{\mathrm{d},\xi_\mathrm{c}a_\mathrm{d}}\right)Z_1 \tag{10-12}$$

式中：γ_0 为结构的重要性系数；S 为荷载效应函数；R（·）为抗力效应函数；f_d 为材料强度设计值；a_d 为结构的几何尺寸；Z_1 为承载能力检算系数；ξ_c 为截面折减系数。

2）配筋混凝土桥梁

配筋混凝土桥梁承载能力评定应根据桥梁检测结果按照式（10-13）进行计算评定。

$$\gamma_0 S \leqslant R\left(f_{\mathrm{d},\xi_\mathrm{c}a_\mathrm{dc},\xi_\mathrm{s}a_\mathrm{ds}}\right)Z_1(1-\xi_\mathrm{e}) \tag{10-13}$$

式中：a_dc 为构件混凝土的几何尺寸；a_ds 为构件钢筋的几何尺寸；ξ_e 为承载能力恶化系

数；ξ_s为钢筋的截面折减系数。

3）钢结构桥梁

钢结构桥梁承载能力评定应根据桥梁检测结果按照式（10-14）进行计算评定。

$$f_{dl} < Z_1[f] \tag{10-14}$$

式中：f_{dl}为计入活载影响修正系数的短期荷载变形计算值；$[f]$为允许变形值。

4）拉吊索

钢结构桥梁承载能力评定应根据桥梁检测结果按照式（10-15）进行计算评定。

$$f_{dl} < Z_1[f] \tag{10-15}$$

式中：f_{dl}为计入活载影响修正系数的短期荷载变形计算值；$[f]$为允许变形值。

10.3.3.3 基于荷载试验检测的承载能力评定

校验系数是反映结构工作状态的一个重要指标，按式（10-16）计算。校验系数小于1说明桥梁结构实际强度或刚度有安全储备；校验系数大于1表明强度或刚度不足。

$$\xi = \frac{S_e}{S_s} \tag{10-16}$$

式中：S_e为试验荷载作用下控制测点的实测弹性变位（或应变）值；S_s为试验荷载作用下控制测点的理论计算变位（或应变）值。

小结

本章主要介绍桥梁上部结构、下部结构、涵洞和成桥的检测要求、要点和方法。桥涵工程检测的内容随着桥梁所在的位置、结构形式和所用的材料不同而异。根据桥涵的具体情况按有关标准规范确定检测。

思考题

1. 桥梁上部结构的检测内容是什么？
2. 桥梁下部结构的检测内容是什么？
3. 涵洞的检测内容是什么？
4. 成桥的检测方法有哪些？

第 11 章
隧道工程检测

[本章提要]

本章主要介绍注浆材料性能检测、喷射混凝土检测、排水材料检测、防水混凝土抗渗性能试验、混凝土初砌质量检测、混凝土缺陷检测、通风和照明检测等检测技术和方法。

公路隧道的建造是百年大计，保证工程质量是隧道工程的基本要求，检测技术作为质量管理的重要手段越来越为人们所重视。公路隧道检测技术涉及面广，内容很多。本章按隧道修建过程，主要介绍隧道工程中注浆材料的性能检测、喷射混凝土厚度、与围岩黏结强度、粉尘等检测、排水材料性能检测、防水混凝土性能检测、混凝土初砌质量检测、通风性能(包括粉尘浓度、瓦斯、一氧化碳、烟雾浓度、隧道风压)检测、照明检测等内容。

11.1 注浆材料性能检测

注浆是指将注浆材料按一定配合比制成的浆液压入围岩或衬砌与围岩之间的空隙中，经凝结、硬化后起到防水和加固作用的一种施工方法。

11.1.1 注浆材料分类及性质

11.1.1.1 注浆材料的要求

浆液黏度低；可调节并准确控制浆液的凝固时间，以避免浆液流失，达到定时注浆之目的；浆液凝固时体积不收缩，能牢固黏结砂石；浆液结合率高，强度大；浆液稳定性好，长期存放不变质，便于保存运输，货源充足，价格低廉；浆液无毒.

无臭，不污染环境，对人体无害，非易燃、易爆之物。

11.1.1.2 注浆材料的分类

浆液材料通常划归两大类，即水泥浆液和化学浆液。按浆液的分散体系划分，以颗粒直径 0.1μm 为界，大者为悬浊液，如水泥浆液；小者为溶液，如化学浆液。

表 11-1 注浆材料分类

注浆材料	水泥浆	单液水泥浆、水泥—水玻璃双液浆
	化学浆	水玻璃类、脲醛树脂类、铬木素类、丙烯酰胺类、聚氨脂类、其他

11.1.1.3 注浆材料的主要性质

1）黏度

黏度是表示浆液流动时，因分子间互相作用，产生的阻碍运动的内摩擦力。现场常以简易黏度计测定。一般地，黏度是指浆液配成时的初始黏度，其大小由浆液扩散半径、注浆压力、流量等参数确定。浆液的固化过程中黏度变化有两种类型，如图 11-1 所示。

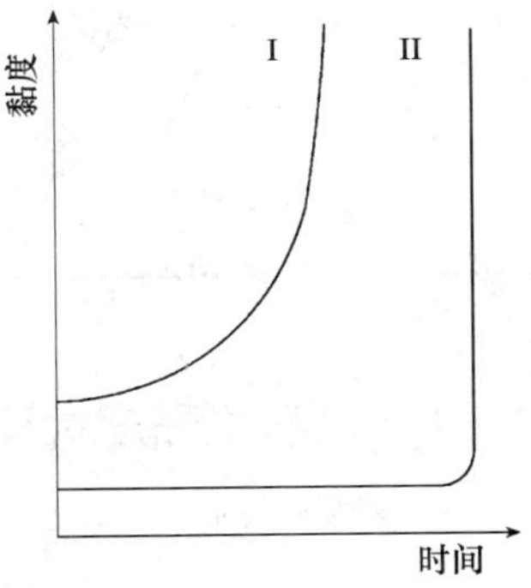

图 11-1 浆液黏度变化曲线

图 11-1 中曲线 I 是一般浆液材料如单液水泥浆、环氧树脂类、铬木素等，黏度逐渐增加，最后固化；随着黏度增长，浆液扩散由易到难。曲线 II 表示如丙烯酰胺类浆液，凝胶前虽聚合反应开始，但黏度不变，到凝胶发生，黏度突变，倾刻形成固体。

2）渗透能力

渗透能力即渗透性，指浆液注入岩层的难易程度。对于悬浊液，渗透能力取决于颗粒大小；对于溶液，则取决于黏度。根据试验，砂性土孔隙直径（D）必须大于浆液颗粒直径（d）的 3 倍以上浆液才能注入，注入系数按照式（11-1）计算。国内标准水泥粒径为 0.085 mm，只能注入 0.255 mm 的孔隙或粗砂中。凡水泥不能渗入的中、细粉砂土地层就用化学浆液。

$$K = \frac{D}{d} \geqslant 3 \tag{11-1}$$

式中：K 为注入系数。

3）凝胶时间

凝胶时间是指参加反应的全部成分从混合时起，直到凝胶发生，浆液不再流动为止的一段时间。其测定方法，凝胶时间长的用维卡仪；一般浆液，通常采用手持玻璃棒搅拌浆液，以手感觉不再流动或拉不出丝为止来测定凝胶时间。

4）渗透系数

渗透系数是指浆液固化后结石体透水性的高低，或表示结石体抗渗性的强弱。

5）抗压强度

注浆材料自身抗压强度的大小决定了材料的使用范围，大者可以加固地层，小者则仅能堵水。在松散砂层中，浆液与介质凝结之结合体强度，对于在流砂层中修建隧道或凿井是至关重要的。表 11-2 所列是几种注浆材料的主要性能指标。

表 11-2 注浆材料的主要性能指标

浆液名称	黏度/Pa·s	可能注入的最小粒径/mm——渗透能力	凝胶时间	渗透系数/cm·s^{-1}	抗压强度/MPa
纯水泥浆	15～140 s	1.1	12～24 h	10^{-1}～10^{-3}	5.0～25.0
水泥+添加剂			6～15 h		
水泥+水玻璃			十几秒～十几分	10^{-2}～10^{-3}	5.0～20.0
水玻璃类	（3～4）×10^{-3}	0.1	瞬间～几十分	10^{-2}	<3.0
铬木素类	（3～4）×10^{-3}	0.03	十几秒～几十分	10^{-3}～10^{-5}	0.4～2.0
脲醛树脂类	（5～6）×10^{-3}	0.06	十几秒～几十分	10^{-3}	2.0～8.0
丙烯酰胺类	1.2×10^{-3}	0.01	十几秒～几十分	10^{-5}～10^{-6}	0.4～0.6
聚氨脂类	（几十～几百）×10^{-3}	0.03	十几秒～几十分	10^{-4}～10^{-6}	6.0～10.0

11.1.2 化学浆黏度检测

本检测方法的工作原理、试样制备、结果表示等部分参照国家标准《合成胶乳度测定法》（GB 2956—1982）的规定。

1）检测的仪器

NDJ-79 型旋转式黏度计，恒温水箱。

2）检测的步骤

（1）将试样注入测试器，直到它的高度达到锥形面下部边缘；将转筒浸入液体直到完全浸没为止，将测试器放在仪器支柱架上，并将转筒挂于仪器转轴钩上。

（2）启动电动机，转筒从开始晃动直到完全对准中心任务为止。将测试器在托架上前后左右移动，以加快对准中心，指针稳定方可读数。

11.2 喷射混凝土质量检测

喷射混凝土的质量检验指标主要有喷射混凝土的强度和喷射混凝土的厚度两项内容。此外，还应采取措施减少喷射混凝土粉尘、回弹率。

11.2.1 抗压强度检测

11.2.1.1 检查试块的制作方法

1）喷大板切割法

在施工的同时，将混凝土喷射在模型内，在混凝土达到一定强度后，加工成10 cm×10 cm×10 cm的立方体试块，在标准条件下养护至28 d进行试验。

2）凿方切割法

在具有一定强度的支护上，用凿岩机打密排钻孔，取出长约35 cm、宽约15 cm的混凝土块，加工成10 cm×10 cm×10 cm的立方体试块，在标准条件下养护至28 d，进行检测。

11.2.1.2 检查试块的数量

隧道（两车道隧道）每10延米，至少在拱部和边墙各取一组试样，材料或配合比变更时另取一组，每组至少取3个试块进行抗压强度试验。

11.2.1.3 合格条件

（1）同批（指同一配合比）试块的抗压强度平均值，不低于设计强度或C20。

（2）任意一组试块抗压强度平均值不得低于设计强度的80%。

（3）同批试块为3～5组时，低于设计强度的试块组数不得多于1组；试块为6～16组时，不得多于两组；17组以上，不得多于总组数的15%。

（4）检查不合格时，应查明原因并采取措施，可用加厚喷层或增设锚杆予以补强。

11.2.2 喷射混凝土厚度的检测

11.2.2.1 检查方法和数量

（1）喷层厚度可用凿孔或激光断面仪、光带摄影等方法检查。凿孔检查时，宜在混凝土喷后8 h以内，用短钎将孔凿出，发现厚度不够时可及时补喷。如混凝土与围岩黏结紧密，颜色相近不易分辨时，可用酚酞试液涂沫孔壁，碱性混凝土即呈现红色。

（2）每10延米至少检查一个断面，再从拱顶中线起每隔2 m凿孔检查一个点。

11.2.2.2 合格条件

（1）每个断面拱、墙分别统计，全部检查孔处喷层应有60%以上不小于设计厚度，平均厚度不得小于设计厚度，最小厚度不应小于设计厚度的1/2。在软弱破碎围岩地段，喷层厚度不应小于设计规定的最小厚度。钢筋网喷射混凝土的厚度不应小于6 cm。

（2）当发现喷射混凝土表面有裂缝、脱落、露筋、渗漏水情况时，应予修补，凿除重喷或进行整治。

11.2.3　喷射混凝土与围岩黏结强度检测

11.2.3.1　检查试块的制作方法

（1）成型试块的制作方法：在模型内放置面积为 10 cm×10 cm×5 cm 且表面粗糙度近似于实际情况的岩块，用喷射混凝土掩埋。在混凝土到达一定强度后，加工成 10 cm×10 cm×10 cm 的立方体试块，在标准条件下养护至 28 d，用劈裂法进行检测。

（2）直接拉拔法：在围岩表面预先设置带有丝扣和加力板的拉杆，用喷射混凝土将加力板埋入，喷层厚度约 10 cm，试件面积约 30 cm×30 cm（周围多余的部分应予清除）。经 28 d 养护，进行拉拔试验。

11.2.3.2　强度标准

喷射混凝土与岩石的黏结力，Ⅳ类及以上围岩不低于 0.8 MPa，Ⅲ类围岩不低于 0.5 MPa。

11.2.4　喷射混凝土粉尘、回弹检测

（1）作为施工工艺，这两项工作应经常进行，用工艺标准来促进质量的提高。

（2）《公路隧道施工技术规范》（JTG F60—2009）规定：回弹率应予以控制，拱部不超过 40%，边墙不超过 30%，挂钢筋网后，回弹率限制可放宽 5%；应尽量采用经过验证的技术，减少回弹率，回弹物不得重新作喷射混凝土材料。

11.2.5　施工质量评判

1）匀质性

喷射混凝土强度的匀质性，可用现场 28 d 龄期同批 n 组试块抗压强度的标准 S_n（MPa）和变异系数 V_n（%）表示，如式（11-2）至式（11-4）所示。

$$S_n = \sqrt{\frac{1}{n-1}\sum_{i=1}^{n}(R_i - \bar{R}_n)^2} \qquad (11\text{-}2)$$

式中：n 为同批试块的组数；R_i 为第 i 组试块的强度代表值，MPa；$\bar{R}_n$ 为同批 n 组试块强度的平均值，MPa。

$$\bar{R}_n = \frac{1}{n}\sum_{i=1}^{n}R_i \qquad (11\text{-}3)$$

$$V_n = \frac{100S_n}{\bar{R}_n} \qquad (11\text{-}4)$$

因为喷射混凝土由非匀质材料组成，在施工中影响混凝土强度的因素较多，故强度离散性较大，根据国内喷射混凝土施工状况，并参考国内外现浇混凝土的强度判别指标，将喷射混凝土施工质量判别条件列于表 11-3。

表 11-3 喷射混凝土的匀质性指标

项 目	施工控制水平	优	良	及格	差
标准 S_n/MPa	母体的离散	<4.5	4.5～5.5	5.5～6.5	>6.5
	一次试验的离散	<2.2	2.2～2.7	2.7～3.2	>3.2
变异系数 V_n/%	母体的离散	<15	15～20	20～25	>25
	一次试验的离散	<7	7～9	9～11	>11

2）抗压强度

同批试件组数 $n \geqslant 10$ 时，试件抗压强度平均值不低于设计值；任一组试件强度不低于 0.85 设计值。同批试件组数 $n<10$ 时，试件抗压强度平均值不低于 1.05 设计值；任一组试件抗压强度不低于 0.9 设计值。实测项目中，喷射混凝土抗压强度评为合格时得满分；不合格时得零分，且相应分项工程为不合格。

11.3 排水材料性能检测

1）基本要求

高分子防水卷材与传统的石油沥青油毡相比具有使用寿命长、技术性能好、冷施工、质量轻和污染性低等优点，在隧道防水工程中得到广泛应用。常见隧道用高分子防水卷性能要求如表 11-4 所示。

表 11-4 隧道用高分子防水卷材性能要求

项 目	EVA	ECB	LDPE	PVC-II	PE	EPDM	SBS
拉伸强度/MPa≥	15		16	10	10	7.5	2.0
断裂伸长率/%≥	500	450	500	250	400	250	150
不透水性 24 h（MPa）≥	0.2	0.2	0.2	0.2	0.2	0.3	0.3
低温弯折性/℃≤	−35	−35	−35	−35	−35	−40	−30
热处理尺寸变化率/%≤	2.0	2.5	2.0	2.0	2.0	2.0	2.0

2）取样方法

合成高分子防水卷材均应成批提交验收。对于出厂合格的产品，同一生产厂家、同一品种、规格的产品 5000 m 为一批进行验收，不足 5000 m 也作为一批。从每批产品的 1～3 卷中取样，在距端部 300 mm 处截取约 3 m，用于厚度允许偏差、最小单个值检验和截取各项物理力学性能试验所需的样片。试样截取前，在温度 23℃±2℃，相对温度 45%～55%的标准环境下进行状态调整，时间不少于 16 h。裁取试件的部位、种类、数量及用作试验的项目应符合表 11-4 和表 11-5 的要求。

3）外观质量检查

外观质量检查包括：气泡、疤痕、裂纹、黏结和孔洞。

4）长度、宽度、厚度、平直度和平整度检测

（1）合成高分子防水卷材的长度和宽度用卷尺测量。

表 11-5 物理力学性能试验所需的试样尺寸及数量

试验项目	符号	尺寸（纵向×横向）/mm	数量
拉伸强度	A	200×200	3
热处理尺寸变化率	B	100×100	3
低温弯折性	C	（50×100）（100×50）	1/1
抗渗透性	D	ϕ100	3
抗穿孔性	E	150×150	3
剪切状态下的黏合性	F	300×400	2
热老化处理	G	300×200	3
人工候化处理	H	300×200	3
水溶液处理	I	300×200	9

（2）厚度用压力测厚仪量测，厚度测量点（至少 10 个点）均布在卷材的横向上。

（3）平直度和平整度的量测，在平整基面上展开 10 m，用分度值为 1 mm 的直尺量测。

5）拉伸性能检测

（1）检测的设备：

① 裁片机，如图 11-2 所示。

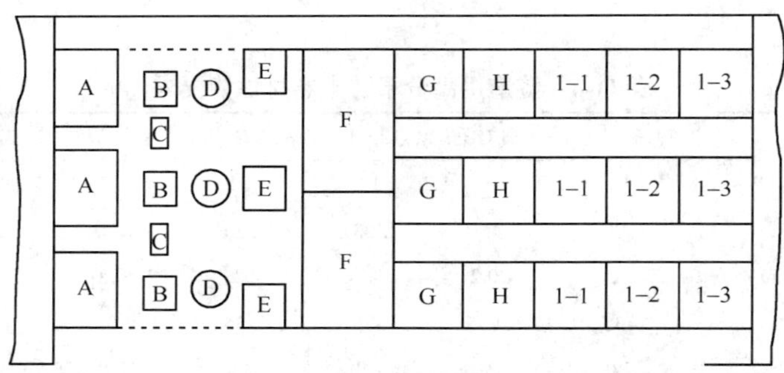

图 11-2 试样裁取布置

② 拉力试验机：量程范围 0～1000 N；夹持器的移动速度应为 80～500 mm/min。

（2）检测程序：

① 拉伸性能试验在标准环境下进行。在对裁取的 3 块 A 样片上，用裁片机对每块样片沿卷材纵向和横向分别裁取图 11-2 所示形状的试样各 2 块。按图 11-3 所示标注标距线和夹持线，在标距区内，用测量仪测量标距中间和两端三点的厚度。取其算术平均值作为试样厚度 d。测量两标距线间初始长度 L_0。

② 将试验机的拉伸速度调到 250 mm/min±50 mm/min，再将试样置于夹持器的中心，对准夹持线夹紧。开动机器拉伸试样，读取试样断裂时的荷载 P，同时量取试样断裂瞬间的标距线间的长度 L_1。若试样断裂在标距外，则试样作废，另取试样重做。

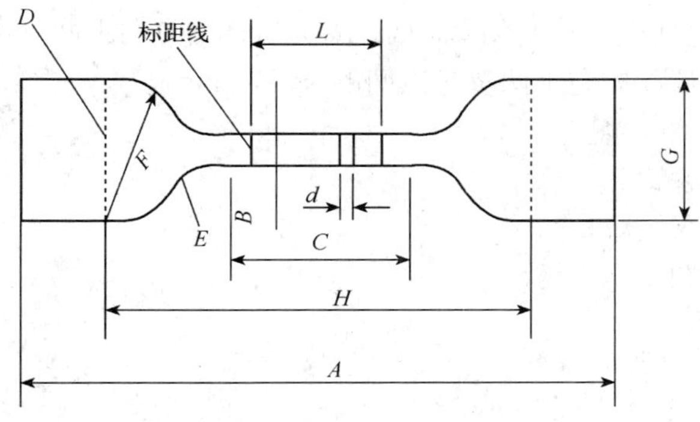

图 11-3 拉伸试验的试样

A.总长、最小值 115 mm B.标距段的宽度，6.0 mm C.标距长度，（32±2）mm D.夹持线 E.小半径，（14±1）mm F.大半径，（25±1）mm G.端部宽度，（25±1）mm H.夹具间的初始距离（80±5）mm L.标距间线的距离，（25±1）mm d.标距段的厚度

（3）检测结果计算：

① 拉伸强度，试样的拉伸强度按式（11-5）计算。

$$\sigma = \frac{P}{Bd} \tag{11-5}$$

式中：σ 为试样的拉伸强度，MPa；P 为试样断裂时的荷载，N；B 为试样标距段的宽度，mm；d 为试样标距段的厚度，mm。

② 断裂伸长率，试件的断裂伸长率按照式（11-6）计算，计算 5 块试样纵向和横向的算术平均值。

$$\varepsilon = \frac{L_1 - L_0}{L_0} \times 100 \tag{11-6}$$

式中：ε 为试件的断裂伸长率，%；L_0 为试样标距线间初始有效长度，mm；L_1 为试样断裂瞬间标距线间的长度，mm。

6）热处理尺寸变化率试验

（1）检测的仪器：鼓风恒温箱、钢直尺、模板、垫板。

（2）检测程序：

① 用模板裁取 3 块 B 试样，标明卷材的纵横方向，并标明每边的中点，作为试样处理前后测量时的参考点。

② 在标准环境下，用直尺测量试样纵向或横向上两参考点间的初始长度 S_0。将试样平放在撒有少量滑石粉的垫板上，再将垫板水平地置于鼓风恒温箱中，3 块垫板不得叠放。在 80℃±2℃的温度下恒温 6 h，取出垫板置于标准环境中调 24 h，再测量纵向或横向上两参考点间的长度 S_1。

（3）结果计算：纵向和横向的尺寸变化率按式（11-7）计算。计算 3 块试样纵向和横向的尺寸变化率的平均值，试验结果以其中较大的数值表示。

$$L_h = \frac{|S_1 - S_0|}{S_0} \times 100 \tag{11-7}$$

式中：L_h 为试样的热处理尺寸变化率，%；S_0 为试样同方向上两参考点间的初始长度，mm；S_1 为试样处理后同方向上两参考点间的长度，mm。

7）低温弯折性试验

（1）检测的仪器：

① 低温箱、放大镜。

② 弯折仪，如图 11-4 所示。

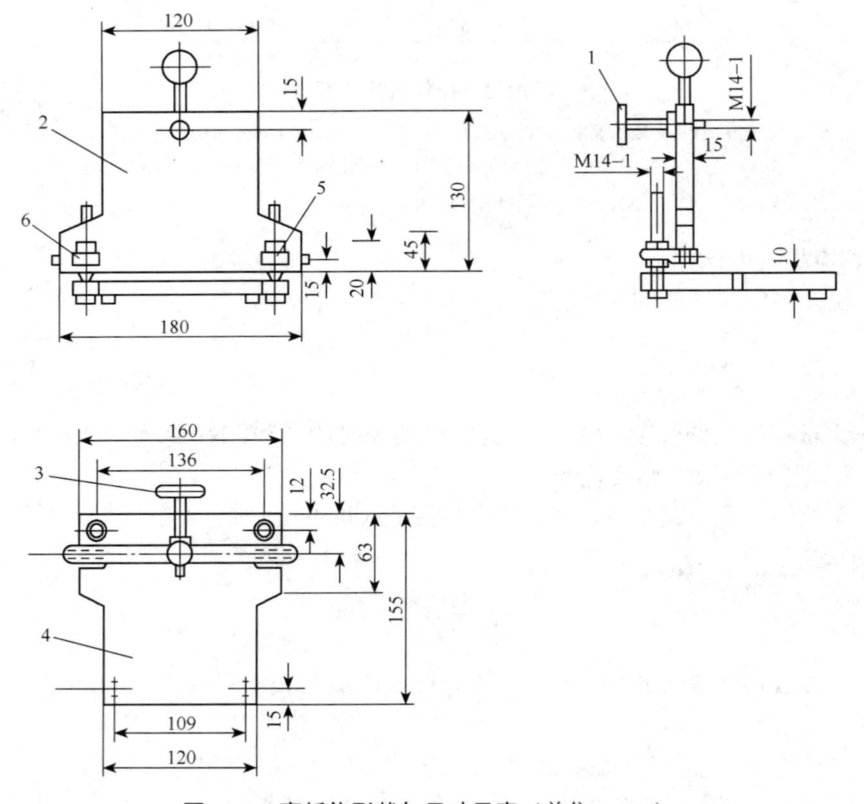

图 11-4　弯折仪形状与尺寸示意（单位：mm）

1.手柄　2.平板　3.转轴　4.下平板　5、6.调距螺钉

（2）检测程序：

① 在标准环境下，用测厚仪测量 C 试样的厚度。试样的耐候面应无明显缺陷。然后将试样的耐候面朝外，弯曲 180°，使 50 mm 宽的边缘重合、齐平，并确保不发生错位（可用定位夹或 10 mm 宽的胶布将边缘固定），将弯折仪的上下平板间距调到卷材厚度的 3 倍。试验 2 块试样。

② 将弯折仪上平板翻开，将两块试样平放在弯折仪下平板上，重合的一边朝向转轴，且距离转轴 20 mm，将弯折仪连同试样放入低温箱内，在规定温度下保持 1 h。然后，在 1 s 之内将弯折仪的上平板压下，达到所调间距位置，保持 1 s 后将试样取出。待回复到室温后观察试样弯折处是否断裂，或用放大镜观察试样弯折处受拉面是否有裂纹。

（3）结果评定：

两块试样均不断裂或无裂纹时评定为无裂纹。

8）抗渗透性试验

（1）检测的仪器：采用 GB 328.1—2007 规定的不透水仪，但透水盘的压盖采用图 11-5 所示的金属槽盘。

（2）检测程序：试验在标准环境下进行。先按 GB 328.1—2007 的规定做好准备，将裁取的 3 块 D 试样分别置于 3 个透水盘中，盖紧槽盘，然后按 GB 328.1—2007 的规定操作不透水仪，以每小时提高 1/6 规定压力 200 kPa 的速度升压，达到规定压力后保压 24 h，观察试样表面是否有渗水。

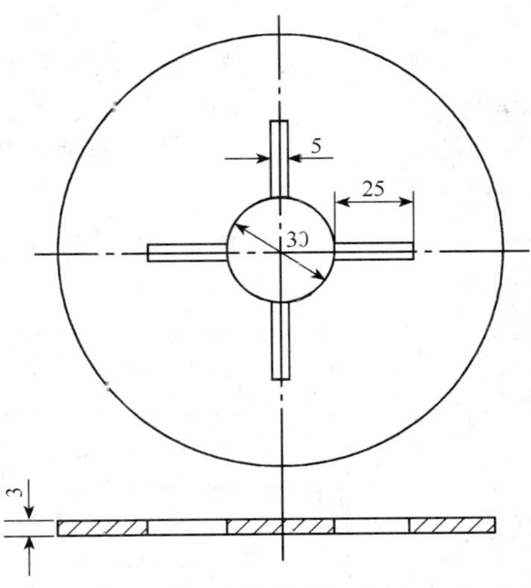

图 11-5 不透水试验用槽盘（单位：mm）

（3）结果评定：3 块试样均无渗水现象时评定为不透水。

9）抗穿孔性试验

（1）检测的仪器：穿孔仪、铝板、玻璃管。

（2）检测程序：

① 将裁取的 E 试样自由地铺在铝板上，并一起放在密度 25 kg/m^3、厚度 50 mm 的泡沫聚苯乙烯垫块上。穿孔仪置于试样表面将冲头下端的钢珠置于试样中心部位，把重锤调节到规定的落差高度 300 mm 并定位。使重锤自由下落，撞击位于试样表面的冲头，然后将试样取出，检查试样是否穿孔，试验 3 块试样。

② 无明显穿孔时，采用图 11-6 所示装置对试样进行水密性试验。将圆形玻璃管垂直放在试样穿孔试验点的中心，用密封膏密封玻璃管与试样间的缝隙。将试样置于滤纸（150 mm×150 mm）上。滤纸由玻璃板支撑，把染色水溶液加入玻璃管中，静置 16 h 后检查滤纸，如有渗透现象则表明试样已穿孔。

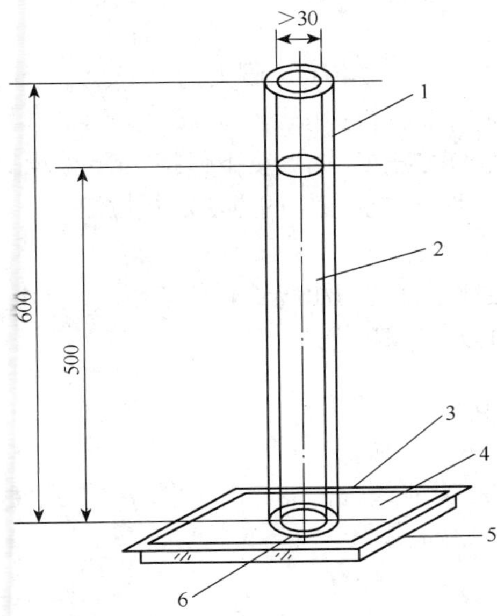

图 11-6 水密性试验装置（单位：mm）

1.玻璃管 2.染色水 3.滤纸 4.试样 5.玻璃板 6.密封膏

（3）结果评定：3 块试样均无穿孔时评定为不渗水。

10）剪切状态下的黏合性试验

（1）检测程序：将 2 块裁取的 F 试样平放于 60℃的按热处理尺寸变化率试验规定的恒温箱中 15 min。在样片中间部位按胶黏剂的使用说明用橡皮刮刀涂抹宽度 100 mm、厚度适当的胶黏剂，然后将该样片上部涂抹胶黏剂的部分（I）以及另一块试样下部未涂抹胶黏剂量的部分（Ⅱ）裁去，在长度方向剪成宽度 b 为 500 mm 的样条，得到 50 mm×100 mm 的胶黏表面，如图 11-7（a）所示。每次将两片涂抹胶黏剂的样条相互搭接粘合成试样，两样条长边的边缘必须重合齐平，如图 11-7（b）所示。取 5 块试样在标准环境下放置 24 h，再按拉伸试验方法进行拉伸剪切试验。

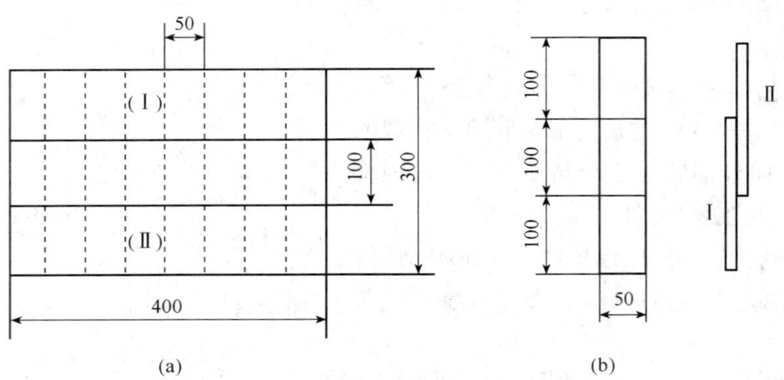

图 11-7　黏合性试验的制作（单位：mm）

（2）结果计算：如果拉伸剪切时，试样在黏结面滑脱，则剪切状态下的黏合性以拉伸剪切强度 σ 表示，按式（11-8）计算。以 5 块拉伸剪切时，试样在接缝外断裂，则评定为接缝外断裂。该检测方法也可以测试热焊接缝的黏结特性。

$$\sigma = P/b \tag{11-8}$$

式中：P 为最大拉伸剪切荷载，N；b 为试样粘合面宽度，mm。

11）热老化处理试验

（1）检测的仪器：热老化试验箱，自动控温范围 50～240℃，误差为±2℃。

（2）检测程序：将裁取的 3 块 G 试样放置在撒有滑石粉的按热处理尺寸变化率试验要求的垫板上，然后一起放入热老化试验箱中，在 80℃±2℃的温度下保持 7 d。处理后的样片在标准环境下调节 24 h，分别按外观、拉伸性能试验规定的方法进行检测。

（3）结果计算：

① 3 块 G 样片外观质量与低温弯折性的结果评定分别与相应试验条文相同。

② 处理后试样拉伸强度相对变化率按式（11-9）计算。

$$R_\sigma = \left(\frac{\sigma_t'}{\sigma_t} - 1\right) \times 100 \tag{11-9}$$

式中：R_σ 为试样处理后拉伸强度相对变化率，%；σ_t' 为处理后 5 块试样的平均拉伸强度，MPa；σ_t 为未经处理时 5 块试样的平均拉伸强度，MPa。

③ 处理后试样断裂伸长率相对变化率按式（11-10）计算。

$$R_t = \left(\frac{\varepsilon_t'}{\varepsilon_t} - 1\right) \times 100 \tag{11-10}$$

式中：R_t为试样处理后断裂伸长率相对变化率，%；ε'_t为处理后 5 块试样的平均断裂伸长率，%；ε_t为未经处理时 5 块试样的平均断裂伸长率，%。

④ 对于防水卷材中的外观质量、面积允许偏差、卷材中的允许接头数、卷材平直度、平整度、厚度允许偏差和最小单个值等要求，其中有 2 项不合格即为不合格卷材。不合格卷不多于 2 卷，且卷材的各项物理力学性能均符合要求时，判定为批合格。对于判为不合格的批，允许在批中按规定重新加倍抽样，对不合格项目进行重选。如果仍有一组试样不合格，则判定为批不合格。

11.4 防水混凝土抗渗性能检测

防水混凝土具有一定抗裂、防渗能力，抗渗等级大于 0.6 MPa。

1）抗渗要求

（1）隧道工程防水混凝土的抗渗等级不得小于 S_8。

（2）当衬砌处于侵蚀性地下水环境中，混凝土的耐侵蚀系数不应小于 0.8。混凝土的耐侵蚀系数按式（11-11）计算：

$$N_s = R_{ws}/R_{wy} \tag{11-11}$$

式中：N_s为混凝土的耐侵蚀系数；R_{ws}为在侵蚀性水中养护 6 个月的混凝土试块抗折强度；R_{wy}为在饮用水中养护 6 个月的混凝土试块抗折强度。

（3）当受冻融作用时，不宜采用火山灰质硅酸盐水泥和粉煤灰硅酸盐水泥。

（4）隧道工程防水混凝土的水泥用量不得少于 320 kg/m^2，水泥强度等级不低于 32.5 级，水灰比不大于 0.50；当掺入活性细粉时，不得少于 280 kg/m^3。

（5）防水混凝土结构应满足：①裂缝宽度应于不大于 0.2 mm，并不贯通；②迎水面主钢筋保护层厚度不应小于 50 mm；③补砌厚度不应小于 30 cm。

（6）试件的抗渗等级应比设计要求提高 0.2 MPa。

（7）当采用防水混凝土时，应对衬砌的各种缝隙采取有效的防水措施。

2）检测指标

防水混凝土抗渗性检测的指标是抗渗标号，描述混凝土硬化后的防水性能可分为：

（1）设计标号：设计标号是根据地下工程的埋深以及水力梯度（即最大作用水头与建筑物最小壁厚之比）综合考虑而确定的，由勘测设计确定。

（2）试验标号：试验标号用于确定防水混凝土施工配合比时测定的标号，最终的标号在设计抗渗标号的基础上提高 0.2 MPa 来确定。

（3）检验标号：检验标号是对防水混凝土抗渗试块进行抗渗试验所测定的标号，检验标号不得低于设计抗渗标号。

3）试件制备

（1）每组试件为 6 个，如用人工插捣成型时。分两层装入混凝土拌和物，每层插捣 25 次，在标准条件下养护。如结合工程需要，则在浇筑地自制作，每单位工程制件不少于两组，其中至少一组应在标准条件下养护，其余试件与构件相同条件下养护，试块养护期不少于 28 d，不超过 90 d。

（2）试件成型后 24 h 拆模用钢丝刷刷净两端面水泥浆膜，标准养护龄期为 28 d。

（3）试件形状有两种：圆柱体，直径、高度均为 150 mm；圆台体，上底直径 175 mm，下底直径 185 mm，高为 165 mm。

4）检测的仪器

（1）混凝土渗透仪、成型试模、螺旋加压器、烘箱、电炉、浅盘、铁锅、钢丝刷等。

（2）密封材料：如石蜡，内掺松香约 2%。

5）检测步骤

（1）试件到期后取出擦干表面，用钢丝刷刷净两端面，待表面干燥后，在试件侧面滚涂一层熔化的密封材料，然后立即在螺旋加压器上压入经过烘箱或电炉预热过的试模中，使试件底面和试模底平齐，待试模变冷后即可解除压力，装在渗透仪上进行试验。如在试验过程中，水从试件周边渗出说明密封不好，要重新密封。

（2）试验时，水压从 0.2 MPa 开始，每隔 8 h 增加水压 0.1 MPa，并随时注意观察试件端面情况，一直加至 6 个试件中有 3 个试件表面发现渗水，即可停止试验。

（3）当加压至设计抗渗标号，经 8 h 后第 3 个试件仍不渗水，也可停止试验。

6）检测结果计算

混凝土的抗渗标号以每组 6 个试件中 4 个未发现有渗水现象时的最大水压力表示。抗渗标号按式（11-12）计算。

$$S=10H-1 \tag{11-12}$$

式中：S 为混凝土抗渗标号；H 为第 3 个试件顶面开始有渗水时的水压力，MPa。

混凝土抗渗标号分级为 S_2、S_4、S_6、S_8、S_{10}、S_{12}，若加压至 1.2 MPa，经 8 h 后第 3 个试件仍不渗水，则停止试验，试件的抗渗标号以 S_{12} 表示。

11.5 混凝土初砌质量检测

现场检测混凝土强度的检测方法很多，如钻芯法、拔出法、压痕法、射击法、可弹法、超声法、回弹超声综合法、超生衰减综合法、射线法、落球法等。回弹法、超声法、回弹超声综合法是应用最广的无损检测方法。

11.5.1 回弹法混凝土强度检测

由于混凝土的抗压强度与其表面硬度之间存在某种相关关系，而回弹仪的弹击锤被一定的弹力打击在混凝土表面上，其回弹高度（通过回弹仪读得回弹值）与混凝土表面硬度成一定的比例关系。因此以回弹值反映混凝土表面硬度，根据表面硬度则可推求混凝土的抗压强度。

1）检测的仪器

回弹仪按回弹冲击能量大小分为重型、中型和轻型。普通混凝土抗压强度≤C50 时，通常采用中型回弹仪；混凝土抗压强≥C60 时，宜采用重型回弹仪。

2）检测方法

（1）数据采集：

① 工程资料。用回弹法检测前，应全面、正确了解被测结构的情况，如混凝土设计参数、混凝土实际所用混合物体材料、结构名称、结构形式等。

② 测区回弹值。测区的选定采用抽检的办法，在 0.2 m×0.2 m 范围内，测点均匀分布。所选测区具有相对平整和清洁，不存在蜂窝和麻面，也没有任何破损，如裂缝和裂纹、剥落和层裂现象等。按照利用回弹仪进行无损检测的规范，即根据《回弹法检测混凝土抗压强度技术规范》（JGJ/T 23—2011）的规定，在每一个检测区测取 16 个回弹值。测点间距不小于 20 mm，测点距构件边缘不小于 30 mm。在检测时，回弹仪的轴线始终垂直于被检测区的测点所在面。

③ 碳化深度。在有代表性的测区进行碳化深度测定。当碳化深度大于 2.0 mm 时，应在每个测区进行碳化深度测定。

（2）强度计算：

① 回弹值计算。从每一个测区所得的 16 个回弹值中，剔除 3 个最大值和 3 个最小值后，将余下的 10 个回弹值按式（11-13）计算。

$$R_{\mathrm{m}}=\frac{\sum_{i=1}^{10}R_i}{10} \tag{11-13}$$

式中：R_{m} 为测区平均回弹值；R_i 为第 i 个测点的回弹值。

② 回弹值修正。对于回弹仪非水平方向检测混凝土浇筑侧面时，回弹值 R_{m} 按式（11-14）校正。

$$R_{\mathrm{m}}=R_{\mathrm{m}\alpha}+R_{\alpha\mathrm{m}} \tag{11-14}$$

式中：$R_{\mathrm{m}\alpha}$ 为非水平方向检测时测区的平均回弹值；$R_{\alpha\mathrm{m}}$ 为非水平方向检测时测区的平均回弹值的修正值，按表 11-6 取值。

表 11-6　回弹仪非水平方向检测修正值

	向　上				向　下			
	90	60	45	30	−30	−45	−60	−90
20	−6	−5	−4.0	−3.0	2.5	3.0	3.5	4.0
30	−5	−4	−3.5	−2.5	2.0	2.5	3.0	3.5
40	−3	−3.5	−3.0	−2.0	1.5	2.0	2.5	3.0
50	−3	−2.5	−2.5	−1.5	1.0	1.5	2.0	2.5

将回弹仪水平方向检测混凝土浇筑表面时得到的回弹值，或相当于水平方向检测混凝土浇筑面时的回弹值，按式（11-15）修正。

$$R_{\mathrm{m}}=R_{\mathrm{m}}^{\mathrm{t}}+R_{\mathrm{a}}^{\mathrm{t}},R_{\mathrm{m}}=R_{\mathrm{m}}^{\mathrm{b}}+P_{\mathrm{a}}^{\mathrm{b}} \tag{11-15}$$

式中：$R_{\mathrm{m}}^{\mathrm{t}}$、$R_{\mathrm{m}}^{\mathrm{b}}$ 为水平方向（或相当于水平方向）检测混凝土浇筑表面、底面时，测区

表 11-7 回弹仪非水平方向检测修正值

测试面	顶面	底面	测试面	顶面	底面
20	2.5	−3.0	40	0.5	−1.0
25	2.0	−2.5	45	0	−0.5
30	1.5	−2.0	50	0	0
35	1.0	−1.5			

的平均回弹值；R_a^t、R_a^b 为混凝土浇筑表面、底面回弹值的修正值，按表 11-7 取值。

③ 碳化深度计算。对于抽检碳化深度的计算，用数理统计方法计算，以平均值作为测区碳化深度。

④ 测强曲线应用。对于没有可以利用的地区和专用混凝土回弹测强曲线，测区混凝土强度的求取，可以按规范附录中所提供的"测区混凝土强度换算表"换算。各测区的混凝土强度换算值按式（11-16）计算得出混凝土的强度平均值和标准差。

$$\overline{R}_{\mathrm{m}}=\frac{1}{n}\sum_{i=1}^{n}\overline{R}_{\mathrm{m}i} \qquad S=\sqrt{\frac{1}{n-1}[\sum_{i=1}^{n}R_{\mathrm{m}i}^{2}-n(\overline{R}_{\mathrm{m}})^{2}]} \tag{11-16}$$

式中：$\overline{R}_{\mathrm{m}i}$ 为构件强度平均值，MPa；$\overline{R}_{\mathrm{m}}$ 为混凝土强度的平均值，MPa；n 为被抽取构件测区之和；S 为构件混凝土强度标准差，MPa。

（3）异常数据分析：混凝土强度不是定值，它服从正态分布。混凝土强度无损检测属于多次测量的试验，可能会遇到个别误差不合理的可疑数，应予以剔除。

（4）强度推定：

① 按批量检测，其混凝土强度推定值，由式（11-17）计算。

$$R_{\mathrm{m}}=\overline{R}_{\mathrm{m}}-1.645S，\ R_2=R_{\mathrm{m,min}} \tag{11-17}$$

式中：$R_{\mathrm{m,min}}$ 为该批构件中最小的测区混凝土强度换算值的平均值，MPa。

该批构件混凝土强度推定值取上述公式中（R_{m} 或 R_2）较大值。对于按批量检测的构件，当该批构件混凝土强度标准差出现下列情况之一时，则该批构件应全部按单个构件检测：当该批构件混凝土强度平均值小于 25 MPa 时，S>4.5 MPa；当该批构件混凝土强度平均值不小于 25 MPa 时，S>5.5 MPa。

② 当按单个构件计算时，以最小值为该构件的混凝土强度推定值，$R=R_{\mathrm{m,\ min}}$。

11.5.2 超声波法混凝土强度检测

超声波法就是利用超声波的传播特性来评定混凝土的抗压强度。超声检测原理：在混凝土中传播的超声波，其速度和频率反映了混凝土材料的性能、内部结构和组成情况，那么混凝土的弹性模量和密实度与波速和频率密切相关，即强度越高，其超声波的速度和频率也越高。

1）检测的仪器

目前应用于混凝土的超声波检测仪有模拟式和数字式两类。前者接受信号为连续模拟量，可由时域波形信号测读声时参数；数字式接收信号转化为离散数字量，具有采集、储存数字信号、测读声学参数和对数字信号处理的智能化功能。

2）检测的方法

（1）数据采集：

① 测区布置。如果把混凝土构件作为一个检测总体，要求在构件上均布划出不少于10个200 mm×200 mm方网格，以每个网格视为一个测区。如果对同批构件，抽检30%，且不少于4个，每个构件测区不少于10个。测区应布置在构件混凝土浇注方向的侧面，测面应清洁平整。

② 测点布置。为使混凝土测试条件、方法尽可能与率定曲线一致，在每个测区内布置3～5对测点。

③ 数据采集。量测每对测点之间的直线距离，即声程，采集记录对应声时。目前，仪器一般可以自动计算出砂浆换算声速v_m（km/s）。根据隧道不同区段衬砌强度的差异，可布置多个测站，以便更客观地反映隧道的病害状况。同时为保证强度检测结果的可靠性，在同一测站中应布置不同的测点（比如3～5个），测区声速由$v=l/t_m$，$t_m=(t_1+t_2+t_3)$，取其平均值，这样使检测结果更加准确。为对声波仪检测结果进行强度校验，可在现场取样在实验室内进行强度试验，并可对各种力学参数进行全面的测定。

（2）强度推定：根据各测区超声声速检测值，按回归方程计算或查表得出对应测区混凝土强度值。强度推定如下：

① 按单个构件检测时，单个构件的混凝土强度推定值，取该构件各测区中最小的混凝土强度换算值。

② 按批抽样检测时，该批构件的混凝土强度推定值应按式（11-18）和式（11-19）计算。

$$f_{cu}^{c}=mf_{cu}^{c}-1.645S_{f_{cu}^{c}} \tag{11-18}$$

$$mf_{cu}^{c}=\frac{1}{n}\sum_{i=1}^{n}f_{cui}^{c},\quad S_{f_{cu}^{c}}=\sqrt{\frac{1}{n-1}(f_{cui}^{c})^2-n(mf_{cu}^{c})^2} \tag{11-19}$$

式中：mf_{cu}^{c}、$S_{f_{cu}^{c}}$分别为各测区混凝土强度换算的平均值和标准差，MPa。

③ 当同批测区混凝土强度换算值标准差过大时，批构件的混凝土强度推定值也可按式（11-20）计算。

$$f_{cu}^{c}=mf_{cu,min}^{c}=\frac{1}{m}\sum_{i=1}^{n}f_{cui,min}^{c} \tag{11-20}$$

式中：$mf_{cu,min}^{c}$、$f_{cui,min}^{c}$分别为该批每个构件中最小的测区混凝土强度换算值的平均值和第i个构件中的最小测区混凝土强度换算值，MPa；m为批中抽取的构件数。

④ 当属同批构件按批抽样检测时，若全部测区强度的标准差出现下列情况时，则该批构件应全部按单个构件检测；当混凝土强度等级低于或等于C20时，$Sf_{cu}>2.45$ MPa；当混凝土强度等级高于C20时，$Sf_{cu}>5.5$ MPa。

11.5.3 超声–回弹综合法混凝土强度检测

超声—回弹综合法是采用2种或2种以上的测试方法同混凝土强度建立关系，是应用回弹法和超声法综合检测混凝土抗压强度的方法。

1）选择合适的换能器布置方式

常用的 3 种测试波速的换能器布置方式：

（1）对测法：最敏感，换能器直接在 2 个平行的测试面上相对布置。

（2）斜侧法：2 个换能器布置在相互垂直的测试面上，用直角三角形斜边为测距，需要通过变化测距获取稳定的声速。

（3）平布式（平测法）：最不敏感，2 个换能器布置在同一测面上，一般采用变动测距求出基本稳定地声速。

（4）应尽可能将换能器布置在脱模混凝土表面，并采用对布式。

2）超声声速修正

测区声速由式（11-21）计算。

$$\upsilon = l / t_{\mathrm{m}}, \qquad t_{\mathrm{m}} = (t_1 + t_2 + t_3)/3 \tag{11-21}$$

式中：υ 为测试声速，km/s；l 为测距，mm；t_{m} 为平均声时，μs。

（1）对测修正：在顶面和底面测试时，声速按 $\mu_{\mathrm{a}}=\beta\upsilon$ 计算，一般地 β=1.034。

（2）平测修正：一般平测声速比对测小，如表面光洁、平整、未受损伤，$\upsilon_{对} / \upsilon_{平} = 1.00 \sim 1.03$；表面粗糙、疏松，$\upsilon_{对} / \upsilon_{平} = 1.04 \sim 1.10$。

（3）斜测修正：没有统一的修正系数，一般通过现场测试得出对测与斜测的校正系数 $\upsilon_{对} / \upsilon_{角}$。

3）混凝土强度推定

（1）测区强度计算：

① 测强曲线。优先采用专用或地区测强或地区测强曲线推定。当无该类测强曲线时，经验证后也可按规程（ECE S02—1988）附录二的规定确定，或按式（11-22）和式（11-23）计算。

粗集料为卵石时：

$$f_{\mathrm{cu}i}^{\mathrm{c}} = 0.0038(\upsilon_i)^{1.23}(R_i)^{1.95} \tag{11-22}$$

粗集料为碎石时：

$$f_{\mathrm{cu}i}^{\mathrm{c}} = 0.008(\upsilon_i)^{1.72}(R_i)^{1.57} \tag{11-23}$$

式中：$f_{\mathrm{cu}i}^{\mathrm{c}}$ 为第 i 个测区混凝土强度换算值，MPa；v_i 为第 i 个测区修正后的超声声速值，km/s；R_i 为第 i 个测区修正后的回弹值。

② 当结构所用材料与制订的测强曲线所用材料有较大差异时，必须用同条件试块或从结构构件测区钻取的混凝土芯样进行修正，试件数量应不少于 3 个。此时，得到的测区混凝土强度换算值应乘以修正系数按式（11-24）和式（11-25）计算。

有同条件立方试块时：

$$\eta = 1/n\sum f_{\mathrm{cot},i} / f_{\mathrm{cu}i} \tag{12-24}$$

有混凝土芯样试件时：

$$\eta = 1/n\sum f_{\mathrm{cor},i} / f_{\mathrm{cu}i} \tag{12-25}$$

式中：η 为修正系数，精确至小数点后两位；$f_{cot,i}$ 为第 i 个混凝土立方体试块抗压强度值（以边长为 150 mm 计），MPa；f_{cui} 为对应于第 i 个立方试块或芯样试件的混凝土强度换算值，MPa；f_{cori} 为第 i 个混凝土芯样试件抗压强度值（以 ϕ100 mm×100 mm 计），MPa。

（2）混凝土强度推定：混凝土强度推定同超声测定法。

11.6 混凝土缺陷检测

衬砌混凝土在施工和使用过程中所生成的缺陷有裂缝、孔洞、蜂窝和层状破坏等。隧道衬砌缺陷检测内容分为外观表面缺陷检测和内部缺陷检测两部分。内部缺陷检测常用的方法有水压法、超声波法、钻孔取芯法、地质雷达法、红外成像法、冲击–回波法等。下面介绍超声波法检测混凝土缺陷。

11.6.1 外观缺陷检测

隧道衬砌混凝土的外观缺陷检测包括：裂缝、蜂窝、麻面、平整度和几何轮廓等。裂缝检测采用刻度放大镜和塞尺。

1）刻度放大镜

刻度放大镜也称裂缝显微镜。操作方法是将物镜对准待观测裂缝，通过旋转显微镜侧面的旋钮可将图像聚焦，目镜可以读出裂缝的宽度。目前，部分裂缝显微镜具有自动测度裂缝宽度的功能，具有很高的分辨率，显微镜连着一个在任何工作条件下都能提供清晰图像的可调光源。

2）塞尺

塞尺由标有厚度的数个薄钢片组成，可以测量裂缝的宽度和厚度。根据插入裂缝的钢片的厚度和深度，得出宽度较大的裂缝的宽度和深度。

11.6.2 内部缺陷检测

1）检测原理

单面平测法，基本原理如图 11-8 所示。基本假设为：①裂缝附近混凝土质量基本一致；②跨缝与不跨缝检测，其声速相同；③跨缝测读得首波信号绕裂缝末端至接收换能器。

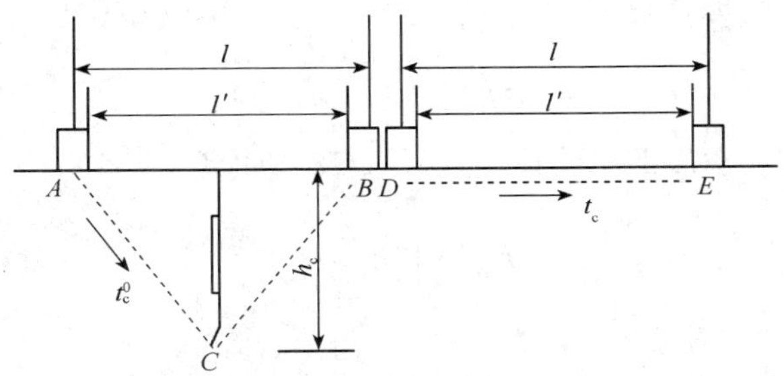

图 11-8 平测裂缝示意图

裂缝深度 h_c 的计算按式（11-26）进行。

$$h_c = l/2\sqrt{(t_c^0/t_c)^2-1} = l/2\sqrt{(t_c^0 v/l)^2-1} \quad (11\text{-}26)$$

式中：l 为超声测距；t_c 为不跨缝测量的混凝土声速；t_c^0 为跨缝测量的混凝土声速 v 为不跨缝测量的混凝土声速。

2）检测步骤

（1）选择被测裂缝较宽，且便于测试操作的部位。

（2）打磨清理混凝土表面。当被测部位不平整时，应打磨、清理表面，保证换能器与混凝土表面耦合良好。

（3）布置超声测点。所测的每一条裂缝在布置跨缝测点的同时，都应该在其附近布置不跨缝测点。测点间距一般可设 l_1' =80～100 mm，l_2'=2 l_1'，l_3=3 l_2'…，如图 11-9 所示。

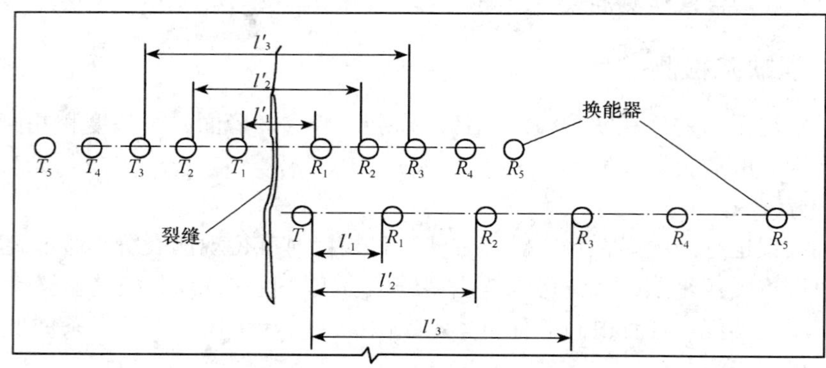

图 11-9 单面检测裂缝深度示意图

（4）分别作跨缝、不跨缝超声测试。跨缝测试过程中注意观察前波相位变化。

（5）记录首波反相的测试距离 l_1'。在模拟实验和工程检测中，跨缝测试常出现首波相位翻转现象。

（6）求不跨缝各测点的声波实际传播距离 l_i 及混凝土声速 v。可以利用回归分析方法和绘制时—距坐标图法得出：l_i=a+bt_i，式中 a，b 为回归系数。混凝土声速 v=b（km/s），混凝土声速 v=（l_n–l_i）/（t_n–t_i）。

3）裂缝深度计算

（1）各测点裂缝深度计算值按式（11-27）计算（单位 mm）。

$$h_{ci} = l_i/2\sqrt{(t_i^0 v/l_i)^2-1} \quad (11\text{-}27)$$

（2）测试部位裂缝深度的平均值按式（11-28）计算。

$$m_{hc} = 1/n\sum_{i=1}^{n} h_{ci} \quad (11\text{-}28)$$

4）裂缝深度的推定方法

（1）三点平均值法：跨缝测试在某测距发现首波反相时，用该测距及其 2 个相邻测距的声时测量值分别计算 h_{ci}，取此 3 点 h_{ci} 的平均值作为该裂缝的深度 h_c。

（2）平均值加剔除法：当跨缝测量难以发现首波反相时，可先求出各测距计算深度 h_{ci} 的平均值 m_{hc}，再将各测距 l_i' 与 m_{hc} 相比较，如 $l_i' < m_{hc}$ 和 $l_i' > 3\ m_{hc}$，剔除其 h_{ci}，取余下的 h_{ci} 的平均值作为该裂缝深度 h_c。这里剔除 $l_i' < m_{hc}$ 和 $l_i' > 3\ m_{hc}$ 的数据，是因为从大量检测数据和模拟实验结果看出，按式（11-27）计算的裂缝深度随着 T、R 换能器的测距要加以限制。

11.7 通风性能检测

隧道通风可分为施工通风和运营通风。施工通风旨在将炮烟、运输车辆排放的废气以及施工过程中产生的粉尘排至洞外，为施工人员输送新鲜空气；运营通风之目的是用洞外的新鲜空气置换被来往车辆废气污染过的洞内空气，提高行车的安全性和舒适性，保护司乘人员和洞内工作人员的身体健康。

11.7.1 粉尘浓度检测

1）滤膜测尘法的原理

用抽气装置抽取一定量的含尘空气，使其通过装有滤膜的采样器，滤膜将粉尘截留，然后根据滤膜所增加的质量和通过的空气量计算出粉尘的浓度。

2）主要器材

（1）滤膜：滤膜是用超细合成纤维制成的网状薄膜，孔隙细小，表面呈细绒状，具有电荷性、憎水性、耐酸碱等特点，还有阻尘率高、阻力小、质量轻等优点。

（2）采样器：采样器是由采样滤斗和滤膜夹两部分构成的，如图 11-10 所示。

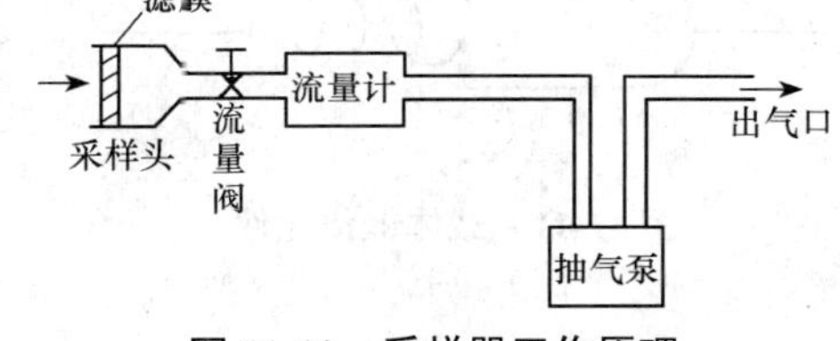

图 11-10 采样器工作原理

（3）抽气装置：近几年，电动测尘仪得到广泛应用。它是以微型电池或蓄电池为动力，采用密闭触点开关，带动小型电动抽气机抽取含尘空气，使其通过装有滤膜的采样器及流量计，进行粉尘测定。

3）粉尘浓度测定过程

（1）准备滤膜：将待用滤膜置于玻璃干燥器中干燥，然后用镊子将其两面的衬纸取下，置于分析天平或扭力天平上称量，记下初值；再把称好的滤膜装入滤膜夹（直径 40 mm 的滤膜平铺夹紧，直径 75 mm 的滤膜折成漏斗形夹紧），把已装好的滤膜夹编号后放在样品盒内，以备采样。

（2）采样：掘进工作面可在风筒出口后面距工作面 4～6 m 处采样，其他作业点一般在工作面上方采样。采样器进风口要迎着风流，距地板高度为 1.3～1.5 m。采样时间应在测点粉尘浓度稳定以后，一般在作业开始半小时后进行。为保证测尘的准确性，要求在同一测点相同的流量下，同时采集两个样品。

4）计算

一般情况下，采样后的滤膜放在实验室干燥箱中放置 30 min 后便可称重。如果在滤膜表面发现水珠，应放在干燥箱干燥，每隔 30 min 称重一次，直到相邻两次质量差不超过 0.2 mg 为止（计算时取其中最低的值）。然后按式（11-29）计算出粉尘浓度（即质量浓度）。

$$G=\frac{m_2-m_1}{QT} \tag{11-29}$$

式中：G 为粉尘浓度，mg/m^3；m_1 为采样前滤膜质量，mg；m_2 为采样后滤膜质量，mg；Q 为流量计读数，m^3/min；T 为采样时间，min。

两个平行样品分别计算之后，其偏差小于 20%时，方属合格；若不小于 20%，则需重测。平行样品的偏差值按式（11-30）计算。

$$P=\frac{2\Delta G}{(G_1+G_2)}\times 100 \tag{11-30}$$

式中：ΔG 为平行样品计算结果之差，mg/m^3；G_1、G_2 为 2 个平行样品计算结果，mg/m^3。

5）评定标准

隧道施工中含 10%以上游离二氧化硅的粉尘，每立方米空气中不得大于 2 mg；含 10%以下游离二氧化硅的矿物性粉尘，每立方米空气中不得大于 4 mg。

11.7.2　瓦斯检测

1）催化型瓦斯测量仪

在瓦斯和其他可燃性气体的检测中，最常用的是载体催化型的仪器，它使用的载体催化元件（以下简称元件）是一种热敏式瓦斯传感器，如图 11-11 所示。

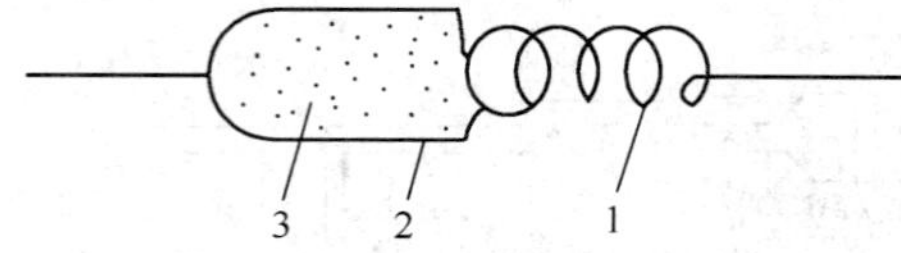

图 11-11　载体催化元件
1.铂丝螺旋圈　2.载体　3.催化剂

在催化剂的作用下，瓦斯与氧气在较低温度下发生强烈氧化（无焰燃烧），反应的化学方程式为式（11-31）。

$$CH_4+2O_2\xrightarrow{\text{催化}}CO_2+2H_2O+Q \tag{11-31}$$

根据催化理论，反应过程是由于催化剂 Pt、Pd 的存在，降低了瓦斯（CH_4）和氧（O_2）发生链反应的活化能，在催化剂表面的活化中心附近，被吸附的 CH_4 分子内部结构离开了稳定状态而活化裂解，加速链反应的进行。CH_4 与 O_2 在 Pt、Pd 催化下的反应是一种多相反应，在这种反应中，气体在催化剂表面上的吸附与否与活化程度和催化反应密切相关。载体催化元件测量瓦斯浓度的原理如图 11-12 所示。

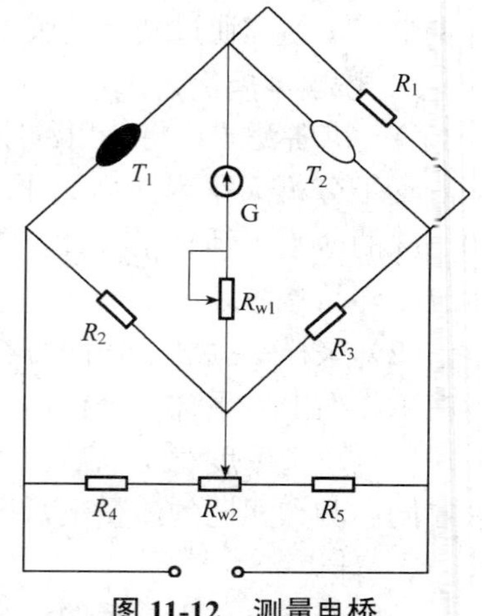

图 11-12　测量电桥

催化剂元件 T_1（黑元件）为工作元件，没有浸渍催化剂的元件 T_2（白元件）为补偿元件。无瓦斯时，通过调整 R_{W1}=0，可使电桥处于平衡状态，此时在工作电流加热下，元件温度为 500℃左右。当有瓦斯时，瓦斯与氧气在工作元件表面发生反应，放出反应热 Q。反应热被元件吸收引起温度升高。由于铂丝是电阻温度系数很高的热敏材料，元件的温度增量 ΔT 将引起电阻增量 ΔR，从而使电桥不平衡，产生一个与瓦斯浓度成正比的输出信号。利用这个原理可以检测瓦斯浓度。如果把获得的信号放大传送到远处，

就可以实现瓦斯浓度的遥测。

甲烷（CH_4）按体积计不得大于 0.5%；否则必须按原煤炭工业部现行的《煤矿安全规程》有关规定办理。

2）光干涉瓦斯检定器

光干涉瓦斯检定器内部的光学系统如图11-13 所示。

光程等于光线所通过的路程乘以光所通过的物质的折射率，由此可知：如果两列光波通过的路程长短不同，或是通过的物质不同，或是通过的路程和物质都不同，光程都可能不同。两列光波光程长短的差别，叫作光程差。两列具有光程差的相干波（同一光源发出的光波）相遇，就会产生光的干涉现象。当两列光波的光程差等于（n+1/2）λ 时，产生暗条纹；当两列光波的光程差等于 $n\lambda$ 时，产生亮条纹。因为白色光是各种单色光的混合光，白色光具有不同的波长，在一定的路程内，各色光的程差不同。如果使用单色光为光源，干涉将形成明暗相间的条纹；如果使用白色光源，干涉所产生的条纹是彩色条纹。

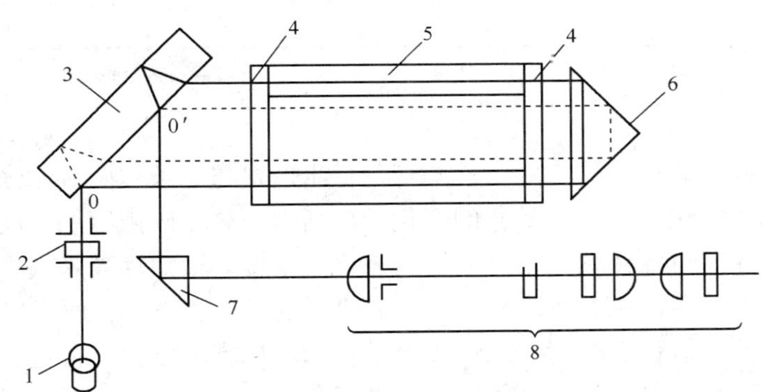

图 11-13 光干涉瓦斯检定器

1.光源 2.透镜 3.平面镜 4.平面透镜 5.气室 6.折光镜 7.反观镜 8.望远镜

当气室各小室内充进相同的气体时，两列光波所经过的光程一定。如在一支光路中改变气体的化学成分或温度、压力等，则因折射率起了变化，光程及光程差也就随之变化，所看到的干涉条纹便会移动。光通过的路程是固定的，根据条纹移动的大小可测知气体折射率的变化。如使两通路的温度、压力相同，当被测气体的化学成分已知时，则可作定量分析，测出被测气体的浓度。这就是光干涉检定器的工作原理。为了避免隧道内二氧化碳和水蒸气对测量精度的影响，采用装有钠石灰的吸收管来吸收二氧化碳，用装有氯化钙的吸收管来吸收水蒸气。在气室中两侧的部分称为空气室，充有新鲜空气；中间的部分称为气样室，使用时吸入被测气样。

11.7.3　一氧化碳检测

《公路隧道施工技术规范》（JTG F60—2009）和《公路隧道通风照明设计规范》（JTJ 026.1—1999）分别对一氧化碳浓度作了规定：对于施工隧道，一氧化碳一般情况下不大于 30 mg/m^3；特殊情况下，施工人员必须进入工作面时，质量浓度可为 100 mg/m^3，但工作时间不得超过 30 min。对于运营隧道，采用全横向通风方式与半横向通风方式时，一氧化碳浓度（即体积分数）按表 11-8 取值；采用纵向通风方式时，一氧化碳浓度（即体积分数）按表 11-8 所列各值提高 50×10^{-6} 取值；交通阻滞时，阻滞段的平均一氧化碳浓度可取 300×10^{-6}，经历时间不超过 20 min；人车混合通行的隧道，一氧化碳浓度按表 11-9 取值。

表 11-8　汽车专用隧道一氧化碳浓度 δ

隧道长度/m	≤1000	≤3000
$\delta/\times10^{-6}$	250	200

注：隧道长度为 1000～3000 m 时，可按插值法取值。

表 11-9　人车混用隧道一氧化碳浓度 δ

隧道长度/m	≤1000	≥3000
$\delta/\times10^{-6}$	150	100

注：隧道长度为 1000～2000 m 时，可按插值法取值

1）检知管

早先用于矿井一氧化碳测定的是检知管，有比色式与比长式两种。比色式检知管是根据管内药品与一氧化碳作用后颜色的变化，来判断一氧化碳浓度的。仪器备有一块标准比色板，上面标有与各种颜色相对应的一氧化碳浓度。检知管吸入气体后，对比检知管与标准比色板的颜色，找出与检知管颜色最接近的标准色条，它所对应的一氧化碳浓度就是被测气样的一氧化碳浓度。比长式仪器有一块标准浓度板，它是一支按长度标度一氧化碳浓度的尺寸。当检知管吸入被测气体后，白色药品由进气端开始变成深黄色，变色的长度与一氧化碳浓度成比例，与标准浓度尺对比，即可确定被测气体中一氧化碳的浓度。无论是比色式还是比长式检知管，每支检知管只能使用一次。

2）AT2 型一氧化碳测量仪

AT2 型一氧化碳测量仪是利用控制电位电化学原理来检测一氧化碳浓度的，工作原理框图如图 11-14 所示。

图 11-14 中 R 是参考电级，给定一个恒电位。于是，在传感器工作电极 W 和电极 C 之间，就产生了微电流，其大小与 CO 浓度成比例。该电流经放大后由电表指示出 CO 的浓度值。被测量的 CO 通过传感器聚四氟乙烯薄膜扩散到工作电极 W，W 电极受到恒电位环节的控制作用，具有一个恒定的电位，CO 在 W 电极上发生氧化反应式为(11-32)。

$$CO + H_2O \rightarrow CO_2 + 2H^+ + 2e^- \tag{11-32}$$

同时在电极 C 上发生氧的还原反应为式（11-33）。

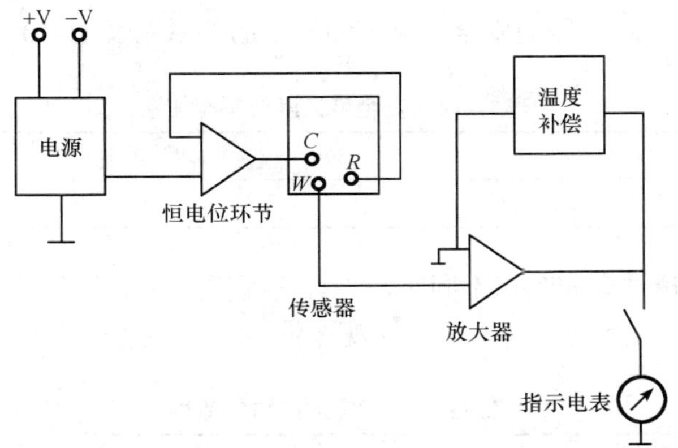

图 11-14 AT2 型 CO 测量仪工作原理框图

$$\frac{1}{2}O_2 + 2H^+ \rightarrow H_2O \tag{11-33}$$

总化学反应为式（11-34）。

$$CO + \frac{1}{2}O_2 \rightarrow CO_2 \tag{11-34}$$

11.7.4 烟雾浓度检测

柴油车排放的气体中，除 SO_2 等物质外，还有大量的游离碳素（煤烟）。煤烟不仅影响隧道内能见度、舒适性，而且也影响健康。烟雾浓度可通过测定光线在烟雾中的透过率来确定。光线在烟雾中的透过率用 τ 表示，计算式为（11-35）。

$$\tau = \frac{E}{E_v} \tag{11-35}$$

式中：E，E_v 为同一光源通过污染空气和洁净空气后的照度。

τ 与烟雾的厚度 L（m）的关系为式（11-36）。

$$\tau = e^{-aL} \qquad a = -\frac{1}{L}\ln\tau \tag{11-36}$$

式中：a 为烟雾吸光系数。

烟雾浓度的计算式为（11-37）。

$$k = -\frac{1}{L\lg\tau} \tag{11-37}$$

隧道内烟雾浓度增加，可见度、舒适感降低，从车安全考虑，确定的可见度称为安全可见度。安全可见度指从驾驶员看到前方障碍物到刹车汽车所行的距离，安全可见度可用式（11-38）计算。

$$x = \frac{\upsilon t}{3.6} + \frac{\upsilon^2}{254(\varphi \pm i)} \tag{11-38}$$

式中：x 为距离，m；υ 为车速，km/h；t 为驾驶员意识到需要刹车的反应时间+汽车制动机械传动的迟滞时间，s，t=1+0.5=1.5 s；φ 为路面与轮胎附着系数，对湿沥青路面，φ=0.45；i 为道路坡度，上坡取（+），下坡取（−），%。

按式（11-38）计算所需的安全可见度和车速的关系见表 11-10（坡度按 3%计算）。

表 11-10　安全可见度与车速关系

车速/$km \cdot h^{-1}$	20	30	40	50
可见度/m	12	21	32	44

当烟雾浓度、透过率和车速不同时，对舒适程度的感觉也不同。表 11-11 是行车速度为 40 km/h 时，驾驶人对舒适水平的主观评价。

表 11-11　烟雾浓度与舒适性

烟雾浓度 k/m^{-1}	L=100 m 处透过率 τ/%	舒适性	烟雾浓度 k/m^{-1}	L=100 m 处透过率 τ/%	舒适性
5×10^{-3}	60	空气洁净	9×10^{-3}	40	舒适度下降
7.5×10^{-3}	48	稍有烟雾	12×10^{-3}	30	不愉快的环境

透过率与隧道照明水平有关，随着路面照度的增加，透过率可乘以修正系数。其修正值如表 11-12 所示。

表 11-12　透过率与照度关系

路面照度/ l_x	30	40	50	60	70	80
透过率修正值	1	0.93	0.87	0.80	0.73	0.67

世界上一些国家规定的隧道内烟雾浓度分别为：法国为 $5\times10^{-3}\ m^{-1}$；日本为（7.5～9）$\times10^{-3}\ m^{-1}$；瑞士为 $9\times10^{-3}\ m^{-1}$；英国为 $10\times10^{-3}\ m^{-1}$。我国《公路隧道通风照明设计规范》（JTJ 026.1—1999）规定，隧道内烟雾允许浓度为：采用钠灯光源时，烟雾浓度按表 11-13 取值，采取荧光灯光源时，烟雾浓度应提高一级；当烟雾浓度达到 0.012 m^{-1} 时，应按采取交通管制等措施考虑；隧道内进行养护维修时，应按现场实际烟雾浓度不大于 0.0035 m^{-1} 考虑。烟雾浓度检测主要采用光透过率仪。

表 11-13　烟雾浓度 k　　　m^{-1}

计算行车速度/$km \cdot h^{-1}$	100	80	60	40
k	0.0065	0.0070	0.0075	0.0090

11.7.5　隧道风压检测

隧道风压是隧道通风的基本控制参量。在长隧道和大隧道中，通风系统由复杂的通风网络构成，要使风流在隧道内有规律地流动，就必须调整或控制网络内各结点的风玉。

1）基本概念

（1）空气静压（静压强）：空气静压是气体分子间的压力或气体分子对与之相接触的固体或液体界所施加的压力，空气的静压在各个方向上均相等。大气压力随海拔标高变化规律如表 11-14 所示。

表 11-14 不同海拔高度的大气压

海拔高度/ m	0	100	200	300	500	1000	1500	2000
大气压力/kPa	101.32	100.12	98.92	97.72	95.46	89.86	84.7	79.7

在真空状态下，静压为零。根据度量空气静压大小所选择的基准不同，空气压力有绝对压力和相对压力之分。绝对压力是以真空状态绝对零压为比较基准的静压，即以零压力为起点表示的静压，绝对静压恒为正值。相对压力是以当地大气压为比较基准的静压，即绝对静压与大气压力之差。如果隧道中或管道中的绝对静压高于大气压力，则为正压，反之为负压。

（2）空气动压：运动着的物体具有动能，当其运动受到阻碍的时候，就有压力作用在障碍物表面上，压力的大小取决于物体动能的大小。当风流受到阻碍时，同样有压力作用在障碍物上，这个力称为风流的动压，用 h_v 表示。动压因空气运动而产生，它恒为正值并具有方向性，作用方向与风流方向一致；在与风流平行的面上，无动压作用。如果风流中某点的风速为 υ（m/s），空气的体积质量为 ρ（kg/cm³），则动压 h_v（Pa）可用式（11-39）表示。

$$h_v = \frac{1}{2}\rho\upsilon^2 \tag{11-39 a}$$

$$h_v = \frac{\gamma}{2g}\upsilon^2 \tag{11-39 b}$$

（3）全压风流的全压即静压与动压的代数和。

2）隧道空气压力测定

（1）绝对静压的测定：

通常使用汞气压计和空盒气压测定空气绝对静压。汞气压计如图 11-15 所示。

空盒气压计如图 11-16 所示。

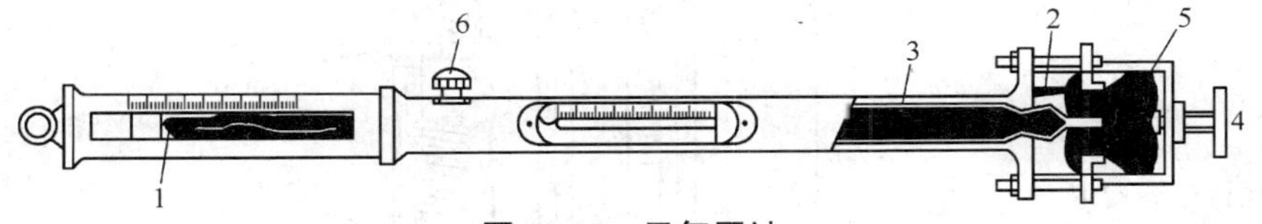

图 11-15 汞气压计

1.汞柱 2.尖端 3.汞柱 4.旋钮 5.皮囊 6.测微游标旋钮

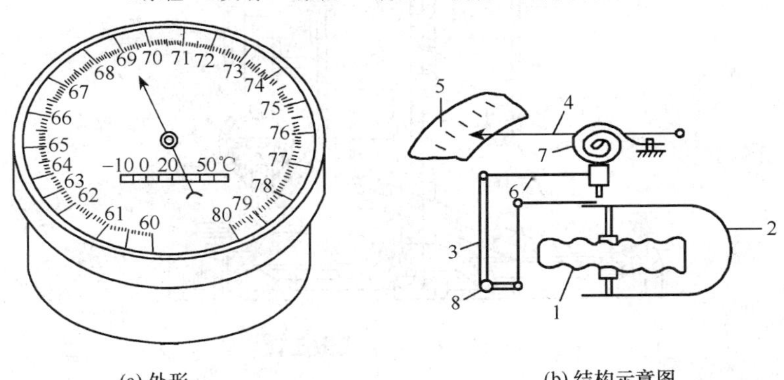

(a) 外形 (b) 结构示意图

图 11-16 空盒气压计

1.金属盒 2.弹簧 3.传递机构 4.指针 5.刻度盘 6.链条 7.弹簧丝 8.固定支点

（2）相对静压的测定：通常使用 U 形压差计、单管倾斜压差计或补偿式微压计与皮托管配合测定风流的静压、动压和全压。

① U 形压差计如图 11-17 所示。

② 补偿式微压计如图 11-18 所示。

③ 皮托管如图 11-19 所示。

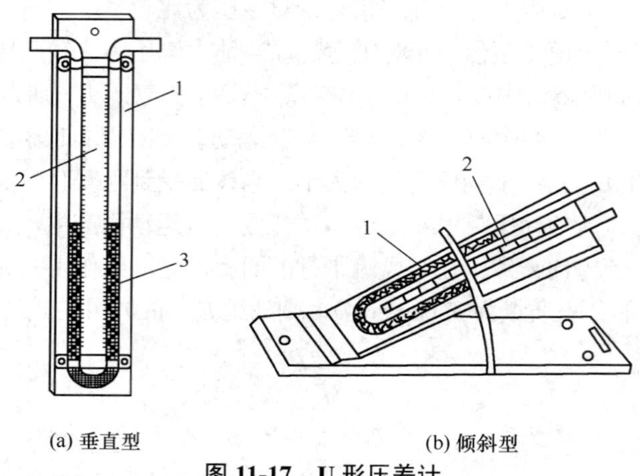

(a) 垂直型　(b) 倾斜型

图 11-17　U 形压差计

1. U 形玻璃管　2.刻度尺　3.蒸馏水或酒精

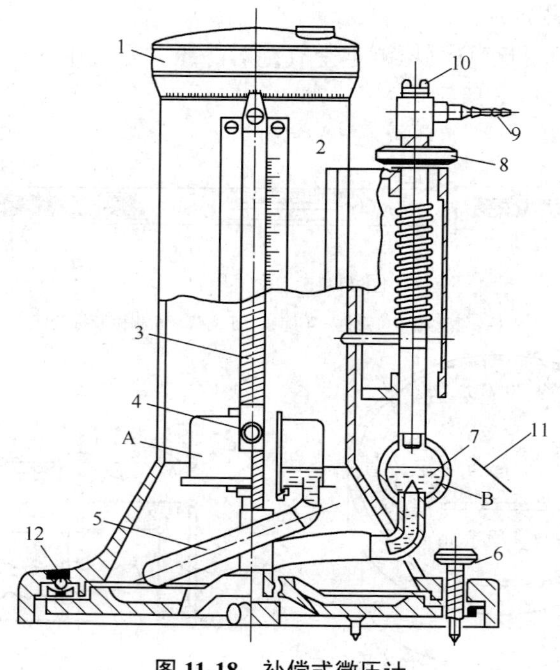

图 11-18　补偿式微压计

A, B.盛水容器

1.微调盘　2.刻度尺　3.螺杆　4.胶管接头“一”　5.连通胶管　6.底座螺钉　7.水准头　8.调节螺母　9.胶管接头“十”　10.密封螺钉　11.反光镜　12.水准泡

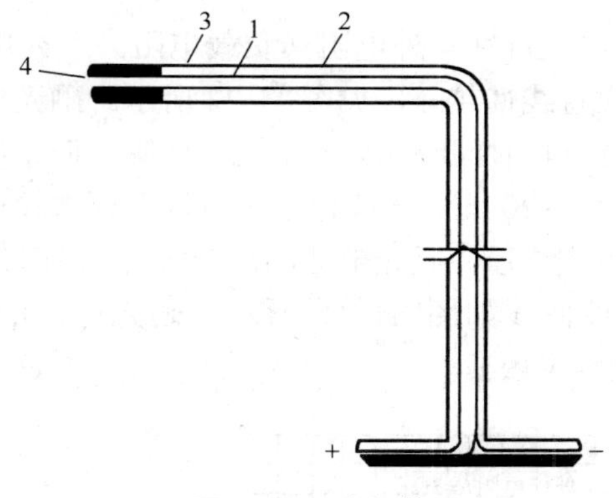

图 11-19 皮托管

1.内管 2.外管 3.侧孔 4.前孔

11.8 照明检测

11.8.1 光检测器

光检测器将光能转换成可作显示的信号，并且具有与人眼相对光谱光效率曲线相同的光谱灵敏度。电测法使用的检测器主要是光电器件，如光电管、光电池、光电倍增管等，其中又以光电池用得较普遍。利用阻挡层的光电效应原理制成的光电池，在光度测量方面具有重要的意义。这种光电池能比较容易地制成各种形状，使用时不需要辅助光源，直接与微安表连接起来便可使用，比较轻便和便于携带，灵敏度和光谱特性比较理想。图 11-20 是硒光电池的构造图。

硒光电池的相对光谱灵敏度曲线与人眼的相对光谱光效率曲线比较接近，当选择了合适的校正滤光片后，硒光电池的相对光谱灵敏度曲线与人眼的相对光谱光效率曲线更为接近，如图 11-21 所示。

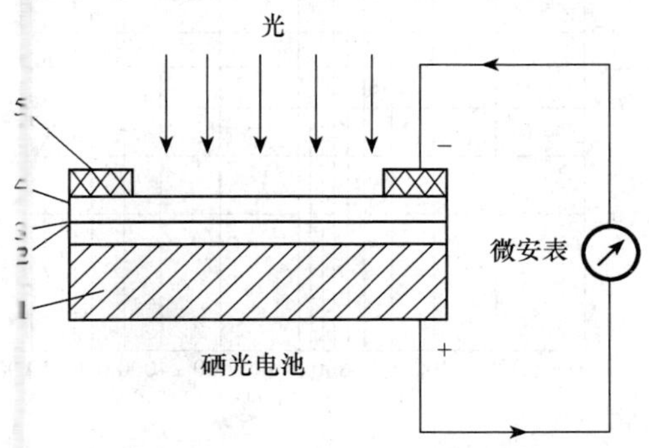

图 11-20 硒光电池的构造图

1.金属底盘 2.锡层 3.分界面 4.金属薄膜 5.集电环

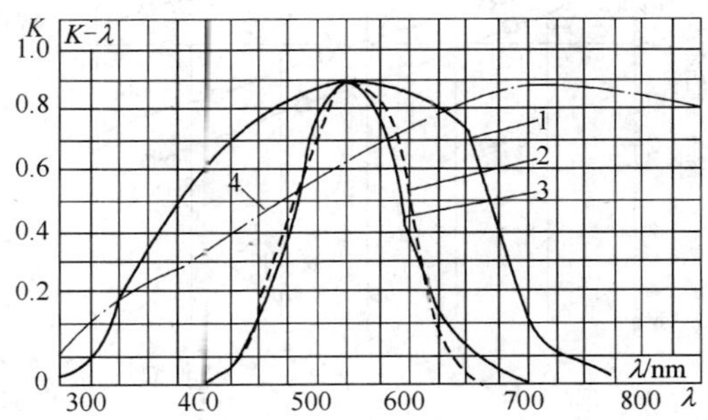

图 11-21 相对光谱灵敏度曲线

说明：曲线 1 为未经校正的硒光电池的光谱灵敏曲线；曲线 2 为人眼标准光谱灵敏曲线；曲线 3 为经校正后的硒光电池的光谱灵敏曲线；曲线 4 为未经校正的硅光电池的光谱灵敏曲线。

硒光电池的照度-光电流特性与外电阻（负载电阻）对内电阻之比值有关，比值越小直线性越好，比值越大直线性越差，如图 11-22 所示。硒光电池在较大照度下也会产生疲劳，在使用中最好避免长时间曝光。光电池开始曝光时，最初的一段时间内光电池是变化的，一般要经过 10～20 min 才能稳定。所以在要求较准确的测量中，光电池应预光曝光一段时间后再正式测量。硒光电池的疲劳特性如图 11-23 所示。

硒光电池的温度特性曲线如图 11-24 所示。硒光电池的光波动响应特性曲线如图11-25 所示（不如光电管灵敏）。

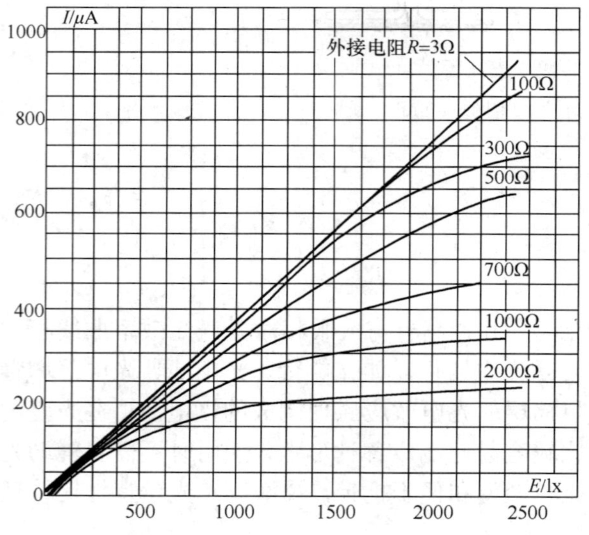

图 11-22 硒光电池的光电特性曲线图

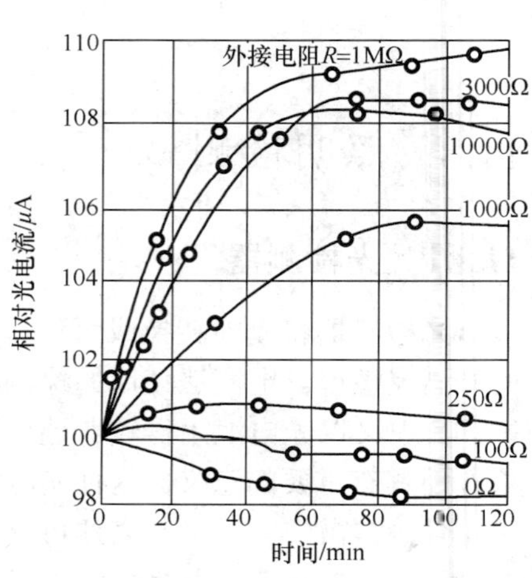

图 11-23 硒光电池的疲劳特性

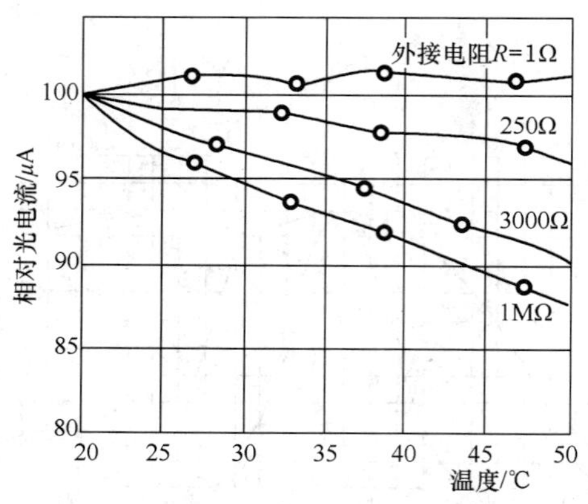

图 11-24 硒光电池的温度特性曲线

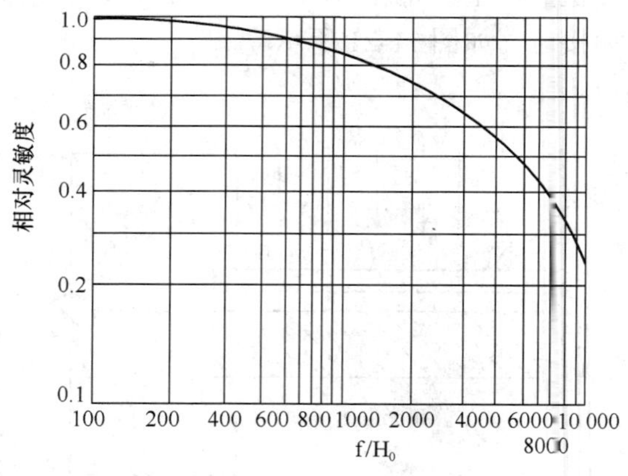

图 11-25 硒光电池的光波动响应特性曲线

11.8.2 光度检测

1）照度检测

照度检测一般采用将光检测器和电流表连接起来，并且表头以勒克斯（lx）为单位进行分度构成的照度计。通常照度计应符合下列要求：

（1）应附有 $V(\lambda)$ 滤光器。

（2）应配合适的余弦校正（修正）器。通常在光电池外加一个均匀漫透射材料制成的余弦校正器，如图 11-26 所示。这种光电池组合称为余弦校正光电池，其余弦特性如图 11-27 所示。

（3）应选择线性度好的光电池。

（4）硒光电池受强光（1000 lx 以上）照射时会逐渐损坏，为了测量较大的照度，硒光电池前应带有几块已知减光倍率的中性减光片。照度计在使用保管过程中，由于光电池受环境影响，其特性会有所改变，必须定期对照度计进行标定，以保证测量的精度。照度计的标定可在光具座上进行，如图 11-28 所示。

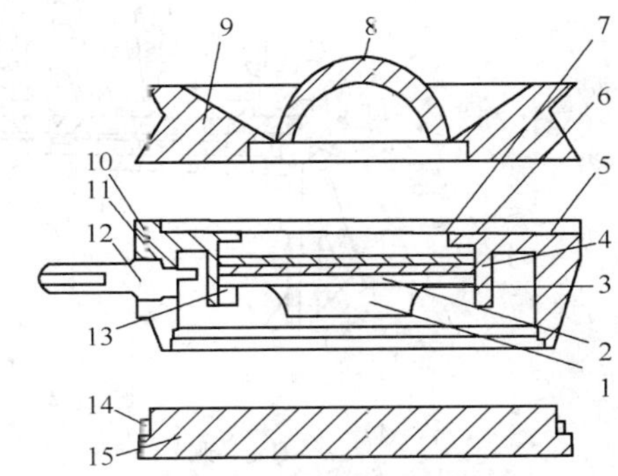

图 11-26 有校正的硒光电信接受其结构

1. 弹性压接片（正极） 2.硒光电池 3.导电环（负极） 4.光谱修正滤光器 5.磨砂玻璃 6.橡皮 7.回槽 8.余弦修正器 9.前盖 10.底座 11.密封圈 12.插座 13.垫圈 14.后盖

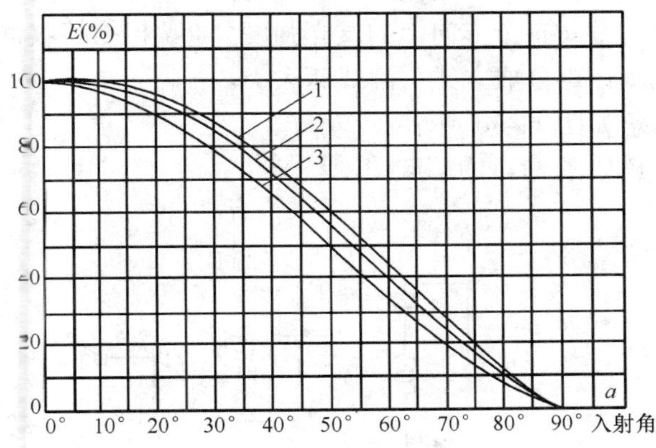

图 11-27 光电池的余弦曲线特性

1.理想的余弦曲线 2.光电池修正后的特性曲线

3.光电池未加余弦修正器的特性曲线

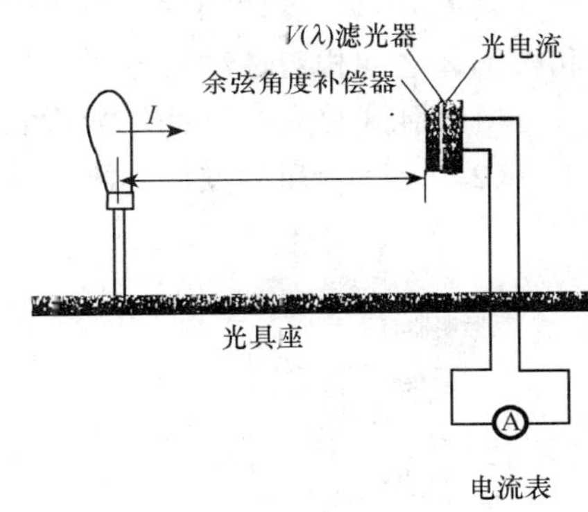

图 11-28 标定照度计的装置

2）发光强度检测

测量发光强度主要应用直尺光度计（光轨），如图 11-29 所示。使用光电池光度镜头时，使灯与光电池保持一定的距离，先对标准灯测得一个光电流值 i_s，然后以被测灯代替标准灯测得另一个光电流值 i_t。假设标准灯的已知发光强度为 I_s，则被测发光强度 I_t 可由式（11-40）求出，单位为坎德拉（cd）。或者，分别改变被测灯和标准灯与光电池的距离 L_t、L_s，使其得到相等的光电源。此时，被测灯的发光强度可由式（11-41）求出。

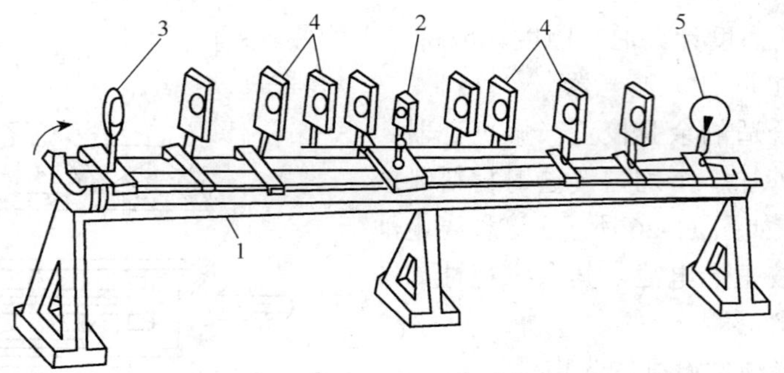

图 11-29　测量发光强度的装置

1.光具座　2.光头　3.旋转待测光源　4.黑色挡屏　5.标准光源

$$I_t = \frac{i_t}{i_s} I_s \tag{11-40}$$

$$I_t = (\frac{L_t}{L_s})^2 I_s \tag{11-41}$$

3）发光强度分布（配光特性）测量

采用分布光度计测量照明器或光源在空间各个方向上的发光强度分布。根据接收器和被测体之间相对运动的方式，分布光度计可分成立式、卧式两大类。

（1）卧式分布光度计，测量装置示意如图 11-30 所示。

（2）立式分布光度计，测量装置示意如图 11-31 所示。

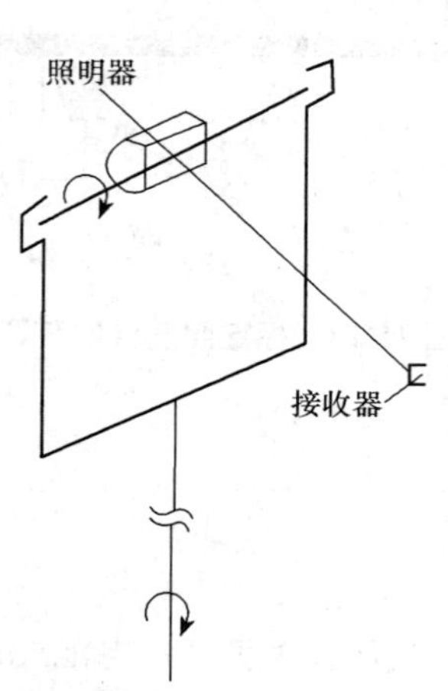

图 11-30　卧式分布光度计

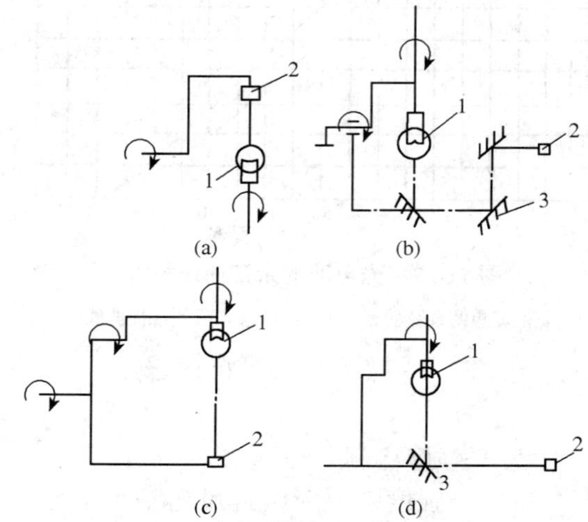

图 11-31　立式分布光度计

1.被测光源　2.接收器　3.反射器

图 11-33（a）表示的情况是：测量时被测体静止不动，接收器绕被测体在铅直面上转动，测完一圈之后，被测体自转一个角度，再测第二圈（即第二个面），这样直至测完整个空间的发光强度分布。图 11-33（c）表示的情况是：测量时接收器和被测体同时绕其一

轴线转动，转动时，被测体本身同时有一转动，此转动轴线始终保持垂直（或水平）；接收器面始终对着被测体。因此，它们绕公共轴转动一周时，接收器就能测得被测体在一个垂直面的各个方向上的发光强度，然后被测体转动一定角度后再测第二个面。此种运动方式的装置比前一种需要的安装空间高度小。为了增加测量距离，在分布光度计中应用反射镜，用 1 块、2 块或 3 块都可以，如图 11-31（b）和图 11-31（c）所示。

4）光通量检测

测量光源的光通量通[单位为流明（lm）]常用球形积分光度计，如图 11-32 所示。

用球形积分光度计测量光源光通量的原理是，球内壁上反射光能量形成的附加照度与光源的光通度成正比，测量球内壁的附加照度值就可得出被测光源所发生的光通量。将被测光源放在球内。设从光源发射的光通量为ϕ_1，ϕ_1投射到球内壁上，球内壁为均匀反射表面，其反射比为 ρ，入射光通量为ϕ_1将有一部分 $\rho\phi_1$ 从球壁反射出来。这部分光通量 $\rho_1\phi_1$ 将再度投射到球内壁上，并有光通量 $\rho_2\phi_1$ 从球内壁反射出来，这部分光通又投射到球内壁上产生第三次反射光通量 $\rho_3\phi_1$，这种多次反射过程将进行不止。因光源不断发射光通量，故经过多次反射叠加后，球内壁上实际所接收的光通量ϕ为式（11-42）。

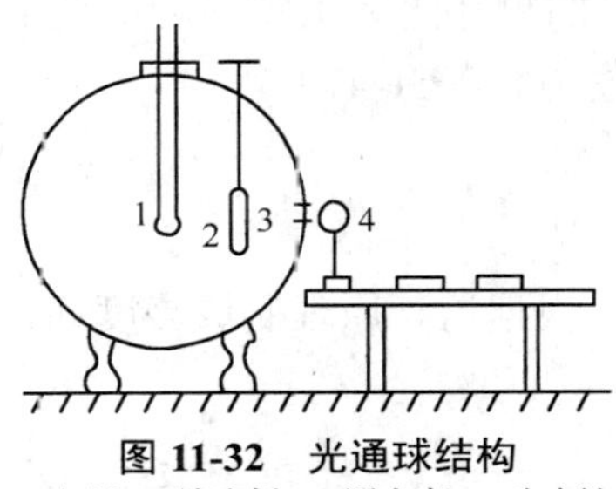

图 11-32 光通球结构
1.光源 2.遮光板 3.测光窗 4.光电池

$$\phi = \phi_1 + \rho_1\phi_1 + \rho_2\phi_1 + \rho_3\phi_1 + \cdots + \rho_n\phi_1 \qquad (11\text{-}42)$$

因为 $\rho<1$，所以，式（11-42）又可写成

$$\phi = \frac{\phi_1}{1-\rho} = \phi_1 + \frac{\rho\phi_1}{1-\rho} \qquad (11\text{-}43)$$

式（11-43）中的第一项为光源发生的光通量；第二项是经球内壁多次反射而落到球壁上的附加光通量ϕ_0，可以认为它是均匀分布的，因此球壁上的附加照度 E_0 为式（11-44）。

$$E_0 = \frac{\phi_0}{A} = \frac{\rho\phi_1}{A(1-\rho)} = C\phi_1 \qquad (11\text{-}44)$$

式中：A 为球内壁的面积，$A=4\pi R^2$；C 为系数，当球的特性一定时，C 是常数。

从式（11-44）可知，只要测量球壁上的附加照度 E_0 就可求得被测光源的光通量ϕ_1。

$$\phi_1 = E_0/C \qquad (11\text{-}45)$$

为了测量 E_0，可在球壁上开一小孔，在此小孔上，安装光电池；在球内设一挡板挡住光源的直射光通量，使之不能照射到小孔上，这样小孔上的照度就是附加照度 E_0。球形积分光度计的常数 C 可用标准光源来确定。对于标准光源，其光通量ϕ_s是已知的，把它放在球内并测量附加照度 E_0，即可由式（11-46）求常数。

$$C = E_0/\phi_s \qquad (11\text{-}46)$$

5）亮度检测

图 11-33 为测量亮度的原理图。

为了测量表面 S 的亮度[单位为坎德拉每平方米（cd/m^2）]，在它的前面距离α处设置一个光屏 Q。光屏上有一透境（透射比为 τ），它的面积为 A。在光屏的右方设置照度计作检测器 m，m 与透镜直的距离为 l，m 与透镜的法线垂直。在 l 的尺寸比 A 大得多的情况下，照度计检测的照度为式（11-47）。

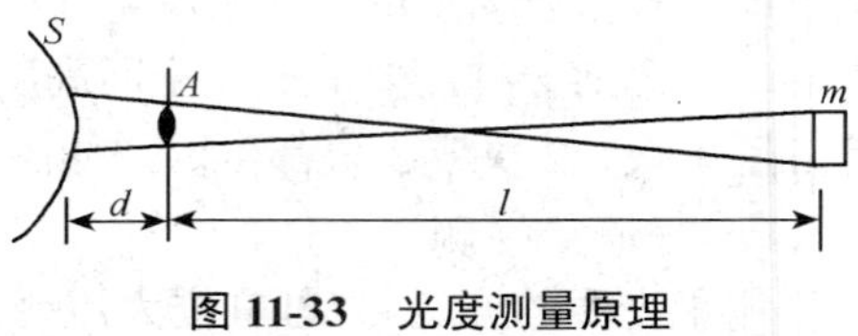

图 11-33 光度测量原理

$$E=\frac{1}{l^2}=\frac{\tau LA}{l^2} \quad 即 \quad L=\frac{El^2}{\tau A} \tag{11-47}$$

根据这一原理制成亮度计，典型透镜式亮度计如图 11-34 所示。

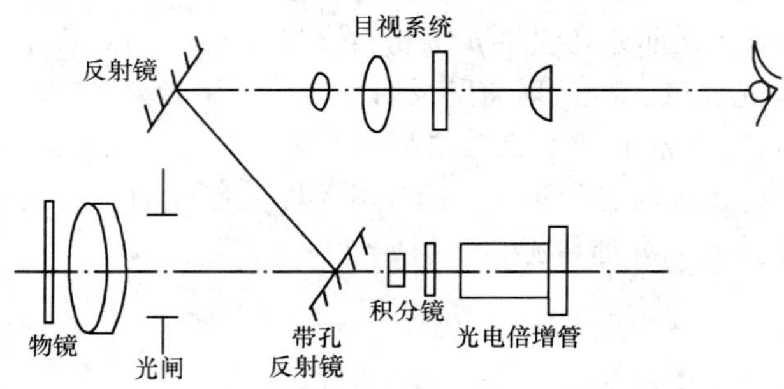

图 11-34 透镜式亮度计简图

亮度计的视场角 θ 决定于带孔反射镜上小孔的直径，通常在 0.1°～2°之间；测量不同尺寸和不同亮度的目标物时用不同的视场角。亮度计可事先用标准亮度板进行检验，在不同标准亮度下对亮度计的读数进行分度。标准亮度可用标准光强灯照射在白色理想漫射屏上获得。

11.8.3 照明器发光强度分布量检测

1）测量装置及要求

室内照明器使用时光轴垂直向下，采用立式分布光度，使用 C–γ坐标系统。

（1）光电池：工作要稳定（包括它的工作线路），曝露在高照度下不会发生疲劳，对不同量程都有线性响应；光电池的光谱灵敏度要符合 CIF（352×288，又称 10 万像素）光谱效率曲线；由于光电池的读数是其本身受光面的平均照度，要求光电池的面积对照明器的张角不大于 0.25°。

（2）分布光度计：分布光度计能刚性架着照明器，并能提供照明器在两个方向转动，保证能测任意角度上的光强。

（3）测试距离：测试距离需要足够长，以保证照度的平方反比定律完全成立。一般不小于 3 m 或不小于照明器发光口面上最大线度的 5 倍。

（4）照明器光度中心的确定：照明器光度中心的确定对测试距离有影响，确定方法如下：

① 对嵌入式照明器（格栅和全部直接光的照明器），测量距离应从照明器出光口（顶棚平面）算起。

② 对侧面发光的照明器（如直接–间接型照明器吸顶安装），测量距离应从发光体的任何中心算起，且在测光时应设置一块模拟顶棚的挡板，以符合照明器使用条件。

③ 对悬挂式照明器：

a. 光源的光中心在反射器内，且没有折射器，测量距离应从照明器出光口面算起；

b. 光源的光中心不在反射器内，且没有折射器，测量距离应从光源中心算起；

c. 如有折射器，则测量距离应从折射器几何中心算起。

（5）环境温度：不同光源测试时，对环境温度要求不同。管状荧光灯要求25℃±5℃；白炽灯没有明确规定。空气流动与空调都会对测量有影响；当差别超过2%时，需要修正。

（6）电源电压：避免电源电压对测量结果的影响，可采用稳压电源装置。稳定精度：白炽灯≤±0.2℃；输出阻抗为低阻抗。

（7）光源：测试前光源必须经过老练，以保证测试过程中发生的光通量恒定不变或只有极微小的变化。钨丝灯和管状荧光灯老练100 h，其他灯老练200 h（老练方式是点燃4 h，关闭15 min作为一周期）。

2）测量方法

（1）光源光通的测量：

① 光源在光度计上安装时，使其呈水平（垂直）位置，避免产生冷端，也要避免给光源的性能带来的影响。

② 采用以10°为间隔的球带光通测量时，测量10°的中间点值，即测点γ角为5°、15°、25°、…将此值乘以球带系数，就代表该球带内的光通量，这样把18个积累加就得到相应的光源光通量。

③ 在测量过程中要经常校验灯是否处在稳定状态。方法是比较每次在过光源轴线中心垂直线方向（铅垂线）上的读数，此读数变化不应超过2%。

（2）照明器光强的测量：

① 光强测量一般在相互间隔为30°的12个半平面（过灯轴线子午面）上进行，也有在间隔15°或22.5°等几种方法下进行的。其中一个半平面必须通过照明器的对称轴线，在每个半平面上可采用10°球带的中点角度法去进行测量。

② 对于具有旋转对称分布的照明器，可以将所有读数（指同一球带上）平均后代表该球带上的光强；对于光分布具有两个对称平面的照明器（如直管形荧光灯具），可取各对称平面上相应方向上的值求平均后代表照明器在该平面上的光强。

③ 照明器在测量过程中也要校验灯是否处在稳定状态；方法是每次测量照明器铅垂方向上的光强变化不应超过2%。

11.8.4 现场照度和亮度检测

1）照度检测

隧道路面的照度检测是隧道照明检测的基本内容之一。一是许多隧道的照明设计参数是直接以照度给出的；二是隧道照明中最为重要的亮度可通过简单公式由照度换算。根据照明区段的不同，隧道照度检测可分为洞口段照度检测和中间段照度检测。

（1）洞口段照度检测：

① 纵向照度曲线测试。纵向照度曲线反映洞口段沿隧道中线照度的变化规律。第一个测点可设在距洞口 10 m 处，之后向内每米设一测点，测点深入中间段 10 m。用便携式照度仪测试各点照度，并以隧道路面中线为横轴、以照度为纵轴绘制隧道纵向照度变化曲线。

② 横向照度曲线测试。横向照度曲线反映照度在隧道路面横向的变化规律。洞口照明段分为入口段和过渡段，过渡段由 TR_1、TR_2、TR_3 这 3 个照明段组成。测试横向照度时，可在各区段各设一条测线，该线可位于各区段的中部。在各测线上，测点由中央向两边对称布置，间距 0.5 m。用便携式照度仪测取各点照度，并以各测线为横轴，以照度为纵轴纵制隧道横向照度变化曲线。横向照度愈均匀愈好。

（2）中间段路面平均照度检测：中间段路面的平均照度是隧道照明设计的重要指标，它与整个隧道的照明效果和后期运营费用密切相关。视隧道长度的不同，测区的总长度可占隧道总长度 5%～10%；各测区长度以 20 m 为宜，也可根据灯具间距适应调整，如图 11-35 所示。在各测区内划分网格，使各单位长为 2 m、宽约 1 m；给各单位编号，并测取各单元形心点的照度 E_i。若某测区的单元数 n，则该测区的平均照度 E 为式（11-48）。

$$E=\frac{1}{n}\sum_{i=1}^{n}E_i \tag{11-48}$$

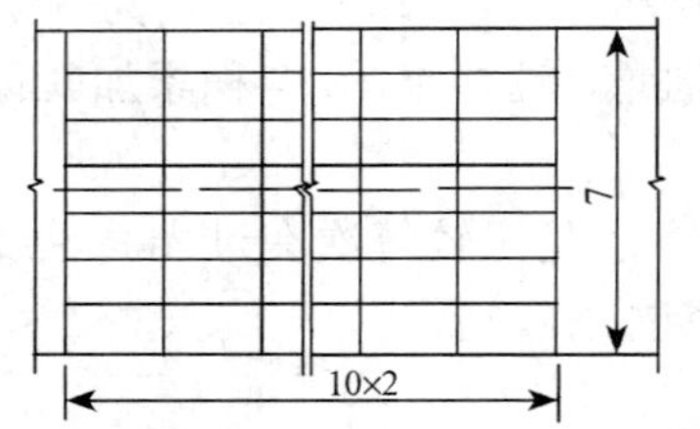

图 11-35　中间段路面的平均照度测点位置（单位：mm）

对所有的测区重复以上工作，便可得到各测区的平均照度，最后对各测区的照度再平均，即得全隧道基本段的平均照度。比较实测平均照度与规范要求照度或设计照度，便可知道该隧道的中间段照度是否满足规范要求或设计要求。

2）亮度检测

路面工程上为了简便，将路面的光反射看成理想漫反射，这样作为二次光源的路面的亮度便与方向无关。在实用中用公式 $L=E/C$ 进行亮度与照度的换算；对混凝土路面 C=13，对沥青路面 C=22。由于照度仪使用简单，所以检测亮度时，常是用照度仪先测照度，然后用换算公式计算亮度。

（1）路面平均亮度 L_{av}：驾驶人观察障碍物的背景，在隧道中主要是路面，只有当路面亮度达到一定值后，驾驶人才能获得立体感，在此基础上，亮度对比越大越容易察觉障碍物。路面（背景）亮度越高，眼睛的对比灵敏度越好。路面平均亮度在设计或规范中都有明确的规定。其检测方法可参考中间段路面平均照度检测方法，并根据式（11-49）确定。

$$L_{av}=E_{av}/C \tag{11-49}$$

（2）路面亮度均匀度：保证亮度均匀度是为了给驾驶人提供良好的能见度和视觉上的舒适性。如果亮度高，则均匀度要求可以不很严格。干燥路面和湿路面有很大变化，均匀度也相应有很大变化。严格的均匀度要求，一般限于干燥路面和路面平均亮度较低的情况。

① 总均匀度 U_0。照明装置保证良好的路面平均亮度后，路面上一些局部区域还可能出现最小亮度 L_{min}。通常较差的亮度对比都发生在路面较暗的区域，往往影响到对障碍物的辨认。为了使路面上所有区域都有足够的亮度和对比度，提供令人满意的能见度，需要规定路面最小亮度和平均亮度比值的范围，见式（11-50）。

$$U_0 = \frac{L_{\mathrm{min}}}{L_{\mathrm{av}}} \tag{11-50}$$

式中：L_{av} 为计算区域内路面平均亮度；L_{min} 为计算区域内路面最低亮度。

② 纵向均匀度 U_1。为了提供视觉舒适性，要求沿路面中线有一定的纵向均匀度。纵向均匀度是沿中线的局部亮度的最小值和最大值之比见式（11-51）。

$$U_1 = \frac{L'_{\mathrm{min}}}{L_{\mathrm{max}}} \tag{11-51}$$

11.8.5 隧道眩光检测

隧道照明的眩光可以分为两类：失能眩光和不舒适眩光。前者表示照明设施造成的能见度损失，用被试对象的亮度对比的阈值增量 *TI* 表示。失能眩光是生理上的过程，是表示由生理眩光导致辩认能力降低的一种度量。后者表示在眩光感觉中的动态驾驶条件下，对隧道照明设施的评价。该眩光降低驾驶人驾驶运行的舒适程度，用眩光控制等级 *G* 表示。

1）失能眩光

这种眩光导致的识别能力的下降，是由于光在眼睛里发生散射过程造成的。来自眩光光源的光在视网膜方向上的散射会引起光幕（等交光幕）作用，在视网膜方向上的散射程度越大，光幕作用越大。在眩光条件的总视感，必须把光幕亮度叠加在无眩光时景物成像亮度之上。等效光幕亮度 L_v 可按以下经验式（11-52）计算。

$$L_v = K\left\{\frac{E_{\text{眼}1}}{\theta_1^2} + \frac{E_{\text{眼}2}}{\theta_2^2} + \cdots\right\} = K\sum_{i=1}^{n}\frac{E_{\text{眼}i}}{\theta_i^2} \tag{11-52}$$

式中：$E_{\text{眼}i}$ 为第 *i* 个眩光光源在眼睛（与视线相垂直的平面上）产生的照度；θ_i 为视线与第 *i* 个眩光光源入射到眼睛的光线之间形成的夹角；*K* 为年龄因素（平均值为 1.0）。

通常在隧道照明中，对 1～5 cd/m^2 之间的平均亮度，阈值量 *TI* 可由光幕亮度的数值和平均路面亮度值结合对比灵敏度确定，见式（11-53）：

$$TI = \frac{65L_v}{L_{\mathrm{av}}^{0.8}} \times 100\% \tag{11-53}$$

2）不舒适眩光

眩光造成的不舒适感是用眩光控制等级 G 表示所感到的不舒程度的主观评价。这种主观评价取决于各种照明器和其他照明装置的特性，可以用式（11-54）计算。

$$G = f(I_{80}, I_{88}, F, \Delta C, L_{av}, h', P) \tag{11-54}$$

式中：I_{80}，I_{88} 为照明器在同路轴平行的平面内，与垂直轴形成 80°、88° 方向上的发光强度值，cd；F 为照明器在同路轴平行的平面内，投影响在 76° 角方向上的发光面积，m^2；ΔC 为光的颜色修正系数，对于低压钠灯，ΔC =0.4；L_{av} 为平均路面亮度，cd/m^2；h'为水平视线距灯的高度，m，h'=灯的安装高度 1.5 m；P 为第 1 km 安装的照明器个数。

眩光等级 G 与主观上对不舒适感觉评价的相应关系为：G=1，无法忍受；G=2，干扰；G=5，允许的极限；G=7，满意；G=9，无影响。

小结

本章主要介绍了浆液材料主要性质包括黏度、渗透能力、凝胶时间、渗透系数和抗压强度。喷射混凝土需进行抗压强度试验、喷射混凝土厚度检测、喷射混凝土与围岩黏合强度试验、喷射混凝土粉尘、回弹检测；混凝土抗渗性检测；回弹法、超声法、回弹超声综合法检测；外观表面缺陷检测和内部缺陷检测；隧道粉尘浓度测定、瓦斯检测、一氧化碳检测、烟雾浓度检测、隧道内风压检测；光度检测，包括照度检测、发光强度检测、发光强度分布（配光特性）测量、光通量检测、亮度检测方法。

思考题

1. 为什么要对高等公路上的隧道进行照明？公路隧道的照明区段是怎样划分的？各区段的照明应满足哪些要求？

2. 试述光谱光效率、光通量、发光强度、照度和亮度的概念。

3. 隧道照明检测的内容有哪些?

4. 某隧道洞内采用混凝土路面，其中间段的平均照度为 721 x，试计算路面平均亮度。

5. 某隧道一段区域内最低亮度为 52 cd/m^2，该区域平均亮度为 60 cd/m^2；隧道路面中线上的最大亮度为 72 cd/m^2，最小亮度为 55 cd/m^2。试确定该隧道的亮度总均匀度和亮度纵向均匀度。

6. 隧道的眩光参数有哪些？怎样确定？

7. 注浆材料的主要性质有哪些？如何测量注浆材料的黏度？

8. 简述喷射混凝土检测方法及施工质量评定

9. 简述高分子防水材料的常见种类及性能特点，试验项目有哪些？

10. 初砌混凝土强度检验的常用方法有哪些？简述其主要原理。

11. 隧道烟雾浓度的测量方法及要求？一氧化碳的允许浓度是怎样规定的？

第 12 章 沿线设施检测

［本章提要］

本章主要介绍道路工程沿线设施的检测，包括排水设施、工程防护及支挡设施、隔离设施、交通引导设施、环保设施的检测方法及要点。

根据道路等级，结合沿线气象、地形、地质、水文等自然条件，设置必要的道路工程沿线设施，包括排水设施、防护设施、交通设施以保障道路使用质量。道路工程沿线设施，包括排水设施、工程防护及支挡设施、隔离设施、交通引导设施、环保设施必须进行检测。

12.1 排水设施检测

根据道路等级，结合沿线气象、地形、地质、水文等自然条件，设置必要的地表排水、地下排水、路面内部排水等设施，并与沿线排水系统相配合，形成完整的排水体系，以保证道路使用质量。

12.1.1 地表排水设施检测

地表排水设施有边沟、截水沟、排水沟、跌水、激流槽、渡槽、倒虹吸及蒸发池等。各类地表排水设施必须满足基本要求。

12.1.1.1 土沟检测要点

土沟包括边沟、截水沟、排水沟等设施，其检测要点包括：

（1）土沟检测中，沟底高程用水准仪检测每 200 m 测 4 处。

（2）断面尺寸、边坡坡度用尺每 200 m 测 2 处。

（3）边棱直顺度用尺，20 m 拉线，每 200 m 测 2 处。

12.1.1.2 浆砌排水沟检测要点

（1）浆砌排水沟检测中，砂浆强度按照规范检测。

（2）轴线偏位用经纬仪或尺每 200 m 测 5 处。

（3）沟底高程用水准仪每 200 m 测 5 处。

（4）墙面直顺度（mm）或坡度用 200 m 拉线、坡度尺每 200 m 测 2 处。

（5）断面尺寸、铺砌厚度、基础垫层宽、厚度用尺每 200 m 测 2 处。

12.1.2 地下排水设施检测

常用的地下排水设施有盲沟、渗沟和渗井等。各类地下排水设施必须满足基本要求。

12.1.2.1 管节预制检测要点

（1）管节预制检测中，砂浆强度按照规范检测。

（2）内径、壁厚用尺检测 2 个断面；顺直度沿管节拉线量取最大矢高；长度用尺量。

12.1.2.2 管节预制管道基础及管节安装检测要点

（1）管道基础及管节安装检测中，混凝土抗压强度或砂浆强度按照规范检测。

（2）管轴线偏位用经纬仪或拉线每 2 井间测 3 处。

（3）管内底高程用水准仪每 2 井间测 2 处。

（4）基础厚度用尺每 2 井间测 3 处。

（5）管座肩宽、肩高用尺量，挂边线每 2 井间测 2 处。

（6）抹带宽度、厚度用尺按 10%抽检。

12.1.2.3 检查井砌筑检测要点

（1）检查井砌筑检测中，砂浆强度按照规范检测。

（2）轴线偏位用经纬仪检测每个检查井。

（3）圆井直径或方井长、宽用尺检测每个检查井。

（4）井底高程用水准仪检测每个检查井。

（5）雨水井盖与相邻路面高差：检查井盖与相邻路面高差用水准仪、水平尺检测每个检查井。

12.1.2.4 盲沟检测要点

（1）盲沟检测中沟底高程用水准仪每 10～20 m 检测 1 处。

（2）断面尺寸用尺每 20 m 检测 1 处。

12.1.2.5 排水泵站检测要点

（1）排水泵站检测中，混凝土强度按照规范检测。

（2）轴线平面偏位用经纬仪纵横向各检测 2 处。

（3）垂直度用垂线检测纵横向各 1 处；底板高程用水准仪测 4 处。

12.2 工程防护及支挡设施检测

工程防护设施主要包括坡面防护、冲刷防护两类，支挡设施主要是指挡土墙。

12.2.1 坡面防护检测

各类坡面防护设施必须满足基本要求。

12.2.1.1 锥、护坡检测要点

（1）锥、护坡检测中，砂浆强度按规范检测。

（2）顶面高程用水准仪每 50 m 检测 3 处；底板高程用水准仪每 50 m 检测 3 处。

（3）表面平整度用 3 m 直尺，锥坡检测 3 处，护坡每 50 m 检测 3 处。

（4）厚度用尺每 100 m 检测 3 处；坡度用尺每 50 m 量 3 处。

12.2.1.2 砌石工程检测要点

（1）浆砌砌体检测中，砂浆强度按照规范检测；顶面高程用水准仪每 20 m 检测 3 处；竖直度或坡度用吊垂线每 20 m 检测 3 处；断面尺寸用尺每 20 m 检测 2 处；表面平整度用 3 m 直尺每 20 m 检测 5 处 3 尺。

（2）干砌片石的检测中，顶面高程用水准仪每 20 m 检测 3 处；外形尺寸用尺每 20 m 或自然段，长宽检测各 3 处；厚度用尺每 20 m 检测 3 处；表面平整度用 3 m 直尺每 20 m 检测 5 处 3 尺。

12.2.1.3 挖方边坡锚喷防护检测要点

（1）锚喷防护检测中，混凝土强度、砂浆强度按照规范检测。

（2）锚孔深度、锚固（索）间距用尺量抽测 10%。

（3）锚杆拔力通过拔力试验检测锚杆数 1%，且不少于 3 根。

（4）喷层厚度用尺（凿孔）或雷达断面仪每 10 m 检测 1 个断面，每 3 m 检测 1 个点。

（5）锚索张拉应力用油压表每索油读数反算；张拉伸长率用尺检测每索。

（6）断丝、滑丝数用目测逐根（束）检测。

12.2.2 冲刷防护检测

各类冲刷防护设施必须满足基本要求。

12.2.2.1 石笼防护检测要点

（1）石笼防护检测中，平面位置用经纬仪按设计图控制坐标检测。

（2）长度、宽度用尺每个（段）检测；高度用水准仪或尺量每个（段）检测 5 处。

（3）底面高程用水准仪每个（段）检测 5 处。

12.2.2.2　导流工程检测要点

（1）导流工程检测中砂浆强度按照规范检测。

（2）平面位置用经纬仪按照设计图控制坐标检测；长度用尺检测。

（3）断面尺寸用尺检测 5 处；基底、顶面的喷层厚度用水准仪检测 5 点。

12.2.3　支挡设施检测

各类支挡设施必须满足基本要求。

12.2.3.1　砌体挡土墙检测要点

（1）砌体挡土墙检测中，砂浆强度按照规范检测；平面位置用经纬仪每 20 m 检测墙顶外边线 3 点；顶面高程用水准仪每 20 m 检测 1 点；竖直度或坡度用吊垂线每 20 m 检测 2 点；断面尺寸用尺每 20 m 检测 2 个断面；底面高程用水准仪每 20 m 检测 1 点；表面平整度用 3 m 直尺每 20 m 测 3 处，每处测竖直和墙长 2 个方向。

（2）干体挡土墙检测中，平面位置用经纬仪每 20 m 检测 3 点；顶面高程用水准仪每 20 m 检测 3 点；竖直度或坡度用尺每 20 m 吊垂线检测 3 点；断面尺寸用尺每 20 m 检测 2 处；底面高程用水准仪每 20 m 检测 1 点；表面平整度用 3 m 直尺每 20 m 检测 2 处，每处检测竖直和墙长 2 个方向。

12.2.3.2　悬臂式和扶壁式挡土墙检测要点

（1）悬臂式和扶壁式挡土墙检测中，混凝土强度按照规范检测。

（2）平面位用置经纬仪每 20 m 检测 3 点。

（3）顶面高程、底面高程用水准仪每 20 m 检测 1 点。

（4）竖直度或坡度用吊垂线每 20 m 检测 2 点。

（5）断面尺寸用尺每 20 m 检测 2 个断面，抽查扶壁 2 个。

（6）表面平整度用 3 m 直尺每 20 m 检测 2 处，每处检测竖直和墙长 2 个方向。

12.2.3.3　锚杆、锚碇板和加筋土挡土墙检测要点

（1）筋带检测中，筋带长度和直径用尺每 20 m 检测 5 根；筋带与面板连接、筋带与筋带连接、筋带铺设用目测每 20 m 检测 5 处。

（2）锚杆、拉杆检测中，锚杆、拉杆长度、间距用尺每 20 m 检测 5 根；锚杆、拉杆与面板连接、锚、防护用目测；锚杆抗拔力用拔力试验检测锚杆数 1%，且不少于 3 根。

（3）面板预制检测中边长用尺检测长宽各量 1 次，每批抽查 10%；两对角线用尺每批抽查 10%；厚度用尺检测 1 处，每批抽查 10%；表面平整用 3 m 直尺长宽方向各测 1 次，每批抽查 10%；预埋件位置用尺检测，每批抽查 10%。

（4）面板安装检测中，每层面板顶高程用水准仪每 20 m 抽查 3 组板；轴线偏位用挂线、尺每 20 m 量 3 处；面板竖直度或坡度用吊垂线或坡度板，每 20 m 检测 3 处；相邻面板错用台尺检测面板交界处 3 点。

（5）锚杆、锚碇板和加筋土挡土墙检测中，墙顶和扐柱平面位置用经纬仪每 20 m 检测 3 处；墙顶和柱顶高程用水准仪每 20 m 检测 3 点；肋柱间距用尺检测每柱间；板面缝宽用尺每 20 m 至少检测 5 条；墙面倾斜度用吊垂线或坡度线每 20 m 检测 2 处；墙面平整度用 3 m 直尺每 20 m 检测 3 处，每处检测竖直和墙长 2 个方向。

12.3 隔离设施检测

道路隔离设施包括护栏、隔离栅和防落网、防眩板和中央分隔带树墙等。

12.3.1 护栏检测

道路上使用的护栏种类通常有波形梁护栏、混凝土护栏、缆索护栏 3 种。各护栏必须满足基本要求。

12.3.1.1 波形梁护栏检测要点

（1）检查进场材料是否合格，除波形梁外，立柱、拼接螺栓、端头都应按规范规定的频率检查。护栏产品质量标准如表 12-1 所示，表中每一项检测方法为钢尺检测，频率均为自检 100%，抽检 20%～30%。

（2）对到场材料进行严格检查，特别要注意检查热浸镀锌质量。

（3）对立柱的放线进行检查，以桥梁、通道、涵洞、中央分隔带开口、立交等作为控制点，对桥梁、构造物处的放线特别要进行严格检查。

（4）护栏搭接方向应与邻近车道的交通流方向一致；护栏位置必须与路面线形相吻合，应有统一协调、整齐美观的感觉。

表 12-1 护栏产品质量标准

检测项目	质量标准	允许误差/mm
立柱的长度	设计要求	+10～0
立柱的弯曲度	正直	1.5 mm/m
波形梁的平面翘曲、波形梁的立面弯曲		<0.15% 或 1.5 mm/m
波形梁的厚度		±0.16
波形梁的宽度		±5～0
波形梁的长度：4320 mm		±5
波形梁的长度：3820 mm		±4
波形梁的长度：3320 mm		±4
波形梁的长度：2320 mm		±3～2

（5）护栏柱应尽量避免挖坑埋设，以防柱脚处松土不易夯实，一般用打入法或压入法施工。

（6）护栏板的连接和拼接螺栓，初始不易拧紧，以便安装过程中充分利用护栏板上的长圆孔进行上下、左右的调整，使其形成平顺的线形。

（7）立柱埋设深度必须达到设计深度，不能更改，以免破坏护栏板的半刚性体系。端头立柱下设混凝土基层时，要浇筑混凝土前检查挖坑的深度和基底是否符合设计要求。

（8）安装中要注意波形梁护栏构件不能有扭曲、擦伤和污染，否则应及时更换或修复。

（9）波形梁安装时应检查其拼接方向、连接螺栓的拧紧时间、波形梁顶面与道路线形的协调等情况。

（10）设有横隔梁的中央分隔带的护栏，应检查安装顺序，连接螺栓的前后拧紧时间。应检查防阻块位置的调整及就位是否准确。应检查端头梁的安装位置正确与否及端头锚固的时间。应检查活动护栏其基础预埋件是否安装、活动护栏是否与地面垂直、纵向线形是否顺适，安装后是否容易拔出及重新插入。

（11）护栏板在安装初期，拼接螺栓和连接螺栓不宜拧得过紧，以便在安装过程中充分利用板上的长圆孔进行上下、左右调节，使其成一条光滑的规则线形。

（12）波形梁护栏检测中，波形梁板基底金属厚度用板厚千分尺抽检 5%；立柱壁厚用测厚仪、千分尺抽检 5%；镀（涂）层厚度用测厚仪抽检 10%；拼接螺旋（45 号钢）抗拉强度抽样做拉力试验检测，每批 3 组；立柱埋入深度，过程检检测用直尺抽检 10%；立柱外边缘距路肩边线距离用直尺抽检 10%；立柱中距用钢卷尺抽检 10%；立柱竖直度、横梁中心高度用垂线、直尺抽检 10%；护栏顺直度用拉线、直尺抽检 10%。

12.3.1.2　混凝土护栏检测要点

（1）模板的检测中一般钢模板以确保外形尺寸准确和外观质量，混凝土外形尺寸连接影响到防撞效果，不可任意改变。除了误差控制之外，还要求模板线形平顺，不错台，表面平整光滑等，以保证外观质量。为保证外观质量，应采用整体钢模板。钢模板内侧尺寸检测误差如表 12-2 所列，检测方法采用钢尺测量。

表 12-2　钢模板内侧尺寸允许误差

检测项目	允许误差/mm	检查点数
长度	±10	2
上部宽度	±2	3
中部宽度	±2	1
下部宽度	±2	1

（2）对混凝土护栏的中心位置、标高、起止位置反复检查核对。控制好混凝土护栏的长度，定好控制点，以便根据公路沿线构造物实际情况合理布置。

（3）注意检查浇筑混凝土护栏模板的制作安装，模板应有足够的强度、刚度和稳定性，能可靠地承受施工过程中可能产生的各项荷载，保证构件的形状、尺寸准确。

（4）仔细检查钢筋和预埋件的安装，检查合格后方能浇筑混凝土。

（5）混凝土浇筑完后，要及时养护，养护时间根据混凝土强度增长情况而定，应经常保持潮湿状态。

（6）采用预制混凝土护栏后，在安装前，应精确放样定位，按设计要求做好基层，在基层夯实、整平，并复核标高和平面位置无误后，方可开始安装护栏。

（7）混凝土护栏安装允许偏差应符合表 12-3 所列要求。

表 12-3 混凝土护栏安装允许偏差 mm

检测项目	允许偏差
强度	不小于设计规定强度
中心高度（路面以上）	±10
上部宽度	±5
中心（1/2 高度）宽度	±6
下部（路面处）宽度	±8
拼接处高差	±2

（8）混凝土护栏检测中，护栏混凝土强度用板厚千分尺抽检 5%；地基压实度用测厚仪、千分尺抽检 5%；护栏的高度、顶宽、底宽用测厚仪抽检 10%；基础平整度抽样做拉力试验检测，每批 3 组；轴向横向偏位过程检测用直尺抽检 10%；基础厚度用直尺抽检 10%。

12.3.1.3 缆索护栏检测要点

（1）缆索性能要求见表 12-4。

表 12-4 缆索的性能要求

钢丝绳直径/mm	单丝直径/mm	构造	钢丝绳断裂强度/Pa	断面积/mm^2	捻制方法	单位长度质量/$kg \cdot m^{-1}$
18	2.86	3 股 7 芯	1.2×10^8	134	右同向捻	1.09

（2）索端锚具和螺栓、螺母、垫圈采用同上有关热浸镀锌处理的规定，其锌层单位面积质量不应低于 350 g/m^2。螺栓、螺母等紧固件在热浸镀锌后，必须清理螺纹或进行离心分离处理。在条件允许的情况下，索端锚具和螺栓、螺母等紧固件可采用粉镀锌技术。

（3）检查其安装前的准备工作，如缆索护栏类别的确认，各种材料的准备，各种施工工具的准备。

（4）基础基坑位置、标高、尺寸是否符合要求及浇筑后石混凝土及混凝土程序，回填夯实层厚及其标高。

（5）检查立柱位置，与道路线形是否符合，标高是否正确。

（6）安装托架，应注意各类护栏托架的编号、组合是否与相应立柱相符。

（7）注意架设缆索时要求的立柱基础混凝土强度，不允许长距离拖拽缆索。

（8）注意缆索的安装顺序、多余缆索的切断及其要求。注意临时张拉力的卸载规定、全部螺栓的调整及拧紧要求。

（9）缆索检测中，缆索直径、单丝直径用卡尺抽检 10%；张拉力过程检测，用张拉计抽检 10%；最下一根缆索的高度、立柱中距用直尺抽检 10%；立柱壁厚用千分尺抽检 10%；立柱埋入深度过程检测，抽检 10%；立柱竖直度用垂线、直尺抽检 10%；镀锌层厚度用测厚仪抽检 10%；混凝土基础尺寸过程检测用直尺抽检 10%；混凝土强度基础施工同时做试件，每个工作班 1 组（3 件），检查试件的强度，抽检 10%。

12.3.2　隔离栅检测

隔离栅必须满足基本要求，其检测要点有：

（1）材料表面处理：隔离栅所有金属件原则上都应进行表面处理，一般应采用热浸镀锌处理。其他表面处理方法如油漆、涂塑、紧固件的粉镀锌技术等，对其耐久性、经济性、美观及施工条件的全面分析并经认可后也可采用。镀锌构件表面应具有均匀完整的锌层，不允许有流挂、滴瘤或多余结块，应无漏镀、露铁等缺陷。金属网的钢丝，可采用规定规格的镀锌钢丝。在条件允许时也可采用编织成型的整张网热浸镀锌，其镀锌量为 350 g/m^2。钢板网可采用热浸镀锌处理，其镀锌量为 350 g/m^2。在条件允许时，也可采用涂塑处理。镀锌量的规定见表 12-5 所示。

表 12-5　镀锌量的规定

构件名称		锌层质量平均值/g·m^{-2}	
		Ⅰ	Ⅱ
网片板材厚或钢丝直径/mm	2.0	105	230
	2.2	110	230
	2.5	110	240
	2.8	120	250
	3.0	125	250
	3.5	135	270
	4.0	135	270
连接件		350	
立柱、斜撑、门柱		500	

（2）镀层质量检测标准：隔离栅的镀层质量检测内容主要包括镀层附着量、镀层均匀性。对于各网片的镀锌层质量可采用三氯化锑法测量。隔离栅配件的镀层附着量一般用磁性测量仪测量，其镀锌层厚度要求见表 12-6 所列。

表 12-6　隔离栅配件镀锌层厚度　μm

隔离栅配件镀锌层厚度	立柱、斜撑、连接件	螺栓、螺母、垫圈
镀锌层平均厚度	≥85.0	≥50
镀锌层局部厚度	≥61	≥39

(3) 检查施工组织设计：施工放样时，隔离栅先定中心线，后按设计栏距定出柱位并确定柱位高程，同时注意与公路界地形协调。

(4) 检查立柱、斜撑、连接件和编织网隔离栅材料质量及热镀锌质量。按要求进行分批检验。

(5) 检查其柱孔深度、基底清理，坑底混凝土质量，放入立柱后，检查其垂直度。立柱的埋设应分段进行，先埋两端然后拉线埋放中间立柱。注意立柱纵向线形，柱顶平整。

(6) 有框架的隔离网宜在工厂集中制作。检查其外框架焊接、钢板网的切割机放入，钢板网的拉紧，与外框的焊接及除锈、去油污等工序。

(7) 立柱要保证安装牢固和垂直度的要求，其基础不松动，立柱纵向应在一条线上，不得出现参差不齐的现象。柱顶应平顺，不得出现高低不平的情况。立柱基础强度达到设计强度的70%后方可安装隔离栅网片。

(8) 编织网隔离栅最好纵向连续铺设，边铺边拉紧，并尽可能在立柱挂钩上扣牢。编织网要求卷网自如，弯钩时保证不变形。隔离栅安装完毕后，纵向高程不应有很大的起伏变化，网面要平整，在任何方向均不得有明显的倾斜。各类隔离栅网片安装完毕后，立柱基础均应进行压实最后处理。

(9) 刺铁丝安装时要求从端头立柱开始。刺铁丝之间要求平行、平直；绷紧后用11号钢丝与立柱上铁钩绑扎固定，横向与斜向刺铁丝相交处用11号钢丝绑扎。

(10) 钢板网安装要求网面平整，无明显凹凸现象，框架与立柱应连接牢固，整体连续平顺。

(11) 以上各类形式的隔离栅网片安装完后，立柱基础均应进行最后压实处理。待整体施工完成后要检查隔离栅整体稳定性，并且要保证在2 m范围内平整。施工过程中，如果破坏完工的路基边坡或边沟，要提醒承包人及时修整。

12.3.3 防眩设施检测

防眩设施必须满足基本要求，其检测要点有：

(1) 对于产品质量进行抽样检测，一般将同一种颜色、同一种规格尺寸、同一表面处理的产品作为一批，若产品超过1000件，则每1000件作为一批，分批抽样。产品抽样检测的样品数规定如表12-7规定。

表12-7 产品抽样样品数 个

批量大小	250～500	501～1000
样品数	20	32

(2) 防眩板的材料、镀锌量、几何尺寸应符合设计要求，平面弯曲不得超过板长的0.3%。其中镀锌层厚度应达到表12-8规定值。

(3) 防眩设施若采用刷漆做防腐处理，应在构件表面涂刷两道防锈漆后再刷两道以上油漆。所涂的底漆不得小于40 μm，涂完漆后，总厚度为125～175 μm。产品外观质量要求光滑均匀，不得有金属外露或漆液流挂、褶皱。涂刷后防腐层的附着性能可用划痕法来测量。

表 12-8 镀锌层厚度要求值 μm

锌层厚度	产品配件	
	主体、支撑	各种连接件
镀锌层平均厚度	⩾85	⩾50
镀锌层局部厚度	⩾61	⩾39

（4）施工前检查清理场地，确定控制点（如桥梁、立交、中央分隔带及防眩设施需变化的路段），在控制点之间测距定位、放样的情况。

（5）注意按设计要求处理好路段与桥梁上的防眩设施的设置位置及高度，不得出现高低不平甚至扭曲的外形。

（6）防眩设施一般以每 200 m 长度为一个验收单位，抽样频率为 10%。包括检查整体是否与公路线形一致，不应有明显的扭曲或高低不平；高度是否符合设计要求，其允许误差规定为±5 mm；板条的设置间距是否符合设计要求，其允许误差规定为±5 mm；安装的垂直度施工符合设计要求，其允许误差规定为±4 mm/m；安装的位置，连接件的紧固情况；设施的外表，不应有明显的外观缺陷，外表颜色应符合设计要求，涂层损伤后修补应符合要求。

（7）防眩板的全部成品都应进行外观检测，不应有擦伤、伤痕、变色及色泽不匀等缺陷，其尺寸误差为：长度为±3 mm，宽度为±4 mm，厚度为±0.1 mm，平面弯曲为板长的 0.3%。

（8）立柱及横杆高标称厚度以距离端部 100 mm 处的截面尺寸为准，其金属的允许偏差：厚度为±0.2 mm，长度为±0.5 mm，弯曲度为±5 mm/m。

（9）防眩板单独埋设立柱时，应在基础达到设计强度后，方可安装上部构件。

（10）施工过程中不应损伤金属涂层。任何形式的涂层是损伤均应在 24 h 给予修补。

（11）防眩板安装的允许偏差为：板条为±5 mm，竖直度为±4 mm/m，防眩高度为±5 mm，顺直度为±3 mm/m。

（12）防眩设施检测中，安装高度用钢卷尺抽检 5%；镀（涂）层厚用涂层测厚仪抽检 5%；防眩板宽度用直尺抽检 10%；防眩板设置间距一样钢卷尺抽检 5%；竖直度用垂线、直尺抽检 10%；顺直度用拉线、直尺抽检 10%。

12.4 交通引导设施检测

道路交通引导设施包括交通标志、标线、视线诱导设施等。

12.4.1 交通标志、标线的检测

道路交通标志、标线应满足基本要求。

12.4.1.1　交通标志检测要点

（1）标志板板面应平整、光滑、边缘倒钝；板面不得翘曲变形，折边、圆弧面应圆滑过渡，不得凹凸变形，在 2 m^2 底板范围内的平整度公差不大于 1.0 mm。对标志板面平整度的检测方法采用钢直尺和塞尺测量。

（2）对标志裂纹和气泡的检测，应在白天环境中，用 4 倍放大镜仔细检查，并测量气泡面积，要求其在任何一处面积为 50 cm×50 cm 的表面上，不存在一个或一个以上总面积大于 10 mm^2 气泡。

（3）对划痕、损伤、颜色不均匀等缺陷的检查，应在照度大于 80 lx 白天环境中，距标志为 2 m 处目测。

（4）在夜间黑暗、空旷的环境中，距离标志面自 10 m 处，以汽车前照灯远光为光源，垂直照射标志面，用目测其逆反射性能的不均匀性。

（5）图案文字尺寸、色品坐标及逆反射系数可以在现场随机抽样检测。对于一批要求检测的产品，根据《孤立批计数抽样》（ISO 2859/2：1985）的方法进行检测，其现场检测抽样的样本数见表 12-9。对于每一块具体标志产品而言，测试总点数按标志面积大小确定，各测点均匀分布于图案色盒底色表面。

表 12-9　现场检测抽样样本数

批量	16～25	26～50	51～90	91～150	151～280	281～500	501～1200	1201～3200
样本数	13	15	16	18	20	32	30	50

（6）根据《道路交通标志和标线》（GB 5768—2009）的规定，底板外形、图案形状内容按照规范执行，用目测。标志底板外形几何尺寸按照规范执行，外形±5 mm，板厚±2 mm，用钢卷尺、钢板尺、卡尺检测，铝合金板厚度≥1.5 mm，薄钢板厚度≥1.0 mm。合成树脂类板材厚度按设计要求；标志图案尺寸、位置按照规范执行，位置偏差±2 mm，图形线宽度±2 mm；角度偏差±1′，用钢板尺、直角尺、半圆仪检测；汉字、字母高、宽，笔画粗细、行距、字间距等按照规范执行，字高度偏差±4 mm，笔画粗±2 mm，行距、间距偏差±5 mm，用钢板尺、直角尺、半圆仪检测，字高应为整数，即 40、50、60 cm，字间距可放大至 $h/5$，字高/笔画粗可放大至 10：1；标志结构形式按照规范执行，用钢板尺、卡尺检测。

（7）材料质量检测。首先测量超差，经过仪器校正确认无误，无环境干扰影响，样品抽样亦符合有关技术规范和法定程序，一般应进行复测审核，如无技术操作问题且测试结果与首次测量一致，应坚持实事求是的原则予以承认或认定，做好记录。当现场检测的不合格样品数不超过表 12-10 中的值，且所有其他非现场检测性能指标完全合格时，判断该批产品合格。检测不合格、当供货方提出申诉时，按表 12-11 规定抽取比初检样品数大的下一级样品数。

表 12-10　合格判定数的确定

个

样本数	13	15	16	18	20	32	50
合格判定数	0	0	0	0	0	1	3

表 12-11 现场检测项目复检要求

初测面积	$S \leqslant 1\ m^2$	$S>1\ m^2$
总测点数/个	10	$n=5S$

注：①当 $S \leqslant 1\ m^2$ 时，图案或文字测点数为 4；底色测点数为 6。②当 $S>1\ m^2$ 时，n 取自然数，图案或文字次点数为 $4+n/4$，底板测点数为 $6+3n/4$。

（8）施工放样的位置必须与设计设置的位置一致。基础混凝土施工的检测与一般混凝土基础的检测一样，要对开挖基坑深度和基底进行检测验收，钢筋混凝土基础的钢筋要检测认可后方可浇捣混凝土，混凝土的强大等级必须符合设计要求。

（9）标志牌高度、横间距、偏角等必须符合设计要求，安装完毕后，基础应回填压实。

（10）标志牌的金属镀锌不得划痕、擦伤，标志板面不得有划痕，气泡和颜色不均等缺陷。标志牌的字符高、宽、行间隔与设计相符；圆形禁令标志允许误差为直径±5 mm，方形或矩形对角线允许误差为±5 mm；平面凹凸允许误差为 1.0 mm/m；反光膜表面无明显龟裂纹、无明显划痕，表面颜色无明显不均匀，50 cm×50 cm 范围内无两个以上面积大于 10 mm^2 的气泡，反光膜粘贴去褶皱、剥落，图案、文字表面色调无不一致，板面无回归反射均匀。

（11）标志板外形尺寸、标志板厚度用钢卷尺、万能角尺、卡尺检测；标志汉字、数字、拉丁字的字体及尺寸与标准字体对照，字高用钢卷尺检测；标志面反光膜等级及逆反射系数用目测初定，便携式测定仪检测；标志板下缘至路面净空高度及标志板内缘距路边缘距离用直尺、水平尺或经纬仪检测；立柱竖直度用垂线、直尺；标志金属构件镀层厚度用测厚仪；标志基础尺寸用钢尺、直尺检测；基础混凝土强度检测方法手臂在基础施工同时做试件每处一组（3 件）进行检测。

12.4.1.2 交通标线检测要点

（1）对于各类标线材料。除了查验其质量保证书和出厂试验报告之外，还应对同一种型号材料做一组试验加以检验。

（2）标线色度性能应符合要求。涂料的密度为 1.8～2.3 g/cm^3；软化点为 90～120℃；涂膜冷凝应无皱纹、斑点、起泡、脱落及表面无法粘的现象，涂膜的颜色和外观应与标志板差别不大；不粘胎干燥时间≤3 min；按照规定的方法测试，涂膜颜色的色品坐标及反射比应符合色品坐标图中规定的范围；抗压强度≥12 MPa；耐磨性 1 kg100 转后减重应≤30 mg；在水中浸泡 24 h 应无异常现象；在氢氧化钙饱和溶液中浸泡 24 h 无异常现象；加热残留成分≥99%；玻璃珠含量≤15%或 20%～33%；流动度为 30 mm+5 mm 或 35 mm+8 mm；白色逆反射系数≥150 mcd/（lx · m^2），黄色逆反射系数≥100 mcd/（lx · m^2）；经过 12 个月试验，涂膜的起皱、斑点、裂纹、脱落及变色等都不应大于标准样板。

（3）施工放样检测。先测出中心点，按 10～20 m（直线段）或 5～15 m（曲线段）间隔确定中心线，以 50 m 作为一段进行校正，确认其曲率半径与设计相符，然后画出中心线，再逐段延伸。车道分界线、边缘线根据中心线画出；人行横道线、导流标线、文字标号等的放样以施工图设计为原则；当道路情况特殊和进出口等位置总体协调时，须根据实际情况重新设计，并放样定位。

（4）标线施工检测。对热塑线的施工，要注意材料的加热温度，并避免在已完工的路面上进行材料加热；画线前要对准备画线的区域进行路面检查，路面画线区域必须干净，道路表面上的污物、松散的石子和其他杂物应予以清除，否则将影响黏结；对于热塑线，在画人字线、斑马线时，所使用的模具要平，以保证模具与路面紧紧粘住，使画线边缘整齐；在画虚线时，要保证画线车匀速、直顺，画线美观；对轴漆线要检查画线车速度，以保证喷涂油漆量、撒玻璃珠量均等符合规范要求。

（5）完工检查验收。标线的颜色和色泽是否与设计要求相符。被污染的标线外的道路得到清理；标线边缘顺直、平滑，无明显毛边；玻璃珠撒布应均匀，标线厚度均匀。

（6）标线喷涂检测中，湿漆膜厚度、冷膜厚度按材料用量计算或抽检 10%；突起路标厚度、标线宽度、标线线段长度、纵向间距、横向偏位用直尺抽检 10%。

（7）路面标线检测中，标线线段长度、标线横向偏位、标线纵向间距用钢卷尺抽检 10%；标线宽度用钢卷尺抽检 10%；标线厚度用湿膜厚度计、干膜水平尺、塞尺或卡尺抽检 10%；标线剥落面积用 4 倍放大镜目测；反光标线逆反射系数用反光标线反射系数测量仪抽检 10%。

12.4.2 视线诱导设施的检测

视线诱导设施包括突起路标和轮廓标，必须满足基本要求。

12.4.2.1 突起路标检测要点

（1）进场的突起路标材料应符合质量要求，须有产品合格证，并做抽样检测。

（2）反射器安装角度正确，颜色与设计相符，反光材料无缺陷、断裂。

（3）突起路标的图形符合材质和几何尺寸设计要求。

（4）突起路标检测中，安装角度用角尺抽检 10%；纵向间距、横向偏位用钢卷尺抽检 10%；损坏及脱落个数抽检 30%；承受压力检查测试记录；光度性能检查测试报告。

12.4.2.2 轮廓标检测要点

（1）诱导标反射器性能标准值如表 12-12 所列，反射器色度坐标如表 12-13 所列。

表 12-12 视线诱导标反射器性能标准值 cd/lx

观察角/°	入射角/°								
	白色			黄色			红色		
	0	10	20	0	10	20	0	10	20
0.2	4.65	3.75	2.80	2.90	2.35	1.75	1.15	0.95	0.70
0.5	2.25	1.85	1.30	1.45	1.20	0.08	0.55	0.45	0.35
1.5	0.07	0.06	0.04	0.04	0.04	0.03	0.02	0.01	0.01

（2）反射器的光学性能在入射角 0°～20° 范围内保持稳定，安装角度正确，颜色与设计相符。

（3）轮廓标图形符合材质和几何尺寸要求，平面弯曲度超过±3 mm/m 的不得使用。

（4）轮廓标检测中，柱式轮廓标尺寸用钢卷尺抽检 10%；安装角度用花杆、十字架、钢卷尺、万能角尺抽检 10%；反射器中心高度用钢直尺抽检 10%；反射器外形尺寸用卡尺、钢直尺抽检 10%；光学性能检查测试报告。

表 12-13 反射器色度坐标

颜色	轴线	角点坐标					
红色	X	0.730	0.721	0.665	0.635		
	Y	0.267	0.261	0.335	0.335		
黄色	X	0.608	0.600	0.570	0.565		
	Y	0.396	0.396	0.430	0.430		
白色	X	0.500	0.500	0.440	0.460	0.310	0.310
	Y	0.387	0.440	0.387	0.440	0.286	0.345

12.5 环保设施检测

环保设施主要包括防噪声设施和绿化工程两类。

12.5.1 防噪声设施的检测

防噪声设施主要是声屏障，声屏障有砌块体声屏障和金属结构声屏障两种，必须满足基本要求。

12.5.1.1 砌块体声屏障检测要点

（1）砌块体声屏障检测中，降噪效果按环保复查方法。

（2）与路肩边线位置偏移用尺检测 30%；墙体高程用水准仪检测 30%。

（3）墙体竖直度用经纬仪、尺检测 30%；墙体厚度用尺抽检 15%。

（4）顺直度、水平灰缝平直度用 10 m 拉线，每 100 m 测 2 处，总数不少于 5 处。

（5）表面平整度用 2 m 靠尺和楔形塞尺每 100 m 测 10 尺。

12.5.1.2 金属结构声屏障检测要点

（1）金属结构声屏障检测中，降噪效果按环保复查方法。

（2）与路肩边线位置偏移、金属立柱中距用尺量检测 30%。

（3）顶面高程用水准仪检测 30%。

（4）金属立柱竖直度用垂线、尺检测 30%；镀（涂）层厚度用测厚仪检测 20%。

（5）屏体厚度、宽度、高度用游标卡尺检测 15%。

12.5.2　绿化工程的检测

绿化工程分为中央分隔带绿化、路侧绿化、互通式立体交叉绿化、养护管理和服务区绿化、取弃土场绿化。各类绿化设施必须满足基本要求。

12.5.2.1　中央分隔带绿化工程检测要点

1）穴槽挖掘

挖掘穴槽时，应根据苗木根系、土球直径和土壤情况而定，穴槽必须垂直下挖，上口下底相等。常见植物种植穴的规格如表 12-14～表 12-18 所示。

2）土壤处理

园林植物生长所必需的最大种植土层厚度应符合表 12-19 中的值。

表 12-14　常绿乔木类种植穴规格　cm

树高	土球直径	种植穴深度	种植穴直径
150	40～50	50～60	80～90
150～250	70～80	80～90	100～110
250～400	80～100	90～110	120～130
>400	>140	>120	>180

表 12-15　落叶乔木类种植穴规格　cm

胸径	种植穴深度	种植穴直径
2～3	30～40	40～60
3～4	40～50	60～70
4～5	50～60	70～80
5～6	60～70	80～90
6～8	70～80	90～100
8～10	80～90	100～110

表 12-16　花灌木类种植穴规格　cm

冠径	种植穴深度	种植穴直径
200	70～90	90～110
100	60～70	70～90

表 12-17　竹类种植穴规格　cm

种植穴深	种植穴直径
盘根或土球深	比盘根或土球大
20～40	40～60

表 12-18 绿篱类种植穴规格 cm

苗高	单行	双行
50～80	40×40	40×60
100～120	50×50	50×70
120～150	60×60	60×80

表 12-19 最低种植土层厚度 cm

植被类型	草本花卉	草坪地被	小灌木	大灌木	浅根乔木	深根乔木
土层厚度	30	30	45	60	90	150

3）植物栽植

植物与架空线之间的距离、与地下管线之间的距离、与建筑物、构筑物的平面距离如表 12-20～表 12-22 所列。

表 12-20 植物与架空线的距离

电压/V	树枝与电线水平距离、垂直距离/m
380	>1.00
3300～10 000	

表 12-21 植物与地下管线的距离 m

植物	与地下管线净距
乔木	>0.95
灌木	>0.50

表 12-22 植物与建筑物、构筑物的平面距离 m

建筑物、构筑物	距乔木中心最小距离	距灌木边缘最小距离
公路铺筑面外侧	0.80	2.00
道路侧石线（人行道外缘）	0.75	不宜种
高 2 m 以下围墙	1.00	0.50
高 2 m 以上围墙及挡土墙	2.00	0.50
建筑物外墙上无门窗	2.00	0.50
建筑物外墙上有门窗	2.00	0.50
电杆中心（人行道上近侧石边不宜种灌木）	4.00	0.75
电力电线杆拉杆	1.50	不宜种
水准点	2.00	不宜种
路旁变压器外缘（交通灯柱）	3.00	不宜种
警亭	3.00	不宜种
路牌、交通指示牌、车站标志	1.20	不宜种
消防龙头、邮筒	1.20	不宜种
天桥边缘	3.50	不宜种

4）大树移植

树坑直径（或正方形树坑的边）应比根系或土球直径大 40 cm，树穴应比土球直径或长根大 40～50 cm，深度比土球直径深 20～30 cm，换种植土。应以地径的 2π倍为土球的直径。深度和腰箍宽质量要求：地径 3 cm，根系或土球直径为 40 cm，每增加 1 cm，根系或土球直径增加 5 cm，乔木按胸径的 8 倍计算土球和根系直径，灌木按地径的 7 倍计算土球直径；土球的纵向深度为直径的 70%，扎腰箍宽度为土球腰宽的 2/3，土球底部直径不应大于土球直径的 1/3；土球包扎方法应根据树种、规格、土壤紧密度、运输距离等条件而定；无主干树木的根系或土球直径取根丛的 1.5 倍；网络式绑扎，层数按土球大小、土质情况定。第一层网络的绳子须嵌入泥球表土，或可用其他材料包扎；大树的支撑宜用扁担桩十字架式或三角撑，低矮树可用扁担桩，高大树用三角撑，风大树大时两种桩结合用；扁担桩的竖桩长度要大于 2.3 m，入土深 1.2 m，桩位应在根系和土球范围外。必要时可加缆风绳。

5）绿化工程的质量标准

乔木的树干通直，生长健壮、树冠开展，树枝发育正常、无虫害；树干胸径不得小于 2 cm，树高不低于 1.5 m；不得有直径为 2 cm 以上的未愈合的伤痕和截枝。灌木的树干直径 2 cm 以上，植于坡脚或边坡之外的高度为 1.5～1.0 m；所有灌木应是常绿、根蔓、枝大、树干丛生的阔叶灌木，并有该地区的生长特性。草皮、草籽、花草应是耐旱力强，容易生长，蔓面大，根部发达，蔓低矮，多年生的特性；花草应有观赏价值。

6）中央分隔带绿化检测

苗木规格与数量用尺每 1 km 测 50 m；种植穴规格、土层厚度用钢尺每 1 km 测 50 m；苗木间距用皮尺每 1 km 测 50 m；苗木成活率、草坪覆盖率目测每 1 km 测 200 m。

12.5.2.2 路侧绿化工程检测要点

（1）路侧绿化检测中，苗木规格与数量用尺每 1 km 测 50 m。

（2）种植穴规格、土层厚度用钢尺每 1 km 测 50 m。

（3）苗木成活率、草坪覆盖率、其他地被植物发芽率目测每 1 km 测 200 m。

12.5.2.3 互通立交区绿化工程检测

1）基本要求

互通立交区绿地整理、排水应符合设计要求；播种前应清除绿地内的施工废弃物；整体图案应符合设计要求；孤植树、珍贵树种以及乔木树种应保证成活；树木种植不应影响行车安全视距。

2）检测要点

（1）互通立交绿化检测中，苗木规格与数量用尺检测全部。

（2）种植穴规格用钢尺检测 5%；土层厚度用钢尺检测 5%种植穴，且不少于 3 穴。

（3）地形标高目测每 3000 m^2 不少于 6 点；苗木成活率、草坪覆盖率目测全部。

12.5.2.4　养护管理区、服务区绿化工程检测要点

（1）养护管理区、服务区绿化检测中，放样定位用尺抽检 5%。

（2）苗木规格与数量用尺检测全部；种植穴规格用钢尺检测 5%。

（3）土层厚度用钢尺检测 5%种植穴，且不少于 3 穴。

（4）地形标高目测每 3000 m^2 不少于 6 点；苗木成活率、草坪覆盖率目测全部。

12.5.2.5　取弃土场绿化工程检测要点

（1）取弃土场绿化检测中，苗木规格与数量用尺抽检 10%。

（2）苗木成活率、草坪覆盖率目测全部。

小结

本章主要介绍了排水设施、工程防护及支挡设施、隔离设施、交通引导设施、环保设施等道路工程沿线设施的检测要求及要点。

思考题

1. 对土沟、浆砌排水沟的基本要求和检测项目有哪些？
2. 坡面防护工程的基本要求和检测项目有哪些？
3. 各类挡土墙的基本要求和检测项目有哪些？
4. 护栏的种类有哪些？检测的要点及检测项目是什么？
5. 隔离设施的检测内容有哪些？
6. 交通标志、标线的检测内容有哪些？
7. 绿化工程的检测要点是什么？

参 考 文 献

编委会．公路工程质量检查验收一本通[M]．北京：中国建材工业出版社，2005．

卞国炎．公路施工试验与检测[M]．北京：人民交通出版社，2003．

董祥．道桥检测技术[M]．北京：人民交通出版社，2011．

傅智．水泥混凝土路面施工与养护技术[M]．北京：人民交通出版社，2003．

关宝树．隧道工程施工要点集[M]．北京：人民交通出版社，2003．

郭志印，李立寒．沥青路面施工与养护技术[M]．北京：人民交通出版社，2003．

郝培文．沥青路面施工与维修技术[M]．北京：人民交通出版社，2001．

胡昌斌．道路与桥梁检测技术[M]．北京：人民交通出版社，2007．

黄晓明，等．公路工程检测手册[M]．北京：人民交通出版社，2004．

鞠建英．实用地下工程防水手册[M]．北京：中国计划出版社，2002．

李立寒，张南鹭．道路建筑材料[M]．4 版．北京：交通出版社，2004．

李晓红．隧道新奥法及其量测技术[M]．北京：科技出版社，2002．

李兴高，刘维宁．公路隧道防排水的安全型综合解决方案[J]．中国公路学报，2003，16（1）：68-73．

林艳华．公路工程质量控制与试验检测方法[M]．广州：中山大学出版社，2004．

刘中林．高等级公路沥青混凝土路面新技术[M]．北京：人民交通出版社，2002．

吕康成，金祥秋，崔凌秋．公路隧道防水排水若干问题探讨[J]．中国建筑防水，2000，（3）：24-26．

吕康成．隧道工程试验检测技术[M]．北京：人民交通出版社，2000．

马芹永，张新天．道路工程检测技术[M]．北京：人民交通出版社，2009．

钱文渊，钱绍武．公路工程质检手册—路基路面工程手册[M]．北京：人民交通出版社，2005．

盛安连．路基路面检测技术[M]．北京：人民交通出版社，1996．

盛宝忠，倪国良．实用质量检测[M]．上海：上海交通大学出版社，1991．

孙朝云．现代道路交通检测技术[M]．北京：人民交通出版社，2000．

王建华，孙胜江．桥涵工程试验检测技术[M]．北京：人民交通出版社，2007．

王建宇．隧道工程的技术进步[M]．北京：人民交通出版社，2003．

王元纲，李洁，周文娟．土木工程材料[M]．北京：人民交通出版社，2007．

文德云．路基路面施工技术[M]．北京：人民交通出版社，2006．

吴海燕，高等级公路建设与管理[M]．北京：人民交通出版社，1998．

吴新璇．混凝土无损检测技术手册[M]．北京：人民交通出版社，2003．

武志芬，信志刚，公路工程材料检测技术[M]．北京：人民交通出版社，2010．

夏才初，等．地下工程测试理论与监测技术[M]．上海：同济大学出版社，1999．

徐干成，等．地下工程支护结构[M]．北京：中国水利水电出版社，2002．

徐培华，陈忠达．路基路面试验检测技术[M]．北京 ：交通出版社，2000．

杨晓丰，李云峰．路基路面检测技术[M]．北京：人民交通出版社，2006．

张超，郑南翔，王建设．路基路面试验检测技术[M]．北京：人民交通出版社，2008．
张雁．高速公路[M]．北京：中国林业出版社，2009．
赵卫平．路基路面检测技术[M]．北京：人民交通出版社，2006．
中国路桥集团总公司，等．沥青路面道路质量评估及养护指南[M]．北京：人民交通出版社，2001．
朱霞，宋高嵩，张爱勤．公路工程试验检测技术[M]．北京：高等教育出版社，2004．